HERMÈS 83

cognition ■ communication ■ politique

Les stéréotypes, encore et toujours

Numéro coordonné par Vincent Liquète et Anne Lehmans
Supervisé par Brigitte Chapelain

CNRS EDITIONS

Hermès, les trois collections

Hermès. *La revue* (1988)

Directeur de publication : Dominique Wolton
Rédacteur en chef : Bernard Valade
Secrétaire de la rédaction : David Rochefort

La communication est une valeur, une aspiration, mais aussi une industrie, un marché florissant, une idéologie. Autrement dit, c'est un phénomène complexe et polysémique qui requiert un travail d'analyse critique et d'interprétation. Tel est le pari de la revue *Hermès* depuis sa création en 1988 : étudier de manière interdisciplinaire la communication dans ses rapports avec les individus, les techniques, les cultures, les sociétés.

Hermès publie trois numéros par an et souhaite rester accessible à un public ouvert, en évitant l'enfermement disciplinaire, les illusions technicistes et le confort des théories déterministes. Des thèmes aussi différents que la communication politique, le cinéma et la télévision, les jeux vidéo, l'information scientifique, la cohabitation multiculturelle, la traduction ou les rituels ont déjà été abordés. Bien d'autres sont à défricher. *Hermès* s'y emploie.

Derniers titres parus

2018. *Hermès 82*, **« Nouvelles voix de la recherche en communication »**, numéro coordonné par le bureau de la rédaction.
2018. *Hermès 81*, **« De la communication en diplomatie »**, numéro coordonné par Gilles Rouet et Luciana Radut-Gaghi, supervisé par Brigitte Chapelain.
2018. *Hermès 80*, **« 30 ans d'indisciplines »**, numéro coordonné par le bureau de la rédaction.

« *Les Essentiels d'Hermès* » (2008)

Responsable de collection : Éric Letonturier
Secrétaire de rédaction : Émilie Silvoz

Inscrite dans le sillage de la revue *Hermès*, cette collection de livres de poche souhaite faciliter l'accès à la recherche contemporaine en sciences de la communication. S'appuyant sur des articles publiés dans *Hermès* ou des inédits, ces ouvrages thématiques proposent de façon pédagogique un état de l'art et des perspectives critiques sur des enjeux contemporains.

Derniers titres parus

2019. *À vue de nez. Odorat et communication*, sous la direction de Brigitte Munier.
2019. *Algorithmes et décisions publiques*, sous la direction de Gilles Rouet.
2018. *France-Allemagne. Incommunications et convergences*, sous la direction de Gilles Rouet et Michaël Oustinoff.

« *CNRS Communication* » (1998)

Responsable de collection : Éric Letonturier
Secrétaire de rédaction : Émilie Silvoz

Créée en 1998, la collection publie des travaux interdisciplinaires de chercheurs et d'universitaires. Elle vise à favoriser des travaux théoriques, des recherches empiriques et des œuvres d'auteurs étrangers en sciences de la communication.

Derniers titres parus

2016. *(E) réputation : médiation, calcul, émotion*, Camille Alloing.
2013. *Anthropologie de l'homme mondialisé*, Christoph Wulf.

HERMÈS

cognition ■ communication ■ politique

3, rue Michel-Ange - 75016 Paris. Tél. (33) 01 44 96 46 65
CNRS
http://hermes.hypotheses.org
http://cnrseditions.fr
http://irevues.inist.fr/
http://cairn.info
Twitter : @Revue_Hermes

ISSN : 0767-9513 – ISBN : 978-2-271-12641-2

L'aventure d'*Hermès*?

Légitimer la communication comme un des grands enjeux scientifique, politique, social et culturel du XXe siècle, réaliser l'importance de son rôle comme facteur de paix et de guerre du début du XXIe siècle. Si le « village global », tant souhaité pendant un demi-siècle, est aujourd'hui une réalité technique, il n'a pas pour autant apporté la paix et la compréhension attendues entre les hommes et les sociétés. Les techniques sont là, mais la fin des distances physiques révèle l'étendue des distances culturelles, avec son lot d'incommunication.

Hermès valorise aussi les enjeux théoriques liés à l'accélération des relations entre les sciences, et entre celles-ci et les sociétés. D'abord pour comprendre le rôle des concepts d'information et de communication dans l'évolution des disciplines scientifiques et penser les conditions de l'interdisciplinarité. La communication est une des conditions structurelles de l'interdisciplinarité. L'autre objectif est de reconsidérer le rôle des communautés scientifiques dans les sociétés ouvertes. Le monde académique doit y apprendre à gérer des allers-retours constants entre la recherche et la Cité et échapper autant à la médiatisation qu'au technicisme et au scientisme.

Quel est finalement le saut épistémologique lié à l'émergence de la communication comme enjeu scientifique ? Un léger décalage, mais irréversible, du regard que l'on porte sur la réalité. Penser les sociétés ouvertes et mondialisées dans lesquelles tout se voit et tout se sait, c'est aussi éviter que s'accroisse l'incommunication dans une nouvelle tour de Babel. Le « tournant communicationnel », amorcé avec *Hermès* en 1988, ne pouvait venir qu'après les nombreux progrès de la « révolution de l'information ». L'augmentation de son volume et de sa vitesse de circulation, comme la multiplication des dispositifs interactifs, ne suffisent pas à accroître la compréhension mutuelle. Informer ne suffit plus à communiquer. Entre les deux s'est imposée la question de l'altérité.

Le plus simple dans la communication reste donc les techniques ; le plus compliqué, les hommes et les sociétés. *Hermès*, comme sa figure mythologique, essaye de penser cette situation inédite de l'histoire du monde, celle où les hommes et les sociétés se retrouvent face à face, dans toutes leurs ressemblances et leurs différences.

Dominique Wolton

Les principaux thèmes de nos publications

Avec 83 numéros et plus de 1 600 auteurs publiés depuis 1988, *Hermès* a exploré le champ de la communication sous de multiples facettes. Le catalogue (accessible en ligne sur hermes.hypotheses.org) recense les auteurs et hommages parus, ainsi que la liste des numéros, classés par ordre chronologique et par thèmes :

I. Cognition
   1. Épistémologie comparée
   2. Sciences cognitives
   3. Industries et ingénierie de la connaissance

II. Communication
   1. Les enjeux du numérique
   2. Les sciences de l'information et de la communication
   3. Diversité culturelle et sociétés

III. Politique
   1. Relations sciences, techniques et société
   2. Expertise et controverses
   3. La communication politique

Hermès 83

Les stéréotypes, encore et toujours

Numéro coordonné par Vincent Liquète et Anne Lehmans
Supervisé par Brigitte Chapelain

Sommaire

Diagonales

Lectures

Hommages

Anne Lehmans

Vincent Liquète

Université de Bordeaux
Équipe Rudii – laboratoire CNRS IMS UMR 5218

Introduction

Si les stéréotypes, les représentations et les idéologies étaient au cœur des préoccupations de la linguistique, de la psychosociologie, de la sociologie dans les années 1970, ils ne le sont guère plus aujourd'hui. Pourtant, les stéréotypes n'ont jamais été aussi nombreux, divers et puissants qu'à l'ère des réseaux socionumériques et de la domination d'une rationalité technique. Ils continuent d'irriguer des discours, des pratiques, des imaginaires, des émotions et des savoirs. Comment les analyser dans la construction des représentations sociales et la circulation des idéologies contemporaines ? Produisent-ils de la connaissance ou engendrent-ils incompréhensions, simplifications et contresens ? Favorisent-ils la communication sociale ou sont-ils au contraire des agents de fractures et de replis, d'incommunications ? Que deviennent-ils dans un monde de surinformation et de globalisation envahi par le numérique, la densification des réseaux, l'expansion, la diversification et la dilution des espaces publics ?

La question des rapports qu'entretiennent connaissance et représentation, information et opinion, stéréotypes et idéologies (Wolton[1], 2004) a été abordée dès les premiers numéros d'*Hermès* dans une approche communicationnelle de la culture, de la cognition et de la politique. Les croisements interdisciplinaires permettent de dépasser les définitions psychologisantes comme les définitions déterministes centrées sur les structures sociales ou linguistiques formelles. En considérant l'activité symbolique, les représentations sociales et les stéréotypes comme des phénomènes sociaux de communication, la revue *Hermès*, au fil de ses livraisons, a ouvert le champ des analyses sur la diversité de leurs formes sociales et culturelles, de leurs modalités et de leurs effets. Elle l'a fait en les situant dans une perspective anthropologique qui prend en compte les pratiques, les rituels, les interactions, les règles de présentation de soi et de représentation de l'Autre, ce qui est lié à la sociabilité, aux stratégies politiques et aux luttes sociales, en s'attachant à l'analyse des phénomènes de réception, d'appropriation et de rejet.

Le terme « stéréotypé », utilisé dans la forme du participe passé, est à l'origine lié à la littérature. Il fait référence aux techniques de l'imprimerie ; mais l'adjectif est également attribué à des personnages romanesques, dont les traits physiques ou psychologiques deviennent des standards. Le stéréotype, de fait, est un procédé d'écriture exprimant par un choix stylistique et sémantique des figures simples qui font consensus entre auteur et lecteur. Mais c'est, comme le rappelle Bernard Valade, Walter Lippmann qui, en 1922, introduit le substantif « stéréotype ». Il est le premier à utiliser, au sens moderne et figuré, ce terme qu'il qualifie de « pictures in our heads » – images figées dans nos têtes, qui médiatisent et réifient notre rapport au réel. Lippmann porte un regard critique sur ces représentations simplistes partagées par le peuple et qui justifient la nécessité de confier la direction des affaires publiques à des élites expertes et éclairées. Car le stéréotype semble lié à cette caractéristique des « peuples démocratiques » décrite par Alexis de Tocqueville (1840) de chercher dans « l'opinion commune le seul guide qui reste à la raison individuelle ». Souvent relégué du côté de la propagande et de la discrimination, car agissant par simplification, homogénéisation, généralisation et catégorisation, le stéréotype permet de concevoir le réel dans une représentation partagée et rassurante du monde. Il a donc des effets sur la structuration et la circulation des idéologies. Simplificateur d'une réalité sociale complexe, il peut être considéré comme un obstacle à la connaissance, générateur de préjugés discriminants. Catégorisant, le stéréotype est profondément bivalent, comme le souligne Ruth Amossy qui propose de le concevoir de façon neutre, comme outil cognitif complexe d'appréhension du monde ; car il est aussi un moyen de connaissance (de soi et de l'Autre) et de reconnaissance par le partage d'un sens commun, dans les processus d'apprentissage ou d'acculturation. Les enfants n'apprennent-ils pas à écrire en s'appropriant des stéréotypes langagiers qui leur permettent d'entrer en communication ? Toutes les formes d'expression artistique ne s'appuient-elles pas sur ces cristallisations de la mémoire collective qui nous font accéder à une compréhension immédiate avant que de penser ?

Écrivains et essayistes témoignent quant à eux d'une longue tradition critique des stéréotypes. Dans son *Dictionnaire des idées reçues,* Flaubert dénonce à la fois les « croyances ignorantes », les « idées chics » et les « enthousiasmes populaires » comme opposés à la science. Il suit ainsi le chemin ouvert par plusieurs philosophes des Lumières à l'analyse critique des idées reçues et des préjugés (Voltaire, d'Holbach). L'exégèse, autre approche de l'analyse des lieux communs, en permet une interprétation sociale et politique plus étayée (Léon Bloy, 1902). Pour Jacques Ellul (1966), par « la voie et la voix des intellectuels », les stéréotypes de gauche se retrouvent à droite et ceux de la bourgeoisie dans la classe ouvrière. Le lieu commun « ...vraiment commun parce qu'il ne supporte aucune discussion de base » doit être traqué chez les intellectuels à « l'état gazeux » avant qu'il ne se cristallise. Jacques Ellul rappelle que « l'intellectuel savoure sa supériorité en même temps qu'il porte les jugements les plus cruels sur ceux qui construisent leur univers mental grâce à ces vérités établies ». La production et la diffusion du stéréotype traversent ainsi toutes les couches de la société.

Réinterroger aujourd'hui le stéréotype nous semble donc indispensable, en cherchant à préciser d'abord sa complexité dans les champs de l'épistémologie, ensuite son efficacité et ses dynamiques, enfin l'évolution de ses formes et de ses modes de circulation, au regard des processus de communication et de cognition contemporains. Nous avons proposé à des chercheurs de tous horizons, mais aussi à des acteurs sociaux et professionnels, de participer à ce chantier pour y apporter des points de vue, des éléments et des perspectives d'analyse complémentaires.

Dans un premier temps, nous nous demandons si les cadres épistémologiques du stéréotype et des représentations ont évolué depuis les premiers travaux qu'ils ont suscités. La sociologie d'Émile Durkheim (1968, p. 625) avait posé les bases d'une réflexion sur l'importance de l'activité symbolique dans les relations sociales, en montrant que les représentations collectives permettent que « les hommes se comprennent, les intelligences se pénètrent les unes les autres. Elles ont en elles une sorte de force, d'ascendant moral en vertu duquel elles s'imposent aux esprits particuliers ». La psychologie sociale, avec Serge Moscovici, a mis l'accent sur le lien qui unit cognition et interactions sociales. Dans cette optique, le stéréotype n'apparaît plus seulement comme une grossière essentialisation d'un trait caractéristique d'un groupe social à connotation négative, mais comme une représentation sociale. Celle-ci est définie par Denise Jodelet (2003, p. 36) comme « forme de connaissance, socialement élaborée et partagée, ayant une visée pratique et concourant à la construction d'une réalité commune à un ensemble social ». On se propose de revenir, dans une perspective épistémologique élargie, sur ces questions. Dans le cadre d'interdisciplinarité qui caractérise *Hermès*, l'analyse du stéréotype ne se conçoit, en effet, qu'en relation avec d'autres notions qui participent à la construction des systèmes de valeurs et des idéologies.

Dans un second temps, on examine les processus de construction, de diffusion et de réception des stéréotypes. Voit-on apparaître de nouveaux processus de stéréotypage ? Y a-t-il un effet du médium (et notamment des médias numériques) sur la construction et l'efficacité des stéréotypes ? L'évolution des techniques de communication et la diversification des formes médiatiques, l'émergence de nouvelles sphères informationnelles, l'influence et le formatage des industries culturelles et éducatives, doivent être pris en compte, si l'on veut comprendre les dynamiques, l'évolution des mécanismes qui sont à l'œuvre dans leur structuration et leur cristallisation.

Dans un troisième temps, le stéréotype est considéré comme un instrument de médiation dans les processus de communication contemporains, dans le contexte de la globalisation. Source d'essentialisation des identités, de prêt-à-penser, de rejet quand il se mêle à la rumeur, il peut aussi, au milieu des tentatives de captation de l'attention, faire l'objet d'interprétations, de détournements, de résistances. Ainsi, l'idée de Roland Barthes selon laquelle « le stéréotype est un fait politique, la figure majeure de l'idéologie » (1973, p. 244) semble avoir gardé toute son actualité.

NOTE

1. On trouvera l'ensemble des références citées en introduction dans la sélection bibliographique qui ouvre le dossier.

Dominique Wolton
Revue Hermès

Ouverture

Le stéréotype fait partie des concepts maudits de l'anthropologie politique, au même titre d'ailleurs que la communication. Ils ne sont jamais associés à une image positive. Le stéréotype ? Ce qui empêche de penser la réalité, déforme la représentation, sent bon l'idéologie. Il concerne d'ailleurs toujours plus « les autres » que soi-même. Les autres en sont en général prisonniers, mais pas moi. Une référence négative, qui empêche la « vraie » appréhension de la réalité. Oui c'est une croyance collective partagée, qui simplifie et déforme la réalité ; oui c'est un concept mal-aimé, dont on ne peut guère se débarrasser, car chacun s'en sert constamment.

Tel est le paradoxe : le stéréotype est à la fois ce qui permet d'accéder à l'autre, par une représentation le plus souvent simplifiée et partagée, et en même temps, par sa simplicité et son caractère fréquemment caricatural, il empêche de voir cette même réalité dans sa complexité. Il rappelle aussi qu'il n'y a pas de communication sans violence. La communication, c'est vouloir échanger, mais à partir de ses propres représentations, et celles-ci ne sont pas toujours iréniques. Et le stéréotype, du fait qu'il est souvent un filtre caricatural, exprime cette violence qui est au cœur de la communication. La communication est donc à la fois la reconnaissance de l'autre, mais à travers une représentation biaisée. Le stéréotype est un intermédiaire qui véhicule les violences, méfiances et autres déformations. Les choses ne sont pas univoques, le stéréotype est un passeur de violence, à la hausse comme à la baisse selon les contextes.

La représentation a légèrement un meilleur statut car elle est plus souple et semble plus neutre, même si les affects, les préjugés, les clichés, les idées toutes faites la portent également. Le stéréotype, c'est un peu la représentation qui a mal vieilli, qui s'est « racornie ». Le stéréotype est le plus souvent lié à la communication, car il ne prend sens que dans le rapport au monde et aux autres. Les représentations peuvent rester mentales, le stéréotype se révèle dans l'échange : il n'est jamais statique, et s'adapte au contexte avec, souvent, un caractère simpliste. Et c'est d'ailleurs ce caractère *mobile et réducteur* qui plaît tant, même si simultanément chacun recherche une communication « authentique ». En réalité l'efficacité du stéréotype vient de son lien à l'idéologie. Soit c'est celle qui donne son sens au stéréotype, soit c'est celui qui anime ou modifie l'idéologie. En réalité, le vrai sujet est le triangle stéréotype-idéologies-communication.

Pas de stéréotype donc sans processus communicationnel, ce qui en fait un concept particulier. Il se réalise dans l'échange, et si on lui reproche de n'être ni objectif ni rationnel, rien ne dit qu'un processus objectif serait mieux assuré de réussir. Voudrait-on une rationalité plus forte ? Et qui la garantirait ? Maudite complexité de l'anthropologie. Le stéréotype ? Le sparadrap du capitaine Haddock. Heureusement, on se débarrasse de lui quand il nous gêne en rappelant que ces défauts et déformations concernent les autres, et pas soi-même.

La question centrale : les stéréotypes et leurs cousines, les représentations et les idéologies, changent-ils quand on se dirige vers une société de l'information et de la communication, saturée de messages, d'interactions, de déplacements ? Autrement dit, la liberté d'échange et le monde numérique ont-ils pour effet bénéfique de diminuer l'impact de ces « réducteurs cognitifs » dans l'appréhension du monde ? Rien n'est moins sûr. Non seulement l'hypothèse de « stéréotypes positifs utiles » est-elle rarement mise en avant, mais en outre le monde d'aujourd'hui, traversé d'images et d'interactions, qui devraient permettre une appréhension beaucoup plus « objective » de la réalité, n'aboutit pas à ce résultat. Il peut même y avoir cohabitation entre modernité et stéréotypes. Ceux-ci ne sont pas les traces du passé. La modernité n'est pas incompatible avec des stéréotypes anciens ou nouveaux. En principe chacun souhaite une appréhension « objective » du monde, tout en préférant que celle-ci soit colorée de stéréotypes ou d'idéologie. L'immense difficulté de l'étude du stéréotype est à la fois sa permanence *et* sa capacité à être mobile, à s'adapter, à l'ancien comme à ce qu'il y a de « nouveau ». D'ailleurs, il suffit de voir la présence des stéréotypes dans les exercices de « démocratie directe » participative et interactive pour réaliser que tout cela est compliqué… La force et la prégnance du stéréotype, mais aussi des représentations et des idéologies, ne sont donc pas fonction de la rareté, ou de l'abondance d'informations, de l'ancienneté ou de la modernité, du caractère traditionnel ou novateur du débat, mais du besoin que nous avons de donner un *sens* idéologique à la réalité. Les stéréotypes se portent donc hélas très bien, avec leur lot de simplifications et d'ambiguïtés. Ils étaient, paraît-il, compréhensibles dans un monde plus fermé et obscur, ils le sont, en fin de compte tout autant dans un monde « clair » et interactif. Étrange prise de conscience : l'accroissement des échanges augmente les malentendus et les langues de bois, sans finalement modifier les stéréotypes. À se demander si stéréotypes, représentations et idéologies ne sont pas toujours constitutifs des liens sociaux… Peut-il y avoir une réalité sans information, communication, culture et stéréotypes ? Et la « visibilité » comme la « rationalité » du monde moderne peuvent mettre en cause la prégnance des stéréotypes et des liens entre stéréotypes *et* idéologies ?

*

* *

*Telle est la question à l'origine de ce numéro d'*Hermès *sur la place des stéréotypes, représentations, idéologies dans un monde ouvert, à vocation démocratique.*

Pourquoi les mutations culturelles, techniques, politiques, en faveur d'un monde si transparent ne changent-elles en définitive pas grand-chose au rôle et à l'importance des stéréotypes ? Pourquoi se débarrasse-t-on de la question de leur utilité en repoussant la question vers les autres ? Tout est à repenser. Réveil d'autant plus difficile que stéréotypes et représentations ne font pas l'objet de nombreux travaux. Le décalage est considérable entre leur complexité, leur importance, hier comme aujourd'hui, tant dans les échanges que dans les représentations collectives, et le peu d'intérêt qu'ils suscitent. Comme si leur importance dans la réalité était inversement proportionnelle aux efforts de réflexion dont ils sont l'objet. Comme si les stéréotypes, avec leur caractère simpliste, discutable, étaient une évidence, partagée par tous, et ne nécessitant pas d'efforts de connaissance particuliers.

Qu'est-ce qui *change et ne change pas* dans l'appréhension des stéréotypes et représentations dans un monde dominé par les valeurs de l'information, la communication, l'interactivité, l'objectivité, l'intercompréhension et les échanges ? C'est-à-dire les valeurs exactement opposées à celles qui sont au cœur de leur succès ? Et surtout les stéréotypes sont-ils finalement plus menacés ou facilités dans cet univers dominé par la communication technique et où la communication humaine prend beaucoup moins de place ?

Les faits

Quoi de neuf ? Beaucoup de choses, même si « la reconnaissance » de l'importance des stéréotypes, comme le montre très bien Bernard Valade dans son article, reste aujourd'hui encore une question intellectuelle sous-estimée. En réalité, pas de société sans stéréotypes et représentations, même si les contextes, en un siècle, ont changé. Les stéréotypes donnent sens au monde, ils permettent de se regrouper et de se comprendre. Leur simplicité facilite une certaine unité, et évite une certaine anomie. Ils sont les « cousins utiles » et sont au cœur de cette « société individualiste de masse » dont je parle depuis longtemps. Celle qui essaie de gérer ces deux dimensions contradictoires de la liberté individuelle *et* de l'organisation de masse. Cette « société individualiste de masse » est encore plus difficile à organiser, structurer, identifier dans un monde ouvert sans grande unité que dans celui, fermé, hiérarchique et structuré d'hier.

D'où l'importance des passerelles symboliques, simplificatrices, des stéréotypes, mais aussi des idéologies. En réalité, les stéréotypes et les représentations sont les conditions de la communication, en tout cas d'un bon nombre d'échanges et d'interactions.

La société moderne, individualiste, démocratique, libérale, est tout autant habitée et structurée par les stéréotypes que celle d'hier. Et ceci contrairement à une idée reçue : « les hommes modernes » ne sont pas plus rationnels que leurs prédécesseurs. Les stéréotypes ne sont pas liés à un niveau d'éducation, d'information, de connaissance ou de communication. On est bien là à l'articulation individu/collectif, qui est au fondement de cette discipline essentielle, et stupidement dévalorisée, de la psychosociologie. Oublier la psychosociologie comme on le fait depuis plus d'un demi-siècle, c'est refuser de penser cette question si incertaine de l'articulation entre l'échelle individuelle et collective. Articulation où l'on retrouve les idéologies, clichés, préjugés, stéréotypes et représentations, c'est-à-dire toutes les *infrastructures de la connaissance* et du rapport à l'autre. D'ailleurs, le monde de la connaissance n'échappe ni aux stéréotypes ni aux idéologies ; dont celle de croire qu'il n'y a pas grand-chose à penser à l'articulation entre l'individu et la société...

Une chose est certaine : les rapports entre information, communication, connaissance, et vérité, mensonge, idéologie, ne sont pas moins compliqués qu'hier, à la hauteur des malentendus, erreurs, mensonges, rumeurs, qui croissent proportionnellement aux volumes d'informations en circulation et au nombre d'interactions qui animent les rapports humains et sociaux. Ils sont toujours au coin de la rue de la mondialisation. Avec cette question : comment s'articulent les anciens et les nouveaux stéréotypes ?

Nous sommes donc face à un *nouveau carré cognitif*, constitué par les relations entre représentations/stéréotypes d'une part et idéologies/langues de bois d'autre part. Avec cette question étonnante, tellement on aurait pu la croire résolue : les stéréotypes ne sont peut-être pas, tout compte fait, un obstacle à la communication dans un monde qui ne parle que de cela, mais peut-être une condition de la communication ? Condition au sens d'une cause des échanges, fussent-ils hostiles... Paradoxe qui en retrouve un autre : il n'y a jamais eu autant d'information publique, contradictoire, il n'y a jamais eu autant de rumeurs, de secrets, de mensonges. Rien ne se simplifie.

Si le racisme et l'antisémitisme sont parmi les stéréotypes les plus permanents et « archaïques », rien n'interdit, comme on le constate, qu'ils subsistent parfaitement dans la mondialisation. Ils alimentent les multiples formes de fermeture, et de « haine de l'autre » observable notamment dans l'hostilité aux migrants. Tout devait être fluide. Les nombreux murs se portent très bien. Les sociétés peuvent changer, pas forcément les représentations hostiles et les méfiances à l'égard d'autrui. Et aujourd'hui le sexisme, stéréotype condamné nettement depuis un demi-siècle, se porte très bien. Sans parler de l'homophobie qui devait reculer enfin, et qui se porte aussi très bien. La « modernité » vit très bien avec les stéréotypes.

De ce point de vue, l'essor du racisme, du populisme, de la haine de l'autre, figure parmi les plus grandes déceptions des cinquante dernières années. La force des stéréotypes, c'est autant leur souplesse que leur rigidité, leur permanence que leur adaptabilité. On rêvait du contraire. Et c'est sans doute cette extrême difficulté à les isoler, les comprendre, les suivre qui explique les complications que nous avons eues à réaliser ce numéro. À croire que les questions les plus structurelles sont souvent celles qui sont les moins étudiées... La communication en est d'ailleurs un bon exemple.

Questions

Elles sont nombreuses, sans guère de solutions parce que cet espace culturel, mélange des logiques différentes, avec la plupart du temps un impact social et politique violent. En effet les stéréotypes sont rarement du côté de la paix et de la coopération. À quelle condition les préjugés, idées fausses, clichés, représentations, stéréotypes, peuvent-ils à la fois s'adapter à un monde qui change et garder leur force critique malgré les mutations de l'environnement ? Ou à l'opposé évoluer vers un monde de radicalités moins hostiles ? Pourquoi si peu de changement dans cette tendance naturelle à « fabriquer » des boucs émissaires et des oppositions ? Identités haineuses, populisme, racisme, migrants... Des mots font régulièrement des allers-retours entre la réalité et les préjugés. Quel est le rôle de la mondialisation, de l'extension de l'information, des déplacements, de l'École dans ces ajustements qui finalement ne mettent pas en cause les stéréotypes ? Comment ceux-ci s'adaptent-ils, rusent-ils, revisitent-ils et se renouvellent-ils face à la mondialisation, aux échanges incessants et aux valeurs démocratiques ? Les Gafa ont-ils réellement bouleversé les stéréotypes précédents ou au contraire, les ont-ils réifiés ? Sont-ils des freins ou des facilitateurs de la mondialisation ? D'autant qu'il n'y a pas d'ouverture à l'autre sans représentation de celui-ci... Les stéréotypes se multiplient-ils à la vitesse des échanges ? Ou au contraire en sont-ils des adversaires ? Y a-t-il une concurrence de stéréotypes ? Comment naissent-ils, évoluent-ils, disparaissent-ils ? Y a-t-il beaucoup de nouveaux stéréotypes depuis 50 ans ? Comment se négocient les stéréotypes occidentaux avec ceux régnant dans d'autres cultures ? S'il n'y a pas d'espace public mondial, il existe néanmoins un grand nombre d'échanges physiques, informationnels, communicationnels : quels impacts ont-ils sur la genèse et la durée du stéréotype ? D'ailleurs, pourquoi ceux-ci sont-ils la plupart du temps négatifs ? Y a-t-il des stéréotypes positifs ? Les proportions peuvent-elles changer ? Quand passe-t-on d'une représentation à un préjugé, à un lieu commun, un archétype, à un stéréotype ? La révolution de l'information a-t-elle un impact sur cette contradiction inhérente à la communication, à savoir que l'on ne peut aborder l'autre qu'à travers les stéréotypes réducteurs dont l'efficacité est de simplifier, voire de caricaturer la vision de l'Autre ? La généralisation de la communication technique, du volume et de la vitesse des échanges numériques a-t-elle un impact sur la généalogie, la vie et l'influence des stéréotypes et représentations ? La place de l'humour par rapport aux stéréotypes a-t-elle changé en un demi-siècle ?

Si l'on prend simplement *l'Europe* et ses différences culturelles, peut-on observer des différences significatives concernant les relations entre sens commun, cliché, préjugé, stéréotypes ? Quels sont les facteurs sociaux, culturels et politiques les plus déterminants dans l'évolution du stéréotype ? À supposer qu'il y ait une évolution. Il faudrait de toute urgence réaliser un recensement, une *cartographie des stéréotypes et représentations* régnant dans les différents pays. Faire ainsi une comparaison entre les stéréotypes européens. Sans oublier les différences entre l'Europe de l'Ouest et de l'Est. Entre l'Europe du Nord et la façade Sud de la Méditerranée. Tout est à faire ici si l'on veut réellement agir pour une meilleure cohabitation des 26, 27, 28, 30… pays européens. La meilleure compréhension des stéréotypes existant en Europe, est d'ailleurs une condition de sa construction. Pas d'Europe politique possible sans une meilleure compréhension des stéréotypes croisés. D'ailleurs j'avais essayé cet exercice, il y a dix-huit ans, avec beaucoup de difficultés, dans la livraison d'*Hermès* « Stéréotypes dans les relations Nord-Sud » (*Hermès*, n° 30, 2001). Cela n'avait pas non plus été très facile pour les « Langues de bois » (*Hermès*, n° 58, 2009).

À quelle condition pourrait-il y avoir le renouveau d'une réflexion à caractère anthropologique dans ce domaine aux frontières floues ? Peut-il y avoir un réveil des recherches ? La domination croissante de la communication technique a-t-elle un impact sur la vie du stéréotype ou bien les espaces mentaux restent-ils en définitive distincts ? Quel rôle jouent aujourd'hui les différences sociales ?

On retombe toujours sur la même question : celle de la nature des changements qui peuvent affecter cet immense domaine de l'anthropologie culturelle. C'est à chaque fois le lien entre vie privée et vie publique qui est à repenser, sans que l'on sache très bien quand et comment cette infrastructure culturelle des visions du monde, de soi et des autres, devient opérationnelle, et avec quel impact direct sur la vie sociale. Un exemple : les évènements liés aux Gilets jaunes depuis novembre 2018. Avec l'hétérogénéité de leurs références, ils illustrent le caractère imprévisible de cette dimension « non rationnelle » de la société, que sont les stéréotypes et représentations, qui dominent et structurent. Seul le passage à l'acte et la communication permettent d'entrevoir le jeu tourmenté des relations.

Tous les mots se télescopent : privé et public ; traditionnel et moderne ; pacifique ou violent ; connexion ou non avec d'autres discours et pratiques sociales, culturelles, religieuses, politiques. Ce « sous-continent culturel » relativement insaisissable, peu valorisé et étudié, n'en reste pas moins une des ressources pour l'action et la politique. Pourquoi les dimensions plus ouvertes, moins défensives, plus altruistes, existent-elles moins, ou en tout cas sont peu valorisées, observées et analysées ? Les stéréotypes et représentations illustrent bien la volonté de ne pas trop savoir… Comment comprendre la genèse, le succès, l'impact politique de ces infrastructures culturelles ? Leur persistance comme leur disparition ? Les stéréotypes et représentations disparaissent-ils d'ailleurs ? D'autant qu'ils se manifestent dès qu'il est question du rapport à l'autre. Comment chacun d'entre nous les gère-t-il dans le temps ? Et avec la mondialisation, il n'est question que du rapport, souvent inquiet voire menaçant et hostile à l'égard de cet Autre à la fois si proche et si éloigné. Jamais l'humanité n'a été autant, avec les transports et les flux d'informations, obligée de voir l'Autre et de devoir cohabiter avec lui. Il n'y a rien d'évident à ce que cela se termine pacifiquement.

À faire

Faire revenir au plus vite ces questions des stéréotypes et des représentations dans le domaine de la recherche, de la réflexion et de la curiosité publique. Personne ne veut trop savoir comment « fonctionne » notre infrastructure mentale et culturelle dans notre rapport au monde et aux autres. D'autant que ce « nuage » d'interaction de natures très diverses est aussi le cœur du lien entre l'individuel et le collectif, le passé le présent. Faire des recherches, faciliter leur recensement, introduire davantage ces questions dans l'enseignement supérieur, faire des études comparatives, en parler dans l'espace public, faciliter l'humour et la dérision. Développer l'interdisciplinarité est ici indispensable… Tout est à faire. Et d'abord analyser les figures de l'altérité. Rapprocher les mots, croyances, représentations, phrases communes… et voir aujourd'hui leurs différences. Détendre les liens entre représentations, archétypes et stéréotypes. Recenser les mots, les synonymes et les figures de l'altérité. Quand passe-t-on du stéréotype à la propagande ? Quel impact l'économie virale de l'information et des réseaux a-t-elle sur cette vision de l'autre ? Comment détricoter la haine et l'intercompréhension ? Le milliard de touristes circulant par an dans le monde a-t-il finalement un impact ? Y a-t-il une dynamique des stéréotypes contradictoires ? Par exemple à propos des migrants, des rapports homme/femme, des rapports ville/campagne, de la mondialisation, sur le mythe du bio… ? Pourquoi et comment les stéréotypes investissent-ils avec autant de facilité les domaines neufs de la réalité ?

Répondre à cette question : comment fonctionnent, avec des cas concrets, ces allers-retours entre idéologie et stéréotypes. À quelle condition les liens entre idéologie dominante et stéréotypes peuvent-ils évoluer ? À quelle condition l'augmentation du volume et des flux d'échanges d'information et de communication peut-elle être favorable à une meilleure connaissance de l'autre et à une moindre méfiance ? Ou bien cela n'a-t-il, en définitive, qu'un faible impact ? Ceci introduit une autre question : cette infrastructure cognitive, culturelle, idéologique pourrait-elle favoriser la confiance ? Et non la méfiance, comme c'est la plupart du temps le cas ? Y a-t-il une possibilité de mieux comprendre les relations entre idées fixes, clichés, préjugés, lieux communs, représentations, stéréotypes ?

Mieux comprendre la dynamique des stéréotypes et des représentations pour expliquer les deux grandes questions de la mondialisation : le rôle croissant des identités *et* la méfiance à l'égard de l'altérité. Comment s'y prendre et comment les stéréotypes peuvent-ils devenir positifs et constructifs ? C'est en cela que les questions de mondialisation, communication et stéréotypes sont très liées sans que l'on sache très bien comment toutes ces logiques contradictoires s'articulent. Quel est aujourd'hui le rôle des idéologies, alors même que les idéologies politiques se sont affaissées et que domine l'idéologie technique de la communication, avec, en arrière-plan, le retour du religieux ? Il n'y a pas de loi historique qui fasse systématiquement des stéréotypes un outil de méfiance et de mise à distance. Peut-être que le caractère gigantesque et incertain de la construction de l'Europe face à la mondialisation pourrait être le premier mouvement de *retournement* de leur rôle ? Étonnante rencontre entre un mouvement politique considérable – la construction de l'Europe – et un rôle qui serait cette fois-ci positif des représentations ?

L'Europe est en effet un excellent cas d'école. Malgré des stéréotypes négatifs dominants chez tous les peuples, la construction politique continue, contre vents et marées. Les méfiances n'empêchent pas l'action. Leçon à méditer, non pas pour croire aisé le retournement vers des stéréotypes positifs, mais pour comprendre qu'en dépit de la forte méfiance entre les peuples, quelque chose est possible. En tout cas, sortir des stéréotypes sur les populismes et les réexaminer à nouveaux frais. Sortir de la bonne conscience qui consiste à croire que « c'est l'autre » qui est prisonnier des stéréotypes alors même que tout le monde y « patauge ».

Poser la question d'un éventuel changement de rôle des stéréotypes et représentations dans la construction du cadre culturel de la mondialisation est donc essentiel. Notamment pour ce qui concerne la science et la technique, qui semblent *a priori* exister hors de tout contexte social. Quel est le rôle des stéréotypes et représentations dans l'émergence des *enjeux scientifiques et politiques contemporains* ? Exemples : l'écologie, l'environnement, l'âge, le rapport homme/femme, la « société numérique », le règne des robots et de l'intelligence artificielle, l'art contemporain.

Les stéréotypes et représentations structurent aussi le présent et l'avenir. À quelle condition leur capacité interprétative dépend-elle d'un « passage à l'acte », c'est-à-dire d'un processus de communication et d'interaction ? Le stéréotype : entre présent et passé ; dimension critique et parfois positive ; obstacle ou condition. Avec toujours la question de la « communication », c'est-à-dire celle de la négociation, pivot de l'anthropologie du XXIe siècle.

Conclusion

Stéréotypes et représentations pâtissent largement de l'insuffisance de réflexion sur les enjeux théoriques de l'information et de la communication. Comme les stéréotypes sont « mis en marche » par le langage et le rapport à l'autre, ils seront peut-être mieux étudiés lorsque l'*omerta théorique* concernant ce champ de recherche aura été levée. Les thèmes de l'information et de la communication sont trop absents des débats savants, culturels et politiques. Sauf pour les stéréotypes concernant la manipulation et le complotisme, qui augmentent proportionnellement aux flux d'information. Seules comptent les innovations techniques, assimilées au « progrès ». Les stéréotypes et représentations sont eux-mêmes victimes du stéréotype de la technique triomphante. Et plus largement, c'est comme si ce triangle idéologie-représentation-stéréotypes était considéré comme le « *dark side* » de la démocratie. Terrible méprise. Comment s'ouvrir aux autres si l'on n'essaie pas aussi de comprendre les méfiances mutuelles qui accompagnent cette ouverture ?

Plus les échanges augmentent, plus le recours aux stéréotypes et aux représentations s'impose, pour aborder l'autre, et en général avec une certaine suspicion… Il y a donc comme un mouvement contradictoire. Les promesses de l'ouverture, des rencontres, des échanges, la réalité d'une méfiance à l'égard de l'autre, au fur et à mesure du rapprochement mutuel.

*
* *

C'est pourquoi le champ de recherche défini par ces quatre pôles – information, communication, stéréotypes, représentations – est indispensable à développer. Autrement dit, penser enfin les liens complexes entre l'information et la communication permettra de mieux comprendre les liens entre stéréotypes et représentations. *Stigmatiser les stéréotypes est donc aussi simpliste que d'idéaliser l'information et dévaloriser la communication.* Pas de compréhension possible de la complexité croissante d'un monde où tout se voit et s'échange sans une réflexion critique sur les cadres culturels qui pensent ces échanges. Mettre la question théorique des stéréotypes et représentations sous le tapis, comme on le fait depuis un demi-siècle, ne peut que rendre encore plus difficiles la compréhension d'un monde ouvert où il n'est question que d'interactivité et de circulation. *Tout circule avec autant de rigidité.* Sauf pour les finances, mais celles-ci ne suffisent pas à construire un cadre culturel.

Avec les stéréotypes et les représentations, on tire la ficelle de l'impensé de tout ce qui concerne le rapport de l'individu à l'autre et à la société. C'est en démocratie que l'enjeu théorique de la compréhension des stéréotypes et représentations est essentiel. Beaucoup plus que dans les sociétés fermées et peu démocratiques, car là, les conditions d'échange sont pour le moment cadenassés. *Ce sont les échanges*, caractéristiques de la démocratie, qui « activent » encore plus les stéréotypes et représentations. Un jour on dira peut-être « vive les stéréotypes et les représentations ». De même dira-t-on peut-être « vive les langues de bois ». Pourquoi ? Parce que la langue de bois est une des conditions pour faire cohabiter des individus et des groupes que rien ne rapproche. La langue de bois, dont personne n'est dupe des deux côtés de la communication, est simplement le moyen « diplomatique » pour cohabiter et ne pas s'affronter. Les langues de bois ? Un moyen de gérer un peu pacifiquement l'incommunication. Les stéréotypes et représentations ? Des outils pour gérer l'incommunication et éviter « l'acommunication ». On retrouve ici le rôle de « passeur » que les stéréotypes peuvent avoir. *En réalité, les stéréotypes stables, et mobiles, sont au cœur des sociétés ouvertes, interactives et mobiles*. Ces sociétés obligent à repenser tous ces mots apparemment inutiles, mais qui dans le tohu-bohu de l'incommunication jouent le rôle essentiel d'amortisseur, de passage, de frottement. Des mots qui permettent parfois d'éviter les affrontements plus radicaux.

Quand tout se complique pour des raisons idéologiques, politiques, culturelles, quand l'incommunication et l'a-communication menacent, les stéréotypes, comme la langue de bois et d'autres procédés, peuvent parfois entrer en lice, pour éviter les ruptures et les conflits. Tout ce qui permet une « incommunication aménagée » est utile à penser et parfois à mobiliser. Les risques de *violence* liée à cette « transparence » et à « interactivité dominante » de nos sociétés incitent à revisiter les mots et les concepts. C'est la fin des visions simples et dichotomiques.

L'exemple de *l'Europe* est encore ici à rappeler. Cinquante ans d'incommunications, avec aujourd'hui 27 pays et 500 millions d'habitants qui n'ont rien à se dire, se méfient les uns des autres, utilisent tous les stéréotypes négatifs et les langues de bois les plus mensongères et qui réussissent néanmoins à cohabiter ! À une condition : qu'il existe pour transcender ces altérités une volonté politique de cohabitation. En réalité, ce ne sont pas les stéréotypes et représentations ou les langues de bois qui sont les plus dangereux, mais l'*absence* de volonté, de projets, de mots, pour rester ensemble et cohabiter. Plus le contexte est embrouillé, plus les stéréotypes et les langues de bois sont apparemment contradictoires avec la « communication authentique », plus ils peuvent devenir des outils partiels de communication, de négociation, de représentation.

En définitive, stéréotypes, représentations et langues de bois rappellent une chose essentielle : l'incommunication, voire l'acommunication, ne sont pas forcément les infrastructures symboliques les plus dangereuses. Le plus dangereux ? L'installation dans le silence, l'hostilité. Tant qu'il y a des rencontres physiques et des mots échangés, on peut essayer de réduire – pas forcément empêcher – la violence des affrontements.

Les stéréotypes sont donc à la fois les restes des caricatures d'hier et les passeurs permettant d'affronter l'altérité d'aujourd'hui. Ils demandent toujours à être débattus contradictoirement mais rien n'interdit de penser que la politique et la volonté d'échanger puissent aussi contenir des violences réelles. Entre l'incommunication et l'acommunication, on découvre que les langues de bois, stéréotypes et représentations peuvent parfois jouer un rôle moins négatif que la tradition ne le dit. *Les mots à l'assaut des mots fermés*. Cette perspective, un peu plus optimiste, n'est peut-être pas pire que celle qui privilégie le noir et la violence. Les choses ne sont jamais définitivement figées.

Quatre stéréotypes dominants dans le champ de l'information et de la communication

« La communication, c'est de la "com" »

L'information est légitime et omniprésente, avec notamment l'explosion des techniques, même si tout cela s'accompagne de rumeurs et de *fake news*. Par contre, la communication continue de descendre aux enfers. On ne parle d'ailleurs plus de communication, mais de « com » pour marquer la distance et la méfiance. *La com* ? La réduction de la communication à la volonté de séduire, d'influencer, voire de manipuler. *La com*, pour montrer que l'on n'est pas dupe. Elle rôde partout. Au moment où il n'a jamais été aussi facile d'échanger, aussi légitime d'essayer de s'exprimer et de se comprendre, la communication est dévalorisée, quasiment ontologiquement.

Trois objections pour désamorcer ce stéréotype dominant en Occident, qui ressemble à une grenade dégoupillée.

1) Pourquoi cette admiration pour l'information et cette méfiance systématique pour la communication humaine ? Pourquoi une telle sympathie, voire admiration, à l'opposé pour la communication technique ? Pourquoi les hommes seraient-ils le plus souvent mal intentionnés dans les échanges là où la technique serait bienveillante ? Pourquoi l'information serait-elle honnête, la communication humaine douteuse et la communication technique objective et vertueuse ? D'où viendrait cette « neutralité » de la technique ? Pourquoi attendre avec une telle gourmandise l'action « intelligente » de 7,5 milliards d'internautes ? Pourquoi oublier si facilement le pouvoir tentaculaire des Gafa ? Que dire quand Apple lance son offensive dans la vidéo, le crédit, les jeux, la télévision payante… En attendant que les autres « partenaires » des Gafa fassent de même ? Que reste-t-il ici de la liberté et de l'émancipation ? Pourquoi les performances de l'information dépasseraient-elles les perversions de la communication humaine ? Pourquoi la connexion technique est-elle synonyme de partage ? D'ailleurs, la séduction qu'exerce la communication technique est quasiment proportionnelle aux difficultés de la communication humaine. *Voilà le contresens : la communication technique vécue comme le moyen de compenser les limites de la communication humaine.* Pourtant, au-delà de la performance des techniques, n'est-ce pas encore la communication humaine qui est recherchée ? Les heures passées devant les écrans ne sont-elles pas aussi un moyen pour essayer de mieux se comprendre ? Pourquoi dévaloriser alors à ce point la communication humaine ?

2) Cette méfiance concerne le plus souvent *l'autre* et jamais soi-même. « L'autre, le voisin, celui d'à côté, le naïf, est probablement dupe et manipulé alors que moi, je sais m'en prévenir. » L'autre ne sait pas discriminer entre les différentes formes de communication, comme je sais moi le faire. Mais au fond, pourquoi l'autre serait-il si dupe ? Cette défiance à l'égard de la communication est identique à celle que l'on retrouve pour la publicité. Dans les deux cas, on pense l'individu faible et manipulable !

3) Par ailleurs, pourquoi cette hypocrisie à l'égard du mot même de communication ? Depuis toujours, chacun sait qu'elle est à la fois partage, séduction, influence. Chacun le sait et en utilise les multiples ficelles. On joue tous avec les différentes dimensions

de la communication ! Alors pourquoi s'imaginer que le voisin n'a pas la même intelligence critique que moi-même ? Pourquoi serait-il dupe là où je ne le suis pas ? D'où me vient cette intelligence critique, et pourquoi lui en serait-il dépourvu ? Le paradoxe ? De plus en plus de méfiance à l'égard de la *communication*, et de moins en moins vis-à-vis de *l'information*, au moment pourtant où celle-ci, sous sa forme numérique et interactive, envahit toutes les dimensions de notre vie, avec tous les risques de fake news et de manipulation. Pourquoi cette illusion concernant la maîtrise de l'information et cette méfiance permanente à l'égard de la communication ? Peut-être simplement parce que passer de l'information à la communication, du message à la relation, c'est affronter la question de *l'autre*.

« Le public : passif avec les médias, actif avec Internet »

C'est bien connu, établi et vérifié : on est passif devant la télévision et la radio, mais actif devant le clavier. La radio et la télévision abrutissent les spectateurs, l'ordinateur facilite la liberté et la création. Les mêmes messages envoyés à tous unifient et standardisent, alors que devant le clavier, chacun est libre.

Rien de plus faux, mais cette « idée fixe », ce stéréotype dominant de la communication, perdure depuis 80 ans. Avec ce contresens classique : on confond dans les dictatures le silence des publics avec le contrôle des consciences. Dans ces régimes, les citoyens écoutent mais ne sont pas dupes. Ils voient bien la réalité du pouvoir. Et, dans les démocraties, à l'inverse, on n'a jamais prouvé cette manipulation « évidente » des consciences. L'expérience et les recherches ont montré que si l'offre de programme a évidemment une influence, celle-ci est modulée par le poids des idéologies, âges, sexes… *Écouter, regarder, ne signifie pas forcément adhérer.* Le même message adressé à tous n'est en aucun cas reçu de la même manière.

Et l'internaute n'est pas non plus « libre » devant son écran ! Il cohabite avec ses choix personnels, idéologiques, culturels… Le public n'est jamais homogène. L'information pas plus que la communication ne s'impose « naturellement ». *Chacun négocie en permanence.*

Lire, écouter, regarder oblige à mobiliser des capacités cognitives considérables, donc à être actif ! Personne n'est passif, et l'on n'est pas plus actif devant un clavier. Il n'y a pas plus de « liberté » avec l'individu et les réseaux qu'il n'y aurait de « domination » avec les médias. Simplement cette opposition fausse entre la liberté, et donc en filigrane l'intelligence du citoyen devant l'ordinateur, par rapport à la dépendance, voire les manipulation des mêmes individus face à l'offre des médias permet une économie de réflexion.

Dévaloriser le téléspectateur « passif » et valoriser l'internaute « actif » met entre parenthèses la question si complexe du récepteur, de la relation et de la communication. Non, l'intelligence mobilisée, les capacités cognitives, ne sont pas « supérieures » avec l'ordinateur qu'avec les médias. *La demande* n'est pas forcément synonyme de liberté et de progrès. *L'offre*, à l'inverse, n'est pas évidemment synonyme de rigidité, de contrôle ou de manipulation. Le progrès technique ne suffit pas à changer, et à hiérarchiser, entre une bonne et une mauvaise communication. La soi-disant mauvaise communication des médias n'est pas prouvée, pas plus que ne seraient prouvées la soi-disant liberté et émancipation de l'individu dans l'univers numérique.

Une confusion s'établit entre le progrès technique et le progrès de la communication. *Rien ne dit que le changement technique suffit à assurer une meilleure communication.* Ce stéréotype de la supériorité de la technique sur la communication humaine produit des ravages depuis plus de deux générations. En réalité, malgré les apparences, la communication humaine n'est pas plus facile dans sa dimension numérique que médiatique. Elle est toujours compliquée. À preuve, le temps que nous y passons… L'abondance d'informations ne suffit pas à améliorer la communication. Pas plus que la performance technique n'y réussirait. Le mystère reste toujours la question du récepteur humain et celle de la subtilité des relations. L'interactivité n'est pas la communication. La culture l'emporte toujours sur la technique.

« L'information, c'est du sérieux »

« L'information est sérieuse, la communication ne l'est pas. » La preuve ? De la presse aux « big data », l'information constitue le cœur de nos sociétés. Elle est donc vertueuse, même si les fake news en gâchent un peu la victoire. La révolution de l'information constitue donc un acquis certain. Rien de tel, en revanche, pour la communication, synonyme de séduction, voire de manipulation et de perversion. En tout cas, méfiance et doute. Un peu le paradis et l'enfer…

Rien de plus faux que ce séduisant archétype. D'abord, pas d'information sans communication, c'est-à-dire sans relation avec un destinataire. On n'informe pas en l'air, ni pour soi seul. Informer, c'est toujours à destination d'un public, en essayant d'être compris, à supposer que le récepteur soit intéressé. De toute façon, il faut être compréhensible et être capable, en retour, d'écouter. Sauf dans le cas de l'information-service. Donc pas d'information sans la question du récepteur. Et l'on retrouve ainsi la communication, c'est-à-dire la relation et la recherche de l'autre.

C'est également évident pour les journalistes. Ceux-ci n'ont donc pas raison de répéter inlassablement que « l'information est sérieuse et que la communication ne l'est pas ». D'autant que les journalistes « vedettes », en 30 ans, se sont peopolisés. Ils sont partout sur les affiches, les bus, les journaux, et ne cessent d'être dans la publicité. Bref la valorisation incessante de certains journalistes ressemble furieusement à de la promotion et à des opérations de « com ». Ceci est évident pour « l'élite » des journalistes, beaucoup moins vrai pour la classe moyenne journalistique qui ne dispose pas des mêmes moyens et surtout ne se retrouve pas forcément dans ce modèle. Quant au lumpenprolétariat de l'information, il survit. En tout cas, pas d'information sans communication, y compris pour la presse. Et celle-ci n'a pas raison de dévaloriser toujours la communication qui, contrairement au stéréotype dominant, n'est pas synonyme de manipulation. Le récepteur n'est pas toujours idiot, loin de là. Il ne suffit pas de lui dire quelque chose pour qu'il le croie. On manipule beaucoup moins qu'on ne le pense. Par ailleurs, l'interactivité permise par la technique est bien différente de la communication. Les deux ne sont pas synonymes. L'interactivité est technique, la réception et l'intercompréhension renvoient aux hommes et aux sociétés. D'ailleurs, l'information n'est elle-même plus forcément synonyme de vérité. Des rumeurs aux manipulations et aux immenses marchés de demain, tout se complique… et la manipulation atteint aujourd'hui autant l'information que la communication. D'où la nécessité de valoriser le rôle, indispensable, des *journalistes*. Plus il y a d'information, plus ce métier est essentiel à défendre, comme les *documentalistes*, *archivistes* et *traducteurs* ! Quatre métiers indispensables. La suspicion croissante à l'égard de l'information retrouve celle existant à l'égard de la communication.

Cette dévalorisation excessive de la communication est visible dans le triomphe du mot « com », symbole de toutes les méfiances. Il ne s'agit plus, avec l'usage permanent de ce mot, d'essayer de partager ou de se comprendre, mais seulement de séduire ou d'influencer. Bien sûr, ces deux dimensions, partage et séduction, ont toujours existé. Chacun l'expérimente quotidiennement, mais on a l'impression qu'il n'y a plus que la séduction. Cette dévalorisation constante de la communication concerne d'ailleurs beaucoup plus la communication humaine que les prouesses de la communication technique. Alors même que la communication humaine est plus difficile à réussir que la communication technique. Et la communication plus compliquée que l'information. Avec la communication, il s'agit tout de suite de l'altérité et des relations avec des récepteurs. Le récepteur ? La question probablement la plus compliquée de la communication. À quelle condition celui-ci accepte-t-il la relation ? Le récepteur n'a pas toujours raison, loin de là, mais il est rarement « en ligne ». À quelles conditions l'émetteur, en retour, est-il lui aussi prêt à entendre quelque chose ?

D'ailleurs, on constate que plus il y a d'information, plus il y a de résistance de la part du récepteur. « Il ne suffit pas d'informer pour communiquer ». Le rôle central revient à la négociation pour réduire l'incommunication et prévenir l'acommunication. Il n'y a plus la « bonne » information et la « mauvaise » communication. C'est tout le stéréotype de la hiérarchie entre information et communication qui s'affaisse. En réalité, dévaloriser la communication, la réduire à de la manipulation, évite de réfléchir à l'essentiel : *que fait-on avec l'autre ?* L'incommunication constitue toujours l'horizon des échanges, le risque de l'acommunication est toujours présent. Dans la double révolution de l'information et de la communication, la complexité croît avec l'abondance des échanges. Mais dans le doute qui saisit ces deux concepts, la communication est nettement plus dévalorisée. Pourtant, on ne peut sauver le message et le messager en oubliant l'incommunication et le récepteur.

« Se connecter, c'est partager »

C'est paraît-il, enfin, le moyen de se comprendre grâce au numérique et à toutes les « applis ». Se connecter et partager. Ah oui ? Oui ! Partager, aimer, qui sont le cœur de la communication, inlassablement recherchée par chacun d'entre nous, est enfin possible grâce aux réseaux. Un progrès humain permis par le progrès technique. En se branchant, on échange dans tous les coins du monde, avec des individus parfois inconnus, et on partage les projets, les sentiments, malgré les différences de langue, d'âge, de sexe, de culture… On se comprend ! Le progrès : cliquer et partager. Merci « messieurs les Gafa ». Vous résolvez d'un seul coup, grâce à la technique, ce que les humains, depuis toujours, n'ont pas réussi à renverser, à savoir la méfiance à l'égard de l'autre, la peur, l'hostilité, l'incommunication, l'agressivité. Grâce aux « tuyaux », les hommes, à l'échelle mondiale, peuvent se comprendre et surtout, comme le dit le slogan, « partager ».

On est là au cœur du stéréotype d'Internet et des réseaux, au cœur du mythe de la communication par la technique. S'il suffisait de parler, et de s'exprimer, pour se comprendre, cela se saurait, car du téléphone à la radio, la télévision et aujourd'hui les réseaux, on ne manque ni de technique, ni d'expression, ni d'interactivité. *Mais l'interactivité n'est pas synonyme de communication.* La vitesse des échanges et le volume des informations en circulation ne suffisent pas à produire l'intercompréhension. *L'interaction est technique, la communication humaine.* S'il suffisait de se rencontrer, même virtuellement, pour se comprendre, on en aurait déjà vu les résultats positifs. La méfiance, la violence, la haine de l'autre, disparaissent-elles avec la technique ? Pourquoi la technique réussirait là où les hommes échouent ? Où sont les exemples ? La paix est-elle aujourd'hui plus facile qu'hier avec plus de 4 milliards d'internautes ? La haine de l'autre et le racisme ont-ils diminué ? L'omniprésence technique rend-elle les hommes plus vertueux ?

Pourquoi la technique devient-elle supérieure à la politique et à la diplomatie ? Pourquoi l'interactivité crée-t-elle l'égalité et permet-elle de dépasser les méfiances anthropologiques ? Pourquoi depuis cinquante ans, avec plus de 5 milliards de postes de radio, presque autant de téléviseurs et bientôt d'ordinateurs, n'y a-t-il pas plus d'intercompréhension et de respect mutuel ? Où sont la considération à l'égard de l'autre et la volonté de débattre ? De quel miracle de paix la technique est-elle capable ? En quoi cette facilité d'échange d'informations porte-t-elle atteinte aux stéréotypes, langues de bois, mensonges, violences, idéologies ?

En un mot, comment réduire l'immense diversité culturelle et la violence de toutes les acommunications ? Comment la vitesse de circulation des images et des informations peut-elle remplacer la lenteur indispensable pour établir un peu de confiance mutuelle ? Une autre question sans réponse : pourquoi s'est-on toujours méfié des « publics de masse » de la radio et de la télévision, symboles de manipulation et de standardisation, et pourquoi, en revanche, est-on fasciné, positivement, par le nombre croissant d'internautes ? Pourquoi la paix serait-elle au bout des claviers ? On glisse ici subrepticement du stéréotype et de la langue de bois à l'idéologie.

Dominique Wolton

Quelques définitions

Archétype (n. m.)

– Modèle original ou idéal sur lequel est fait un ouvrage, une œuvre

Chez C. G. Jung, structure universelle issue de l'inconscient collectif qui apparaît dans les mythes, les contes et toutes les productions imaginaires du sujet sain, névrosé ou psychotique. **(LAROUSSE)**

– Étalon primitif des poids et des mesures. **(LITTRÉ)**

– Un modèle idéal, un type suprême ou un prototype : dans ce sens, les Idées chez Platon sont le modèle en même temps que le fondement des choses. **(ENCYLOPAEDIA UNIVERSALIS)**

– *PSYCHOL.* [Chez C. G. Jung] Symbole primitif et universel appartenant à l'inconscient collectif de l'humanité et se concrétisant dans les contes, les mythes, le folklore, les rites etc. des peuples les plus divers :

Il [Raphaël] a chéri le thème du héros, du chevalier vainqueur de monstres, de ces monstres qu'éveille, si l'on en croit Goya, le sommeil de la raison. L'analyse des grands mythes a montré qu'il faut reconnaître là un de ces **archétypes** que, selon Jung, notre mémoire ancestrale, héritée des plus anciens aïeux de notre espèce, garde au tréfonds d'elle-même. (HUYGHE, *Dialogue avec le visible,* 1955, p. 332). **(TLF)**

Banalité (n.f.)

– Propos, idée, écrit sans originalité : *Ne dire que des banalités.* **(LAROUSSE)**

– Chose triviale, vulgaire, sans originalité. Cette proposition est une banalité. Les compliments ne sont que des banalités. **(LITTRÉ)**

– Ce qui est banal en général :

… il [A. Daudet] secouait la tête avec un demi-sourire indulgent, et soupirait : « Il n'y a point de **banalité** dans le monde, il n'y en a que dans les esprits… » (L. DAUDET, *Alphonse Daudet,* 1898, p. 89).

Ainsi faisaient en 1916 les couturiers qui d'ailleurs, avec une orgueilleuse conscience d'artistes, avouaient que « *chercher du nouveau, s'écarter de la* **banalité**, *affirmer une personnalité,* préparer la victoire, dégager pour les générations d'après la guerre une formule nouvelle de beau, telle était l'ambition qui les tourmentait, la chimère qu'ils poursuivaient, … » (PROUST, *Le Temps retrouvé,* 1922, p. 724).

La **banalité** est morne parce qu'elle est le rappel et la confirmation d'une *uniformité lassante.* (L. JERPHAGNON, *De la Banalité,* Paris, Vrin, 1965, p. 55). **(TLF)**

Caricature (n. f.)

– Représentation grotesque, en dessin, en peinture, etc., obtenue par l'exagération et la déformation des traits caractéristiques du visage ou des proportions du corps, dans une intention satirique. **(LAROUSSE)**

– Imitation dérisoire, charge. Molière a fait le portrait de l'avare, dont d'autres n'ont donné que la caricature. **(LITTRÉ)**

– Description satirique et outrée d'une situation, d'un événement, de la réali**té (ENCYLOPAEDIA UNIVERSALIS)**

– Portrait en charge, le plus souvent schématique, dessiné ou peint, mettant exagérément l'accent, dans une intention plaisante ou satirique, sur nu trait jugé caractéristique du sujet. *Les légendes de ses dessins étaient célèbres, (...) aucun trône ne résistait à ses caricatures* (GIRAUDOUX, *Suzanne et le Pacifique,* 1921, p. 210) **(TLF)**

Cliché (n.m.)

– Phototype négatif servant au tirage des épreuves. **(LAROUSSE)**

– Familièrement, image commune, banalité **(ENCYLOPAEDIA UNIVERSALIS)**

– Plaque métallique en relief à partir de laquelle on peut tirer un grand nombre d'exemplaires d'une composition typographique, d'un dessin, d'une gravure sur bois, sans avoir à composer, dessiner ou graver à nouveau.

Au fig., péj., littér., dans le domaine de l'*expr. verbale.* Expression toute faite devenue banale à force d'être répétée ; idée banale généralement exprimée dans des termes stéréotypés. *Un discours (...) contenant tous les clichés, tous les lieux communs, toutes les expressions éculées, toutes les homaiseries imaginables* (E. et J. DE GONCOURT, *Journal,* 1890, p. 1267). *Véritable poncif de piété, il [le Père] émaillait son discours de clichés sacerdotaux* (H. BAZIN, *Vipère au poing,* 1948, p. 98) **(TLF)**

Idée reçue, idée toute faite (n. f.)

– *Au fig.* Adopté sans examen ; banal, sans originalité. *Idée toute faite.* **Idée reçue**, lieu commun. *Elle laisse ses amis penser pour elle ; elle reçoit leurs idées toutes faites* (FRANCE, *Vie littér.,* 1888, p. 342). *Expression, locution, formule toute faite.* Expression figée de la langue, consacrée par l'usage et devenue banale. *Phrase toute faite.* Formule de politesse conventionnelle et froide. Synon. *cliché. N'en pas parler du tout plutôt que d'en parler avec des phrases toutes faites* (MONTHERL., *Pitié femmes,* 1936, p. 1119) **(TLF)**

Idéologie (n. f.)

– Ensemble des représentations dans lesquelles les hommes vivent leurs rapports à leurs conditions d'existence (culture, mode de vie, croyance) : *L'idéologie des romantiques allemands du* XIXe *s.* **(LAROUSSE)**

– Science qui traite de la formation des idées, puis système philosophique d'après lequel la sensation est la source unique de nos connaissances et le principe unique de nos facultés. **(LITTRÉ)**

– [Fin XVIIIe s. ; mot créé par Destutt de Tracy pour remplacer *psychologie*] Science des idées (au sens général des faits de conscience), de leur nature, de leur rapport avec les signes qui les représentent, et surtout de leur origine (qu'elles tirent de la seule expérience sensible, continuation du sensualisme de Condillac). *Condillac, que l'on peut regarder comme le fondateur de l'idéologie* (DESTUTT DE TR., *Idéol. 2,* 1803, p. 10). *La science qui nous occupe (…) cette science si détestée des charlatans de toutes les espèces, est la chose du monde la plus enfantine (…). Nous la nommerons idéologie (…) discours sur les idées* (STENDHAL, *Corresp.,* t. 1, 1805, p. 138). *De 1792 à 1800 j'ai rarement entendu citer Locke en Angleterre : son système, disait-on, était vieilli, et il passait pour faible en idéologie* (CHATEAUBR., *Litt. angl.,* t. 2, 1836, p. 240).

Ensemble plus ou moins cohérent des idées, des croyances et des doctrines philosophiques, religieuses, politiques, économiques, sociales, propre à une époque, une société, une classe et qui oriente l'action. *Idéologie chrétienne, conservatrice, révolutionnaire, réactionnaire, gaulliste, libérale, nationaliste. Sur le plan politique, c'est le développement des idéologies marxistes, socialistes, syndicalistes, qui s'affirment, par des partis et des institutions, dans tous les pays, dans toutes les classes, dans toutes les races* (*Univers écon. et soc.*, 1960, p. 64-2). *Les idéologies et les utopies ouvrières reconstruisent l'économie* (REYNAUD, *Syndic. Fr.*, 1963, p. 207). *Les Américains se trompent, n'est-ce pas ? Ils croient combattre le communisme avec du ravitaillement, de l'argent, des techniciens... Le communisme est une idéologie, et il ne peut être vaincu que par une autre idéologie – plus bête si possible* (P. GAXOTTE ds TH. MAULNIER, *Le sens des mots,* 1976, p. 112) **(TLF)**

Image (n. f.)

– Représentation mentale élaborée à partir d'une perception antérieure : *Image visuelle. L'image d'un être cher.* **(LAROUSSE)**

– Représentation (ou réplique) perceptible d'un être ou d'une chose.

(TLF)

Image d'Épinal (n. f.)

– gravure à usage populaire, de style assez naïf, dont Épinal a été l'un des principaux centres de fabrication ; présentation qui donne d'un fait une version simpliste et exagérément optimiste. **(LAROUSSE)**

Imaginaire (n.m.)

– Qui n'est que dans l'imagination, qui n'est point réel. Avec une vertu qui fût imaginaire, Car je l'appelle ainsi quand elle est sans effet, Corneille, Nic. II, 3. Et cette liberté qui lui semble si chère, N'est pour Rome, seigneur, qu'un bien imaginaire, Corneille, Cinna, II, 1. **(LITTRÉ)**

– Créé par l'imagination, qui n'a d'existence que dans l'imagination. Abîme, danger, péril imaginaire ; ciel, dieu, objet imaginaire ; fait imaginaire ; apparition imaginaire ; craintes, soucis imaginaires. J'ai retrouvé mon atlas d'enfant et j'y ai revu les voyages imaginaires que j'avais tracés sur les cartes avec mon crayon rouge, et les noms de villes que j'y avais soulignés (LARBAUD, Barnabooth, 1913, p. 244).

PHILOS. [dans la théorie de J.-P. Sartre] Domaine de l'imagination, posé comme intentionnalité de la conscience : Nous sommes à même, à présent, de comprendre le sens et la valeur de l'**imaginaire**. Tout **imaginaire** paraît « sur fond de monde », mais réciproquement toute appréhension du réel comme monde implique un dépassement caché vers l'**imaginaire**. Toute conscience imageante maintient le monde comme fond néantisé de l'**imaginaire** et réciproquement toute conscience du monde appelle et mot **(TLF)**

Langue de bois (n. f.)

– Façon de s'exprimer en utilisant des stéréotypes et des formules figées **(ENCYLOPAEDIA UNIVERSALIS)**

Lieu commun (n.m.)

– Réflexion banale, dépourvue d'originalité, idée reçue. **(LAROUSSE)**

– Banalité, argument ou démonstration valable quel que soit le sujet **(ENCYLOPAEDIA UNIVERSALIS)**

– *Expr. Lieu commun.* Idée, formule générale souvent répétée et appliquée à un grand nombre de situations. *User de lieux communs ; répéter, renouveler un lieu commun.*

Péj. Banalité, idée ou argument rebattu(s) :

... Et pourtant de ces augustes bouches / Il ne sort que discours incohérents et louches, / Centons plats, *lieux* communs, sans style et sans couleur, / Indignes de ces gens de génie et de cœur (BARBIER, *Satires,* Une Soirée d'esprits, 1865, p. 80). **(TLF)**

Modèle (n. m.)

– Ce qui est donné pour servir de référence, de type **(LAROUSSE)**

– Objet d'imitation. Un modèle d'écriture, de broderie. Suivre, imiter le modèle. *Salomon le bâtit [le temple] sur le modèle du tabernacle,* Bossuet, *Hist. II, 4. Étudiez la cour et connaissez la ville ; L'une et l'autre est toujours en modèles fertile,* Boileau, *Art p. III. Si du même limon la nature féconde Sur un modèle égal ayant fait les humains…,* Voltaire, *Scythes, IV, 1.*

Fait d'un certain modèle, fait d'une certaine façon. *Il est bien difficile enfin d'être fidèle à de certains maris faits d'un certain modèle,* Molière, *Tart. II, 2. Où la fortune a-t-elle Mis en vos mains l'époux d'un bizarre modèle ?* Regnard, *Démocr. IV, 7.* **(LITTRÉ)**

– *SOCIOL., ANTHROPOL. Modèle culturel, socioculturel.* Schème de référence et modèle de conduite, basé sur la culture admise, établie dans une société et qui est acquise quasi spontanément par chacun des membres qui y vivent`` (Birou 1966). *L'anthropologie a défini des modèles socioculturels, c'est-à-dire des ensembles de traits qui caractérisent, globalement, les membres d'une société et qui constituent la « personnalité de base »* (Sill.*Psychol.*1980, p. 753). **(TLF)**

– Ce qui sert de référence. **(ENCYCLOPEDIA)**

Mythe (n. m.)

– Particulièrement, récit relatif à des temps ou à des faits que l'histoire n'éclaire pas, et contenant soit un fait réel transformé en notion religieuse, soit l'invention d'un fait à l'aide d'une idée. Le mythe est un trait fabuleux qui concerne les divinités ou des personnages qui ne sont que des divinités défigurées ; si les divinités n'y sont pour rien, ce n'est plus mythe, c'est légende ; Roland à Roncevaux, Romulus et Numa, sont des légendes ; l'histoire d'Hercule est une suite de mythes. Il n'est pas nécessaire que le mythe soit un récit d'apparence historique, bien que c'en soit la forme la plus ordinaire.

Fig. et familièrement. Ce qui n'a pas d'existence réelle. On dit qu'en politique la justice et la bonne foi sont des mythes. **(LITTRÉ)**

– Représentation idéalisée de l'humanité, utopie. Image simplifiée, idéalisation de quelqu'un ou quelque chose **(ENCYCLOPEDIA)**

– Représentation traditionnelle, idéalisée et parfois fausse, concernant un fait, un homme, une idée, et à laquelle des individus isolés ou des groupes conforment leur manière de penser, leur comportement. *Mythe du chef, du héros ; mythe de l'argent, du confort, de la minceur, de la vitesse ; mythe de la galanterie française ; mythe de la grève générale. Il entendait l'énumération de ses propres vertus : –... Un guerrier de race... de ceux qui brodent sur nos drapeaux l'or impérissable des victoires... Son tour était venu dans le cérémonial d'être transcendé par le mythe du bon général, ami de ses hommes, du grand général infatigable au combat comme aux travaux de paix* (Druon, *Gdes fam.*, t.1, 1948, p. 164). **(TLF)**

Parangon (n. m.)

– Modèle, type accompli : *Parangon de vertu.* **(LAROUSSE)**

– Patron, modèle. *Vrai parangon de vaillants et courtois, Qui m'envoyez délectable écriture,* Voiture, *Œuv. t. II, p. 217. Bayard, véridique auprès des princes, hasardeux dans les combats, galant auprès des dames, protecteur de leur honneur, vrai parangon de bonne foi et de vaillance,* Anquetil, *Inst. Mém. scienc. mor. et polit. t. I, p. 27. Que dirait ce parangon de l'orgueil monarchique [Louis XIV], s'il voyait aux écoles, avec tous les enfants de la race sujette, un de ses arrière neveux [un des fils du duc d'Orléans] sans pages ni jésuites ?* Courier, *Simple discours.*

Ce qu'il y a de plus excellent, en parlant des personnes ou des choses. *Anne, puisqu'ainsi va, passait dans son village Pour la perle et le parangon,* La Fontaine, *Cas. Par ce parangon des présents Il croyait sa fortune faite,* La Fontaine, *Fabl. XII, 12.* **(LITTRÉ)**

– Le modèle, le représentant typique de. *Parangon de vertu. Ces grands patriotes, ces types du père de famille, ces parangons de modestie, après nous avoir signalés aux belles citoyennes, nous vouent à l'exécration de la postérité* (PROUDHON, *Confess. révol.*, 1849, p. 378). *La perle, le phénix et le parangon des soubrettes en la personne de l'incomparable Zerbine* (GAUTIER, *Fracasse,* 1863, p. 188). *Le modèle et le parangon des saloirs* (A. FRANCE, *Mir. Gd St Nic.*, 1909, p. 70). **(TLF)**

Perception (n. f.)

– Idée, compréhension plus ou moins nette de quelque chose (**LAROUSSE)**

– *Terme de philosophie.* Acte par lequel l'esprit aperçoit l'objet qui fait impression sur les sens. Toute sensation, tout phénomène de sensibilité spéciale ou générale se compose de trois actes différents : l'impression, la transmission, la perception. *Nos jugements ont plus d'étendue que nos perceptions,* MALEBRANCHE, *Rech. vér. III, II, 9. Nos sensations sont purement passives, au lieu que toutes nos perceptions ou idées naissent d'un principe actif qui juge,* ROUSSEAU, *Ém. II, II.[Epicure] a su démêler deux choses dans nos sensations : la perception qui est toujours vraie, parce qu'elle n'assure que ce que nous sentons ; le jugement qui peut être faux, lorsque, d'après nos perceptions, nous jugeons de ce que les choses sont en elles-mêmes,* CONDILLAC, *Hist. anc. III, 25. Le sentiment d'une perception n'est que l'être pensant existant d'une certaine manière,* BONNET, *Ess. psych. ch. 35.* **(LITTRÉ)**

– Représentation consciente des objets. **(ENCYCLOPEDIA)**

– Opération psychologique complexe par laquelle l'esprit, en organisant les données sensorielles, se forme une représentation des objets extérieurs et prend connaissance du réel. *Perception tactile, visuelle ; perception spatiale ; théorie de la perception. Un des effets du vêtement est de rendre le corps plus présent et plus sensible à lui-même par des perceptions de la peau* (ALAIN, *Beaux-arts,* 1920, p. 68. *La perception est plus que la simple sensation : c'est la sensation suivie de l'acte intellectuel qu'elle suscite immédiatement et par lequel elle est interprétée* (*Méd. Biol.*t. 31972) :

Nos perceptions du monde physique s'organisent en nous (...) sous forme d'images qui représentent avec le plus de fidélité possible ce qui se passe autour de nous. Mais perceptions, sensations, ne tombent jamais dans un terrain neutre ; elles engendrent immédiatement une réaction affective, une émotion, qui varient selon la nature de ce qui les provoque, mais aussi selon la nature de celui qui les reçoit. HUYGHE, *Dialog. avec visible,* 1955, p. 313. **(TLF)**

Poncif (n. m.)

– Formule rabâchée, qui a perdu toute originalité ; cliché. **(LAROUSSE)**

– *Fig. et familièrement.* Formule de style, de sentiment, d'idée ou d'image qui, fanée par l'abus, court les rues avec un faux air hardi et coquet. **(LITTRÉ)**

– Lieu commun, cliché. **(ENCYCLOPEDIA)**

– *Au fig., péj.* Expression ou œuvre (littéraire, artistique, etc.), banale, de routine, copiant manifestement un modèle et dépourvue de toute originalité. Synon. *cliché, stéréotype, lieu commun**. *Roman rempli de poncifs ; donner, tomber dans les poncifs. La Normandie est le pays de tous les poncifs : l'architecture gothique, le port de mer, les bateaux, la ferme rustique avec de la mousse sur le toit* (GONCOURT, *Journal*, 1866, p. 236) :

. Toute nouveauté ayant pour condition l'élimination préalable du poncif auquel nous étions habitués et qui nous semblait la réalité même. PROUST, *J. filles en fleurs*, 1918, p. 552. **(TLF)**

Préjugé (n. m.)

– Jugement sur quelqu'un, quelque chose, qui est formé à l'avance selon certains critères personnels et qui oriente en bien ou en mal les dispositions d'esprit à l'égard de cette personne, de cette chose : *Avoir un préjugé contre quelqu'un.*

Opinion adoptée sans examen, souvent imposée par le milieu, l'éducation : *Avoir les préjugés de sa caste.* **(LAROUSSE)**

– Opinion, croyance qu'on s'est faite sans examen. *Le défaut de nos examens c'est que nous ne nous examinons jamais que dans nos propres préjugés,* MASSILLON, *Carême, Confess. Ce mot va paraître un blasphème à l'idolâtre préjugé,* LAMOTTE, *Odes, t. I, p. 360, dans POUGENS. Les préjugés de la superstition sont supérieurs à tous les autres préjugés,* MONTESQUIEU, *Esp. XVIII, 18. J'appelle ici préjugés, non pas ce qui fait qu'on ignore certaines choses, mais ce qui fait qu'on s'ignore soi-même,* MONTESQUIEU, *Préf. de l'Espr. des lois. Le soleil se lève, la lune aussi, la terre est immobile : ce sont là des préjugés physiques naturels,* VOLTAIRE, *Dict. phil. Préjugés. Le préjugé est une opinion sans jugement,* VOLTAIRE, *ib. Ce n'est point par préjugé que vous courez au secours d'un enfant inconnu prêt à tomber dans un précipice, ou à être dévoré par une bête ; mais c'est par préjugé que vous respecterez un homme revêtu de certains habits, marchant gravement, parlant de même,* VOLTAIRE, *ib.* **(LITTRÉ)**

– Opinion provisoire. Péjorativement, idée préconçue. **(ENCYCLOPEDIA)**

– *Péj.*, souvent *au plur.* Opinion hâtive et préconçue souvent imposée par le milieu, l'époque, l'éducation, ou due à la généralisation d'une expérience personnelle ou d'un cas particulier. Synon. *Parti-pris. Préjugé aristocratique, catholique, classique, héréditaire, moral, national, populaire, religieux ; préjugés racistes, sexistes ; préjugé étroit, grossier, tenace ; préjugé de caste, de classe ; braver, combattre les préjugés ; être victime des préjugés. Aucun préjugé n'est coupable, ni aucune tradition. C'est la vie générale qui marche d'un tel pas qu'il est absolument hors de ses moyens de la suivre* (MAURRAS, *Avenir intellig.*, 1905, p. 55). *Tous les adhérents de la* nouvelle école *savent qu'il leur a fallu de sérieux efforts pour combattre les préjugés de leur éducation* (SOREL, *Réflex. violence*, 1908, p. 204) : Il passa par tout un long rêve entrecoupé d'inquiétudes et de folies, où l'amour tenait la première place, l'amour comme chez les poètes, l'amour tyrannique et souverain, au-dessus de toutes les contingences, des morales périmées, des préjugés bourgeois. ARAGON, *Beaux quart.*, 1936, p. 405. **(TLF)**

Représentation (n. f.)

– Image, figure, symbole, signe qui représente un phénomène, une idée **(LAROUSSE)**

– Image, symbole, signe... qui représente une chose ou une idée. En philosophie, ce par quoi un objet est présent à l'esprit. **(ENCYCLOPEDIA)**

– Le mot français « représentation » apporte une réponse [à la contradiction « contenue » dans le mot « répétition »]. Une représentation, c'est le moment où l'on montre quelque chose qui appartient au passé, quelque chose qui a existé autrefois et qui doit exister maintenant. (...) En d'autres termes, une représentation, c'est une mise au présent, qui doit favoriser un retour à la vie que la répétition avait nié, mais qu'elle aurait dû sauvegarder. P. BROOK, *L'Espace vide : Écrits sur le théâtre*, trad. par Chr. Estienne et Fr. Fayolle, 1977, p. 181. **(TLF)**

Standard (n. m.)

– Règle fixe à l'intérieur d'une entreprise pour caractériser un produit, une méthode de travail, une quantité à produire, le montant d'un budget. **(LAROUSSE)**

– (mot anglais) Conforme à un modèle, à une norme de fabrication. **(ENCYCLOPEDIA)**

Stigmate (n. m.)

– Toute marque, toute trace qui révèle une dégradation (surtout pluriel) **(LAROUSSE)**

Symbole (n. m.)

– Signe figuratif, être animé ou chose, qui représente un concept, qui en est l'image, l'attribut, l'emblème **(LAROUSSE)**

– Figure, objet, être vivant... qui est l'image d'un concept, qui représente une chose abstraite ; tout signe abréviatif conventionnel (physique, chimie, mathématique...). **(ENCYCLOPEDIA)**

– Objet, image, signe ou comportement manifestant, figurant ou évoquant quelque chose (p. ex. anneau, symbole de la fidélité ; corne taurine, symbole de l'abondance ; drapeau rouge, symbole révolutionnaire ; poisson, symbole anagrammatique de Jésus-Christ). *Le triple symbole de la république, le bonnet phrygien, le niveau, deux mains qui s'étreignent : liberté, égalité, fraternité* (Sandeau, *Sacs*, 1851, p. 51) :

2. Devant lui, à trente mètres, à un carrefour, passait une troupe, une bande plutôt de soldats débraillés, sans armes pour la plupart, tirant à bras des voitures, chantant, brandissant des drapeaux rouges, emmenant avec eux dans leur déroute des chariots pleins de pillage, et conduits par des officiers qui chantaient avec eux. Symbole d'une Allemagne à la dérive, d'un peuple fini. Van der Meersch, *Invas. 14*, 1935, p. 429. **(TLF)**

Autour du même thème, *Hermès* a déjà publié…

Sur des sujets proches d'*Hermès* 83, « Les stéréotypes, encore et toujours », on pourra se référer aux parutions suivantes :

1) *Hermès*

Hermès, n° 5-6, « Individus et politique », 1989, coordonné par E. Apfelbaum, J.-M. Besnier et A. Dorna.
Hermès, n° 8-9, « Frontières en mouvement », 1991, coordonné par D. Dayan, J.-M. Ferry, J. Sémelin, I. Veyrat-Masson et D. Wolton.
Hermès, n° 15 et n° 16, « Argumentation et rhétorique », 1995, coordonné par A. Boyer et G. Vignaux (vol. 1 et vol. 2).
Hermès, n° 22, « Mimesis », 1998, coordonné par S. Ossman.
Hermès, n° 23-24, « La cohabitation culturelle en Europe », 1999, coordonné par E. Dacheux, A. Daubenton, J.-R. Henry, P. Meyer-Bisch et D. Wolton.
Hermès, n° 30, « Stéréotypes dans les relations Nord-Sud », 2001, coordonné par G. Boëtsch et C. Villain-Gandossi.
Hermès, n° 38, « Les sciences de l'information et de la communication », 2004, coordonné par Y. Jeanneret et B. Ollivier.
Hermès, n° 41, « Psychologie sociale et communication », 2005, coordonné par B. Orfali et I. Markova.
Hermès, n° 43, « Rituels », 2005, coordonné par G. Boëtsch et C. Wulf.
Hermès, n° 46, « Évènements mondiaux, regards nationaux », 2006, coordonné par J. Arquembourg, G. Lochard et A. Mercier.
Hermès, n° 49 et n° 56, « Traduction et mondialisation », 2007 et 2010, coordonné par J. Nowicki et M. Oustinoff (vol. 1), avec J. Machado da Silva (vol. 2).
Hermès, n° 51, « L'épreuve de la diversité culturelle », 2008, coordonné par J. Nowicki, M. Oustinoff et S. Proulx.
Hermès, n° 58, « Les langues de bois », 2010, coordonné par J. Nowicki, M. Oustinoff et A.-M. Chartier.
Hermès, n° 63, « Murs et frontières », 2012, coordonné par T. Paquot et M. Lussault.
Hermès, n° 72, « L'artiste, un chercheur pas comme les autres », 2015, coordonné par F. Renucci et J.-M. Réol.
Hermès, n° 77, « Les incommunications européennes », 2017, coordonné par J. Nowicki, L. Radut-Gaghi et G. Rouet.
Hermès, n° 80, « 30 ans d'indisciplines », 2018, coordonné par le bureau de la rédaction.

2) « Les Essentiels d'Hermès »

Carrilho, M. M., *La Rhétorique*, Paris, CNRS éditions, 2012.
Nowicki, J., *La Cohabitation culturelle*, Paris, CNRS éditions, 2010.
Wallon, B., *Banlieues vues d'ailleurs*, Paris, CNRS éditions, 2016.
Munier, B., *À vue de nez*, Paris, CNRS éditions, 2019.

3) « Les Essentiels d'Hermès »

Semprini, A., *CNN et la mondialisation de l'imaginaire*, Paris, CNRS éditions, 2000.

Les trois collections d'*Hermès* (la revue, les livres de poche et les ouvrages en grand format) sont disponibles en librairie. Les anciens numéros de la revue *Hermès* sont accessibles en ligne, sur iRevues (<irevues.inist.fr/hermes>) et sur Cairn (<www.cairn.info/revue-hermes-la-revue.htm>), où les publications des trois dernières années peuvent être achetées au format numérique.

Sélection bibliographique

En complément des références citées dans les articles, cette bibliographie rassemble une sélection de publications sur le sujet.

AMOSSY, R., *Les Idées reçues. Sémiologie du stéréotype*, Paris, Nathan, 1991.

AMOSSY, R. et HERCHBERG-PIERROT, A., *Stéréotypes et clichés*, Paris, Nathan, 1997.

BARTHES, R., *Mythologies*, Paris, Seuil, 1957.

BARTHES, R., *Le Plaisir du texte*, Paris, Seuil, 1973.

BLOY, L., *Exégèse des lieux communs*, Paris, Mercure de France, 1902.

BOUDON, R., *L'Idéologie ou l'origine des idées reçues*, Paris, Fayard, 1986.

BOYER, H., *Stéréotypage, stéréotypes : fonctionnements ordinaires et mises en scène*, Paris, L'Harmattan, 2007.

Bulletin international des sciences sociales, dossier « Stéréotypes nationaux et compréhension internationale », Paris, Unesco, 1951. En ligne sur : <unesdoc.unesco.org/images/0005/000593/059379fo.pdf>.

DIDIER, A. et PLANTIN, C., *Lieux communs : topoï, stéréotypes, clichés*, Paris, Kimé, 1993.

DUBOIS, D., *Processus de catégorisation : construction discursive des catégories. Catégorisation et cognition : de la perception au discours*, Paris, Kimé, 1997.

DUFAYS, J.-L. et JOUVE, V., *Stéréotype et lecture. Essai sur la réception littéraire*, Bruxelles, Lang, 2010.

DURKHEIM, E., *Les Formes élémentaires de la vie religieuse* [1912], Paris, Presses universitaires de France, 1968.

ELLUL, J., *Exégèse de nouveaux lieux communs*, Paris, La Table Ronde, 1966.

GOULET, A. (dir.), *Le Stéréotype. Crise et transformations*, Caen, Centre de recherche sur la modernité, université de Caen, 1994.

GRANDIÈRE, M. et MOLIN, M. (dir.), *Le Stéréotype : outil de régulations sociales*, Rennes, Presses universitaires de Rennes, 2004.

JEANNENEY, J.-N., DELPORTE, C., SIRINELLI, J.-F. et VEYRAT-MASSON, I., *Une Idée fausse est un fait vrai. Les stéréotypes nationaux en Europe*, Paris, Odile Jacob, 2000.

JODELET, D., *Les Représentations sociales*, Paris, Presses universitaires de France, 2003.

JODELET, D., *Représentations sociales et mondes de vie*, Paris, éditions des Archives contemporaines, 2015.

KOHLER, F., *Stéréotypes culturels et constructions identitaires*, Tours, Presses universitaires François Rabelais, 2007.

LÉVI-STRAUSS, C., *Race et Histoire* [1952], Paris, Denoël, 2007.

LIPPMANN, W., *Public Opinion*, New York, Harcourt, Brace & co, 1922.

MOSCOVICI, S., « Pourquoi une théorie des représentations sociales ? », *in* MOSCOVICI, S., *Le Scandale de la pensée sociale*, Paris, éditions de l'École des hautes études en sciences sociales, 2014, p. 19-64

ROZE, X., « Stéréotypes sociaux », *Encyclopaedia Universalis*, 1974.

ROUQUETTE, M.-L. et RATEAU, P., *Introduction à l'étude des représentations sociales*, Grenoble, Presses universitaires de Grenoble, 1998.

WOLTON, D., « Information et communication : dix chantiers scientifiques, culturels et politiques », *Hermès*, n° 38, 2004, p. 175-182.

WOLTON, D., « Des stéréotypes coloniaux aux regards postcoloniaux : l'indispensable évolution des imaginaires », *in* BLANCHARD, P. et BANCEL, N. (dir.), *Culture post-coloniale, 1961-2006*, Paris, Autrement, 2006, p. 255-267.

« Stereotype room of the *New York Times* newspaper ». M. Collins, sept. 1942.
Library of Congress Prints and Photographs Division, Washington, D.C.

Bernard Valade
Michaël Oustinoff
Hervé Glevarec
Jean-Jacques Boutaud
Henri Boyer
Joëlle Zask
Brigitte Marin

I. Stéréotypes et représentations sociales : retour sur un concept

Bernard Valade
Université Paris Descartes

Stéréotype et compagnie : versions, variantes et variations

Dans son introduction au colloque de Cerisy-la-Salle consacré au « Stéréotype », Pierre Barbéris déclarait, à propos de ce « quelque chose » qui est toujours impliqué par le langage même : « *Stéréo, cliché, formule, phrase toute faite, scie, rengaine* : il faudra peut-être distinguer et différencier » (1994, p. 9) – et d'abord définir, ajouterons-nous. Mais définira-t-on ce quelque chose, sans cesse en mouvement, dans sa singularité réelle ou supposée, ou bien en liaison avec les termes et expressions auxquels il est communément apparenté : préjugé, idée reçue, lieu commun, poncif, opinion toute faite, convention, convenu ? Autre question : appréhendé avec sa nombreuse famille ou sans famille, le stéréotype a fait l'objet de critiques qui ont trouvé à s'inscrire dans différents cadres disciplinaires, des lettres aux sciences humaines et sociales ; l'un d'entre eux – linguistique, psychologie sociale, sociologie – doit-il être privilégié ? Quel que soit le lieu où il est repéré, qu'il s'agisse d'un milieu social ou de la « chose littéraire », on s'est longtemps appliqué à le dénoncer, à le débusquer, à le traquer ; on en reconnaît aujourd'hui – encore assez inégalement – les aspects positifs. Du stéréotype il existe, en effet, des versions différentes, une pléiade de variantes, de sensibles variations dans l'interprétation qu'on en a donnée. Du point de vue de la communication, c'est la transversalité même de ce mélange d'image, de concept et de croyance qu'il convient essentiellement de prendre en compte.

Stéréotype et opinion publique

Illustré par « livre stéréotype », l'adjectif « stéréotype » fait son apparition comme substantif masculin dans le *Dictionnaire universel de la langue française* de Boiste, où il est défini (édition de 1835, revue par C. Nodier) : « Type, forme solide ». Un siècle plus tard, Walter Lippmann – futur collaborateur du *New York Herald Tribune* (1932-1966) et grand défenseur du libéralisme – l'introduit dans son étude de l'opinion publique : *Public opinion* (1922). « Stéréotype » donne son titre à la troisième partie de ce livre dont le premier chapitre renferme le fameux passage : « We are told about the world before we see it. We imagine most things before we experiment them. And those preconceptions [...] govern deeply whole process of perception ». Le deuxième chapitre, « Stereotype as

Defense », en précise la nature et la fonction : « Its hallmark is that it precedes the use of reason ; is a form of perception, imposes a certain character on the data of our senses before the data reach the intelligence [...] It stamps itself upon the evidence in the very act of securing the evidence ». Tout au long de ces développements, précédés de considérations sur « The world outside and the pictures in our heads », et qui s'achèvent sur la détection du stéréotype (chap. 5), W. Lippmann attribue à ce dernier quatre caractères qu'il illustre au moyen d'exemples empruntés à la vie politique de son temps : l'excessive simplification, la fréquente inexactitude, l'acquisition de seconde main et non l'expérience directe, la résistance au changement.

Aux États-Unis, l'analyse du stéréotype a donné lieu à des études comportant des vérifications expérimentales – dont celle de D. Katz et K. Braly, *Racial Stereotypes of One Hundred College Students* (1933) est souvent citée comme pionnière ; elle a été suivie de *Racial Prejudice and Racial Stereotypes* (1935) des mêmes auteurs, puis d'une autre de D. Katz et H. Cantril en 1940 sur les attitudes devant le fascisme et le communisme. Parmi ces études, celle de R. Stagner (1940) qui analyse précisément le phénomène de stéréotypie est à signaler. La différenciation de l'*in-group* et de l'*out-group*, et des sentiments qui s'y rattachent, y occupe une place importante ; elle est reprise du grand livre sur la tradition, les coutumes et les mœurs de G.W. Sumner (*Folkways*, 1906) qui, le premier, l'a formalisée et forgé le concept d'« ethnocentrisme ». En France, ces différents travaux ont été intégrés dans la thèse de J. Stoetzel, *Théorie des opinions* (1943), où les « images dans notre tête » sont longuement commentées. Celui qui venait de fonder l'Ifop (en 1938) y souligne la puissance des stéréotypes : ils sont la signification elle-même, la valeur rendue sensible, de l'immédiatement communicable – « l'essence de l'opinion publique » (*Ibid.*, p. 199). Suscitant une impression d'universalité des normes reconnues par le corps social, les formules stéréotypées sont en parfaite concordance avec le consensus général qu'est l'opinion publique ; elles ne souffrent pas d'être discutées. De nature plus affective que rationnelle, le stéréotype appelle deux réactions possibles : soit l'adhésion totale, soit le rejet en bloc.

La distinction de l'opinion privée et de l'opinion publique est centrale chez Stoetzel, de même que ce qui relève de la personne d'une part, de la société de l'autre. « Les stéréotypes, écrit-il (*Ibid.*, p. 200), nous renvoient au *socius*. La pensée des opinions doit être cherchée dans des attitudes profondes. » La conjonction de ces registres – sociologique et psychologique – était au même moment entreprise : de 1942 date le lancement d'un programme d'études sur les préjugés (*Studies in Prejudices*) et sur les origines de l'antisémitisme. Il était porté par l'Institut für Sozialforschung, transféré de Francfort aux États-Unis, et confié à une équipe de chercheurs comprenant notamment, côté allemand, outre M. Horkheimer et Th. Adorno, B. Bettelheim, E. Frenkel-Brunswick, M Jahoda, M. Janowitz, D.J. Levinson, L. Löwenthal, et côté américain P. Lazarsfeld. On sait ce qui résulta de l'enquête conduite auprès d'une population de 2000 personnes : la mise en évidence, chez une fraction des sujets interrogés, d'une pensée stéréotypée et rigide. Ces conclusions furent exposées dans *The Authoritarian Personality* (Th. Adorno *et al.*, 1950). Dans son cours professé en 1950-1951, « Les relations avec autrui chez l'enfant », M. Merleau-Ponty (1997, t.1, p. 152) s'est référé aux « recherches curieuses » de Mme Frenkel-Brunswick sur l'intolérance de l'ambiguïté. Ce qu'il en retient et reproduit sur la « rigidité psychologique » comme formation réactionnelle, l'échec du passage de l'ambivalence à l'ambiguïté, la résistance au remaniement de montages antérieurs, la propension à la dichotomisation – idéalisation du milieu familial, diabolisation du monde extérieur – concerne essentiellement le fonctionnement de la pensée stéréotypée.

Dix ans plus tard, M. Jahoda examinait, dans le droit fil de la perspective ouverte par *La Personnalité autoritaire*, « La formation psychologique du préjugé racial ». Dans sa contribution au volume intitulé *Le Racisme devant la science* réalisé sous l'égide de l'Unesco en 1960, elle pose que l'hostilité raciale procède de « mobiles psychologiques ». De ces généralisations abusives et jugements préconçus (qui) « risquent de se figer en stéréotypes rigides, imperméables à la réalité, même au contact des faits », elle se propose de donner une interprétation psychanalytique. Pour elle, les stéréotypes concernant les Noirs et les Juifs trouvent leur origine dans des conflits névrotiques ; ils sont à rapporter à l'incertitude quant à l'identité du Moi, à un sentiment d'insécurité, aux vicissitudes des relations parentales. « Incarné dans un type particulier de personnalité : l'autoritaire », le préjugé racial est déclaré « inévitable ». On connaît la conclusion de ce texte devenu pour longtemps une référence classique dans les sciences sociales : « Le besoin psychologique qui est à l'origine de l'hostilité raciale est effectivement universel et subsistera en nous pour tout l'avenir possible. Il y a même lieu de croire que la tendance moderne à la suppression des castes et à la démocratisation de la vie publique aggrave chez l'individu le conflit relatif à l'identité personnelle » (Jahoda, 1965).

L'objet d'étude de la psychologie sociale

On relèvera le rapport de quasi-équivalence précédemment instauré entre le préjugé et le stéréotype. Une distinction est cependant esquissée en psychologie sociale, par exemple par D. Krech et R.S. Crutchfield (1948 ; tr. fr., 1952). Dans le chapitre traitant des croyances et des attitudes, les « superstitions, illusions, préjugés, stéréotypes » sont donnés à voir comme des comportements de la pensée imperméable à la logique. Jugement prématuré, le préjugé est dans le processus cognitif ce qui fait considérer les êtres et les choses sous un jour favorable ou défavorable. Le stéréotype quant à lui manifeste la tendance d'une croyance donnée, d'une part à se généraliser dans une société, d'autre part à « se simplifier à l'extrême dans son contenu » au point de ne plus correspondre aux faits objectifs (1952, p. 224-226). On notera aussi que l'interrogation sur les stéréotypes a croisé de bonne heure celle suscitée par le racisme ; c'est dans les stéréotypes raciaux qu'elle a d'emblée trouvé son domaine d'investigation privilégié ; l'ouvrage collectif *Les Français et le racisme* (1965), où P.H. Maucorps différencie nettement stéréotype et préjugé, le montre bien. Est-il question de la notion de rôle en psychologie sociale ? A.-M. Rocheblave-Spenlé (1962) convoque (p. 188-189, p. 289, p. 324) les stéréotypes raciaux qui lui sont attachés. Ces derniers n'ont pourtant pas seuls mobilisés l'attention. En témoignent des travaux, tombés dans l'oubli, sur les stéréotypes *nationaux* (Gadoffre, 1951), *professionnels* (Cambon et Léon, 1963), les stéréotypes des *rôles masculins et féminins* qu'A.-M. Rocheblave-Spenlé (1964) s'est employée à identifier.

Au cours des trois décennies qui ont suivi la fin de la Seconde Guerre mondiale, le cadre d'analyse de ce qui est alors globalement tenu pour une *croyance* partagée associée au *concept* dévoyé de classification est bien en place. Aux États-Unis, il doit en grande partie la solidité de son assise théorique aux travaux de B. Bettelheim et de M. Janowitz (1950). Il la doit plus encore aux études que renferme *The Nature of Prejudice* (1954, éd. abrégée, 1958) de G.W. Allport, sur les relations intercommunautaires, la discrimination, le stéréotype. Sans doute des remarques critiques ont-elles été déjà faites par S.E. Asch (*Social Psychology*, 1952), qui ouvrent la voie à un réexamen : le stéréotype généralise et simplifie, certes, mais généralisation et simplification ne sont-elles pas les conditions de la cognition ? Ne joue-t-il pas aussi un rôle positif dans la perception ? Ne permet-il pas l'anticipation des réactions dans les échanges publics et privés ? Le stéréotype n'en reste pas moins chargé d'attributs négatifs. L'article que lui consacre J. Harding dans l'*Encyclopaedia of Social Sciences* en 1968 le confirme : ce sont les caractéristiques énumérées par Lippmann qui sont intégralement reprises. Ce n'est qu'à la fin des années 1970 que Tessa Perkins (1979) s'emploiera à démontrer que les stéréotypes « are not always negative, not always false, not rigid or unchanging ».

En France, ce nouvel objet d'étude a tardé à s'acculturer, notamment dans le principal domaine des sciences sociales qu'est la sociologie. Pour A. Cuvillier (*Manuel de sociologie,* 1e éd., 1950), le stéréotype fait partie de ces idées, croyances, souvenirs communs, des façons de se représenter l'univers, et plus particulièrement le monde humain, « qui s'interposent comme un prisme entre l'homme et sa vision des choses et des êtres » (t.1, p. 209). L'importance des « images dans notre tête » est soulignée – l'étude scientifique des opinions l'a mise en évidence –, tout comme la richesse de l'apport de la sociologie américaine sur cette question. Fait remarquable, Cuvillier range son propos –dont Lippmann et Stoetzel lui fournissent toute la matière – sous l'intitulé « Représentations collectives ». En bon durkheimien, il rappelle l'importance dans « la vie sociale tout entière des actes traditionnels, des rites, des coutumes, etc., qui sont, eux aussi, des stéréotypes, des gestes, en quelque sorte, clichés » (p. 210). Le premier dictionnaire de sociologie paru en France, en 1961, traduction du *Dicionario de Sociologia* (1950) d'Emilio Willems, définit identiquement le stéréotype : « Représentation collective, généralement prise sous son expression verbale et constituée par l'image simplifiée d'individus, d'institutions ou de groupes » (p. 239).

Comme tel, c'est-à-dire représentation sociale, le stéréotype a trouvé dans la psychologie sociale sa discipline d'élection. Il n'apparaît, non plus que « représentation collective », ni dans la table ni dans l'index des principaux dictionnaires de sociologie. Durkheim (1898) s'est pourtant fortement intéressé à ces « productions mentales et sociales ». On peut dire que, publié dans les *Cahiers internationaux de sociologie*, l'article de R. Avigdor (1953) sur la genèse des stéréotypes fait figure d'exception. Absente de la première édition (1968-1973) de l'*Encyclopaedia Universalis*, l'entrée « Stéréotypes sociaux » est créée en 1985. Un long article, signé X. Roze, examine en détail cette forme d'expression qu'est le stéréotype : en opposant, suivant Maucorps, sa rigidité, son caractère pétrifié, son refus de toute critique, à la plasticité du préjugé ouvert à la contestation ; en le rapportant, à l'instar de J. Gabel, à la « fausse conscience » ; en l'analysant successivement, comme l'ont fait Adorno et son équipe, sur le plan de la psychologie individuelle, du groupe et de la société globale. Cette grille de lecture n'est pas obsolète. Elle s'applique à toutes sortes de situations, anciennes ou récentes, comme celles présentées dans la trentième livraison de la revue *Hermès*, « Stéréotypes dans les relations Nord-Sud » (sous la dir. de G. Boëtsch et C. Villain-Gandossi, 2001).

Les deux dernières décennies du XXe siècle ont été marquées par un réexamen de ce phénomène de répétition, phénomène jusqu'alors frappé au coin d'une certaine pathologie. En psychologie sociale, le stéréotype a été intégré dans la théorie des représentations sociales élaborée par S. Moscovici. Avec D. Jodelet (1989), il prend place parmi ces produits et mécanismes mentaux propres à la pensée de sens commun. Conjointement pris en compte, processus et contenus sont analysés aux différents niveaux, modes et supports de la communication. Il est ainsi, par exemple, précisé que « Dans le cas où intervient la communication médiatique, les effets recherchés sur l'audience vont contribuer de manière différentielle à l'édification des conduites : la diffusion induisant des opinions, la propagation des attitudes et la propagande des stéréotypes » (Jodelet, 2006, p. 1004). Une autre orientation a été tracée par J.-P. Leyens et V. Yzerbyt (1996), à partir de la psychologie expérimentale. En privilégiant la dimension psychosociale du concept de catégorisation, ils ont mis en lumière le rapport existant entre stéréotypes sociaux et cognition sociale. Dans les études littéraires, la linguistique, et singulièrement la sémiologie, la réévaluation du stéréotype a été plus nette encore. On doit à R. Amossy d'en avoir, la première, rendu compte (1989), et surtout, d'y avoir, seule (1991) ou en collaboration (1982 ; 1985 ; 1997) substantiellement contribué.

Le décri d'une constellation sémantique

S'il est vrai, comme le soutient pertinemment R. Amossy (1989), que le stéréotype « se trouve au centre d'une constellation qui relie l'idée reçue, la *doxa* ou l'énoncé doxique, le lieu commun au sens moderne du terme et l'idéologie » (p. 36), on est conduit à s'interroger sur les principaux termes qui gravitent autour du stéréotype. Pourquoi ont-ils été dépréciés et ce qu'ils désignent discrédité ? Comment en est-on venu à leur reconnaître une positivité, et, finalement, à « normaliser » le rôle du stéréotype dans la sphère de la communication ? Le *préjugé*, communément regardé comme lui étant le plus proche, est une opinion hâtive, préconçue, positive ou négative que l'on se fait sur quelqu'un ou quelque chose ; il est souvent imposé par le milieu, l'époque, l'éducation. Tel quel, c'est-à-dire établi sur des bases sommaires d'appréciation, il reste dans sa trivialité assimilé à un jugement infondé. Le *stéréotype*, lui, a un statut « scientifique » reconnu dans les sciences humaines et sociales, en littérature aussi où il prend place dans l'héritage rhétorique du lieu commun. Il est dès l'origine revêtu des signes de la scientificité, issu qu'il est d'une technique de reproduction dans l'imprimerie. Le synonyme qu'en donne le *Trésor de la langue française* (*TLF*) est le *cliché*, reproduction à l'identique – et non le préjugé. P. Larousse, dans son *Grand Dictionnaire universel du XIXe siècle*, note que l'emploi du mot « cliché », « sorti de l'atelier typographique [...] est admis dans le domaine des lettres » (art. « Cliché », vol. 4, 1868). L'*Encyclopédie Berthelot* (vol. 11, 1899) renvoie cependant toujours « Stéréotypie (tech) » à « Clichage (Gravure et typographie) », en ignorant le sens figuré. On notera que l'*Encyclopædia Britannica*, en 1966 (vol. 21), l'ignore encore et ne retient que « Stereotyping » : technique « in printing ».

De même que le *TLF*, le dictionnaire des *Procédés littéraires* de B. Dupriez (1984) attribue au *cliché*, « idée ou expression trop souvent utilisée », un sens analogue à celui qu'a *stéréotype*, syntagme figé. Ce terme désigne à la fois la banalité de l'expression et celle de l'idée, la banalité de l'idée étant le plus souvent appelée *lieu commun*, « ce qui est un sens élargi de ce synonyme de *topique* » (p. 117-119). L'un et l'autre de ces deux vocables appartiennent au vocabulaire de la rhétorique. Catégories formelles de l'argumentation, les lieux sont dits communs lorsqu'ils s'appliquent aux différents genres de discours, par opposition à ceux qui sont propres à chacun d'eux. Ces topiques, repris d'Aristote par la rhétorique latine, ont acquis une nouvelle fonction au Moyen Âge, en devenant le dénominateur commun de la littérature, dénominateur décliné en clichés étendus à tous les domaines de la vie. Les variations ont été infinies autour de ces modèles acceptés de pensée et d'expression. Elles ont été au XIXe siècle frappées de discrédit, parce que l'on ne voyait plus en elles que la banalité de propos ressassés. Une offensive a alors été déclenchée contre la *doxa* englobant opinions et modèles admis comme normaux, les lieux communs, stéréotypes et idées reçues qui s'agrègent dans le discours doxique.

Le nom de cette constellation, qui intègre aussi la *poncivité* – « ce qui est fait de lieux communs », de poncifs (*TLF*) – est *Rhétorique*. Parmi les antiques bâtiments de celle-ci, « la topique, écrit E.R. Curtius (1956), constitue le magasin ; on y trouve les idées les plus générales, celles que l'on pouvait utiliser dans tous les discours ». La mise en question des lieux communs, la critique de la méthode des lieux – les *loci argumentorum* – le rejet de tout formalisme, ont été suivis, dans l'Europe classique, d'une recomposition du champ de la connaissance. L'usage de ces « ornements » du discours est devenu le signe d'une ignorance de la science. Critique de la *copia*, éloge de la simplicité analytique, nouvelle conception de la vérité, de la vraisemblance, de la probabilité ont cumulé leurs effets : l'art (oratoire) l'a cédé à la « nature », « la stratégie de la persuasion (a) fait place à une stratégie de la connaissance » (G. Declerq, 1999). Au XVIIIe siècle, la rhétorique apparaît à Rousseau « chose très superflue ». À la condition d'être réformée, elle est conçue par d'Alembert comme science de la communication des idées. Déjà, Locke la voulait philosophique, érudite, dégagée de l'art oratoire. Il était en tout cas entendu que la puissance de la pensée devait primer l'élégance de la parole.

A. Compagnon (1999) a parfaitement démêlé ce qui est en jeu dans l'éclipse de la culture rhétorique, particulièrement sensible à la fin du XIXe siècle : littéraire, élitiste, privilégiant la notion de goût chère à l'honnête homme, elle est en rupture avec la culture scientifique, démocratique, ordonnée à un accroissement des connaissances qui doit être à l'avantage de toute la collectivité. Elle fait figure de survivance de l'Ancien Régime. Avec elle perdure cette fâcheuse habitude d'être indifférent à la vérité des choses – que l'on ne se donne pas la peine d'examiner – pour seulement admirer leur beauté. On s'emploiera donc à affranchir de la rhétorique ce qui est encore enseigné sous le nom d'« humanités ». Dans *L'évolution pédagogique en France* (posth., 1938), E. Durkheim a enregistré ce changement. Mais ce sont d'abord les hérauts du romantisme qui ont sonné la charge et récusé ce que charrie la rhétorique : les idées toutes faites, les expressions convenues, la platitude des lieux communs, toute une matière usée et rebattue. Le refus de la banalité, le culte de l'originalité, la recherche du rare sont contemporains de ce rejet.

De la dépréciation à la revalorisation

Trois auteurs sont classiquement appelés à témoigner à charge contre les idées reçues, les clichés, les lieux communs : G. Flaubert (*Dictionnaire des idées reçues*, posth., 1881), R. de Gourmont (*Esthétique de la langue française*, 1899 ; *La culture des idées*, 1900), L. Bloy (*L'exégèse des lieux communs*, 1902-1913). Leur critique trouve son prolongement dans celle qu'en a ironiquement faite A. Breton dans le *Manifeste du surréalisme* (1924) et, plus tard, avec la résolution prise par N. Sarraute de débarrasser l'écriture de « sa gangue d'idées préconçues et d'images toutes faites » (*L'ère du soupçon*, 1956). Le stéréotype, en ce qui le concerne, n'a pas bonne réputation. En histoire et historiographie, H.-I. Marrou estime que, « manié sans précaution », l'*Idealtypus* conceptualisé par M. Weber tend à n'être plus qu'« un stéréotype, un préjugé, l'idée toute faite qui s'interpose entre l'esprit et le réel » (1962, p. 164-165). Des paroles répétées de façon mécanique lui donnent, en psychopathologie, son contenu. En stylistique, il est défini comme une unité insécable réemployée avec une fréquence anormale. Mais c'est en « sémiologie littéraire » que le stéréotype est le plus fortement stigmatisé : « c'est le mot répété, hors de toute magie, de tout enthousiasme, comme s'il était naturel [...] : mot sans-gêne qui prétend à la consistance et ignore sa propre insistance » (R. Barthes, *Le Plaisir du texte*, 1973, p. 69).

La dénonciation par R. Barthes de la « grégarité de la répétition » se fait plus vive encore dans sa *Leçon* inaugurale au Collège de France le 7 janvier 1977 : « Le signe est suiviste, grégaire ; en chaque signe dort ce monstre : un stéréotype : je ne puis jamais parler qu'en ramassant ce qui *traîne* dans la langue » (1978, p. 15). De ce texte, on a retenu l'hostilité au « discours qui *prend* », la nécessité de sauver la littérature de la parole grégaire, la célébration des « expédients verbaux » et des « utopies de langage » dont l'invention commence avec Mallarmé. On n'oubliera pas la tâche que son auteur a primitivement assignée à la sémiologie : il est, en effet, encore question du stéréotype à l'occasion de cette évocation plus avant dans la *Leçon*. Cette science des signes lui semblait pouvoir activer la critique sociale : « Il s'agissait en somme, écrit-il (p. 32), de comprendre (ou de décrire) comment une société produit des stéréotypes, c'est-à-dire des combles d'artifices, qu'elle consomme ensuite comme des sens innés, c'est-à-dire des combles de nature ». Sartre, Brecht et Saussure pouvaient, d'après lui, « se rejoindre dans ce projet ». Cette critique savante est, somme toute, congruente avec la représentation stéréotypée du stéréotype – au mieux naïf et simpliste, au pire néfaste et nocif – que l'on se forme communément. Mais elle n'était pas exclusive d'un autre regard porté sur un phénomène « digne d'intérêt, écrit F. de Chalonge (2002), par la place qu'il occupe dans la sphère du sens commun ». Support de formations idéologiques, socialement instituant, polarisant les discours, le stéréotype, poursuit-elle, joue un rôle important dans la production du sens partagé. En fait, sa réévaluation est indissociable de la reconnaissance de la dimension topologique du langage. C'est ce qu'A. Compagnon a montré dans les pages qu'il a consacrées à « La réhabilitation de la rhétorique » (1999).

Quelques jalons peuvent être posés dans ce procès en révision. En 1941 paraissait l'édition définitive des *Fleurs de Tarbes ou la Terreur dans les lettres*. J. Paulhan s'y élève contre ceux qui, depuis les romantiques jusqu'aux surréalistes, ont l'obsession de l'originalité, la haine du verbalisme, des lieux communs, des clichés, et pour hantise la pure transparence de la pensée. En publiant en 1913 *Les Hain-Tenys merinas* (1913), poèmes populaires malgaches en prise sur de vieux proverbes, il avait montré que les formules les plus usées sont susceptibles de renaître avec une nouvelle fraîcheur. En 1958, C. Perelman et L. Obrechts-Tyteca publiaient les deux volumes de leur *Traité de l'argumentation* – surtitré *La Nouvelle rhétorique*. Il y est question (t. 1, § 40) de la forme du discours et singulièrement (p. 222-223) du cliché. La « formule clichée », pourchassée depuis le romantisme dans notre culture avide d'originalité, permet d'entrer « en communion » avec l'auditoire. « Le cliché est à la fois fond et forme. C'est un objet d'accord qui s'exprime régulièrement d'une certaine manière, une formule stéréotypée qui se répète ». On ajoutera, avec B. Dupriez (1984, p. 118), que le cliché permet d'étoffer la pensée, ce qui explique sa prolifération dans la parole publique. Aussi bien est-il pertinemment qualifié, dans le *TLF*, de « supersigne qui joue un grand rôle dans la communication » : il est aussi commode à utiliser par l'émetteur que facile à comprendre par le récepteur. Avec M. McLuhan, il cesse d'être réduit à un phénomène d'usure sémantique. *From Cliché to Archetype* (1970) montre qu'une fois l'attention attirée sur lui, un cliché ordinaire retrouve un regain d'énergie par réactivation de sa signification ancienne, et que, « resensibilisé », « revitalisé », « revigoré », il se présente à la conscience sous forme d'archétype : « Marshall McLuhan ou la réversibilité positive du cliché » (Rieusset-Lemarié, 1994).

Réexaminées, les catégories rhétoriques qui auront, en définitive, bien survécu à leur proscription ont été finalement réhabilitées. Cette opération ne s'est pas limitée à la littérature : nombreux sont les travaux, observe M. Fumaroli, qui montrent que « la description par la rhétorique classique de figures de pensée n'est pas réservée aux seuls textes littéraires : elle rend compte de la manière de parler et de connaître commune et naturelle à tous les hommes » (1999, p. 1286). Ladite opération a pris place dans un *Rhetorical turn* au cours duquel ce qu'A. Compagnon appelle une « rhétoricité » générale a succédé à une rhétorique instituée. Il faut redire ici la part que C. Perelman y a prise, sur fond de mise en question de la rationalité cartésienne et de l'objectivité « scientifique ». En fait, la plupart des choses à propos desquelles on délibère sont contingentes, probables, plausibles et les démonstrations fondées sur des prémisses classées et bien identifiées sont souvent impossibles (Compagon, 1999, p. 1278). Le regain de faveur dont la rhétorique a bénéficié doit également être mis en relation avec les modernes théories de la lecture qui ont fait voir le rôle essentiel joué par les phénomènes de stéréotypie. Leur réévaluation est effectivement issue d'une réflexion sur la lecture informée par l'esthétique de la réception (Dufays, 1994). On notera, avec A. Boissinot (2002), que dans la topologie renouvelant l'étude du lieu commun, « commun » est désormais entendu comme renvoyant à une représentation commune à l'émetteur et au récepteur.

Sous le signe de la communication

On connaît les antiphrases de Baudelaire sur les poncifs et lieux communs : « Créer un poncif, c'est le génie. Je dois créer un poncif » (*Fusées*, Pléiade, O.C. I, p. 662). « Grand style (rien de plus beau que le lieu commun) » (*Hygiène*, p. 670). Rendant compte de *Madame Bovary*, il fait du « lieu commun » « le lieu de rencontre de la foule, le rendez-vous public de l'éloquence » (O.C. II, p. 79). Au *Salon de 1859*, alors qu'il pensait faire une promenade dans « une forêt d'originalités », il ne rencontre que « platitudes » et « niaiseries léchées » : « on ne s'étonnera pas, commente-t-il, que la banalité dans la peinture ait engendré le *lieu commun* dans l'écrivain. D'ailleurs vous n'y perdez rien, car existe-t-il [...] quelque chose de plus charmant, de plus fertile et d'une nature plus positivement *excitante* que le lieu commun » (O.C. II, p. 609). Sur celui-ci, sur les poncifs, sur ce qu'Alphonse Daudet appelait des « dessus de pendule », nombreux sont ceux qui se sont acharnés au XIXe siècle. F. Brunetière a été le seul à oser donner une « Théorie du lieu commun » (1881). La publication du *Dictionnaire des lieux communs* de L. Rigaud (Ollendorf, 1881) lui en a fourni l'occasion. Après l'apologie de « ces phrases, périphrases, métaphores ou aphorismes tout faits, stéréotypés pour ainsi dire [...] dont tout le monde peut jouir, mais dont personne cependant n'a le droit de revendiquer la propriété », il passe à celle de la banalité, pour affirmer que l'on n'a ni à railler ni à mépriser le lieu commun. « Ne se pourrait-il pas qu'il fût la substance même de l'art de parler et d'écrire », mieux : la condition même de l'invention en littérature. Inventer en ce domaine, c'est renouveler le lieu commun et se l'approprier. « La grande originalité, ce n'est pas de tirer quelque chose de sa propre substance, mais bien de mettre aux choses communes sa propre marque individuelle » (1881, p. 456).

Condamnation, célébration : ces réactions antinomiques invitent à faire retour sur l'« objet » principalement en cause : le stéréotype. Pour les uns c'est un schème connu d'avance, mais toujours variable dans sa formulation – ce qui le distingue du cliché entendu comme figure de style usé. Pour d'autres, le stéréotype, comme produit fini ou soumis à de nouvelles élaborations importe moins que le fonctionnement de la pensée stéréotypée qui l'engendre. Telles études le singulariseront en mettant l'accent sur ses trois caractères : descriptif, normatif, prescriptif ; telles autres en l'appréhendant dans une optique particulière, notamment sociologique, sémiologique, idéologique. Selon R. Amossy, s'efforçant de spécifier chacune de ces appellations mal contrôlées – présupposition, idée reçue, lieu commun, stéréotype –, il convient d'opposer « l'idée reçue, qui participe du doxique, au présupposé et au lieu commun qui n'en relèvent pas directement. Le stéréotype qui est nécessairement prélevé sur la *doxa* d'époque s'apparente, de ce point de vue, à l'idée reçue » (1994, p. 53).

En sciences sociales, le stéréotype serait un « concept fort », intégré, comme tous les concepts, à un système de sélection, de cognition et d'organisation. Stigmatisé, il est néanmoins nécessaire à la vie sociale comme à toute entreprise de cognition ; péjorativement connoté, il reste toujours présent et actif. Plusieurs ouvrages l'ont vérifié, notamment dans les domaines du genre (Gaborit, 2003), des régulations sociales (Grandière et Molin, 2004), de la discrimination (Légal et Delouvée, 2008). Dans les études littéraires, où il est beaucoup moins étudié que le cliché, le stéréotype surgit « au point précis où la rhétorique s'articule à l'idéologie ». L'analyse de textes, écrit encore R. Amossy, montre que stéréotypes et clichés s'avèrent irremplaçables. Ainsi, « le stéréotype comme idée reçue et vérité accréditée sous-tend l'esthétique du vraisemblable dont relève le grand roman réaliste du XIXe siècle » (1989, p. 42). « Il participe au tissage des œuvres modernes qui retravaillent à la fois le discours social et les modèles littéraires » (*Ibid.*). Toute représentation ou conceptualisation relevant, d'une façon ou d'une autre, d'une schématisation et de modes convenus de découpage, il semble, conclut-elle, que « sans stéréotype on ne puisse ni parler, ni communiquer, ni engager une interaction sociale quelconque, ni même penser » (*Ibid.*, p. 43).

C'est bien, au total, sous le signe de la communication qu'il faut ranger ces différents « produits » de l'esprit. Dans la critique radicale faite par R. de Gourmont du *cliché* en littérature, on a surtout été attentif à son ouverture : « cliché représente la matérialité de la phrase ; lieu commun, plutôt la banalité de l'idée » (1899, p. 302) et aux nombreux échantillons qui font l'objet de sa rude condamnation. On l'a moins été à sa conclusion qui intéresse la communication sociale : « Tout mot a pour envers une idée générale, ou du moins généralisée. Quand nous parlons, nous ne pouvons être compris que si nos paroles sont admises non comme les représentantes de ce que nous disons, mais de ce que les autres croient que nous disons ; nous n'échangeons que des reflets [...] Proscrit de la littérature, le cliché a son emploi légitime dans tout le reste ; c'est dire que son domaine est à peu près universel » (p. 337-38). A. Gide, dans *Attendu que* notera en 1943 : « on ne s'entend que sur des lieux communs. Sans terrain banal, la société n'est plus possible » (cité par Boissinot, 2002, p. 332) ; il soulignait combien sont importantes, dans une société donnée, les représentations partagées.

On l'a souvent remarqué : le bannissement, depuis le XIXe siècle, des formules usées, des clichés, des stéréotypes est lui-même devenu un lieu commun. Ainsi, « le stéréotype existe essentiellement par sa récusation » (Barbéris, 1994). Son rejet n'est pas le fait de la masse : « Tout le monde y consent et tout le monde le consomme. » Sa dénonciation provient de consciences individuelles qui le visent à la fois comme contenu et mode de transmission. Il suscite des contre-stéréotypes. Mais le contre-stéréotype devient à son tour stéréotype, l'anti-rituel se ritualise. Nettoyé de ses locutions convenues, le discours social accueille de nouveaux aphorismes que gagne et gangrène la « stéréotypification ». On dira simplement, à propos de ce changement, que les anciens stéréotypes étaient plus solides et que les nouveaux sont généralement moins assurés. Rompant avec la protestation vertueuse, la bonne conscience et la « belle âme », P. Barbéris posait aussi cette question intempestive : « Ne s'acharne-t-on pas sur les stéréotypes des autres dans la crainte des siens propres ? ». Pour finir, il confessait ironiquement avoir appris « depuis quelque temps que les anti-stéréos, ça finit toujours par nourrir les conversations en ville pour néo-bouffons » (p. 228).

RÉFÉRENCES BIBLIOGRAPHIQUES

ADORNO, T. (dir), *Études sur la personnalité autoritaire*, extrait de ADORNO, T. *et al.*, *The Authoritarian Personality* [1950], Paris, Allia, 2007.

ALLPORT, G.W., *The Nature of Prejudice*, Reading, Addison-Wesley, 1954.

AMOSSY, R., « La notion de stéréotype dans la réflexion contemporaine », *Littérature*, n° 73, 1989, p. 29-46.

AMOSSY, R., *Les Idées reçues : sémiologie du stéréotype*, Paris, Nathan, 1991.

AMOSSY, R. et ROSEN, E., *Les Discours du cliché*, Paris, Sedes, 1982.

AMOSSY, R. et PERRIN-NAFFAKH, A.-M., *Les Clichés de style en français moderne*, Bordeaux, Presses universitaires de Bordeaux, 1985.

AMOSSY, R. et HERSCHBERG-PIERROT, A., *Stéréotypes et clichés. Langue, discours, société*, Paris, Nathan, 1997 (rééd. A. Colin, 2005).

ARON, P., SAINT-JACQUES, D. et VIALA, A., *Le Dictionnaire du littéraire*, Paris, Presses universitaires de France, 2002.

ASCH, S.E., *Social Psychology*, Englewood Cliffs, Prentice-Hall, 1952.

Avigdor, R., « Étude expérimentale de la genèse des stéréotypes », *Cahiers Internationaux de sociologie*, n° 14, 1953, p. 152-168.

Barbéris, P., « Introduction », *in* Goulet, A. (dir.), *Le Stéréotype, crise et transformations*, Caen, Presses universitaires de Caen, 1994, p. 9-13.

Barthes, R., *Le Plaisir du texte*, Paris, Seuil, 1973.

Barthes, R., *La Leçon*, Paris, Seuil, 1978.

Baudelaire, C., *Œuvres Complètes*, Paris, Gallimard, coll. « Bibliothèque de la Pléiade », 2 vol. 1975-1976.

Boissinot, A., « Lieu commun », *in* Aron, P. *et al.* (dir.), *Le Dictionnaire du littéraire*, Paris, Presses universitaires de France, 2002, p. 331-332.

Bettelheim, B. et Janowitz, M., *The Dynamics of Prejudice*, New York, Harper and Brothers, 1950.

Brunetière, F., « Théorie du lieu commun », *Revue des Deux Mondes*, 15 juil. 1881, p. 451-462.

Cambon, J. et Léon, A., « Stéréotypes et conscience objective du métier chez les préadolescents », *Bulletin de l'Institut national d'étude du travail et d'orientation professionnelle,* vol. 19, n° 3, 1963, p. 147-163.

Chalonge, F. de, « Stéréotype », *in* Aron, P. *et al.* (dir.), *Le Dictionnaire du littéraire*, Paris, Presses universitaires de France, 2002, p. 565-566.

Compagnon, A., « La rhétorique à la fin du xixe siècle », *in* Fumaroli, M. (dir), *Histoire de la rhétorique dans l'Europe moderne*, Paris, Presses universitaires de France, 1999, p. 1215-1260

Compagnon, A., « La réhabilitation de la rhétorique au xxe siècle », *in* Fumaroli, M. (dir), *Histoire de la rhétorique dans l'Europe moderne*, Paris, Presses universitaires de France, 1999, p. 1261-1282.

Curtius, E.R., *La Littérature européenne et le Moyen Âge* [1948], Paris, Presses universitaires de France, 1956 [rééd. Pocket, 1991].

Cuvillier, A., *Manuel de sociologie*, t.1, Paris, Presses universitaires de France, 1950.

Declercq, G., « La rhétorique classique », *in* Fumaroli, M. (dir), *Histoire de la rhétorique dans l'Europe moderne*, Paris, Presses universitaires de France, 1999, p. 629-706.

Devinant, A., « Stéréotype », *Encyclopédie philosophique universelle, II, Les notions philosophiques, vol.2*, Paris, Presses universitaires de France, 1990, p. 2456-2457.

Dufays, J.-L., *Stéréotype et lecture – Essai sur la réception littéraire*, Liège, Mardaga, 1994.

Dupriez, B., *Les Procédés littéraires (Dictionnaire)*, Paris, Union générale d'éditions, 1984 (rééd., 2003).

Durkheim, E., « Représentations individuelles et représentations collectives » (1898), *in* Durkheim, E., *Sociologie et philosophie*, Paris, Alcan, 1924.

Fumaroli, M., « Postface », *in* Fumaroli, M. (dir), *Histoire de la rhétorique dans l'Europe moderne*, Paris, Presses universitaires de France, 1999, p. 1283-1296.

Gabel, J., *La Fausse Conscience*, Paris, Presses universitaires de France, 1962.

Gaborit, P., *Les Stéréotypes de genre : identités, rôles sociaux et politiques publiques*, Rennes, Presses universitaires de Rennes, 2003.

Gadoffre, G., « Images nationales françaises et stéréotypes nationaux », *Bulletin internationale des sciences sociales*, n° 3, 1951, p. 622-630.

Gourmont, R. de, « Le cliché », *Esthétique de la langue française*, Paris, Mercure de France, p. 301-338.

Grandière, M. et Molib, M., *Le Stéréotype, outil de régulations sociales*, Rennes, Presses universitaires de Rennes, 2004.

Harding, J., « Stereotypes », *International Encyclopaedia of Social Science*, New York, The McMillan/The Free Press, 1968, vol. 15, p. 259-262.

Hermès, « Stéréotypes dans les relations Nord-Sud », dossier coordonné par G. Boëtsch et C. Villain-Gandossi, n° 30, 2001.

Jahoda, M., « Relations raciales et santé mentale », *in Le Racisme devant la science* (1960), Paris, Unesco/Gallimard, 1965, p. 493-532.

Jodelet, D. (dir.), *Les Représentations sociales* (1989), Paris, Presses universitaires de France, 2003.

Jodelet, D., « Représentations sociales », *in* Mesure, S. et Savidan, P. (dir.), *Le Dictionnaire des sciences humaines*, Paris, Presses universitaires de France, 2006, p. 1003-1005.

Katz, D. et Braly, K., « Racial Stereotypes of One Hundred College Students », *Journal of Abnormal and social Psychology*, n° 28, 1933, p. 280-290.

Katz, D. et Cantril, H., « Analysis of Attitudes Toward Fascism and Communism », *Journal of Abnormal and social Psychology*, n° 35, 1940, p. 354-366.

Krech, D. et Crutchfield, R.S., *Théories et problèmes de la psychologie sociale* [1948], t.1, Paris, Presses universitaires de France, 1952.

Légal, J.-B. et Delouvée, S., *Stéréotypes, préjugés et discrimination*, Paris, Dunod, 2008.

Leyens, J.-P. et Yzerbyt, V. et Shadron, G., *Stéréotypes et cognition sociale*, Liège, Mardaga, 1999.

Lippmann, W., *Public Opinion*, New York, MacMillan, 1922 (rééd. Free Press, 1965).

McLuhan, M., *Du cliché à l'archétype : la foire du sens* [1970], Montréal/Paris, HMH/Mame, 1973.

Marrou, H.I., *De la connaissance historique*, Paris, Seuil, 1954 (4e éd. revue et augmentée, 1962).

Maucorps, P.-H., Memmi, A. et Held, J.-F., *Les Français et le racisme*, Paris, Payot, 1965.

Merleau-Ponty, M., *Les Relations avec autrui chez l'enfant*, Paris, CDU, 1951, repris *in Parcours 1935-1951*, Paris, Verdier, 1997, p. 147-229.

Paulhan, J., *Les Fleurs de Tarbes ou la Terreur dans les Lettres*, Paris, Gallimard, 1941.

Perelman, C. et Olbrechts-Tyteca, L., *La Nouvelle rhétorique. Traité de l'argumentation*, Paris, Presses universitaires de France, 1958, 2 vol.

Perkins, T.E., « Rethinking Stereotypes », *in* Barrett, M., Corrigan, P., Kuhn, A. et Wolff, J. (dir.), *Ideology and Cultural Production*, New York, Croom Helm, 1979, p. 135-159.

Rieusset-Lemarié, I., « Stéréotype et reproduction de langage sans sujet », *in* Goulet, A. (dir.), *Le Stéréotype, crise et transformations*, Caen, Presses universitaires de Caen, 1994, p. 15-34.

Rocheblave-Spenle, A.-M., *La Notion de rôle en psychologie sociale*, Paris, Presses universitaires de France, 1962.

Rocheblave-Spenle, A.-M., *Les Rôles masculins et féminins (Les stéréotypes, la famille, les états intersexuels)*, Paris, Presses universitaires de France, 1964.

Roze, X., « Stéréotypes sociaux » (1985), *Encyclopaedia Universalis*, éd. 2002, vol. 21, p. 614-616.

Stagner, R., « The Cross-out Techniques as a Method in Public Opinion Analysis », *Journal of Social Psychology*, n° 11, 1940, p. 79-90.

Stoetzel, J., *Théorie des opinions*, Paris, Presses universitaires de France, 1943 (rééd. L'Harmattan, 2006).

Sumner, G.W., *Folkways*, Boston, Ginn and Co, 1906.

Willems, E., *Dictionnaire de sociologie* [1960], Paris, Marcel Rivière, 1965.

Michaël Oustinoff
Université Nice Sophia Antipolis,
membre de l'Université Côte d'Azur (UCA)

Les avatars du stéréotype depuis Walter Lippmann

Tous s'accordent à dire que la notion de stéréotype a été introduite par Walter Lippmann (1889-1974) dans son ouvrage *Public Opinion* publié en 1922 aux États-Unis (Lippmann, 1922). Pourtant, comme le rappelle Leonard S. Newman (2009), si Walter Lippmann est l'un des auteurs les plus cités en la matière, c'est aussi l'un des moins lus. On s'aperçoit ainsi, à l'encontre d'une idée reçue, que ce n'est pas lui qui a introduit le terme, même si son ouvrage a donné à celui-ci une notoriété qu'il n'aurait sans doute pas connue autrement. Paradoxe supplémentaire, *Public Opinion*, si souvent cité, a été très peu traduit : il n'en existe pas encore de traduction française, et ses traductions, quand elles existent, sont récentes : l'ouvrage n'a été traduit, semble-t-il, pratiquement qu'en russe (Lippmann, 2004) et en allemand (Lippmann, 2018).

Une telle méconnaissance, non du concept lui-même, mais des circonstances de son apparition, invite par conséquent à en retracer la genèse pour mieux pouvoir en comprendre les tenants et les aboutissants à l'heure de la rebabélisation croissante d'un monde multipolaire (Oustinoff, 2011).

Public Opinion, ou la genèse du stéréotype dans son acception moderne

On a tendance à considérer le stéréotype en soi, tout en reconnaissant à Walter Lippmann sa paternité. Or, pour celui-ci, le stéréotype est au centre d'une réflexion plus profonde sur les fondements de l'opinion publique, dont il est indissociable. En exergue de l'ouvrage figure la citation de l'allégorie de la caverne de Platon. Nous ne pouvons percevoir de la réalité que des formes simplifiées de processus plus complexes, que nous ne pouvons par conséquent appréhender qu'à travers une vision « stéréotypée » (Lippmann, 1922, p. 142) :

> De manière générale, ce n'est pas voir que nous faisons en premier, pour ensuite définir, nous commençons par définir pour ensuite voir. Dans l'immense confusion bourgeonnante et bourdonnante du monde extérieur, nous sélectionnons ce que notre culture a déjà défini pour nous, et nous avons tendance à percevoir ce que nous avons préalablement

sélectionné sous la forme stéréotypée pour nous par notre culture[1].

« L'immense confusion bourgeonnante et bourdonnante » (*great blooming, buzzing confusion*) : l'expression est empruntée à William James, dont Walter Lippmann a été l'élève à Harvard, au sujet de la perception du monde chez l'enfant. Quant au terme « stéréotypé », Walter Lippmann n'est manifestement pas le premier à l'utiliser, puisqu'il le cite chez Bernard Berenson (*Ibid.*, p. 145) au sujet des « formes stéréotypées » de l'art. Néanmoins, outre le fait que l'un des sept chapitres de *Public Opinion* est entièrement consacré aux stéréotypes, le terme n'apparaît pas moins de 130 fois dans l'ensemble de l'ouvrage, lui conférant ainsi une place centrale.

La date de parution de *Public Opinion* n'est pas non plus indifférente : quelques années seulement après la fin de la Première Guerre mondiale, alors que Walter Lippmann avait été nommé assistant du ministre de la Guerre de Woodrow Wilson en 1917 pour ensuite faire partie de la délégation américaine à la conférence de Paris. Comme il était aux premières loges, il continue ainsi sa réflexion (*Ibid.*, p. 142-143) :

> Des grands hommes qui s'assemblèrent à Paris pour régler les affaires du genre humain, combien étaient vraiment en mesure de voir l'Europe autour d'eux, plutôt que leurs engagements au sujet de l'Europe ? Si quelqu'un avait pu pénétrer l'esprit de M. Clemenceau, aurait-il pu y trouver des images de l'Europe de 1919, ou bien une imposante sédimentation d'idées stéréotypées, accumulées et solidifiées au fil d'une longue et combative existence. Voyait-il les Allemands de 1919, ou bien le type de l'Allemand tel qu'il avait appris à le voir depuis 1871[2] ?

L'introduction, d'ailleurs, est intitulée *The World Outside and the Pictures in our Heads* (« Le monde extérieur et les images dans nos têtes ») et commence par la description d'une île où se côtoient, en 1914, des Anglais, des Français et des Allemands. La nouvelle de la déclaration de la guerre arrive avec six semaines de retard : six semaines où tous vivaient en bonne intelligence jusqu'à apprendre qu'ils sont en réalité ennemis. La représentation stéréotypée de l'Autre est donc, contrairement au cliché, une notion dynamique, car réversible en fonction des circonstances.

Stéréotypes et visions du monde

Originellement, le stéréotype est un terme technique emprunté au domaine de l'imprimerie au XIXe siècle. Littré ne le connaît d'ailleurs que dans cette acception : « *Terme d'imprimerie.* Il se dit des ouvrages imprimés avec des pages ou planches dont les caractères ne sont pas mobiles, et que l'on conserve pour de nouveaux tirages. » (Littré) Ce procédé permettant, mécaniquement, la reproduction à l'identique de nombreux exemplaires, il en est venu à prendre un sens péjoratif, comme l'indique le CNRTL : « Idée, opinion toute faite, acceptée sans réflexion et répétée sans avoir été soumise à un examen critique, par une personne ou un groupe, et qui détermine, à un degré plus ou moins élevé, ses manières de penser, de sentir et d'agir. Synom. *cliché.* » – d'où l'exemple donné en illustration : « *Stéréotypes véhiculés par les médias* » (*Ibid.*). Pour Walter Lippmann (1922, p. 171), le stéréotype n'est pas tant un processus figé, comme le suggère l'étymologie (grec *stereos,* solide + *typos* empreinte), qu'un processus inhérent à la perception du monde autour de nous : « Voici le stéréotype parfait. Sa marque distinctive est qu'il précède l'usage de la raison ; c'est une forme de perception, imposant un certain caractère aux données de nos sens avant que celles-ci ne parviennent à l'intelligence[3]. » Tel est le point central de la démonstration.

Il suffit donc que les circonstances changent pour que l'appréhension de la réalité change elle aussi. C'était le cas de l'exemple de l'île où, pendant six semaines, Anglais, Français et Allemands n'avaient pas encore conscience qu'ils étaient en guerre. Mais cette variabilité des stéréotypes n'est pas seulement à l'œuvre dans le domaine des relations internationales : on la trouve aussi au sein de la même nation. C'est le cas des États-Unis, terre d'immigration par excellence (*Ibid.*, p. 149) : « L'américanisation, par exemple, réside, du moins superficiellement, dans la substitution de stéréotypes européens par des stéréotypes américains. » Mais un tel changement revient en réalité à un changement plus profond encore : « Il constitue un changement d'esprit, qui, lorsque l'inoculation est une réussite, constitue en réalité un changement de vision[4] » (*Idem*). On comprend dès lors ce qui distingue le stéréotype du cliché, et pourquoi Walter Lippmann n'a sans doute pas eu recours à ce dernier terme, qui existe également en anglais : le stéréotype peut renvoyer au processus lui-même alors que le cliché ne renvoie qu'au résultat, ce qui confère au stéréotype un caractère dynamique qui manque généralement au cliché. En tout état de cause, le stéréotype est indissociable de notre vision du monde, et c'est là une conception qui n'est pas sans prolongements possibles à l'époque qui est la nôtre.

La massification des stéréotypes à l'heure de la mondialisation et des réseaux sociaux

Autre idée centrale de Walter Lippmann, les stéréotypes forment système (*Ibid.*, p. 172) : « Dans une certaine mesure, les stimuli de l'extérieur, notamment lorsque ce sont des mots imprimés ou prononcés, évoquent une partie d'un système de stéréotypes, si bien que la sensation réelle et l'idée préconçue occupent la conscience en même temps[5]. » C'est alors que l'expérience peut aller à l'encontre du stéréotype. Pour Walter Lippmann, de deux choses l'une : soit on rejette la contradiction entre les données de l'expérience et notre vision préconçue du monde au profit de la seconde, soit on procède à l'opération inverse, et l'on remet en cause le bien-fondé des stéréotypes à travers lesquels nous appréhendons la réalité. En effet : « Parfois, si l'incident est suffisamment frappant, et si l'homme a éprouvé un inconfort général à l'égard de son schème de pensée établi, il peut en être ébranlé au point de se méfier de toutes les manières habituelles de considérer la vie et de s'attendre à ce que normalement une chose ne soit pas ce qu'elle est censée être[6] » (*Ibid.*, p. 173). À condition, cependant, de « garder l'esprit ouvert » (*Idem*).

Public Opinion paraît dans les années 1920 : la décennie suivante verra l'émergence des médias de masse. Walter Lippmann semble anticiper cette massification des sources d'information, ce qui accroît d'autant l'importance des stéréotypes à travers lesquels se forme – et se déforme – l'opinion publique, qu'il conçoit également à l'échelle internationale : la Première Guerre mondiale empêche désormais de concevoir la question autrement. Walter Lippmann voit néanmoins le monde à l'échelle des États-Unis et de l'Europe, y compris au sein du *melting pot* (*Ibid.*, p. 147) qui consiste, comme on l'a vu, à « américaniser » les stéréotypes européens, car l'immigration aux États-Unis provenait alors essentiellement de l'Europe. Pas un mot sur l'Asie ni sur l'Amérique latine, pas plus que sur les autres continents.

Aujourd'hui, un tel rétrécissement de la perspective est impossible. Mais le mécanisme fondamental des stéréotypes tel qu'il est décrit par Walter Lippmann, en dépit des insuffisances qu'on peut lui trouver, demeure. Son importance est d'autant plus grande que la croissance des moyens de communication de masse a connu une progression exponentielle, qui s'étend maintenant à toute la planète, dans un monde devenu multipolaire et interconnecté comme jamais auparavant.

Nous n'avons jamais été exposés à autant de stéréotypes, organisés en système, ceux-là même qui se retrouvent dans les *fake news* et qui ont joué un rôle déterminant dans l'élection aussi bien de Donald Trump aux États-Unis en 2016 que de Jair Bolsanaro au Brésil en 2018, pour s'en tenir à la dimension politique et ne donner que ces deux exemples, à l'ère de la « post-vérité ». Certes, les stéréotypes, tout comme les clichés, ont un versant positif, car sans eux, il ne saurait y avoir de communication possible (Amossy, 1989) ni d'appréhension cohérente du monde. Mais à force d'être instrumentalisés, leur versant négatif n'est pas moins à prendre en compte, avec ses conséquences parfois désastreuses et pour le moins préoccupantes. Mais, face à la massification des stéréotypes que permet l'extension sans précédent des nouvelles technologies à l'échelle planétaire, notamment à travers les réseaux sociaux, l'ouvrage de Walter Lippmann offre des solutions qui sont plus que jamais d'actualité.

Tout d'abord, il nous invite à nous placer en amont de la question de savoir si tel ou tel stéréotype est négatif ou non, autrement dit à nous situer au niveau du mécanisme lui-même : sans stéréotype, pas d'appréhension du monde possible. En deuxième lieu, le fait même qu'il soit une simplification est, par nature, un trait négatif : il est réducteur. C'est pourquoi il ne peut qu'entrer en contradiction, tôt ou tard, avec la réalité. Il ne peut être considéré autrement que sous un angle critique. Enfin, la perception de ce décalage met alors le libre arbitre des récepteurs à l'épreuve : c'est à nous de remettre en question les stéréotypes qui orientent notre appréhension du monde quand, au lieu de nous permettre de mieux le comprendre, ils nous en donnent une vision déformée. C'est sur ces trois plans qu'il faut se placer : il ne s'agit pas de faire table rase des stéréotypes, puisqu'on ne peut s'en dispenser, mais au contraire de les concevoir non comme un processus figé, mais de manière dynamique, car ils sont susceptibles d'être modifiés, de manière au besoin radicale. Le cas de la guerre, évoquée dès le début du livre, en est la preuve la plus flagrante.

Les stéréotypes à l'heure de la rebabélisation du monde

Pour Walter Lippmann comme pour ses contemporains, la Première Guerre mondiale est un tournant : le monde devient, selon lui, trop complexe pour que le public soit en mesure de se former une opinion éclairée par lui-même. Il considère qu'il faut donc faire appel à des spécialistes en mesure de mettre en place une « fabrique du consentement » (*manufacture of consent, Ibid.*, p. 413) permettant à la société dans son ensemble de ne pas être la proie de ce que l'on appellerait aujourd'hui la désinformation ou, à l'inverse, de la surinformation. C'est une vision élitiste de la société – *Public Opinion* ne s'ouvre-t-il pas par une citation de la *République* de Platon ? – qu'on a pu lui reprocher, ce qui cependant n'a pas empêché Edward Herman et Noam Chomsky de reprendre l'analyse d'un point de vue opposé dans leur ouvrage *La fabrication du consentement : De la propagande médiatique en démocratie* (Chomsky et Herman, 2008)[7]. Nous n'entrerons pas ici dans cette polémique, mais il n'en reste pas moins que la question de la place centrale qu'occupent les stéréotypes au regard de l'opinion publique voire, plus généralement, de la communication sous toutes ses formes, est rendue d'autant plus complexe que l'on doit désormais se placer à l'échelle de la mondialisation. Or, parler de « stéréotypes » demande à être recontextualisé dans le cadre de telle ou telle aire culturelle (Wolton, 2003).

À cet égard, le fait que le terme ait été repris tel quel dans un grand nombre de langues peut donner l'illusion qu'on lui donne la même signification, pour ainsi dire copiée-collée. Qu'on en juge, tout d'abord en prenant les langues indo-européennes, dont le grec moderne *stereotypia* (στερεοτυπία) fait bien sûr partie : espagnol *estereotipo,* italien *stereotipo,* portugais *estereótipo,* roumain *stereotip* (langues romanes) ; allemand *Stereotyp,* néerlandais *stereotype,* danois *stereotyper,* norvégien *stereotypi,* suédois *stereotyp* (langues germaniques) ; russe *stereotip*, polonais *stereotyp*, serbe *stereotip*, ukrainien, *stereotip* (langues slaves) ; albanais *stereotip*. etc. Mais même des langues non indo-européennes l'ont emprunté : estonien *stereotüüp*, finnois *stereotypia*, hongrois *sztereotípia*, turc *stereotip*, indonésien *stereotipe*, japonais ステレオタイプ (*sutereotaipu*), etc. Il s'agit en réalité d'un « intraduisible » (Cassin, 2007).

Poser la question en ces termes peut faire penser qu'elle n'a pas d'application pratique immédiate. C'est tout le contraire. Qu'on pense seulement au mouvement #BalanceTonPorc. C'est ainsi qu'il est connu en France, mais il est né en 2017 aux États-Unis sous la forme #MeToo, et c'est ainsi qu'il est souvent repris *sans* le traduire : c'est le cas en japonais, par exemple. Au Canada francophone, en revanche, la traduction est de rigueur : le mouvement s'appelle donc #MoiAussi, tout comme en chinois #我也是 (Wǒ yě shì, « moi aussi »), en arabe #انا كمان (ana kmân), etc. S'il ne fait aucun doute qu'il s'agit fondamentalement du même mouvement, il n'en est pas moins évident qu'il ne saurait avoir la même signification (ni d'ailleurs les mêmes formes d'action) dans telle ou telle langue. Difficulté supplémentaire : au sein de la même langue, les interprétations de la notion de stéréotype sont elles-mêmes, on l'a vu, extrêmement diverses.

Est-ce à dire qu'une telle diversité de significations rende le terme inopératoire ? Bien au contraire : cette complexité est inhérente au monde dans lequel nous vivons depuis au moins la Première Guerre mondiale. La différence, c'est que ce monde ne saurait se réduire à la vision occidentale dans laquelle pouvait encore se cantonner Walter Lippmann. On ne peut plus avoir une perspective qui reste au-dessus des autres cultures, à l'époque considérées comme « exotiques » ou trop lointaines. Aujourd'hui, il faut impérativement descendre de cette tour d'ivoire, effectuant ainsi, au sens étymologique du terme, un « avatar », en sanskrit le terme signifiant « descente » (*avatāra*), qui va de pair avec une désoccidentalisation de notre regard.

Ce renversement de perspective n'est pas aussi difficile qu'il n'y paraît au premier abord : passer d'une culture à l'autre, c'est ce que la traduction a toujours permis de faire, depuis la nuit des temps. Elle est plus que jamais nécessaire pour comprendre le monde contemporain et ses stéréotypes qui franchiront de plus en plus en masse des frontières qu'aucun mur ne saurait endiguer, alors même qu'on n'en aura jamais autant érigés, sous une forme ou sous une autre (Ourdan, 2018).

NOTES

1. « For the most part we do not first see, and then define, we define first and then see. In the great blooming, buzzing confusion of the outer world we pick out what our culture has already defined for us, and we tend toperceive that which we have picked out in the form stereotyped for us by our culture. » (Notre traduction).
2. « Of the great men who assembled at Paris to settle the affairs of mankind, how many were there who were able to see much of the Europe about them, rather than their commitments about Europe ? Could anyone have penetrated the mind of M. Clemenceau, would he have found there images of the Europe of 1919, or a great sediment of stereotyped ideas accumulated and hardened in a long and pugnacious existence ? Did he see the Germans of 1919, or the German type as he had learned to see it since 1871 ? » (Notre traduction).
3. « This is the perfect stereotype. Its hallmark is that it precedes the use of reason ; is a form of perception, imposes a certain character on the data of our senses before the data reach the intelligence. » (Notre traduction).
4. « Americanization, for example, is superficially at least the substitution of American for European stereotypes. […] This constitutes

a change of mind, which is, in effect, when the inoculation succeeds, a change of vision. » (Notre traduction).

5. « In some measure, stimuli from the outside, especially when they are printed or spoken words, evoke some part of a system of stereotypes, so that the actual sensation and the preconception occupy consciousness at the same time. »
6. « Sometimes, if the incident is striking enough, and if he has felt a general discomfort with his established scheme, he may be shaken to such an extent as to distrust all accepted ways of looking at life, and to expect that normally a thing will not be what it is generally supposed to be. » (Notre traduction.
7. La traduction peut paraître tardive : vingt ans après sa première parution aux Etats-Unis en 1988, mais l'ouvrage avait été mis à jour en 2002 pour tenir compte, notamment, de l'effondrement de l'ex-Union soviétique.

RÉFÉRENCES BIBLIOGRAPHIQUES

AMOSSY, R., « La notion de stéréotype dans la représentation contemporaine », *Littérature*, n° 73, 1989, p. 29-46. En ligne sur : <www.persee.fr/doc/litt_0047-4800_1989_num_73_1_1473>, page consultée le 28/01/2019.

CASSIN, B., « Intraduisible et mondialisation », *Hermès*, n° 49, 2007, p. 197-204.

CHOMSKY, N. et HERMAN, E., *La Fabrication du consentement : De la propagande médiatique en démocratie*, Paris, Agone, 2008.

GRANDIÈRE, M., « La notion de stéréotype », *in* GRANDIÈRE, M. et MOLIN, M. (dir.), *Le Stéréotype, outil de régulations sociales*, Rennes, Presses universitaires de Rennes, 2004, p. 7-12. En ligne sur : <books.openedition.org/pur/20998?lang=fr>, page consultée le 28/01/2019.

LIPPMANN, W., *Public Opinion*, New York, Harcourt, Brace and Company, 1922. En ligne sur <www.gutenberg.org/ebooks/6456>, page consultée le 28/01/2019.

LIPPMANN, W., *Общественное мнение*, Moscou, Институт Фонда «Общественное мнение», 2004.

LIPPMANN, W., *Die Öffentliche Meinung. Wie sie entsteht und manipuliert wird*, Francfort-sur-le-Main, Westend, 2018.

NEWMAN, L. S., « Was Walter Lippmann Interested in Stereotyping ? *Public Opinion* and Cognitive Social Psychology », *History of Psychology*, vol. 12, n° 1, 2009, p. 7-18. En ligne sur : <www.researchgate.net/publication/26649438_Was_Walter_Lippmann_interested_in_stereotyping_Public_Opinion_and_cognitive_social_psychology>, page consultée le 28/01/2019.

OURDAN, R., « Les murs dans le monde, en réponse aux nouvelles peurs », *Le Monde*, 02 fév. 2018. En ligne sur : <www.lemonde.fr/international/article/2018/02/02/les-murs-dans-le-monde-en-reponse-aux-nouvelles-peurs_5250846_3210.html>, page consultée le 28/01/2019.

OUSTINOFF, M., *Traduire et communiquer à l'heure de la mondialisation*, Paris, CNRS éditions, 2011.

WOLTON, D., *L'Autre mondialisation*, Paris, Flammarion, 2003.

Hervé Glevarec
Irisso – Dauphine/PSL UMR 7170

Stéréotypie, objectivité sociale et subjectivité. La sociologie face au tournant identitaire : l'exemple du genre

Toute affirmation sur l'existence d'un stéréotype (représentation figée) – entendu comme une représentation *a priori* des êtres et des choses – *suppose* comme son complément logique l'affirmation de l'existence d'une représentation vraie (non stéréotypée, elle) de l'être ou de la chose en question, représentation alternative, ou de l'absence de toute représentation vraie. Il n'y a guère de différence entre dire « c'est un stéréotype de ceci » et « c'est une fausse représentation de ceci », ce qui est ni plus ni moins la même chose que de dire « cette représentation est fausse » ou « c'est faux ». Dire d'une représentation d'un être qu'il s'agit d'un stéréotype *suppose* soit de connaître la bonne représentation, soit d'affirmer l'absence de toute représentation énonçable. Or, si les stéréotypes de l'homme blanc, de la femme noire, du jeune de banlieue, de l'adolescente, etc. existent comme représentations sans fondement, le sociologue est censé dire, par profession, les figurations, représentations, pratiques, etc. correctes issues de son enquête. Il oppose au stéréotype l'objectivité sociale. Logiquement, l'objectivité ne peut être un stéréotype puisqu'elle s'y oppose comme le vrai au faux. Ce faisant, que fait-il ?

Imaginons un sociologue qui, au nom de l'objectivité sociologique, soutiendrait que l'essentialisation des identités immigrées est principalement le fait des hommes, blancs et âgés. Dans un même mouvement, il dénoncerait une essentialisation tout en effectuant lui-même une essentialisation. Il serait pris, au nom de l'objectivité sociologique, dans le même mouvement d'essentialisation liée au fait d'attacher une identité à des personnes en particulier. Ces personnes pourraient objecter à l'essentialisation sociologique, essentialisation fondée sur l'argument de « l'objectivité sociale ».

L'exemple du genre comme stéréotype du sexe

Quand un sociologue écrit quelque chose comme « cette pratique sociale varie selon le sexe » ou « les hommes sont plus nombreux à faire ceci que les femmes », ou encore « il est ainsi toujours plus facile pour une fille de faire des activités considérées comme "masculines" que pour un garçon de pratiquer une activité dite "féminine" » (Détrez, 2014, p. 15), s'il était à chaque fois sommé d'expliciter ce que peut vouloir dire « sexe » dans « selon le sexe » ou « femmes » et « hommes », il serait, dans le contexte intellectuel contemporain, incapable de le faire. J'entends là qu'il ne pourrait, par méthode et par norme, énoncer quoi que ce soit de ce qui, relativement à une nature sexuelle, expliquerait telle tendance, propension ou différence. Il serait amené à dire que « sexe » veut dire en fait ceci : « la socialisation, la situation et la perception d'être une femme au temps t » et « la socialisation, la situation et la perception d'être un homme au temps t »[1]. La variable nommée « sexe », celle qui apparaît couramment dans le moindre tableau croisé statistique, ne peut (plus) être renvoyée à quoi que ce soit qui relèverait de ce que désigne le mot même, à savoir le sexe. À nous contemporains, ayant à fournir des arguments, il nous est devenu impossible de compléter les phrases comme : « un homme est ceci… » et « une femme est ceci… ». Qui s'y risque avec validité ? Plus guère de savants. Tout simplement parce qu'en termes de capacité, plus rien ne distingue les hommes et les femmes. Nos prédécesseurs ont pu penser le contraire ; ce n'est plus le cas pour nous. Aucun sociologue n'expliquera par exemple par les capacités le fait qu'il y ait plus d'hommes à l'école Polytechnique que de femmes ou qu'il y a moins d'infirmiers que d'infirmières.

En fait, pour les sociologues, la variable « sexe » indique la construction historique et la position relative des hommes et des femmes dans une société ; les véritables variables explicatives qui sont pertinentes dans *sexe* ne sont pas liées au sexe mais à la *socialisation* (socialisation *arbitraire* de surcroît, sans quoi ce ne serait pas vraiment une socialisation mais une *nature*), à la *perception* (assignation, attente, représentation) et à la *position* sociale relative des hommes et des femmes (dans une société) qu'un sexe d'origine entraîne. Une telle posture suppose bien sûr d'adhérer au paradigme de l'antécédence du sexe sur le genre. Ce qui n'est pas le cas de tous les sociologues. Nous y reviendrons.

Examinant le tableau suivant (tableau 1), pris comme exemple, aucun sociologue ne s'aventurera à dire que les femmes sont plus nombreuses que les hommes à aller au théâtre plusieurs fois par an ou qu'elles y vont plus souvent avec des amies parce qu'elles sont des femmes. Dans le cas contraire, sommé d'expliquer pourquoi le fait d'être femme favoriserait la pratique du théâtre, le sociologue n'aurait rien à répondre du côté de l'être femme ; il serait amené à dire que c'est la socialisation des individus de sexe féminin ou leur position socio-historique (une part travaille, une part vit seule, etc.) qui explique ou permet de comprendre cette propension. Jamais le sexe ne serait cause de quoi que ce soit. Jamais il ne serait impliqué en tant que tel. De surcroît, s'ajouterait à cela la difficulté que poserait l'introduction, légitime, d'une diversité interne à la « socialisation féminine » elle-même, soit la dissolution de la variable « sexe » en une multitude. Dans le tableau 1, le sexe (la variable de sexe) en tant que sexe ne dit rien, sinon une pure différence.

Tableau 1 : Pratique du théâtre par les hommes et les femmes

Sur 100 personnes. Sexe :	Sont allés trois fois ou plus au théâtre au cours des 12 derniers mois	Y sont allés avec des amis
Hommes	28	24
Femmes	34	36

Champ : Enquête *Pratiques culturelles des Français 2008*.
Source : Deps, ministère de la Culture.

Quand la sociologue Dominique Pasquier (2014) se demande « comment interpréter les différences de pratiques du théâtre entre hommes et femmes », les hommes y allant tendanciellement en couple et les femmes avec des amis, elle mentionne que les femmes ont une « plus grande appétence » pour la culture cultivée que les hommes. Pourquoi ? Parce qu'elles ont de « meilleures performances scolaires », dit l'auteure. Pourquoi ? Évidemment pas parce qu'elles sont femmes, sauf à retomber dans un naturalisme.

Pour montrer que le sexe recouvre la *position relative* des hommes et des femmes dans une société donnée, le sociologue pourrait produire un second tableau comme celui-ci, ici proposé à titre d'exemple :

Tableau 2 : taux d'emploi des hommes et des femmes en France en 2011

Sexe	Hommes	Femmes
Taux d'emploi	74,3	59,4

Champ : France métropolitaine, population des ménages, personnes âgées de 20 à 64 ans ayant terminé leurs études.
Source : Insee, enquêtes Emploi 2011.

Un tableau des taux d'emploi des hommes et des femmes lui permettrait de montrer que l'expression « de sexe femme » veut dire « des individus qui ont moins souvent une activité professionnelle que les hommes », sans *jamais* pouvoir autoriser à dire que cela relève du « sexe », d'un trait lié au sexe, sans rien d'autre. Il ajouterait que les femmes travaillent souvent à temps partiel, etc. Il raisonnerait de façon idoine pour les hommes. Ainsi, le terme « sexe » du tableau 2 ne veut pas non plus dire « la variable sexe ». C'est le sexe *construit* que montre le tableau (et le sexe *construit* diffère du sexe *genré* qui est un sexe expliqué par la socialisation et les représentations). On peut noter ici que la variable de « genre », si elle remplaçait « sexe », serait tronquée de sa moitié sociologique, la « position » relative des sexes. Si le « genre » est fait pour attraper la dimension socialisée du « sexe » (« on ne naît pas femme ou homme, on le devient ») et sa dimension performative (performer une identité sexuée), il n'est pas apte à désigner la dimension de « position » relative des « sexes »[2].

Enfin, le sociologue pourrait montrer par une enquête de perception que les individus associent des qualités typiques en fonction du genre ou d'autres traits visibles qu'ils perçoivent des autres. Il pourra montrer que ces représentations sont des stéréotypes, associés à des représentations passées.

Il semble bien que jamais aucun tableau ne pourra servir à fonder un trait qui relèverait du sexe, masculin et féminin, en dehors de variables comme celle de la capacité d'enfanter ou, peut-être, d'une ou de deux autres sur lesquelles il n'est même pas sûr que les intellectuels se mettent d'accord. Si du « sexe », il ne reste qu'un ou deux traits, cela semble faire très peu pour une variable, et rien du tout quand il s'agit de la croiser avec une pratique sociale quelconque (plutôt qu'avec une pratique d'enfantement par exemple). « Sexe féminin » et « sexe masculin » veulent dire en fait « dans une situation socio-historique » qui est celle que décrit toute une série d'autres variables.

Quelles en sont les conséquences, si on veut bien les tirer sans trop d'évitement ? C'est que si « homme » et « femme » renvoient à « perçu, socialisé et positionné comme homme » et « perçue, socialisée et positionnée comme femme », ce sont à des individus diversement ou différemment socialisés et positionnés auxquels on a affaire et non à des « hommes en tant qu'hommes » et à des « femmes en tant que femmes » ; bref, « sexe » disparaît derrière ses variables sociologiques, historiques, etc. C'est bien pourquoi les sociologues ne peuvent jamais dire des choses comme : « c'est parce qu'ils sont hommes qu'ils font ceci et c'est parce qu'elles sont femmes qu'elles font cela », parce qu'aucun intellectuel ne sait ce que « hommes » et « femmes » signifient dans les cas en question. Si les réflexions qui précédent sont justes, on voit que la variable de sexe est inadéquate à son objet : le sexe – bref, elle est inutile en tant que telle.

Pourtant, pour les sociologues, la variable de sexe demeure nécessaire parce qu'elle est conçue comme une variable de base, réelle.

Le sociologue tient au sexe et à l'objectivité sociale

Une grande partie des sociologues tient sans doute à ce que sexe soit écrit sans guillemets, afin de désigner quelque chose qui serait le sexe de départ, à cet instant où l'on sait ou savait le sexe de quelqu'un, à l'échographie ou à la naissance. Or, cette idée – à savoir une antériorité du sexe sur le genre – est certainement ce que certains auteurs refusent. Christine Delphy veut, au contraire, faire l'hypothèse de l'antériorité du genre sur le sexe, et Judith Butler la soutient aussi.

> La deuxième [hypothèse] est, alors, que le genre précède le sexe. (Delphy, 2001, p. 251)
>
> Rien ne nous autorise à penser que les genres devraient aussi s'en tenir au nombre de deux. […] Si l'on mettait en cause le caractère immuable du sexe, on verrait peut-être que ce que l'on appelle « sexe » est une construction culturelle au même titre que le genre ; en réalité, peut-être le sexe est-il toujours déjà du genre et, par conséquent, il n'y aurait plus vraiment de distinction entre les deux. (Butler, 2005, p. 67)

Comme le dit encore Éric Fassin, « le sexe est donc une catégorie sociale » (Fassin et Margron, 2011, p. 34), ce que relaie le travail de l'historien Thomas Laqueur (2013) sur la construction historique du fait des « deux sexes ». Mais aussi notre collègue, Éric Macé :

> On a vu que l'invention et la fin du transsexualisme témoignent de l'irréduction des conduites transgenres aux deux déterminismes supposés de l'articulation sexe/genre. D'un côté elles contreviennent au déterminisme biologique qui voudrait que ce soit le sexe qui soit la cause du genre : or cette supposée correspondance naturelle entre sexe et genre n'est pas ici réalisée. (Macé, 2011, p. 512)

Si le sociologue devait exploiter les données sociodémographiques de l'université de Lorraine en 2018, qui demande aux agents vacataires leur « genre : Mr – Mme », il ne pourrait plus le faire, et *a fortiori* plus faire comme il le faisait. Un genre « monsieur » (déclaré) ne serait pas automatiquement l'équivalent de « sexe : masculin ». C'est la causalité liée à la socialisation et à la position des sexes qui disparaîtrait.

On pourrait voir là une bonne occasion de substituer *genre* à *sexe*. Or, les sociologues se trouveraient dans une situation étrange : la grande majorité d'entre eux n'envisage pas de faire disparaître la variable de « sexe », au nom justement des socialisations et des positions relatives (des hiérarchies produites par ces socialisations) que cette variable indique, tout en la déconstruisant, ce qui la fait disparaître à nos yeux. Faut-il passer de « sexe » à « genre » dans les tableaux sociologiques (et les commentaires qui en sont tirés) ? Non, parce que le genre est pour les sociologues leur outil d'analyse et de déconstruction, pas un support d'appropriation et d'expression subjective.

En l'état des questionnaires sociologiques, le plus légitime semble être de conserver le vocable « sexe » dans les tableaux sociodémographiques et de ne pas lui substituer celui de « genre », tant qu'on n'a pas introduit une question comme « quel est votre genre ? » posée à des enquêtés. Le plus légitime semble être de demander les deux – le sexe et le genre – comme semble le faire dans ses questionnaires administratifs l'Université catholique de Louvain en 2017 quand elle demande : « Genre (préfixe/sexe) ». Quant à introduire la question « quel sexe vous donnez-vous ? », elle constituerait une bascule pour les sociologues, qui se veulent « objectivistes » (imaginons le même cas pour les diplômes...). Elle ne serait pas équivalente à celle, traditionnelle dans les questionnaires sociologiques : « êtes-vous un homme/une femme ? »

Or, la nouveauté vient de ce que le genre n'est *plus* seulement cette manifestation de la stéréotypie sociale, mais un des supports du tournant subjectiviste et identitaire qui affecte nos sociétés.

Le genre et le tournant subjectiviste et identitaire

Il y a dorénavant deux usages sociologiques de la notion de genre : tantôt « identité » assignée par la socialisation (arbitraire, historique), tantôt « identité » revendiquée par les sujets. Les deux usages semblent tout à fait différents et incompatibles. L'un est un outil d'objectivation d'une construction sociale, l'autre est un support d'affirmation subjective.

C'est pourquoi je ne suis guère d'accord avec ce qu'écrit mon ami et collègue Éric Macé (2011) dans son article sur la question du transsexualisme. J'y vois une tentative tout à fait désespérée et contradictoire de sauver le genre de son naufrage. Et même, j'y vois une théorie normative du genre qui, partant de bonnes intentions déconstructivistes, pose le « genre » comme existant, ce qui est un effet paradoxal de la volonté critique initiale. « Toutes les tentatives d'identification d'une cause organique des identifications trans ont échoué (ils sont tout à fait normalement mâles et femelles), écrit-il, rendant impossible à prouver qu'il existe un rapport de causalité avéré entre le processus biologique de sexuation et le processus subjectif d'identification de genre, que ces identifications soient cisgenres ou trans » (Macé, 2011, p. 511) Si le « genre » n'est pas « l'identité de sexe » parce qu'il ne dépend pas du sexe, alors le « genre » n'a tout simplement aucun sens, aucun sens à être supposé mis en place de x (quel x ?), à être désigné : quel est donc le genre « a », « b » ? Quel est donc le genre « homme » ? De même, si le genre ne renvoie à rien du sexe, alors quel sens peut bien avoir l'expression « norme de genre » ? La notion même « d'identification de genre » n'a pas non plus de sens puisqu'il n'y a pas de genre (ni un, ni deux, ni *n* genres), puisqu'on ne peut soutenir que l'expression « toutes les formes d'identification de genre » signifierait en fait « toutes les façons d'être femme » ou « toutes les façons d'être homme ». Puisque le sexe ne cause pas le genre.

Résumons : le genre comme « stéréotype du sexe » suppose de conserver le sexe, d'adhérer à la perspective que le sexe précède le genre. Le genre correspond alors à « la socialisation, la situation et la perception d'être une femme ou un homme au temps t ». Dans cette analyse, il ne reste rien de spécifique au sexe, en dehors d'une différence absolue de départ. La perspective constructiviste, tout en conservant le sexe comme déclencheur, le fait disparaître comme cause.

À l'inverse, si le sexe ne cause pas le genre, alors genre ne veut plus rien dire. En effet, si le sexe ne cause pas le genre, alors le genre entendu comme « l'identité de sexe » n'a simplement aucun sens. Pour qu'il y ait du genre, il faut nécessairement, logiquement, épistémologiquement, qu'il y ait du sexe. S'il n'y a pas de lien entre sexe et genre, il n'y a plus de genre, *a fortiori* « d'identification de genre » ou de « norme de genre ». Par conséquent, l'idée qu'il y aurait autant de « genres » que d'individus est-elle bien utile ? La conclusion semble être que genre doive être remplacé par identité.

« Genre » n'est plus une notion nécessairement binaire, non plus nécessairement relationnelle (elle est cependant souvent mobilisée de façon binaire pour désigner genre « homme » et genre « femme »), mais plurielle et identitaire (c'est-à-dire subjective). En effet, le « genre » n'est *plus tant* un concept relationnel qu'un concept identitaire. L'acception relationnelle du « genre » par l'historienne Joan Scott (Scott et Varikas, 1988) a fait place à une définition récente qui refuse la *bicatégorisation a priori* du genre qu'implique, au contraire, de façon nécessaire une conception relationnelle ou structurale du « genre ». Christine Delphy (2001, p. 247) soutient, elle, « qu'avec l'arrivée du concept de genre [...] la notion de hiérarchie est fermement ancrée dans ce concept ». Il semble que non. Le genre peut n'être qu'identitaire (revendiquer telle identité) ou assignatoire (recevoir telle identité), et il ne peut plus être relationnel parce qu'il serait alors un concept binaire (ou ternaire...).

Du coup, le contexte intellectuel et l'épistémologie constructiviste des sciences sociales rendent brûlante la question suivante : est-il encore justifié et a-t-on même encore le droit moral de parler de variables objectives à opposer à des stéréotypes ? Face aux sujets, quel droit a le sociologue d'affirmer leur identité dite objective ? Les variables objectives n'auraient-elles pas cédé devant les variables subjectives, c'est-à-dire déclaratives et subjectives ? Quelles en seraient les conséquences ? Il semble que ces conséquences affectent aussi bien les sociologues – majoritaires, semble-t-il – qui croient au sexe, à l'antécédence du sexe sur le genre (ce qu'ils manifestent ordinairement lorsqu'ils soutiennent, par exemple, une idée de parité dans une institution quelconque), que les sociologues qui croient à l'antécédence du genre sur le sexe. Les premiers renoncent au sexe comme cause au profit du sexe comme déclencheur (de processus de socialisation et de perception), les seconds devraient, eux, renoncer à la notion même de genre au profit de l'identité. Pour les premiers, le sexe (les deux sexes, mais il pourrait y avoir un troisième sexe ou davantage) est maintenu comme déclencheur ; il leur est nécessaire, mais il n'est cause de rien en lui-même. Pour les seconds, le sexe s'évanouit, il disparaît, non pas face au genre (qui le suppose) mais face aux identités. Ces identités sont des identités affirmées, affichées, revendiquées où sexe et genre ne font plus qu'un, affichés ou non comme tels. C'est ce que le tournant « identitaire », plus justement caractérisé encore comme un tournant « subjectif », semble impliquer comme conséquences. La différence entre les deux postures réside alors dans le fait que la posture qui conserve le sexe comme déclencheur des socialisations et des perceptions est *objectiviste* tandis que la posture qui croit au genre, en réalité, selon nous, aux identités, est, elle, *subjectiviste*. Il semble que la seconde, qui tient compte de ce que dit le sujet, l'emporte sur le plan éthique.

NOTES

1. Voici un exemple : « Ainsi, pour un chercheur qui travaille sur les questions de "genre", la ressemblance pertinente entre les hommes et les femmes n'est généralement par une condition biologique donnée, mais plutôt leur insertion au sein d'une série d'institutions spécifiques et de dispositifs particuliers qui jouent, à toutes les étapes de la socialisation, un rôle de différenciation entre le masculin et le féminin. » Ou encore, qui témoigne d'une position d'antériorité du sexe sur le genre, et non l'inverse : « Un "homme" [on se demande pourquoi les guillemets] n'est pas seulement une personne qui se distingue par son appareil génital, mais qui a été façonnée par divers processus de "masculinisation" » (Bosa, 2015, p. 70 et p. 72).
2. Prenons l'exemple du taux d'emploi selon le sexe, mentionné ci-dessus : sexe ne renvoie pas à l'idée de « genre » comme « sexe socialement construit » mais à « relation (hiérarchique par exemple) entre les sexes ». Remplacer « sexe » par « genre » dans les tableaux croisés de la sociologie reviendrait à remplacer « sexe » par « sexe construit » ou par « identité sociale de sexe » et non par « position sociale relative des hommes et des femmes ».

RÉFÉRENCES BIBLIOGRAPHIQUES

Bosa, B., « C'est de famille ! L'apport de Wittgenstein au travail conceptuel dans les sciences sociales », *Sociologie*, vol. 6, n° 1, 2015, p. 61-80.

Butler, J., *Trouble dans le genre. Pour un féminisme de la subversion* [1990], Paris, La Découverte, 2005.

Delphy, C., *L'Ennemi principal. 2. Penser le genre*, Paris, Syllepse, 2001.

Détrez, C., « Les loisirs à l'adolescence », *Information sociales*, n° 181, 2014, p. 10-18.

Fassin, É. et Margron, V., *Homme, femme, quelle différence ?*, Paris, Salvator, 2011.

Laqueur, T., *La Fabrique du sexe : essai sur le corps et le genre en Occident*, Paris, Gallimard, 2013.

Macé, É., « Ce que les normes de genre font aux corps / Ce que les corps trans font aux normes de genre », *Sociologie*, vol. 1, n° 4, 2011, p. 497-515.

Pasquier, D., *La Sortie au théâtre. Rapport final*, Paris, DEPS, ministère de la Culture, 2014.

Scott, J. et Varikas, E., « Genre : une catégorie utile d'analyse historique », *Les Cahiers du Grif*, vol. 37, n° 1, 1988, p. 125-153.

Jean-Jacques Boutaud
Cimeos – université de Bourgogne

L'expérience comme lieu commun de l'exception

La communication touristique offre une terre accueillante pour le stéréotype. La vision idéalisée du voyage, du séjour, la notion même de « formules touristiques », reposent sur une conception bien souvent standardisée et industrialisée des « images et des rêves » (Morin, 1962) de longue date liée à une société du loisir et de la consommation. Mais à mesure que le commerce et l'imaginaire du tourisme se développent, tous supports confondus, à force aussi de reproduction et de répétition dans la surenchère, l'image et le rêve s'exposent à l'usure, perdent en valeur et en vigueur. Pour relancer la mécanique et mieux encore la dynamique de cet imaginaire touristique, une nouvelle idéologie a pris forme sous les traits de l'expérience, de l'expérientiel. En réalité, le concept formalisé dès les années 1980 (Holbrook et Hirschman, 1982) ouvre son rayon d'action sur tout le champ de la consommation, de la culture et des loisirs (Hetzel, 2002). Mais l'expérience touristique se présente comme une forme prototypique du réenchantement, expression emphatique d'une offre qui se renouvelle, se différencie, avec promesse de faire vivre au touriste l'exception, l'extraordinaire, voire l'extase. Le tourisme se doit déjà de produire et reproduire une image conforme à la représentation idéalisée de la destination, sans renier la valeur du stéréotype pour *correspondre* à cette image. Mais, dans le même temps, le discours doit construire les termes (textuels, visuels, narratifs) d'une expérience véritable qui reste à définir. Entre la forme et le conforme (reproduire), entre forme et préfiguration (construire le cadre expérientiel), entre forme et transformation (production et réception du discours touristique), l'expérience compose constamment avec la représentation stéréotypée d'un moment idéalisé et, par contraste, l'immanence, le surgissement d'un nouveau rapport sensible à soi et au monde. Entre le convenu de l'expérience formatée et l'inconnu de l'expérience performée, regardons de plus près les termes de cette tension productive où se dessine une idéologie de la performance de soi.

L'image du touriste comme lieu du stéréotype

Étymologiquement, le touriste est celui qui fait un « tour » (Lévy, 2004) et revient à son point de départ. Il n'a donc pas vocation à se transformer radicalement, mais à vivre une parenthèse enchantée qui viendra requalifier en quelque manière ce qu'il est et ce qu'il aime, ce qu'il découvre à l'extérieur et ce qu'il révèle mieux encore de lui-même, dans son intériorité. Autrement dit, sortir de chez soi demande *a minima* de sortir de soi… pour mieux se ressourcer et se retrouver.

Pas question, pour autant, de se risquer à l'aventure. La situation peut se présenter mais n'entre pas dans le prévisionnel ou le programme du touriste, désireux avant tout de se rassurer, de border son territoire d'action. Il planifie, il programme, se laisse porter et s'en laisse conter, de guides touristiques en agences spécialisées, d'informations bien ciblées en destinations prisées, selon la mode ou les humeurs du temps. Son *credo* est d'abord celui de la confiance, du confort, de la réassurance, quitte à se satisfaire de l'oxymore du « dépaysement garanti ».

Chez le touriste, l'aventure se confond bien vite avec la mésaventure (Urbain, 2008), l'imprévu confine avec l'accidentel, bien loin des images perçues et construites à l'origine pour se projeter dans l'imaginaire du voyage, version et versant touriste. Rien de plus facile alors, pour situer le *personnage,* que l'opposition avec le voyageur, au risque d'entretenir malentendu et lieux communs (Lévy, 2004) :

– le voyageur est sensible et ouvert aux paysages et aux gens, le touriste ne l'est pas ;

– le voyageur s'immerge volontiers dans la vie autochtone, le touriste se contente de rapports superficiels ;

– le voyageur est peu sensible au confort, le touriste le recherche ;

– le voyageur adore improviser son voyage, alors que le touriste adore tout planifier ;

– le voyageur n'a généralement pas de ticket de retour ; le touriste le garde précieusement dans sa valise ou le donne en consigne ;

– le voyageur est actif, libre et insoumis, le touriste est passif et se laisse guider par toutes sortes de balises ;

– le voyageur privilégie les expériences profondes dans la durée, le touriste les expériences distractives et rapides ;

– le voyageur tend à éviter les lieux et les groupes touristiques (ou alors, il les regarde d'un air décalé), le touriste s'y agglomère ;

– le voyageur accorde une grande importance aux espaces intercalaires, le touriste privilégie les points terminaux ;

– le voyageur ne bouche jamais le paysage ; le touriste intercale sa personne entre le point de vue et le paysage (ou le monument) ;

– le voyageur accorde plus d'importance au signifié du voyage (sa signification, son sens), le touriste au signifiant (aux signes et infrastructures touristiques) ;

– au retour, le voyageur saura raconter un vécu original ; le touriste, des banalités ;

– le voyageur sortira transforme du voyage sur le plan ontologique, le touriste, au mieux rafraîchi et repose.

On voit combien se dessine une vision fonctionnaliste du touriste, en mode passif, face à l'activité ouverte et généreuse du voyageur. Son appétence pour l'ailleurs mais sa frilosité surtout pour la différence et l'altérité. Or agitation et activisme ne signifient pas disponibilité accrue aux choses et aux êtres ; à l'inverse, la disposition à se laisser guider par l'offre touristique ne condamne pas nécessairement à rester replié sur soi, à vivre dans le préjugé, sans rien prendre ni comprendre du monde nouveau qui se présente.

Cela n'empêche pas, bien souvent, d'aller plus loin encore dans le discours non seulement fonctionnaliste mais simplificateur, même s'il se donne l'excuse du trait d'esprit (versant style), ou de la catégorisation à valeur heuristique (versant méthode). On en trouve l'illustration avec ce site québécois, sans nuance dans l'opposition à l'évidence caricaturale entre touriste et voyageur[1] :

– un touriste prend des photos de lui, un voyageur prend des photos de ce qui l'entoure ;

– un touriste a un selfie stick, un voyageur a une bonne caméra ;

– un touriste essaie de se faire comprendre dans sa langue maternelle, un voyageur essaie de baragouiner la langue du pays ;

– un touriste opte pour les tout-inclus, un voyageur préfère les voyages pour explorer ;

– un touriste dort dans les hôtels, un voyageur préfère utiliser CouchSurfing ;

– un touriste visite les endroits les plus connus, un voyageur part à la découverte des plus beaux coins cachés ;

– un touriste planifie chaque activité, un voyageur vit plus au jour le jour ;

– un touriste dépense une fortune pour son confort, un voyageur dépense intelligemment chaque dollar ;

– un touriste va au McDonald's, un voyageur veut goûter à absolument tout ;

– un touriste apporte tout ce dont il pense avoir besoin, un voyageur part avec le strict minimum ;

– un touriste jase avec ses amis, un voyageur se fait de nouveaux amis ;

– un touriste reste dans sa zone de confort, un voyageur n'a pas peur d'en sortir.

Passons sur le touriste condamné au McDonald's et aux formules *all-inclusive*, en s'excluant par là même des réalités environnantes. Inutile aussi de prolonger le tableau, pris au piège du stéréotype et plus encore de la caricature, pour dépeindre à traits grossiers l'*ethos* d'un touriste figé dans son caractère, avec un imaginaire pauvre et réducteur. On stigmatise le défaut de profondeur, le déficit d'historicité du touriste, coupé de l'identité, de l'altérité à force de voyager en surface mais, ce faisant, on cultive le naturalisme de la description, elle-même sans finesse, sans nuances. Vision d'autant plus radicale qu'elle reproduit du stéréotype sur le stéréotype censé limiter l'horizon d'attente du touriste à l'image idéalisée, mais figée, convenue, consommée du voyage.

Mais attention : avec toutes les ressources informationnelles, matérielles, commerciales, mises à sa disposition, le touriste hyperconnecté, hypermoderne, n'est pas du tout disposé à endosser l'étiquette de « l'idiot du voyage » (Urbain, 1991). La vision fonctionnaliste et réifiante du touriste ne résiste pas aux réalités plus complexes, à travers toutes les manières d'être, de dire et de faire que la profusion de l'offre touristique entretient, en développant de nouveaux imaginaires de réception, tout particulièrement à travers l'expérience, le discours expérientiel.

L'expérience touristique : forme inédite ou formatage ?

Les images proliférantes du tourisme de masse peuvent amuser mais produisent plus encore des effets glaçants. Au plus sombre, ce sont les stéréotypes dévastateurs : plages surpeuplées (Méditerranée), temples profanés par des hordes de touristes (Angkor), lieux mythiques menacés ou dévastés (Machu Picchu). Easyvoyage, pourtant grand promoteur de l'évasion bon marché, n'hésite pas à dresser l'inventaire « des 20 lieux qui ont le plus souffert du tourisme de masse ces dernières années[2] », comme s'il fallait s'y presser avant de les manquer à jamais. Touristes embarqués, parqués, ballottés, débarqués des classes éco ou plongés avec bonheur dans le low cost : bien sûr, le tableau est volontairement assombri, la réalité du voyage peut se montrer bien plus hospitalière, avec son lot de petits bonheurs passagers et de souvenirs bien empaquetés.

Le stéréotype réconforte ou inquiète. On pense à Venise avec ses canaux et ses gondoles, mais aussi ces monstrueux paquebots de croisière frôlant, des années durant, la place Saint-Marc, pour donner au touriste le loisir et le privilège d'immortaliser l'instant d'une sérénissime photo. Expression parmi tant d'autres du tourisme dit pendulaire, accéléré : ne rien manquer des clichés de carte postale ; mitrailler tout ce qui se présente à l'objectif ; presser le pas ; saisir au plus vite puis, en mode appareillé (guides, audioguides, supports numériques, etc.), aller voir ailleurs…

Par contre-champ s'est développée une idéologie du temps retrouvé, restauré. Le tourisme au cœur du vrai, de l'authentique, de l'unique. Loin de la carte postale éculée, le voyage intérieur et la découverte de soi, à travers la découverte d'un monde, du monde. Ce discours, cette parenthèse réenchantée, cette éclosion du sens véritable, c'est l'avènement de l'*expérience*. Un terme déjà pris dans le sens commun, au risque d'être banalisé et naturalisé par la langue, le quotidien, tant les occasions se présentent de vivre des expériences confondues avec nos activités ordinaires (sociales, professionnelles, affectives, etc.). Mais bien au-delà, l'expérience nous renvoie à une longue tradition philosophique dont on s'épargnera le récitatif, alors que des propositions théoriques sont réinvesties dans le champ de la consommation, à travers le marketing (Carù et Cova, 2006 ; Hetzel, 2002) et, en moindre mesure, la communication (Boutaud, 2007). Cela donne matière à éclairer notre propos et dépasser la relation trop étroite perçue jusqu'ici entre tourisme et stéréotype.

Aussi l'expérience est-elle considérée aujourd'hui « comme un concept-clé de la théorie de la culture du consommateur » (CCT, *Consumer Culture Theory* ; Arnould et Thompson, 2005). Elle est aussi devenue le fondement principal d'une « économie de l'expérience » (Pine et Gilmore, 1999), à la suite de laquelle s'est développé un marketing expérientiel (Schmitt, 1999) qui tend à proposer aux consommateurs des immersions dans des expériences extraordinaires plutôt que des achats de simples produits ou services » (Carù et Cova, 2006). Difficile de reprendre ici tous les étages de cette construction qui amène à comprendre, pour rester dans notre domaine de référence, pourquoi le discours sur l'expérience touristique s'est imposé à ce point. Mais il n'importe pas moins, en quelques traits, de saisir en quoi ce discours est passé par des phases de maturation, enrichissant le rapport à l'expérience, comme forme inédite, sans pour autant le libérer d'une problématique du format, de la vision stéréotypée de l'exception, de l'extraordinaire.

Première forme expérientielle, porteuse aussi de déformation, la conception de « l'experience economy » chez Pine et Gilmore (1999). L'expérience consiste en la théâtralisation du service ou du produit ; le personnel se transforme en acteurs, les clients sont des hôtes, des invités ; le site devient la scène. En termes marchands et touristiques, cela fera éclore et prospérer les formes de disneylisation des parcs d'attractions, règne de l'industrie féerique. Autre forme que l'on pourra juger aussi déformante, le tourisme expérientiel dans sa version emphatique, superlative La vulgate du discours expérientiel s'est surtout attachée à cette dimension, comme on peut en juger sur tous les sites internet conjuguant l'expérience et l'exception, l'excellence et l'extraordinaire. En Champagne l'*itinéraire Y* vous promet « un œnotourisme d'exception. Venez vivre une expérience émotionnelle unique, mettant en scène la quintessence des vins de Champagne. Découvrez des lieux majestueux, des paysages exceptionnels et des saveurs magiques avec association de mets et de vins » (*cf.* <www.itineraire-y.com>).

Ailleurs, on n'hésite pas à modéliser l'XMO, « l'expérience mémorable d'œnotourisme », avec une recette dont les ingrédients sont fournis : « Une expérience, c'est un moment dont on se souvient parce qu'il est particulièrement intense, extraordinaire, riche en émotions, signifiant, et/ou qu'il constitue un apprentissage. Pour être mémorable, l'expérience devra être *holistique*, c'est-à-dire générer des *sensations* (en engageant les 5 sens), des *émotions*, mais aussi provoquer la *réflexion* (l'expérience pouvant être cognitive, créative), l'*action* (en introduisant de nouveaux usages, attitudes ou styles de vie par exemple), et enfin le *partage* (l'expérience doit être communautaire, sociale)[3]. » Sans faire preuve de condescendance, considérons comme louable et généreux de proposer de telles modélisations de l'expérience, mais le risque s'accentue de favoriser aussi sa fabrication, son formatage. L'essence phénoménologique de l'expérience, la performativité du sensible émergeant d'une situation immanente laissent alors place à la mise en forme bien réglée d'un cadre expérientiel dont on préfigure et présuppose l'économie performante, le *modus operandi* et les conditions de félicité. Là encore, le piège de la stéréotypie menace de se refermer sur la prétention d'origine à produire l'exception, à force de tension entre l'expérience comme manifestation subjective, côté réception, et l'expérience comme cadre préconçu, formaté (côté production).

Dépayser le stéréotype : le récit expérientiel

Le discours touristique s'inscrit dans une logique de programmation et de promotion. L'image doit se faire accrocheuse, vendeuse, en puisant dans le registre figuratif ou la valeur d'iconicité des lieux, des décors, des situations les plus emblématiques d'un imaginaire culturel associé à un pays, une région, une ville. Ici la répétition participe de la réassurance, avec un tableau de correspondance entre un imaginaire touristique et ses symboles les plus immédiats. À travers un guide ou un site internet, *découvrir* l'Écosse, par exemple, suppose déjà d'y retrouver les images les plus familières. Ce sont les « 25 expériences incontournables » de Lonely Planet : les couleurs de la capitale, les lacs, les châteaux, les îles, mais aussi le golf et le whisky, comme signes d'altérité d'emblée reconnaissables et reconnus. Si le touriste entend condenser plus encore cet univers déjà stéréotypé, le guide réduit l'échelle du parcours à la fois physique et imaginaire. Il classe, hiérarchise, jusqu'à la formule la plus adaptée à une demande ciblée.

À cette approche fonctionnaliste du voyage, faite de tracés, de balises, d'informations, en recherche de conformité avec des images et des symboles, s'oppose donc la valorisation de l'expérience. Basculement aussi de l'imaginaire, non plus seulement dans la relation d'extériorité avec le monde à découvrir, mais de façon primordiale dans le gain, le regain d'intériorité que l'expérience procure. Mais là encore, difficile d'échapper à la formulation si l'expérience doit être construite et modélisée, avant même d'être vécue et ressentie par le touriste. La logique de programmation se heurte à l'expansion analogique d'une expérience qui, en termes sensibles, fait soudainement sens et prend réellement forme. Et toutes les ressources du *storytelling*, ce « nouvel ordre narratif », ne viennent que renforcer, selon la formule de Christian Salmon, « la machine à fabriquer des histoires et à formater les esprits » (Salmon, 2007).

Le renouvellement du paradigme narratif se situe en fait dans la distribution de la séquence ou du récit expérientiel. À travers toutes les ressources d'information et de communication offertes, en production comme en réception, le touriste construit, selon la formule de Jean-Didier Urbain (2008), son « calendrier de l'Avant » et procède en dernière instance, à son « grand examen de conscience » quand il prend le temps d'analyser ou de commenter son voyage, à moins qu'il n'en prolonge le « récit opérationnalisé, vécu et interprété : joué et rejoué et même surjoué » (Urbain, 2008).

Car la trame du récit expérientiel déborde largement le temps du voyage lui-même. Cela se prépare, s'organise, se découvre, se réalise, se vit et se revit, à l'intérieur d'une séquence narrative élargie que l'on peut aborder dans une perspective à la fois dramaturgique et sémiotique (Boutaud, 2015) :

- *préfiguration* du voyage, essentiellement en termes d'information, de veille et de recherche ;
- *configuration* du voyage qui se présente en conformité ou non avec les attentes du touriste ;
- *figuration* du touriste, selon sa propension à faire ou non bonne figure dans le contexte expérientiel où il s'immerge ;
- *reconfiguration* et prolongement de l'expérience à travers les formes narratives que le touriste exploite *in situ* et à son retour.

Peu importe, dès lors, le degré d'adhésion aux stéréotypes, tant la trame expérientielle procède par bricolage, par emprunts entre tous les systèmes d'expression et de figuration. Bricolage démiurgique du e-touriste à partir de son clavier et de son écran ; bricolage entre le paysage *in situ*, sa perception *in visu*, sa représentation discursive (mots et images) *in fabula*, lorsqu'au-delà du SMS, le vécu de l'expérience se construit *in vivo* en stories sur Instagram ou se déploie en récits sur Internet, en blog, ou toute modalité écrite, visuelle, d'expression post-expérientielle. Terme qui prend ici une coloration particulière tant le régime *fabula* s'étire entre le familier et le fabuleux, la restitution et la fabulation, selon la propension à rester au plus près de l'expérience ou à rejouer la scène.

Toute cette « géographie personnelle » (Urbain, 2008) saisit alors les opportunités d'un récit expérientiel *bi-directionnel*, voire *pluri-directionnel*. Bidirectionnel car le touriste produit de l'information et du récit tout autant qu'il en consomme, en reçoit. Pluri-directionnel, à mesure que les dispositifs d'expression, de co-création, se déploient sous la poussée du numérique, de la vidéo et des réseaux sociaux.

L'expérience vient donc soutenir cette idéologie de la *performance de soi*, avec une grande liberté de composition esthétique et de consistance éthique. Une consistance avant tout figurale du voir, plutôt que du savoir, une esthétique de la figuration, de la représentation, de la scénarisation de soi, traçant un arc entre le selfie le plus narcissique et les scènes les plus ouvertes sur le monde, à condition d'y marquer sa présence. À ce niveau d'invention de soi, le touriste peut savourer son pouvoir à la fois démiurgique et sémiurgique de brouiller les frontières, entre public et privé, anodin et inédit, instant fugace et déploiement narratif. Il prend conscience de ce pouvoir qui se démultiplie à l'échelle des réseaux, dans l'expression de formes labiles, toujours plus volatiles et moins exposées au figement. Le touriste devient ainsi le symbole et l'incarnation d'une vie non plus de divertissement mais d'investissement, même par touches infimes et discrètes, de l'expérience à l'existence.

NOTES

1. *Cf.* <www.narcity.com/ca/qc/montreal/vie/les-12-differences-entre-un-touriste-et-un-voyageur>, page consultée le 14/02/2019.
2. *Cf.* <www.easyvoyage.com/actualite/top-20-endroits-magnifiques-bientot-fermes-au-public-80550>, page consultée le 14/02/2019.
3. *Cf.* <oenostory.com/2016/02/8022016-experience-memorable-d-oenotourisme-se-differencier>, page consultée le 14/02/2019.

RÉFÉRENCES BIBLIOGRAPHIQUES

Amossy, R., « La notion de stéréotype dans la réflexion contemporaine », *Littérature*, n° 73, 1989, p. 29-46.

Amossy, R. et Herschberg-Pierrot, A., *Stéréotypes et clichés*. Paris, Nathan Université, 1997.

Arnould, E. J. et Thompson, C. J., « Consumer Culture Theory (CCT) : Twenty Years of Research », *Journal of Consumer Research*, vol. 31, 2005, p. 868-882.

Boutaud, J.-J., *Sensible et communication. Du cognitif au symbolique*, Londres, ISTE, 2015.

Boutaud, J.-J., « Le goût, une expérience optimale ? », *in* Assouly, O., *Goûts à vendre. Essai sur la captation esthétique*, Paris, éditions du Regard, 2007, p. 41-57.

Caprettini, G. P., « Paesaggio, esperienza ed esistenza. Per una semiotica del mondo natural », *Semiotiche*, n° 1/3, 2003, p. 73-100.

Trad. française en ligne : <www.unilim.fr/pages_perso/jacques.fontanille/articles_pdf/visuel/Paysagesexistenceexperience.pdf>, page consultée le 14/02/2019.

Caru, A. et Cova, B., « Expériences de consommation et marketing expérientiel », *Revue française de gestion*, n° 162, 2006, p. 99-113.

Hetzel, P., *Planète conso. Marketing expérientiel et nouveaux univers de consommation*, Paris, éditions d'Organisation, 2002.

Holbrook, M. B. et Hirschman, E. C., « The Experiental Aspects of Consumption : Consumer Fantasy, Feelings and Fun Now », *Journal of Consumer Research*, vol. 9, n° 2, 1982, p. 132-140.

Ladwein, R., « Les modalités de l'appropriation de l'expérience de consommation : le cas du tourisme urbain », *in* Remy, E., Garubuau-Moussaoui, I., Desjeux, D. et Filser, M. (dir.), *Sociétés, consommations et consommateurs*, Paris, L'Harmattan, 2003, p. 85-98.

Lévy, B., « Voyage et tourisme : malentendus et lieux communs », *Le Globe*, tome 144, 2004, p. 123-136.

Morin, E., *L'Esprit du temps*, Paris, Grasset-Fasquelle, 1962.

Pine, J. et Gilmore, J., *The Experience Economy*, Brighton, Harvard Business School Press, 1999.

Salmon, C., *Storytelling. La machine à fabriquer des histoires et à formater les esprits*, Paris, La Découverte, 2007.

Schmitt, B. H., *Experiential Marketing : How to Get Customers to Sense, Feel, Think, Act and Relate to Your Company and Brands*, New York, The Free Press, 1999.

Urbain, J.-D., *Le Voyage était presque parfait. Essai sur les voyages ratés*, Paris, Payot Rivages, 2008.

Henri Boyer
Université Paul-Valéry Montpellier 3 – Dipralang, EA 739

La place du stéréotype dans la pensée sociale et les médias

Imaginaire(s), idéologies, représentations

À partir d'une libre lecture des modélisations concernant les structures sociocognitives constitutives de ce que certains psychosociologues appellent la *pensée sociale* (Rouquette, 1973 ; Guimelli, 1999), présentées en particulier par divers courants de la psychologie sociale[1], j'ai proposé un paradigme au sein duquel s'articulent les concepts qui tentent d'éclairer la connaissance qu'on peut avoir de la nature des imaginaires collectifs propres à une société donnée ou ses sous-ensembles. Le concept pilier est celui de *représentation.* La *représentation, collective* ou *sociale* (Durkheim, 1898 ; Rouquette et Rateau, 1998, p. 15 ; Moscovici, 2002, p. 16) est un mode de connaissance des objets sociaux qui relève du *sens commun* et qui a « une visée pratique » (Jodelet, 1989, p. 36). On sait que l'une des branches de la psychologie sociale a développé la théorie dite du « noyau central » qui identifie deux ensembles de constituants de la *représentation* : le *système central,* fermé, qui garantit à la *représentation* sa stabilité, et un *système périphérique* où les traits, de nature contextuelle et donc instables, permettent l'adaptabilité de la *représentation.* On sait par ailleurs que c'est la « mise en cause d'éléments centraux [qui] entraîne […] une transformation de la représentation, *mais ceci uniquement si la situation est perçue comme irréversible* » (Abric, 2002, p. 91 [c'est moi qui souligne])[2].

On peut considérer que l'*idéologie* « [est] constituée […] d'un système (réseau) de représentations en interconnexion » (Mannoni, 1998, p. 54), qu'elle est « l'instance de raison des représentations » (Rouquette et Rateau, 1998, p. 24). En définitive, il s'agit d'une construction sociocognitive établie sur la base d'un ensemble plus ou moins limité de représentations : une construction à visée dominatrice (qu'elle soit ostensible ou occultée) proposant une certaine vision des choses et susceptible de légitimer des discours performatifs et normatifs et donc des pratiques individuelles et des actions collectives dans la perspective de la conquête, de l'exercice, du maintien d'un pouvoir (politique, culturel, spirituel, etc.), ou à tout le moins d'un fort impact (coercitif ?) au sein de la communauté concernée ou face à une autre/d'autres communauté(s) (Boyer, 2003, p. 17)[3]. Et on ne peut que dénoncer la « forte tentation [...] de limiter l'usage du concept d'idéologie aux discursivités politiques » : bien évidemment, les activités socioculturelles, les productions médiatiques ou encore les sports ou l'action humanitaire « sont, au même titre, susceptibles d'être interrogés systématiquement dans leur inconscient idéologique » (Ansart, 2006, p. 211).

Quant à la notion d'*imaginaire*, notion « caméléon » par excellence au sein des sciences humaines et sociales, on propose ici qu'elle coiffe le paradigme considéré[4] : l'imaginaire, « nourri des contenus d'imaginaires individuels et influant fortement sur eux [...] renferme les paradigmes de base d'une situation culturelle donnée – en ce qu'ils peuvent avoir de commun et de différent d'une culture à l'autre – *imaginés par consensus au sein de groupes humains et normant les détails des contenus des démarches cognitives* tant que les apports de ces dernières ne finissent pas par entraîner une modification de ces paradigmes » (Deschamps, 1996, p. 161 ; voir également Leconte, 1996)[5].

Un constituant de l'imaginaire dont il vient d'être question, constituant associé, comme la *représentation*, à une ou plusieurs *idéologie(s)* et qui a un impact sur l'action des individus et des groupes et sur leurs discours (parfois *via* un certain type d'*attitude* : le *préjugé*) a fait et fait toujours l'objet de toutes les attentions, « scientifiques » comme « militantes » : le *stéréotype*. Il en sera plus spécifiquement question dans ce qui suit.

Le schéma ci-dessous tente de rassembler en les hiérarchisant l'ensemble des concepts évoqués, en relation avec la communauté sociale (la société) ou tel ou tel groupe au sein de la communauté sociale, et qui désignent les éléments sociocognitifs plus ou moins partagés qui inspirent comportements et pratiques des membres de ladite communauté ou de l'un de ses groupes[6] :

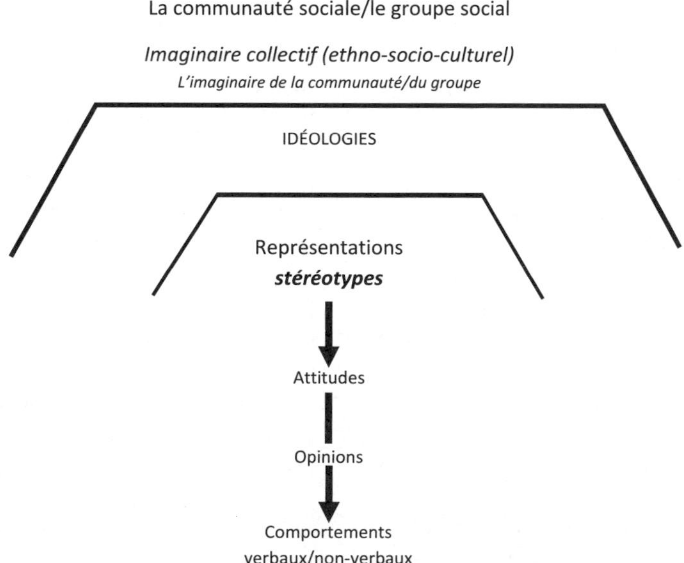

Stéréotypage, stéréotype

« Stéréotype » : il s'agit d'une notion très visitée par les sciences de l'homme et de la société (voir par exemple Amossy, 1991 ; Plantin (dir.), 1993 ; Dufays, 1994 ; Gauthier (éd.), 2001 ; Boyer (dir.), 2007). On considérera ici qu'il n'est pas utile de lui conférer un statut sociocognitif fondamentalement différent de la *représentation* au sein du paradigme proposé (Doise, 1985) : les deux modalités peuvent d'ailleurs fonctionner au même niveau au sein d'une même construction idéologique.

Car le *stéréotype* est bien une modalité de *représentation* que la notoriété, la fréquence, la simplicité ont imposée comme évidence à l'ensemble d'une communauté (ou d'un groupe à l'intérieur de la communauté). Il s'agit donc d'une *structure sociocognitive figée*, dont la pertinence pratique en discours est tributaire de son fonctionnement réducteur et univoque et d'une stabilité de contenu rassurante pour les usagers. Cependant, « on le développe et le confirme de cas en cas, on le nourrit d'exemples, on lui reconnaît s'il le faut des exceptions, on l'adapte selon les circonstances en jouant plus ou moins sur l'accentuation de ses traits, et il se pourrait même qu'on le perfectionne à force de s'en servir » (Rouquette, 1997, p. 33).

La question est de savoir, dans cette façon de considérer le stéréotype, quelle est son organisation par rapport à celle de la *représentation*. Peut-on toujours parler, avec le *stéréotype*, de « noyau central » et de « système périphérique » ? En mobilisant « deux cadres théoriques bien différents » : « celui de la catégorisation sociale » qui « fait appel à la notion de stéréotype » et « celui des représentations sociales » qui « fait appel à la notion de noyau », il est possible, si l'on suit Pascal Moliner et Julien Vidal, de faire l'hypothèse que « les éléments centraux de la représentation d'un groupe social sont identiques aux éléments stéréotypiques de la catégorisation de ce même groupe » (Moliner et Vidal, 2003, p. 158-164). Dans cette façon d'envisager le stéréotype (qui restreint cependant sa pertinence sociocognitive pratique aux groupes), ce dernier « peut se comprendre comme un schéma simplifié de la catégorie tandis que le noyau doit s'entendre comme la base même de la représentation sociale » (*Ibid.*, p. 164). Mais ce partage très (trop) net entre *représentation* et *catégorisation* ne va pas de soi car « le propre d'une représentation est [bien] de produire un système de catégorisation » (Abric, cité par Moliner et Vidal, 2003, p. 158). Par ailleurs, il semble difficile de traiter sur un même plan un fonctionnement sociocognitif *in vivo* – le *stéréotypage* et son produit, le *stéréotype*, susceptible de gloses et de mises en scène (le stéréotype du Marseillais/Provençal/Méridional par exemple, dans les spots publicitaires) – et une *structure discrète*, susceptible d'être observée *in vitro*, au travers d'une expérimentation (dans le cadre d'une approche structurale, voir par ex. Moliner et Guimelli, 2015, p. 67-75 ; voir également Abric, 2002) : le *noyau central*. En fait, on est sûrement fondé à « envisager que le stéréotype soit ainsi structuré et/ou qu'il possède une structure hiérarchique comparable à celle de la représentation avec pourquoi pas des croyances du stéréotype centrales et périphériques » (Vidal, 2003, p. 56). Pour ma part, je fais (Boyer, 2003) l'hypothèse d'un fonctionnement sociocognitif analogue de la représentation et du stéréotype, sur la base de la contribution au *confort identitaire et communicationnel des membres d'un groupe ou/et d'une communauté*. Simplement, dans le cas de la *représentation*, la structure doit être envisagée comme complexe et dynamique, et le partage fonctionnel entre le *noyau central* et le *système périphérique* comme fondamental pour assurer la pertinence sociocognitive mais aussi la souplesse d'usage de ladite *représentation*. Dans le cas du *stéréotype*, cette souplesse aurait disparu au profit de la pertinence pragmatique. En fait, la structure du *stéréotype* ne ferait plus un partage fonctionnel entre *noyau central* et *système périphérique* (comme si le *noyau* avait absorbé le *système périphérique*) : pour une efficacité maximale, elle serait réduite à un ensemble figé (et donc forcément limité) de traits, totalement solidaires et donc en définitive, selon des degrés divers, aléatoires en discours. Il en va ainsi, par exemple, avec le *stéréotype* du Marseillais/Provençal/Méridional déjà mentionné. Même s'ils peuvent être regroupés selon le type de référent concerné (traits phonétiques, traits kinésiques, traits naturels, etc.), il serait vain de vouloir établir une hiérarchie dans les traits constitutifs : qu'il s'agisse de l'intonation « chantante », de l'articulation caricaturale du « e » muet, de l'exubérance gestuelle, de la disposition naturelle au repos, du tempérament hâbleur/fabulateur, les spots publicitaires diffusés sur les chaînes de télévision ne font pas dans la nuance[7]. L'association de traits, à géométrie variable, n'est plus liée au contexte d'exploitation : *le contenu du stéréotype est compact.* Et le stéréotypage, processus de figement représentationnel dont le stéréotype est le produit, semble bien être un processus sociocognitif inéluctable au sein des communautés humaines[8].

Économe, stable, consensuel : autant de qualités qui rendent le *stéréotype* communicationnellement rentable. Il est évident que sa pertinence tient largement à son immersion totale dans la pensée sociale. C'est du reste ce qui explique que les médias en fassent un usage immodéré, singulièrement dans les sociétés médiatisées (Verón, 1991). Si les médias ne créent pas de toutes pièces les stéréotypes, ils contribuent largement au processus de stéréotypage. L'analyse de fonctionnements médiatiques circonstanciés, comme celle que j'ai publiée avec G. Lochard (Boyer et Lochard, 1998), tempère en effet l'affirmation de R. Amossy pour qui « si l'analyse du discours médiatique mobilise la notion de stéréotype pris au sens large du terme, ce n'est pas parce que les médias privilégient plus particulièrement les schémas collectifs figés : c'est parce que toute communication se fonde nécessairement sur des représentations et des opinions partagées » (Amossy, 2005, p. 109). S'il est incontestable que tout échange et donc toute interaction a une dimension forcément empathique (*dialogisme* oblige), au sein de la communication médiatique, le *principe d'empathie* est l'un des trois piliers de l'*impératif de captation*, qui fonde l'existence même de ce type de communication (Lochard et Boyer, 1998 ; Brune, 1993), d'où la tentation permanente du réductionnisme et le risque de caricature qui guette un discours médiatique soumis sans retenue au *principe d'empathie* : « moins l'élaboration du propos est exigeante, plus facilement les idées reçues peuvent s'y retrouver avec leur cortège de simplifications, d'approximations et de déformations » (Taranger, 1997, p. 33). Mais une autre construction, *problématisante*, et donc d'autres effets restent toujours possibles (Boyer et Lochard, 1998 ; Windisch, 1991). Ainsi, l'enquête citée plus haut sur le traitement médiatique de la « crise des banlieues », de ses territoires et de ses acteurs, montre que les médias télévisuels ont su, sous les feux des critiques, dépasser la construction stéréotypique dominante jusqu'à la fin de l'année 1990, et proposer une *représentation complexifiante* sur la base d'un discours problématisant et une autocritique « expiatoire » (Boyer et Lochard, 1998, p. 119-127) : c'est le cas par exemple pour la figure du « jeune de banlieue », celle du « beur » et même celle du « casseur ». Cependant, force est de constater que la *représentation complexifiante* a du mal à prospérer à la télévision et que le stéréotypage est bien une constante de l'interdiscours médiatique. La dernière période a vu « la question de la banlieue se [désocialiser] en se confondant de plus en plus avec le spectre du péril islamique dont les médias apparaissent à la fois comme des révélateurs et comme des agents » (Lochard, 2016, p. 440). Et « l'émergence et l'omniprésence latente de la figure du jeune djihadiste semble constituer un point de blocage pour aller dans [la] direction de l'avènement [...] d'une approche [médiatique] complexifiante de la crise politico-identitaire française » (*Ibid.*, p. 446)[9].

NOTES

1. Voir les travaux réalisés en psychologie sociale à la suite des recherches pionnières de P. Moscovici (Rouquette et Rateau, 1998). Voir également Windisch, 1989 ; Amossy, 1991 ; Boyer, 2003.
2. Deux autres notions sont étroitement liées à celle de *représentation* : ce sont les notions d'*attitude* et d'*opinion* : l'*attitude* peut être considérée comme « une forme spécifique d'occurrence d'une représentation sociale ou d'une combinaison de représentations » (Rouquette et Rateau, 1998, p. 23-24), selon moi une sorte d'interface entre la *représentation* et la *pratique*/le *comportement* qu'elle inspire, de même que l'*opinion* qui est de l'ordre du discours, à « l'articulation de l'individuel et du collectif » (*Ibid.*, p. 22).
3. T. A. Van Dijk (1999, p. 162) définit les *idéologies* « comme les fondements des représentations de groupe » : ce sont des « systèmes de croyances » qui « doivent être étudiés dans un cadre cognitif » (ma traduction). Toujours selon Van Dijk (*Ibid.*, p. 395), « les idéologies sont particulièrement importantes pour la conduite des *relations sociales de groupe* comme celles de domination et de conflit, mais aussi de concurrence et coopération » (ma traduction). Pour Althusser (1972, p. 238), « une idéologie est un système (possédant sa logique et sa rigueur propres) de représentations (images, mythes, idées ou concept selon les cas) doué d'une existence et d'un rôle historique au sein d'une société donnée ».
4. On peut préférer l'emploi du pluriel : on parlera alors d'*imaginaires communautaires* (*imaginaire* de la langue, *imaginaire* de l'art, *imaginaire* de la famille, etc.).
5. Cette façon de traiter l'imaginaire/les imaginaires ethno-socioculturel(s) diffère donc de la « topique socioculturelle » et de la « mythologie » proposées par G. Durand (1992 ; 1994). Elle diffère également des perspectives de Castoriadis (1975).
6. Cet édifice conceptuel que j'ai proposé en 2003 (Boyer, 2003) est en phase avec l'« architecture globale de la pensée sociale » proposée par Flament et Rouquette (2003, p. 21).
7. Du reste, afin de saturer comme il se doit le discours de marques d'empathie, ici comme ailleurs les mises en scène publicitaires ne se privent pas d'« en rajouter », avec l'atmosphère sonore (chant des cigales ou musique provençale, par exemple) ou l'environnement « naturel » (les champs de lavande), au gré des spots. Mais ce n'est plus d'adaptation qu'il s'agit, comme avec la *représentation* : les traits mobilisés sont tout à la fois (supposés) motivés du point de vue sociocognitif et aléatoires dans leur mise en discours.
8. À cet égard, scientifiquement, on ne saurait *a priori* être « pour ou contre le stéréotype » (Gauthier, 2001).
9. Les médias qui cultivent le « second degré » (flattant des lecteurs ainsi supposés avertis) peuvent fort bien se proposer de « casser » le stéréotype en dénonçant son fonctionnement réducteur et son objet étroitement circonscrit. Il n'en reste pas moins que c'est bien un privilège de discours médiatique, et encore faut-il que le média soit légitimé pour le faire.

RÉFÉRENCES BIBLIOGRAPHIQUES

ABRIC, J.-C., « L'approche structurale des représentations sociales : développements récents », *Psychologie et société,* n° 4, 2001, p. 81-103.

ALTHUSSER, L., *Pour Marx*, Paris, Maspero, 1972.

AMOSSY, R., *Les Idées reçues. Sémiologie du stéréotype*, Paris, Nathan, 1991.

AMOSSY, R., « Le maniement de la doxa sur le thème de l'insécurité : Chirac et Le Pen aux présidentielles 2002 », *Médias et Cultures*, n° 1, 2005, p. 107-146.

ANSART, P., « L'idéologie, une interrogation permanente », *Illusio,* n° 3, 2006, p. 201-215.

BOYER, H., *De l'autre côté du discours. Recherches sur le fonctionnement des représentations communautaires*, Paris, L'Harmattan, 2003.

BOYER, H. (dir.), *Stéréotypage, stéréotypes : fonctionnements ordinaires et mises en scène*, Paris, L'Harmattan (5 tomes), 2007.

BOYER, H. et LOCHARD, G., *Scènes de télévision en banlieues (1950-1994)*, Paris, INA-L'Harmattan, 1998.

Brune, F., « *Les médias pensent comme moi !* » *Fragments du discours anonyme*, Paris, L'Harmattan, 1993.

Castoriadis, C., *L'Institution imaginaire de la société*, Paris, Seuil, 1975.

Deschamps, J., *Les Avatars de l'imaginaire*, Paris, L'Harmattan, 1996.

Doise, W., « Les représentations sociales : définition d'un concept », *Connexions,* n° 45, 1985, p. 243-253.

Dufays, J.-L., *Stéréotype et lecture*, Liège, Pierre Mardaga, 1994.

Durand, G., *L'Imaginaire*, Paris, Hatier, 1994

Durand, G., *Les Structures anthropologiques de l'imaginaire*, Paris, Dunod, 1992.

Durkheim, E., « Représentations individuelles et représentations collectives », *Revue de métaphysique et de morale*, n° 6, 1898, p. 273-302

Flament, C. et Rouquette, M.-L., *Anatomie des idées ordinaires. Comment étudier les représentations sociales*, Paris, Armand Colin, 2003.

Gauthier, R. (éd.), *Le Stéréotype. Usages, formes et stratégies*, Toulouse, CALS/CPST, 2001.

Guimelli, C., *La Pensée sociale*, Paris, Presses universitaires de France, 1999.

Jodelet, D., « Représentations sociales : un domaine en expansion », *in* Jodelet, D. (dir.), *Les Représentations sociales,* Paris, Presses universitaires de France, 1989, p. 45-78.

Lecointe, M., « Statut de l'imaginaire », *Transdisciplines*, n° 1/2, Paris, L'Harmattan, 1997, p. 187-197.

Lochard, G., « "La question des banlieues" en France : genèse, mutations et dissipation », in Alén Garabato, C., Djordjevic Léonard, K., Gardies, P., Kis-Marck, A. et Lochard, G. (dir.), *Rencontres en sciences du langage et de la communication*, Paris, L'Harmattan, 2016, p. 437-448.

Lochard, G. et Boyer, H., *La Communication médiatique*, Paris, Seuil, 1998.

Moliner, P. et Vidal, J., « Stéréotype de la catégorie et noyau de la représentation sociale », *Revue internationale de psychologie sociale*, n° 16, 2003, p. 157-176.

Mannoni, P., *Les Représentations sociales*, Paris, Presses universitaires de France, 1998.

Moscovici, S., « Pourquoi l'étude des représentations sociales en psychologie ? », *Psychologie et Société* n° 4, 2001, p. 7-27.

Plantin, C. (dir.), *Lieux communs, topoï, stéréotypes, clichés*, Paris, Kimé, 1993.

Rouquette, M.-L., « La pensée sociale », *in* Moscovici, S. (dir.), *Introduction à la psychologie sociale*, t. 2, Paris, Larousse, p. 299-327.

Rouquette, M.-L., *La Chasse à l'immigré. Violence, mémoire et représentations*, Liège, Pierre Mardaga, 1997.

Rouquette, M.-L. et Rateau, P., *Introduction à l'étude des représentations sociales,* Grenoble, Presses universitaires de Grenoble, 1998.

Taranger, M.-C., « Constructions télévisuelles et stéréotype », *Langage et société*, n° 81, 1997, p. 17-33.

Van Dijk, T. A., *Ideología*, Barcelone, Editorial Gedisa, 1999.

Verón, E., « Les médias en réception : les enjeux de la complexité », *Médias-pouvoirs*, n° 21, 1991, p. 166-172.

Vidal, J., « Noyau central et stéréotypie : la question de la durabilité du changement », *Les Cahiers internationaux de psychologie sociale*, n° 60, 2003, p. 50-58.

Windisch, U., *Le Prêt-à-penser. Les formes de la communication et de l'argumentation quotidiennes,* Lausanne, L'Âge d'homme, 1991.

Joëlle Zask
Aix-Marseille Université

Art et stéréotypes

***Revue* Hermès :** Au regard de tes travaux sur John Dewey, y compris dans son débat avec Walter Lippmann, comment définirais-tu les stéréotypes et leur place dans la pensée politique ? Est-ce une notion utile pour comprendre la politique contemporaine ?

Joëlle Zask : En effet, Walter Lippmann est connu pour avoir mobilisé la notion de stéréotype dès 1922, dans son livre *Public Opinion*. Son apport est intéressant dans la mesure où il rompt avec les croyances, alors très répandues dans les sciences sociales, en faveur de l'existence de phénomènes collectifs tels l'« inconscient collectif » chez Freud, la « conscience morale » chez Durkheim, les pulsions de la foule chez Le Bon, l'« âme du peuple » ou le « génie de la race ». Selon Lippmann, le processus de formation de représentations partagées repose non sur des conditions extra-psychologiques telles que la géographie, la couleur de la peau, le niveau économique et social, l'origine ethnique, mais sur les pratiques des individus qui, *via* leur éducation, leur culture, leurs interactions, forment une pensée commune. Les stéréotypes sont donc d'origine culturelle. Ils sont, écrit Lippmann, « une image ordonnée et plus ou moins cohérente du monde. C'est à eux que nos habitudes, nos goûts, nos capacités, nos conforts et nos espoirs se sont ajustés. Peut-être ne forment-ils pas une image complète du monde, mais ils sont l'image d'un monde possible auquel nous sommes adaptés. Dans ce monde, les gens et les choses ont leur place attitrée et font des choses qui sont attendues. Là, nous nous sentons chez nous. Nous lui convenons. Nous en sommes membres. » (p. 95)

L'utilité sociopolitique des stéréotypes est alors évidente : l'ensemble qu'ils forment équivaut à ce qu'on appelait les mœurs – ce qui deviendra sous la plume des anthropologues la « culture » et, sous celle de Dewey, les « habitudes ». L'idée de « forme de vie », issue de Wittgenstein, convient également pour exprimer le côté positif des stéréotypes selon Lippmann, à savoir celui de jouer le rôle d'un socle commun qui est la source non des lois, mais de « l'esprit des lois ». Il favorise donc une union sociale durable.

De ce point de vue, les stéréotypes semblent favorables à la participation des individus à la sphère publique puisque, comme l'affirme Tocqueville, sans idée commune, il n'y a pas d'action commune. À lire l'extrait de Lippmann cité ci-dessus, on peut donc avoir le sentiment que les stéréotypes représentent un ensemble de ressources culturelles utiles pour assurer l'adaptation des individus aux groupes auxquels ils sont liés et mener à leur « empowerment ».

***Revue* Hermès :** Tu as travaillé sur les relations entre l'art contemporain, l'espace public et la participation. Est-ce que pour toi la création artistique est un moyen d'échapper aux représentations stéréotypées du lien social et politique et de retrouver des formes de communication ?

***Joëlle Zask* :** Cette question nous conduit à considérer l'autre face des stéréotypes, leur face extrêmement négative. Elle est très présente dans le texte de Lippmann, qui ne fait pas toujours preuve de cohérence en la matière. En effet, un temps confortable et propice à la sociabilité, le socle solide qu'ils forment devient à l'opposé, quand il s'agit d'opinions, un fatras d'images irrationnelles dont aucune vérité, aucune pertinence, aucune liberté ne peut provenir. Les stéréotypes ressemblent alors à ce pour quoi nous les tenons habituellement : des préjugés rigides, indépendants de la volonté de chacun, la plupart du temps discriminants, équivalents à des images caricaturales et généralisatrices parce que l'on croit pouvoir les appliquer à tous les individus de la catégorie qu'ils expriment.

Le mécanisme le plus problématique du point de vue sociopolitique repose sur l'action d'une autorité supérieure. Loin de penser par soi-même, chacun adhère, d'après Lippmann, à des symboles qui « sont *plantés* là par un autre être humain auquel nous reconnaissons une autorité » (p. 242). « Du père au fils, du prélat au novice, du vétéran au cadet, certaines manières de voir et de faire sont enseignées. Ces manières deviennent familières et sont reconnues comme telles par la masse des profanes. » (p. 145) Au lieu du processus « normal » d'acculturation qui prévalait, domine désormais un mécanisme d'endoctrinement, de domination et de soumission à l'autorité.

Quant à l'art, s'il est compatible avec le stéréotype au sens positif, il est en contradiction par rapport au sens négatif.

Penser l'art comme « création » (si on donne un sens fort à ce terme) pourrait être trompeur dans la mesure où la création semble réfuter le « bien connu », faire rupture par rapport aux traditions, aux poncifs de l'époque, aux préjugés en général. Non seulement la création est par définition *ex nihilo*, mais en outre elle témoigne d'une immense liberté, celle du sujet qui façonne comme bon lui semble son objet. Mais cette conception, qui est spécifique à une certaine vision romantique de l'artiste détaché de ce monde, son œil rivé à la beauté en soi, n'est pas plus excessive que la conception opposée, notamment marxiste, selon laquelle les artistes et l'art ne feraient jamais que reproduire les idées dominantes de leur époque.

Ce que l'art révèle, c'est qu'entre la liberté totale et la soumission complète existe en fait un vaste domaine qui est celui des phénomènes culturels en général, dont la création artistique et l'appréciation esthétique font partie.

De même que dans toute recherche est une avancée vers l'inconnu, les pratiques artistiques pour une part innovent et pour une autre reposent sur un héritage solide issu des générations antérieures. Cet héritage n'est tel que s'il peut être requalifié par les nouveaux venus. Une ressource authentiquement culturelle est nécessairement plastique – ce dont témoigne la langue commune –, son usage individuel contient toujours une part d'invention personnelle et d'originalité. Un tel héritage est transmis et dans le domaine de l'art, on sait à quel point la transmission de maître à élève, d'expert à novice, d'inspiré à aspirant, a été un pivot.

Par opposition à l'ordre du transmettre, les stéréotypes sont *inculqués*. Ils ne font pas à proprement parler partie d'un quelconque héritage. Loin d'être souples et plastiques, ils sont rigidifiés. Certaines croyances, opérationnelles en leur temps, se figent au lieu d'évoluer. Elles cessent d'être des formes culturelles. Ce que Bachelard nommait « obstacles épistémologiques » dans les sciences correspond aux clichés en art, dont l'académisme est un bon exemple. Aucune pratique n'est à l'abri de l'académisme.

C'est pourquoi il ne me semble pas que « l'art contemporain soit résolument et nécessairement en rupture par rapport aux stéréotypes ». Plus que jamais, il génère lui-même de nombreuses formes et contenus parfaitement convenus, ce qui fait se poser de sérieuses questions sur le degré auquel il s'agit bien d'art, ce que Rochlitz appelait « coefficient d'articité ».

Il me semble en tout cas important d'établir la distinction la plus claire possible entre les formes héritées et les formes inculquées, entre donc ce qui relève de la continuité historique et ce qui provient d'un préconscient préformé. La valeur esthétique des œuvres dépend plus souvent qu'on ne le pense de cette variable.

(entretien réalisé par Anne Lehmans)

RÉFÉRENCES BIBLIOGRAPHIQUES

BACHELARD, G., *La Formation de l'esprit scientifique*, Paris, Vrin, 1967 [5e éd.].

DEWEY, J., *Expérience et nature* (1925), Paris, Gallimard, coll. « Bibliothèque de philosophie », 2011.

LE BON, G., *Psychologie des foules*, Paris, Presses universitaires de France, 1895.

LIPPMANN, W., *Public Opinion* (1922), New York, The Free Press, 1965.

LIPPMANN, W., *The Phantom Public*, New York, Harcourt, Brace and Cie, 1925.

ROCHLITZ, R., *L'Art au banc d'essai*, Paris, Gallimard, 1998.

ZASK, J., *L'Opinion publique et son double. Livre I : L'opinion sondée*, Paris, L'Harmattan, coll. « La philosophie en commun », 1999.

ZASK, J., *Art et démocratie. Peuples de l'art*, Paris, Presses universitaires de France, coll. « Interventions philosophiques », 2003.

Brigitte Marin
Université Paris-Est Créteil
École supérieure du professorat et de l'éducation (ESPE) de l'académie de Créteil

Apprendre à écrire avec les stéréotypes à l'école

***Revue* Hermès :** Alors que la plupart des usages du concept de stéréotype sont négatifs et, à l'instar des premières définitions de Lippmann, stigmatisent la tendance à simplifier et figer les représentations sociales avec des conséquences discriminantes, vous proposez une vision du stéréotype comme outil de catégorisation indispensable à la construction de la pensée abstraite dans les processus cognitifs, notamment dans l'apprentissage de l'écriture. Pourriez-vous rappeler la définition que vous en proposez et la fonction que vous lui assignez ?

***Brigitte Marin* :** Son caractère schématisant et synthétique en fait l'outil privilégié du processus de catégorisation et, par conséquent, d'accès à la pensée abstraite.

Les propriétés du stéréotype le renvoient à ce qui est banal, figé, permanent, évident ; en cela elles concernent les caractéristiques de ce qui s'apparente à la valeur fondamentale et intrinsèque d'un objet, d'une personne ou d'une représentation. L'étymologie même du mot *stéréotype*, issu du grec στερεός (stereos) – qui signifie ferme, dur – et de τύπος (typos) – qui désigne l'impression – relève du domaine de la typographie. Ce mot désigne ainsi à l'origine la copie d'une forme imprimante en relief, composée de caractères typographiques et de gravures sur bois, recouverte de plâtre pour servir de moule à un alliage de métaux. La métaphore du moule est révélatrice du caractère reproductible, et dès lors potentiellement industriel, que permet le stéréotype, avec une coïncidence fonctionnelle entre deux éléments, l'original et son « stéréotype ».

C'est précisément dans le contexte du vocabulaire des métiers que ce mot a été forgé à la fin du XVIIIe siècle pour désigner le support qui permet de stéréotyper, c'est-à-dire de reproduire matériellement un texte ou une œuvre en de nombreux exemplaires. Le terme de cliché, souvent associé au stéréotype, provient aussi du vocabulaire de l'imprimerie, où il désignait la surface imprimée du stéréotype.

L'évolution sémantique de ces deux termes a suivi une voie parallèle, s'appliquant par métaphore à des formes de pensée ou de jugement grégaires, telles que le journaliste Walter Lippmann les a modélisées en leur donnant le sens d'image ou de représentation véhiculée à l'identique. L'opposition original *vs* reproduction redouble ainsi celle de connotations positives *vs* négatives.

Dans le cadre des études qui ont été menées sur l'usage du stéréotype, nous écartons d'emblée les valences négatives et élitistes associées à la notion de stéréotype pour envisager au contraire ses vertus pédagogiques et didactiques potentielles dans le cadre de la mise à disposition, dans les classes, d'artefacts susceptibles d'outiller les pratiques d'écriture des élèves. L'identification et l'usage du stéréotype, en ce qu'ils favorisent la reconnaissance et la mise en mots de l'expérience du monde, peuvent améliorer les apprentissages littéraciés.

***Revue* Hermès :** Quel lien faites-vous entre production de texte et reproduction caractéristique du processus de stéréotypage ?

Brigitte Marin : La production de texte du scripteur novice s'apparente dans un premier temps à la reproduction telle qu'elle se manifeste dans le processus de stéréotypage. En effet, la qualité d'une production d'écrit s'évalue à partir de la plus ou moins grande prise en compte de contraintes textuelles, typologiques ou génériques. Ainsi, la production écrite, dans sa phase balbutiante, débute inéluctablement par une reproduction (au sens de production seconde) censée répondre aux attentes liées à l'observation d'un « modèle » premier – le texte d'auteur, le texte de l'expert.

Le processus de stéréotypage s'apparente à l'entrée d'un individu dans la sphère commune des représentations partagées par les membres d'une même communauté. Le stéréotype doit donc devenir une représentation cognitive commune identifiable par l'élève avant d'être approprié.

***Revue* Hermès :** Quelle différence entre stéréotype et norme d'écriture ?

Brigitte Marin : Le stéréotype introduit la stabilité d'un système de contraintes constitutives du genre, stabilité à partir de laquelle des variations permettront de se démarquer du stéréotype pour faire œuvre originale. Le stéréotype force le genre à se dévoiler. C'est ainsi son caractère visible et lisible qui permet de l'opposer à un système de normes, de règles, par essence plus implicites, hors application et exemplification.

***Revue* Hermès :** La capacité à connaître et utiliser les stéréotypes semble liée aux inégalités sociales. Vous dites que l'exigence d'originalité et de créativité de la part des enseignants place certains élèves, qui ne disposent pas du capital symbolique nécessaire, en difficulté parce qu'ils ne maîtrisent pas les codes, les normes des genres. L'explicitation et la conscientisation des stéréotypes seraient donc un préalable à l'apprentissage de l'écriture, notamment créative.

Brigitte Marin : L'écriture dans les différents genres intervient dès le début de l'école élémentaire et accompagne l'entrée des élèves dans le langage écrit. Or les textes exigés à l'école font appel à des ressources hétérogènes, souvent non enseignées et dont disposent par conséquent inégalement les élèves, en fonction de la communauté discursive que constitue leur contexte familial. Le rapport au(x) genre(s) dans lequel se développent les habiletés littéraciées est infléchi par la plus ou moins grande proximité avec les genres attendus à l'école, proximité que permet l'appartenance à la communauté discursive familiale.

La notion de stéréotype s'avère utile pour réinterroger les inégalités entre élèves selon une perspective peu explorée sur le plan didactique. Les connaissances relatives aux genres de discours interviennent dans les processus de production de texte et constituent pour le scripteur des contraintes, mais aussi des ressources.

La maîtrise des genres et la capacité à en identifier, puis à en reproduire les caractéristiques apparaissent comme une forme particulièrement discriminante de capital symbolique. Ainsi, l'entrée par les stéréotypes est plus susceptible d'aider les élèves, et notamment ceux en difficulté, à appréhender la nécessité d'écrire dans un genre et de s'approprier les ressources nécessaires pour pratiquer les genres qu'on leur propose, plutôt que l'exigence d'originalité ou de créativité valorisée par certains enseignants.

***Revue* Hermès :** Vos travaux montrent l'importance de la communication dans l'acquisition de compétences d'écriture. Quel rôle jouent les stéréotypes notamment vis-à-vis des genres littéraires dans ces processus de communication ? Sont-ils nécessaires ? Comment circulent-ils ? Constituent-ils une part de l'« univers référentiel commun » nécessaire aux apprentissages ?

Brigitte Marin : Le travail collaboratif développe les compétences discursives des élèves. Travailler sur les stéréotypes, qui constituent un matériau intrinsèquement dialogique, s'inscrit dans une conception tout aussi dialogique de l'apprentissage de l'écriture. Le travail décrit dans les études portant sur le tutorat entre pairs place les élèves dans un réseau d'interactions, de sorte qu'ils communiquent et verbalisent leurs appréciations sur les textes d'autrui à partir de critères qu'ils ont abstrait à partir des stéréotypes qu'ils se sont appropriés.

La situation d'interactions multiples conduit les élèves à faire évoluer leurs représentations de l'activité textuelle à partir des différents textes qu'ils lisent. Il s'agit de textes d'experts apparentés aux romans d'aventures, de textes des pairs sur la même thématique, d'interactions écrites avec les pairs dont ils critiquent les productions. Les genres, formations discursives qui résultent d'une construction historique collective, sont ici appropriés dans l'échange. C'est ce qui permet, tout en s'appuyant sur des stéréotypes, d'échapper au formalisme de la simple mise en œuvre de consignes. Dans ce jeu d'interactions, les élèves apprennent que tout texte est construit en réponse à d'autres textes et que tout texte emprunte ses matériaux aux textes du même genre qui l'ont précédé et qui constituent autant de ressources potentielles pour écrire.

***Revue* Hermès :** La mise en place d'un dispositif de travail collaboratif basé sur la communication entre les élèves semble favoriser les apprentissages à travers la conscientisation des stéréotypes et des normes d'écriture. Peut-on établir un lien entre collaboration entre élèves et découverte des stéréotypes dans l'écriture ?

Brigitte Marin : La collaboration entre élèves s'avère particulièrement efficace lorsqu'elle s'inscrit dans une modalité de responsabilisation. Ainsi, conçue dans le cadre d'un dispositif asymétrique où un élève est censé conseiller le second pour la révision de son texte initial, et le second mettre en pratique les conseils du premier, il apparaît de manière significative que les élèves ayant fait œuvre de critique du travail de leurs pairs ont pour cela dû s'appuyer sur les stéréotypes de genre. Ce faisant, ils ont été conduits à abstraire les critères leur permettant de conseiller leurs camarades et de prendre conscience du rôle des stéréotypes dans les contraintes génériques. Au final, ce sont eux qui ont le mieux réinvesti leurs propres conseils dans la deuxième version de leur production d'écrit.

***Revue* Hermès :** Les enseignants se positionnent-ils comme des vecteurs de stéréotypes ou comme des critiques ? Voit-on une évolution au cours de la scolarité ?

Brigitte Marin : Les exigences en termes de recherche de créativité croissent avec le niveau de classe des élèves. L'écriture personnelle au lycée relève de cette demande d'originalité qui suppose, pour y répondre, de s'être approprié les stéréotypes afin de souscrire aux contraintes de genre avant de les dépasser pour faire œuvre originale. La connotation négative du stéréotype me semble à traiter avec circonspection dans une démarche progressive qui laisse à l'élève le temps de s'approprier un modèle pour ensuite, lorsqu'il en a la pleine maîtrise, le dépasser en s'éloignant du « modèle » pédagogiquement rassurant. L'exigence immédiate d'originalité sans l'accompagnement nécessaire est source d'inégalités.

(entretien réalisé par Anne Lehmans)

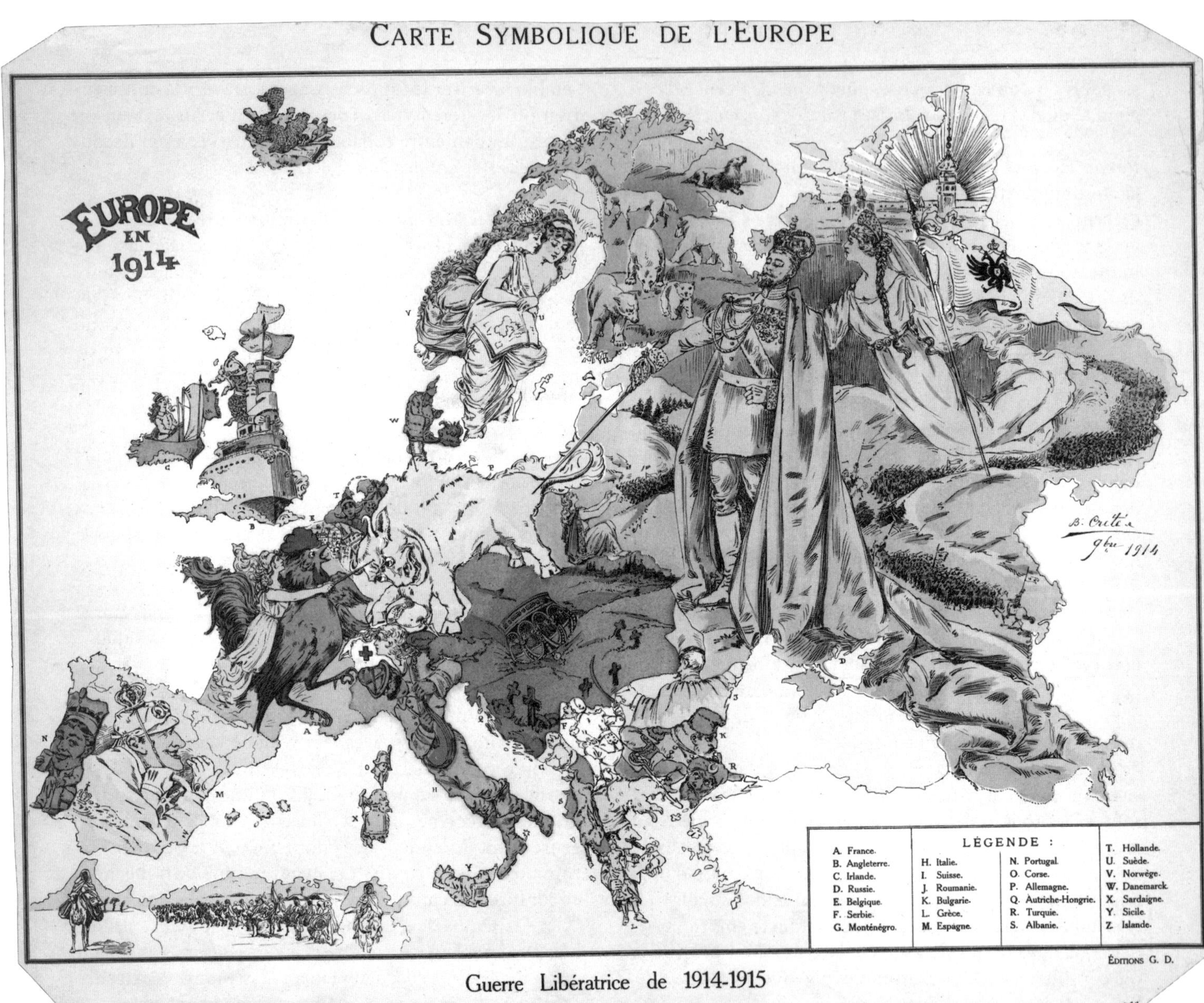

« Carte symbolique de l'Europe. Guerre libératrice de 1914-1915 ». B. Crétée, éditions G.D., 1915.
Library of Congress Prints and Photographs Division, Washington, D.C.

Vincent Lambert et Paul Rasse
Pascal Blanchard
Shinji Iida
Christiane Connan-Pintado
Pascal Robert
Thierry Paquot
Gilles Rouet
Thierry Consigny
Brigitte Munier
Jean Caune
Jean Caune
Elatiana Razafi et Fabrice Wacalie
Jean-François Amadieu et Alexandra Roy
Hervé Marchal et Jean-Marc Stébé

II. Construction et circulation des stéréotypes

Vincent Lambert

Paul Rasse

Université de Nice

Les musées, fabrique et déconstruction des stéréotypes

La stéréotypie s'inspire de la frappe des fondeurs de médailles, quand ils laissent tomber une lourde masse pour obtenir sur le métal cliché une empreinte de l'illustration. La plaque de métal fige ainsi un ensemble de caractères permettant d'économiser la recomposition typographique pour réimprimer vite et en grande quantité. Les termes *cliché* et *stéréotype* deviennent péjoratifs dès le début du XIXe siècle du fait de la qualité moindre des documents issus de ces techniques de fabrication accélérées. Le langage courant retient le côté répétitif et mécanique, l'association d'images, d'idées, d'éléments devenus indécomposables, immuables. Le mot tient ses origines du grec στερεός « solide, dur » dont le suffixe *-type* est l'élément formant, lui-même emprunté au latin ecclésiastique *typus*, « figure mystique, symbole », issu de τύπος, « coup, blessure » que donne l'empreinte en creux résultant de la frappe : bref, toutes les caractéristiques et les symboliques constitutives et effectives du terme moderne, à la fois lourd de sens, mais pratique et quasi indispensable aux conceptions de la vie quotidienne. Les effets sociaux des opinions toutes faites, figées, acceptées et répétées sans réflexion critique renvoient donc à l'étymologie profonde du stéréotype.

La galerie des communications du musée des Arts et Métiers conserve et expose des presses typographiques, dont deux chefs-d'œuvre de stéréotypie : la « machine à imprimer double » système Gaveaux et la « cliché stéréo rotative à plieuse » système Marinoni. La réunion du musée et du *cliché stéréo*, tous deux nés de la décennie révolutionnaire, illustre le point de départ de notre réflexion sur le rôle des musées dans la production de stéréotypes. Nous verrons en effet comment, dès ses origines, l'institution muséale, conçue comme un panoptique d'accumulation d'objets de connaissances, invente et érige sur un piédestal une science du classement, de la taxinomie, propice à l'émergence de stéréotypes. Et comment ce que Paul Feyerabend appelle l'orthodoxie scientifique – auréolée dans les muséums d'histoire naturelle obsédés par la catégorisation du monde selon des méthodologies classiques rigides – a, dans ses dérives, contribué à produire et à imposer des stéréotypes racistes et nationalistes justifiant l'entreprise coloniale du XIXe siècle.

Nous montrerons ensuite comment, à la fin du XXe siècle, les musées transformés en espaces de communication tendent au contraire à devenir des lieux de mise en scène d'une science constructiviste plus souple aux méthodologies pluralistes. Ceci les conduit à mettre en question et à nuancer les stéréotypes jusque-là érigés en ensemble de vérités dogmatiques à portée universelle. Autrement dit, nous nous demanderons comment les mutations de ses fonctions intellectuelles et sociétales font passer le musée moderne – dont le rôle consiste en une sacralisation disciplinaire des savoirs scientifiques systématiques – au musée postmoderne qui défend une systémique plus relative, qui reconnaît les limites des méthodologies même les plus évidentes, et où les sciences sont appréhendées dans leurs interactions avec la société.

Fabrique des stéréotypes : les musées modernes

À la Renaissance, princes, aristocrates et grands bourgeois érudits prennent l'habitude de constituer des collections d'objets merveilleux et extraordinaires pour les exposer dans des cabinets de curiosités. L'accumulation et l'interprétation d'animaux taxidermisés, de fossiles étranges et de minéraux précieux inspirent de nouvelles connaissances sur l'histoire naturelle. À partir du XVIIe siècle, la démarche de constitution d'un florilège de connaissances au hasard de morceaux choisis et de merveilles accumulées est critiquée pour faire place aux injonctions de la méthode cartésienne basée sur l'inventaire logique et raisonné des sources du savoir. Le grec *logos* et le latin *ratio* partagent l'ambiguïté du même double sens : « compte » et « faculté de connaître ». La naissance du musée concorde avec ce moment de thésaurisation, de décompte et de classement du monde. En quoi cette voie propice au développement des sciences laisse-t-elle germer sur son sillon le stéréotype ?

De l'accumulation à l'ordre universel

Au siècle des Lumières, explorateurs et cartographes ont à peu près fini de tracer la limite des continents. Ils s'intéressent alors à la façon dont la vie s'est dispersée et organisée sur chacun d'entre eux. L'enjeu est d'élucider l'ordre de la nature et de s'intéresser à la place qu'y tient l'homme. Selon Bruno Latour, l'histoire des sciences pourrait se résumer aux ruses de l'humanité pour inventer des dispositifs qui mobilisent d'abord les objets de connaissances, puis les savoirs du monde qu'elle produit. La fabrique de l'histoire naturelle commence par le fait de rassembler des spécimens caractérisant la diversité des formes que prend la vie, puis de les nommer, les distinguer, les comparer et en figer l'agencement – au sens propre, les stéréotyper : « Les collections sont les instruments des nombreuses sciences naturelles, [... ainsi, dans les collections du Muséum] les oiseaux du monde entier se trouvent tous simultanément rassemblés et synoptiquement visibles par le truchement de l'empaillage. [...] Les collections permettent de rassembler le monde qui se range dans des placards et des tiroirs, aussi bien qu'il s'écrit sur du papier. » (Latour, 1993, p. 151)

Comment tout a commencé ? En 1626, Guy de La Brosse, médecin de roi, obtient l'autorisation de créer un jardin pour l'étude botanique et la santé par les plantes médicinales, dans la lignée de la tradition horticole monastique et de l'université de médecine de Montpellier. Innovante dans ses méthodes depuis le Moyen Âge, cette dernière s'était dotée d'un jardin des plantes sur les modèles pisan, padouan et bolonais. La majorité des médecins du roi en sont issus : botanistes et chimistes au jardin royal, ils collectent, acclimatent, classent et rangent plantes et minéraux provenant des routes des Indes et des confins des territoires connus.

Tout au long du XVIIIe siècle, Georges-Louis Leclerc de Buffon transforme le jardin d'apothicaire royal en un cabinet d'histoire naturelle dans le projet de dresser un tableau complet de la nature. Il ne s'agit plus de centrer la recherche sur la quête d'exemplaires étranges ou l'élucidation de singularités, mais de lancer l'inventaire exhaustif de la diversité du monde. La Révolution française prolonge activement cette entreprise. Partout en France, des centaines de cabinets de merveilles aristocratiques et de sociétés savantes sont fermés, leurs collections dispersées ou intégrées à une quinzaine de musées d'histoire naturelle installés dans les grandes préfectures, sous les directives du plus puissant d'entre eux : le Muséum national de Paris (Van Praet et Fromont, 1995, p. 61). Un dispositif centralisé et contrôlé, peu à peu, se met en place et génère à la fois une généralisation de la forme d'aménagement des contenus et un renforcement de son autorité.

Au fur et à mesure que les objets de connaissances s'accumulent et menacent de submerger les scientifiques, il devient indispensable de les classer. Alors que les premières ébauches de taxinomie savante esquissées dans les cabinets de curiosités privilégiaient les ressemblances souvent dévoilées par des spécimens rares, à partir du XVIIIe siècle, l'*épistémè* change. Pour engager le grand recensement scientifique de la diversité du monde, les naturalistes renversent le point de vue du singulier vers le commun grâce à la catégorie que les savants vont fabriquer et figer, prémices du stéréotypage. L'attention et l'étude se portent sur le genre, l'espèce ou la race plus que sur le singulier ou le caractère. Chaque catégorie se caractérise par ce qui la différencie des autres : « un animal, ou une plante, n'est-ce pas ce qu'indique – ou trahit – le stigmate qu'on découvre imprimé en lui ; il est ce que ne sont pas les autres, il n'existe en lui-même qu'à la limite de ce qui s'en distingue. [...] La connaissance des individus empiriques ne peut être acquise que sur le tableau continu, ordonné et universel de toutes les différences possibles. » (Foucault, 1994, p. 157) Pour cela, il faut donc échantillonner cette diversité et la rassembler dans un même lieu symbolique, à la fois laboratoire et institut de légitimation de ce nouvel ordre.

À la Révolution, l'instauration du Muséum prévoit la construction d'un dispositif panoptique, sous forme de sanctuaire, où réunir et organiser en un ensemble ordonné d'échantillons l'immense diversité des éléments composant les trois règnes minéral, végétal et animal pour les donner à étudier aux naturalistes : « C'est sans doute une entreprise hardie que celle d'élever à la nature un palais, ou plutôt un temple qui soit digne d'elle et qui puisse en quelque sorte la contenir tout entière », déclare l'architecte Jacques de Mollinos devant les représentants du peuple formant le Comité de salut public le 3 messidor an II/21 juin 1794 (Bezombes, 1994, p. 30).

Le Muséum de Paris missionne partout dans le monde voyageurs, explorateurs, marins, prêtres et plus tard administrateurs coloniaux chargés d'alimenter les collections. Ils ont pour recommandation de renoncer au merveilleux, de sélectionner non pas les plus beaux spécimens, mais le commun et de ne jamais choisir de façon à effectuer les prélèvements au hasard : « La science se construit dans le cabinet des naturalistes et non sur le terrain. » (Bourguet, 1997, p. 173) Le travail scientifique de stéréotypage ne commence véritablement qu'au Muséum, à partir de l'élaboration d'une typologie qui classe et rassemble les données de terrain.

Il faut encore imposer à tous de travailler avec les mêmes catégories en écrasant la multitude des typologies vernaculaires à partir desquelles chacun ordonnait son cabinet de curiosités. Le médecin botaniste suédois Carl von Linné avait imaginé un système relativement simple pour unifier les procédures et fédérer un peu partout en Europe les amateurs éclairés d'histoire naturelle en sociétés savantes linnéennes. Or, pour enregistrer un progrès plus radical, il fallait encore dépasser ce processus foisonnant ; le plus stratégique était d'enjoindre strictement tous les naturalistes à parler la même langue, travailler avec les mêmes catégories, fonctionner à l'intérieur d'un système de classification unique et universel. L'unanimité de la nomenclature et des méthodes devenait une condition du progrès de la science. C'est en tout cas le point de vue d'Antoine-Laurent de Jussieu quand il prend la direction du Muséum en 1794. Il dispose alors d'une position qui va lui permettre d'imposer un système de classification complexe et sophistiqué, entrepris par son oncle Bernard de Jussieu. Dogmatiquement, en tant que professeur au Muséum à la tête d'immenses collections conservées dans des bâtiments monumentaux et d'une équipe conséquente d'assistants, d'aquarellistes, de taxidermistes, de voyageurs pensionnés par le gouvernement, financés par l'Empire, il impose son point de vue et ses catégories. Pour conforter sa position, il siège dans les instances du pouvoir académique et il prend part aux commissions chargées de l'enseignement et des publications des ouvrages scolaires. À sa mort, sa taxinomie est la seule enseignée dans les cours d'histoire naturelle (Duris, 1997). Ce dispositif de pouvoir péremptoire et rattaché à l'autorité centrale déploie alors les moyens de persuasion d'une vérité scientifique impérieuse.

Fabrique du stéréotype anthropologique

Conforme à l'entreprise encyclopédique, la refonte révolutionnaire du Muséum initie une ère nouvelle de mise en revue de la nature, de l'homme et de ses réalisations. La légitimité nouvelle qui s'instaure ne vient plus de Dieu, comme le prétendaient les princes, mais du génie de la nature et des arts célébré dans les musées édifiés au XIXe siècle comme des panthéons. Techniques et machines d'industrie remplacent les moines au conservatoire des Arts et Métiers. Quant aux beaux-arts, ils tiennent une place de choix au Louvre, rassemblés dans un nouveau musée et bientôt rejoints par les antiques qui asseyent dans la glorieuse histoire des empires anciens le génie esthétique des modernes. Quelques décennies plus tard, le musée d'histoire de Louis-Philippe à Versailles trace une rétrospective unifiée du peuple français, vision stéréotypée aux prémices du nationalisme naissant... Toutefois, le Muséum d'histoire naturelle révolutionnaire et impérial tient la place de choix dans la fabrique des stéréotypes, au moment où le naturel remplace le divin comme fondement de compréhension et d'explication du monde.

Avec la ménagerie d'Étienne Geoffroy Saint-Hilaire, la zoologie prend le pas sur la botanique. La pertinence des classifications scientifiques s'affine peu à peu, malgré une hiérarchie très égocentrée. L'anatomie comparée en est l'exemple le plus édifiant : les momies excavées lors de l'expédition napoléonienne d'Égypte comparées à l'étude *in vivo*, le moulage puis la dissection du corps de Swatche – dite Saartjie Baartman, femme khoïsan exposée dans les foires d'Europe, connue comme la Vénus hottentote – aboutissent à une homologation des théories raciales par Georges Cuvier.

Inspirées par les naturalistes des Lumières et centrées sur une catégorisation de l'humain en différentes races ordonnées hiérarchiquement, la docte affirmation de ces théories par l'autorité légitime du Muséum garant du savoir naturel installe un stéréotype tenace, que l'anthropologie va étayer et étoffer. L'exposition des statues et squelettes au Muséum prouve, légitime et impose au monde ces résultats où l'homme moderne se rattache à la grande civilisation pharaonique, loin de la sauvage et archaïque hottentote. Fruit et source de l'accumulation, fabrique et temple de la norme, de l'altérité et du monstre, le classement muséal finit par fixer, hiérarchiser, imposer ses catégories. Et la société tout entière s'en empare pour justifier la colonisation.

Le Muséum de Paris et celui de Londres, deux institutions phares des deux pays dominants du moment, imposent leur typologie au reste du monde. En arrière-fond se joue l'influence décisive des grandes puissances impériales. L'inventaire de la diversité du monde, son classement en catégories imaginées par les savants européens contribuent aussi à « l'établissement de l'hégémonie européenne sur le monde par des états nations en rapide expansion » (Corbey, 1997, p. 544). Chaque collecte de naturaliste, chaque expédition contribue à l'appropriation symbolique de nouveaux territoires jusque-là inconnus. L'Occident cartographie, s'empare de ces espaces par l'intérieur bientôt phagocytés, « exocannibalisés ». Il range en catégories tous les éléments qui les constituent pour les intégrer dans le dispositif de connaissance du Muséum, complété dès 1880 par le musée d'ethnographie du Trocadéro.

Dans cette compétition d'influences nationales, des propositions scientifiques nouvelles s'établissent, comme celle, d'abord controversée, de Charles Darwin. À Paris, au Muséum, l'anthropologie, liée à l'anatomie animale et à la paléontologie, ouvre une vaste galerie en 1898 mettant en scène ce nouvel évolutionnisme. Seulement, encore à cette époque, « la science mettait en ordre et classait les observations, sans aller jamais au-delà ; le changement scientifique était un changement de système de classification que seule rendait dramatique une réunification erronée de ces systèmes » (Feyerabend, 1992, p. 320). Aujourd'hui, la visite du bâtiment rappelle cette période, par la symbolique des lieux et par la scénographie. La sculpture de l'*Orang-outan étranglant un sauvage de Bornéo* (Frémiet, 1895) accueille le curieux en rappelant simplement la hiérarchie de ce monde : trois humanoïdes, le singe fort et brutal, l'homme sauvage, faible et mis en danger par la nature, le visiteur civilisé capable d'y mettre bon ordre. La scénographie enfonce le clou : à l'entrée de la galerie d'anatomie, un écorché humain debout, surélevé, semble mener la grande marche des squelettes animaux.

Autre effet de cette compétition, l'entreprise coloniale armée de nouvelles sciences – phrénologie, craniologie, physiognomonie, anthropométrie – s'efforce encore d'établir en collections les hommes qui peuplent ces territoires lointains avant de les catégoriser, sinon de les hiérarchiser (Bahuchet, 2002), pour finir par les exposer dans les zoos humains, à l'occasion d'expositions universelles. L'apogée de ces stéréotypes, monstres sacrés des sciences modernes, s'accomplit dans les idéologies totalitaires racistes. L'empire nazi permet à August Hirt, professeur d'anatomie de la Reichuniversität Straßburg, de planifier sa collection de squelettes juifs en relation avec les camps de la mort, témoignant jusqu'au cœur du XXe siècle de la vivacité de cette dynamique renouvelée entre l'anatomie au musée, la systématique scientifique et l'exacerbation du stéréotype dans la cité.

Une remise en question du musée postmoderne

Cependant, la position hégémonique du Muséum perd peu à peu son souffle avec la crise de la modernité. Obligée d'investir l'essentiel de ses forces là où elle fait autorité, l'institution s'épuise dans un processus sans fin d'accroissement et de conservation de ses collections, puis de classification essentiellement descriptive. Si bien que dès le XIXe siècle, les professeurs se livrent à une guerre interne, acharnée, pour défendre la place nécessaire à l'installation des collections relevant de leur spécialité. L'institution ne parvient pas à se remettre en question ni à prendre la mesure des mutations qui s'annoncent avec l'émergence de la biologie et de l'expérimentation. D'avoir négligé le débat avec l'extérieur, les autres savants et les collectionneurs amateurs, a contribué à fossiliser le débat en interne, au sein de la communauté scientifique, jusqu'à en vitrifier tout ferment régénérateur.

Comme les musées des beaux-arts, repliés sur leurs exigences académiques, ont manqué les tournants d'avant-garde, les muséums sont passés à côté des révolutions les concernant : théories de l'évolution, écologie, etc. Le champ des connaissances dans lequel ils excellaient est devenu marginal, tandis que l'entretien des bâtiments vétustes et des collections envahissantes coûte toujours plus cher. Le public qui n'y avait jamais été admis que pour s'y recueillir, soumis à une liturgie incompréhensible, s'en désintéresse. Pour perdurer, ils devaient non seulement convaincre les milieux académiques et le pouvoir en place de l'intérêt stratégique des recherches, mais gagner aussi l'assentiment de la cité, en démontrant leur utilité pour la connaissance et l'éducation des citoyens.

Les crises de la suprématie européenne liées aux guerres mondiales et à la décolonisation se répercutent sur une crise du sens même des musées qui, dans la seconde partie du XXe siècle, engendre des mutations profondes dans la manière d'exposer le monde et les savoirs. Les stéréotypes raciaux colportés par les vieux idéaux totalitaires, eurocentrés, voire esclavagistes, se heurtent à l'échec de leurs principaux partis. L'heure de gloire des musées anthropologiques s'écroule dans une longue agonie, au même rythme que les tentatives plus récentes du musée de l'Homme ou des musées des arts et traditions populaires (ATP). De leur côté, les musées d'histoire érigés à la gloire des armes, de la nation, des grands hommes ou de grands épisodes ont du mal à résister aux changements de régime ou des idéologies dominantes. Le souvenir royal, aristocratique ou napoléonien perd son lustre – même les musées de la mine ou de résistants se vident au rythme des derniers témoins. Assoupis, ils respirent la poussière, et les stéréotypes véhiculés – nationalistes ici, idéologiques là, racistes, hagiographiques, sociétaux – ne font plus autorité dans l'*épistémè* post-moderne.

Le musée réinventé

Depuis la fin des années 1980, les musées d'histoire finissent par être peu à peu rattrapés par les sciences historiques en pleine effervescence, comme l'école des Annales, qui portent la nuance et le détail en bouclier contre les tendances anthologiques : mémoriaux nationaux, militaires, résistants laissent la part belle aux débats d'historiens qui questionnent les points de vue sur le passé, avec comme exemple l'historial de Péronne, le Centre historique minier à Lewarde, le Centre d'histoire de la résistance et de la déportation à Lyon, le Deutsches Historisches Muséum de Berlin. Les objets d'étude des ethnologues changent aussi, et les métamorphoses des ATP, des musées de métiers ou de minorités s'orientent au XXIe siècle vers des lieux où la mise en débat des questions scientifiques, plus précisément de sciences humaines, constitue un espace public de rencontre, voire de rassemblement comme au Quai Branly, au musée des Civilisations de l'Europe et de la Méditerranée (Mucem) ou au musée de l'Homme récemment rouvert.

Dans la même période, la montée en force de l'écologie a permis à la plupart des muséums d'histoire naturelle de se réinventer, en devenant des lieux de communication sur la science et la nature à destination du grand public. Ainsi, la rénovation de la grande galerie du Muséum l'a transformée en espace d'exposition, en imposant de reléguer au second plan la systématique qui régnait sur l'organisation du Muséum. Pour commencer, décision symbolique, les collections sont descendues dans les nouvelles réserves enterrées devant la grande galerie de l'évolution.

En outre, en se focalisant sur des thématiques environnementales, sur des sujets liés à la santé, à l'alimentation, et plus généralement à l'anthropocène, l'acquis des expositions d'information scientifique a notablement renouvelé les muséums. Leur histoire, leur stature institutionnelle, les bâtiments monumentaux consacrés à l'étude de la nature, leurs collections et leur expérience de la taxinomie les prédisposaient à intervenir sur ces questions en leur conférant une indéniable légitimité pour prendre la parole et contribuer aux vastes débats qui agitent la société tout entière. Ils s'efforcent maintenant de mettre en scène des problématiques complexes mêlant science et société, montrant que leur résolution n'est jamais ni définitive ni parfaite, que les solutions s'élaborent parfois douloureusement, dans la violence des rapports de force, jusqu'à l'émergence d'une opinion commune, d'un consensus au moins momentané.

En 1974, le généticien André Langaney, directeur du Laboratoire d'anthropologie biologique, fait retirer des galeries publiques du musée de l'Homme, contre l'avis de ses supérieurs, le squelette de Swatche. En 1991, il réalise l'exposition « Tous parents, tous différents » qui sera vue par plus de 500 000 visiteurs et par laquelle il rompt radicalement avec ce qu'il appelle « des stéréotypes racistes venus de loin » (Langaney *et al.*, 1992), en expliquant que « la société colonialiste par exemple s'est longtemps efforcée de faire passer l'idée de "race" hiérarchisée pour une notion scientifique afin de justifier les inégalités sociales et les oppressions économiques » (Degoy, 1996). La scénographie de l'exposition se propose alors, autant que possible, de mettre en question les stéréotypes en créant des situations paradoxales et surprenantes pour amener les visiteurs à modifier leurs représentations.

Peu à peu, le musée relègue sa prérogative stéréotypique à produire de la certitude au profit d'un espace public de discussion des stéréotypes, comme en témoignait encore l'exposition inaugurale du Mucem *Au bazar du genre* sur la construction des genres en Méditerranée (Chevallier, 2013). Quoi de plus stéréotypique que la construction et les rapports de genre, d'autant plus dans cet espace méditerranéen rabaissé à son caractère macho et sexiste. Cependant, l'exposition s'inscrit au cœur de l'espace public : adulée par les sympathisants, épinglée par les militant-e-s *gender*, dénigrée par les traditionnalistes en plein débat sur le mariage pour tous. Armé de toute sa légitimité, le nouveau musée national ne classe pas savamment ses objets ni n'entretient les stéréotypes de genre. Au contraire, il se prémunit de toute prétention à l'exhaustivité par l'astuce d'une présentation sous forme de bazar. Il dessine en un éventail de focales les contours de ce que le genre peut vouloir dire sur ce territoire précis, laissant à chacun-e l'interprétation des ellipses et des constellations d'œuvres et objets ethnographiques qui interrogent les stéréotypes par la surprise, l'érudition et l'esthétique agencées judicieusement autour d'un appel à la nuance (Lambert, 2014).

Le musée n'est sans doute pas encore une agora, mais il oppose aux facilités de l'esprit les exigences de la culture, d'un débat public mûri au contact des témoignages de l'histoire comme des sciences contemporaines, à l'articulation du passé et de l'avenir, un lieu symbolique fort de la cité, contribuant à construire l'opinion publique à l'égard des grands et petits problèmes de société touchant à la science, à la technique, à l'histoire, à l'art et au progrès. Cette histoire-là reste encore et toujours à inventer, à réaliser, car elle ne se contente ni de facilité ni d'évidence. Les expériences innovantes se heurtent aux habitudes et aux recettes anciennes, si bien qu'aujourd'hui au sein des musées coexistent, se développent, se maintiennent des conceptions de leurs missions allant des plus traditionnelles aux plus créatives (Rasse, 2017).

Les catégories stéréotypées persistent, héritage des anciennes fabriques muséales. Les sciences et les vérités relativisées, le musée se confronte aujourd'hui au risque de devenir le média stratégique de populistes ou de fondamentalistes qui en utilisent son caractère patrimonial et sacralisant pour y légitimer des messages politiques et idéologiques. Dans la Pologne actuelle gouvernée par Droit et justice, le parti d'extrême droite, l'histoire au musée est révisée dans une logique de victimisation et de glorification nationaliste. Dans certains États puritains, le créationnisme s'expose comme le juste résultat d'une remise en question des sciences modernes…

RÉFÉRENCES BIBLIOGRAPHIQUES

BAHUCHET, S., « L'homme indigeste ? Mort et transfiguration d'un musée de l'homme », *in* GONSETH, M.-O. *et al.* (dir.), *Le Musée cannibale*, Neuchâtel, Musée d'ethnographie de Neuchâtel, 2002, p. 59-84.

BEZOMBES, D. (dir.), *La Grande Galerie du Muséum national d'histoire naturelle : conserver c'est transformer*, Paris, Le Moniteur, 1994.

BOURGUET, M.-N., « La collecte du monde, voyages et histoire naturelle (fin du XVIIe et début du XIXe siècle) », *in* BLANCKAERT, C. *et al.* (dir.), *Le Muséum au premier siècle de son histoire*, Paris, MNHN, 1997, p. 163-196.

CHEVALLIER, D., *Au bazar du genre, féminin/masculin en Méditerranée* (exposition), Marseille, Mucem, 2013.

CORBEY, R., « Inventaire et surveillance, l'appropriation de la nature à travers l'histoire naturelle », *in* BLANCKAERT, C. *et al.* (dir.), *Le Muséum au premier siècle de son histoire*, Paris, MNHN, 1997, p. 541-557.

DEGOY, L., « Les gènes n'ont pas de race, entretien avec André Langaney », *L'Humanité*, 10 sept. 1996.

DURIS, P., « L'enseignement d'Antoine-Laurent de Jussieu au Muséum face au renouveau des doctrines de Linné sous la Restauration et la Monarchie de Juillet », *in* BLANCKAERT, C. *et al.* (dir.), *Le Muséum au premier siècle de son histoire*, Paris, MNHN, 1997, p. 43-63.

FEYERABEND, P., *Contre la méthode, esquisse d'une théorie anarchiste de la connaissance*, Paris, Seuil, 1992.

FRÉMIET, E., *Orang-outan étranglant un sauvage de Bornéo* (sculpture), Paris, MNMH galerie de paléontologie et d'anatomie comparée, 1895.

FOUCAULT, M., *Les Mots et les choses. Une archéologie des sciences humaines*, Paris, Gallimard, 1994 [1e éd. 1966].

LAMBERT, V., « Note de visite et analyse de l'exposition *Au bazar du genre* », *in* BISCARRAT, L. *et al.* (dir.), *Quand la médiatisation fait genre*, Paris, L'Harmattan, 2014, p. 75-96.

LANGANEY, A., SANCHEZ-MAZAS, A. et VAN BLIJENBURGH, H., *Tous parents, tous différents* (exposition), Paris, MNMH, 1992.

LATOUR, B., *La Clef de Berlin et autres leçons d'un amateur de science*, Paris, La Découverte, 1993.

RASSE, P., *Le Musée réinventé : culture, patrimoine, médiation*, Paris, CNRS éditions, 2017.

VAN PRAET, M. et FROMONT, C., « Éléments pour une histoire des musées d'histoire naturelle en France », *in Musée et recherche*, Dijon, Ocim, 1995, p. 55-70.

Pascal Blanchard
Laboratoire Communication et politique – CNRS

Stéréotypes et héritages coloniaux : enjeux historiques, muséographiques et politiques

Les stéréotypes sont toujours vivants. Nous n'avons jamais vécu entourés d'autant de stéréotypes qu'aujourd'hui – notamment sur les réseaux socio-numériques – et nous ne les avons jamais autant identifiés, analysés et déconstruits dans le même temps.

Ce constat paradoxal s'inscrit dans une actualité politique où la question des stéréotypes est placée au cœur des débats. L'« Autre » est désormais un acteur actif de la déconstruction du stéréotype, marquant une rupture majeure avec les générations précédentes. Les stéréotypes interrogent le vivre ensemble, les enjeux interculturels, la notion de « diversité » de nos sociétés métissées et mondialisées à l'heure de la montée des populismes et du rejet de l'immigration. Ces questions sont intimement politiques car le stéréotype est aussi une arme pour celui qui détient le pouvoir, qui se définit comme la « norme », qui fabrique ou entretient les poncifs.

À l'aune de ce constat, cette contribution entend analyser l'évolution des stéréotypes ethno-raciaux d'origine coloniale à travers le prisme des institutions muséales et de l'enseignement de l'histoire. Espaces de savoirs et de culture, musées et histoire sont avant tout des enjeux de pouvoir. Comme l'écrit Françoise Vergès à l'occasion de la parution de l'ouvrage collectif *Décolonisons les arts* (Cukierman, Dambury et Vergès, 2018) dans une interview au quotidien *Le Monde* : « le monde culturel a construit son propre récit en oubliant sa complicité avec la misogynie, le racisme et le sexisme. Persiste cette fiction très occidentale de l'artiste comme génie, à part de la société, sage, dans une France dont le peuple porterait en soi, par nature, la liberté et l'égalité. Ce mythe vivace fait comme si des siècles d'esclavage et de colonisation n'avaient pas contaminé l'ensemble de la société française. » (Kodjo-Grandvaux, 2018) Alors que des voix s'élèvent pour revendiquer une « décolonisation des arts », que les institutions muséales sont sommées de repenser leurs collections, « pillé[e]s au temps des conquêtes coloniales » – voir à cet égard le rapport Sarr-Savoy (2018) –, que l'enseignement de l'histoire et la notion « être français » sont remis en cause, il s'agit de repenser nos imaginaires pour mieux déconstruire les stéréotypes (Charaudeau, 2007).

Ces enjeux sont ainsi politiques dans la mesure où ils parlent de pouvoir : des hommes sur les femmes, des Blancs sur les « racisés », des riches sur les pauvres, du « Nord » sur le « Sud », d'un « Nous » sur un « Eux »…

Entre la norme et le différent

Dans un pays où les Blancs sont majoritaires, traiter des enjeux liés aux stéréotypes, à la diversité, à la décolonisation des imaginaires et à l'histoire officielle, revient d'abord à parler du rapport entre la majorité et les minorités racisées. Comme le précise Felwine Sarr à Séverine Kodjo-Grandvaux (*Le Monde,* 21 octobre 2016), « avec le postcolonialisme, il y a [désormais] une tentative de renouveler les cadres conceptuels à l'intérieur desquels on pense les dynamiques du continent. […] Nous devons penser notre futur par nos propres moyens et proposer un projet de civilisation qui mette l'Homme, et non pas la production ou la consommation, au cœur des préoccupations, en articulant un meilleur équilibre entre l'économique, le culturel et le spirituel… » Dans ce mouvement qui révolutionne la pensée politique et la culture, les lieux de pouvoir comme les musées doivent être interrogés. Comment abordent-ils le passé ? Comment construisent-ils nos représentations ? Car dans les musées, les poncifs se trouvent partout. La lente évolution des mentalités permet aujourd'hui de regarder au-delà des œuvres et de (re)penser autrement l'histoire.

Ainsi, le combat pour la décolonisation des musées est essentiel dans un pays qui n'est toujours pas en mesure de proposer une institution abordant l'histoire de la colonisation sous tous ses aspects. Il est incroyable de penser qu'un pays dans lequel vivent 14 millions de personnes ayant l'un de leurs grands-parents né dans les outremers ou dans l'ex-empire soit incapable de bâtir un tel lieu de savoir et de connaissance sur cette histoire. Cela obligerait à regarder le problème des stéréotypes en face, et la société française n'en semble pas encore capable.

Beaucoup de penseurs actuels critiquent cette incapacité de la France à dépasser le stéréotype, à l'image de Souleymane Bachir Diagne, Achille Mbembe ou Felwine Sarr. Cette réflexion n'est pas prisonnière des milieux académiques, elle touche désormais en profondeur les artistes des deux côtés de la Méditerranée, à l'image de Kader Attia. Comme l'écrit Gerty Dambury, « le corps de l'homme noir ou de la femme noire, après avoir été un corps "ridicule et laid", est aujourd'hui un corps victime, un corps souffrant, un corps subalterne, un corps réfugié, un corps-femme-voilée ou un corps de toute beauté, à nouveau fortement sexualisé ». Tous ces penseurs critiquent cet *universalisme abstrait* qui fabrique une histoire « officielle » ne laissant guère de place à l'« Autre ». Une histoire « stéréotypante » qui marginalise l'« Autre ».

Dans *Décolonisons les arts* (Cukierman, Dambury et Vergès, 2018), les auteurs écrivent que la « "race" n'existe pas mais des groupes et des individus font l'objet d'une "racisation", d'une construction sociale apparentée à une définition historique et évolutive de la "race". Les processus de racisation sont les différents dispositifs – juridiques, culturels, sociaux, politiques – par lesquels des personnes et des groupes acquièrent des qualités (les Blancs) ou des stigmas (les "Autres") ». Ce discours explicite la situation sous une forme binaire (pour se faire entendre), mais il parle d'une situation bien réelle à laquelle il faut faire face. Combattre le stéréotype racial, ce n'est pas seulement expliquer comment il est apparu, comment il s'est diffusé, comment il a discriminé ou fabriqué des systèmes de domination institutionnelle. C'est aussi déconstruire ce que ce stéréotype produit encore dans notre présent. Il faut alors l'affronter et accepter de le changer.

Les stéréotypes sont aussi vieux que la domination coloniale – ils ont même précédé les grandes vagues coloniales du XVIe siècle pour certains d'entre eux – et ils reflètent l'idée que la majorité dominante a projetée sur les minorités – issues des sociétés non occidentales puis des migrations postcoloniales –, ces « Autres » qu'on ne saurait voir. Le stéréotype, c'est ce qui reste après la domination « officielle » et « légale » pour que le « Nous » conserve l'autorité sur le « Eux » ; c'est ce qui légitime, consciemment ou non, les discriminations. Ils sont ainsi les derniers garde-fous des anciens pouvoirs, les résidus de l'empire colonial français.

La complexité du stéréotype et la nécessité de le contourner

En même temps, les stéréotypes sont doublement complexes car ils constituent aussi des pièges, porteurs d'une part de vérité, et les signes des discriminations du présent. Comme l'explique justement Patrick Charaudeau (2007) : « [...] ce jugement en étant négatif occulte la possibilité que ce qui est dit renferme malgré tout une part de vérité. Ce masquage est encore plus patent lorsque la caractérisation concerne des individus ou des groupes humains : dire que les intellectuels n'aiment pas le contact des corps est peut-être un stéréotype propre aux sportifs, mais cela ne veut pas dire qu'il est complètement faux ; il en va de même des jugements que les hommes portent sur les femmes et de ceux que les femmes portent sur les hommes, de ceux que les citoyens portent sur les politiques et réciproquement. Autrement dit, il faut accorder au stéréotype la possibilité de dire quelque chose de faux et vrai, à la fois. Tout jugement sur l'autre est en même temps révélateur de soi : il dit peut-être quelque chose de déviant sur l'autre, mais il dit en même temps quelque chose de vrai sur celui qui porte ce jugement. » Pour aller plus loin, comme l'explique Ruth Amossy dans ses travaux, on peut même considérer que le stéréotype n'existe pas en soi : « Il n'apparaît qu'à l'observateur critique ou à l'usager qui reconnaît spontanément les modèles de sa collectivité. Il émerge lorsque, sélectionnant les attributs dits caractéristiques d'un groupe ou d'une situation, nous reconstituons un schéma familier. [...] Plutôt que de stéréotype, il faudrait donc parler de stéréotypage, c'est-à-dire de l'activité qui découpe ou repère, dans le fonctionnement du réel ou du texte, un modèle collectif figé. » (Amossy, 1991) Cela signifie que le stéréotype est d'abord le fruit d'une culture, le produit d'une domination, le résultat d'une histoire. Les tableaux accrochés dans les grands musées, les expositions qui y sont organisées, les manuels scolaires produits et régulièrement remaniés, les grandes commémorations qui rythment chaque année politique sont à la fois des matrices pour créer de la culture commune aux « natifs », mais sont aussi des espaces d'exclusion pour les autres.

Dans cette perspective, les musées sont des acteurs majeurs de la déconstruction. En 2011-2012, le musée du quai Branly-Jacques Chirac a ainsi présenté l'exposition *Exhibitions. L'invention du sauvage*[1]. En dépit des difficultés et diverses oppositions, cette exposition a représenté une véritable révolution, remettant en question le récit dominant de l'institution muséale, et a reçu un accueil très favorable de la part du public, 270 000 visiteurs s'étant rendus au musée.

Dans la même dynamique, huit ans plus tard, le musée d'Orsay propose *Le Modèle noir. De Géricault à Matisse*[2], sur la représentation des Africains et des Antillais dans la peinture en France du début du XIXe siècle au milieu du XXe siècle. Après avoir été présentée à la Wallach Art Gallery of Columbia University à New York, à l'initiative de Denise Murrell (de la Ford Foundation Postdoctoral Research Scholar at the Wallach Art Gallery), et avant de rejoindre le Mémorial ACTe en Guadeloupe, l'exposition marque une étape à Orsay[3]. Cette exposition se place aussi dans la continuité de celle organisée par le musée Delacroix, à travers les regards croisés de Françoise Vergès et de Lilian Thuram, *Imaginaires et représentations de l'Orient. Questions de regard(s)* ouverte en janvier 2018[4].

On pense également à l'installation-exposition, *L'un et l'autre*, proposée par Kader Attia et Jean-Jacques Lebel au Palais de Tokyo en 2018[5], sur les images stéréotypées des Arabes d'hier à aujourd'hui, en les associant à des œuvres d'art, des images de guerre contemporaine. Au final, cet « assemblage d'œuvres et d'artefacts rejouant la logique impérialiste sous-tendant toute démarche muséale[6] » vient à propos pour dénoncer les modes de pensée des responsables/directions des musées (mais aussi et surtout leurs tutelles ayant en charge les politiques de ces musées publics) et décoloniser les imaginaires produits par ceux-ci (tant dans les institutions publiques que privées). Kader Attia a poussé ce travail de déconstruction la même année au MAC VAL à Vitry-sur-Seine avec l'exposition *Les racines poussent aussi dans le béton*, longue déambulation sur les architectures dans les banlieues et leur emprise sur l'humain, en interrogeant le regard et la manière dont nous pensons l'autre en croisant les images et stéréotypes entre passé et présent pour questionner nos héritages au cœur même des musées, lieux de déconstruction mais aussi lieux de fixation des imaginaires collectifs.

Comme en témoigne la diversité de ces exemples, le milieu du musée se met en mouvement, mais avec grande difficulté, dans un système encore trop conservateur. Pour autant, cette mutation est indispensable, sous peine de faire des musées les sarcophages d'un monde englouti. C'est d'ailleurs toute la difficulté du Musée national de l'histoire de l'immigration que de devoir se repenser dans ce monde en mutation. Installé dans l'ancien Palais des colonies, construit en 1931 pour l'Exposition coloniale internationale, le musée porte en effet un lourd héritage. Il faut en tenir compte, sans effacer ce passé (en l'affrontant même), pour construire un récit historique sur la migration dans le présent.

Ce travail de déconstruction est nécessaire, inévitable même, pour « dé-stéréotyper » les regards et les imaginaires. Pour engager un questionnement sur ce qui demeure et ce qui change, pour questionner la nature profonde du lien qui existe entre notre regard actuel et ce qui a été construit au temps des empires coloniaux. Nous croyons que notre regard est décolonisé, nous croyons que le simple fait de porter un regard critique sur la colonisation est suffisant, mais ce n'est que le début du processus. Pour cela, il faut se plonger dans les années de décolonisation et dans les imaginaires de l'époque. Le discours du général de Gaulle est emblématique de cette période lorsqu'il affirme en 1959, un an après son retour au pouvoir : « C'est très bien qu'il y ait des Français jaunes, des Français noirs, des Français bruns. Ils montrent que la France est ouverte à toutes les races et qu'elle a une vocation universelle. Mais à condition qu'ils restent une petite minorité. Sinon, la France ne serait plus la France. » À partir de ce raisonnement, se structure une société dans laquelle la *blanchitude* est l'épicentre. Au lieu de disparaître, les stéréotypes prennent des formes nouvelles, au sein même de la métropole – et non plus dans les lointains espaces coloniaux – largement relayées par le discours politique, médiatique ou culturel.

Petit à petit, l'idée de « race » est supplantée par l'idée de « culture » qui distingue les peuples et les populations. Les mots changent mais les représentations et pratiques « racialistes » – bien qu'elles demeurent prohibées – demeurent vivaces dans les extrêmes des échiquiers politiques européen et étatsunien[7]. Ils continuent d'influencer les élites politiques dans leur gestion de la question migratoire, et ce bien après la disparition physique des empires coloniaux. Progressivement, c'est la « culture » – au nom même du « respect des cultures » et de leur défense – qui perpétue de manière visible et légitime les stéréotypes.

Le vieux racisme n'est pas mort…

Récemment, le sociologue Michel Wieviorka (2011) précisait « que ce vieux racisme n'est pas mort, contrairement à ce que l'on a pu croire dans les années 1980-1990 ». Tandis que l'*insécurité culturelle* devient un sujet d'étude, la peur de l'« Autre » une donnée électorale, l'analyse des comportements une évidence en fonction des origines, ce constat est notamment illustré par la montée du populisme ou encore la crise migratoire en Méditerranée et à la frontière sud des États-Unis. Par ailleurs, le paléontologue Stephen Jay Gould n'exclut pas le retour du racisme de la période coloniale (ou de la ségrégation pour les États-Unis) qui avait fixé dans les cultures populaires la croyance en une hiérarchie des races.

Dans cette perspective, le racisme se présente aujourd'hui sous des formes multiples. Il s'appuie sur les stéréotypes – dont les théoriciens ont majoritairement été oubliés, tels Georges Vacher de Lapouge en France, Madison Grant aux États-Unis ou Houston Stewart Chamberlain en Allemagne –, mais qui ont imposé l'idée d'une opposition forte entre l'Occident (au sens Amérique du Nord et Europe, hors Russie et Japon) et les non-Occidentaux, fracturant, de *facto*, les identités et donnant naissance à rebours à un anti-occidentalisme qui résumerait l'Occident à ce racisme-colonialisme.

La lutte contre les discriminations en France est initiée en 1998 par les politiques gouvernementales, parallèlement à la Coupe du monde de football. Cette étape marque un tournant majeur mais reste un échec dans la mesure où le lien entre stéréotypes coloniaux et discrimination ethno-raciale n'est jamais pensé comme organique. À ne pas vouloir reconnaître l'existence des discriminations raciales d'origine coloniale (Bancel, Blanchard et Vergès, 2003) dans la société française, la politique française a, sans le vouloir, perpétué les processus de racialisation à l'œuvre dans la société, créant de nouveaux espaces d'exclusion et de discrimination dans les outremers et les banlieues.

Penser un autre modèle

Comment penser un autre modèle sans repenser l'histoire ? La concurrence des mémoires (*Hermès*, 2008 ; Blanchard et Veyrat-Masson, 2008) rend l'exercice difficile. L'enjeu n'est plus seulement de tenir compte de l'histoire de l'« Autre », il faut désormais décentrer le regard et la manière de raconter les événements. Le stéréotype en histoire est complexe, il se résume le plus souvent dans la production d'une histoire ethnocentrée et incapable de tenir compte du récit de l'« Autre ». L'histoire en France semble avoir été écrite par des hommes, blancs et le plus souvent pour le bien des autres (les pauvres, les femmes et les non-Blancs), avec comme épicentre le sentiment que la grandeur de la nation correspond au moment de l'Empire colonial. Il y aurait un avant 1954-1956 (Diên Biên Phu et Suez) et un après. Un temps de grandeur et un temps de déclin.

Cette matrice est celle qui guide avec conflit le récit national. Ce n'est pas un enjeu second, mais le cœur du débat autour du déclin présumé de la France. Comme le précisait Patrick Boucheron « Qui ne voit aujourd'hui combien sont sinistres les idéologies de la séparation ? Qui ne saisit désormais les effets désastreux d'une vision religieuse du monde où chacun est assigné à une identité définie par essence ? En mettant au jour cette généalogie du regimen, l'art de gouverner les hommes, les historiens ont jeté une lumière sombre et crue sur ce qui constitue encore aujourd'hui notre modernité. » (leçon inaugurale au Collège de France, 17 novembre 2015) Deux visions s'opposent désormais, celle d'une France issue de sa grandeur coloniale et celle d'une France forte de ses diversités. Le stéréotype de l'« Autre » est désormais une matrice identitaire, il y aurait *eux* et *nous* pour ceux qui pensent que la France est en déclin à cause de ces présences migratoires issues de l'ex-empire colonial (à l'image d'Éric Zemmour dans son dernier livre *Destin français*). Pas de place pour la nuance. Le communautarisme serait à l'œuvre pour détruire l'identité de la France, selon de nombreux « penseurs » de notre temps. Dès lors, on comprend mieux les enjeux autour des musées, de l'histoire, du roman national ou du communautarisme. Mais face à ces théoriciens du déclin et d'une France anti-communautariste se dresse désormais une pensée « racisée » qui rejette toute capacité aux « Blancs » à penser le postcolonial et à être capable de décoloniser le temps présent. Deux extrêmes qui fabriquent la matrice du conflit identitaire, comme nous l'expliquions avec Nicolas Bancel dans l'ouvrage collectif que nous avons dirigé *Vers la guerre des identités ?* (Blanchard, Thomas, Bancel, 2016).

Les conclusions et résultats de l'étude menée en 2015 par Ipsos sur les *Fractures françaises* éclairent ce regard sur les conflits actuels au cœur de notre société (Teinturier et Zumsteeg, 2015). Sur l'ensemble des personnes interrogées, 26 % répondent que « la France est en déclin et c'est irréversible ». 70 % des sondés sont d'accord avec les items suivants : « Dans ma vie, je m'inspire de plus en plus des valeurs du passé », « En France, c'était mieux avant » et « Aujourd'hui, on ne se sent plus chez soi comme avant » (95 % pour les personnes proches du Front national). Dans le prolongement de ces premières réponses, les deux tiers des sondés affirment qu'il « y a trop d'étrangers en France ». Désormais, une polarisation extrêmement marquée existe « entre gauche et FN sur les difficultés pour les immigrés à s'intégrer ». Pour 81 % des répondants à ce sondage, l'islam est devenu un « problème de plus en plus préoccupant dont il faut s'occuper sérieusement ». L'idéologie de « l'ennemi intérieur » rencontre l'angoisse du « déclin », comme si la France avait besoin d'un ennemi désigné pour se construire. L'ancêtre des déclinistes actuels, Henri Massis, voit sa prophétie s'accomplir et une majorité de Français partager ses angoisses (Rennes, 1999).

La question n'est pas (plus) simplement de prendre conscience que les stéréotypes existent, mais de prendre la mesure qu'ils sont toujours les fondements de notre manière de penser l'histoire et la politique muséale. Le regard sur l'« Autre » l'exclut du *démos* et du tout commun. Il fabrique deux mondes qui sont ensemble sans vivre ensemble. Le cœur du problème est que les Blancs ne se pensent pas blancs, alors que les non-Blancs doivent se justifier en permanence d'être noirs, arabes, asiatiques… Ces mécanismes restent invisibles pour ceux qui ne doivent jamais expliquer qui ils sont. Ils deviennent oppressants pour tous les autres, et prennent toute leur ampleur dans l'enceinte des musées ou dans le récit national. Alors que les univers de la publicité et du cinéma ont changé et commencent à déconstruire le stéréotype, certes encore trop lentement, les créateurs (et majoritairement les artistes) sont quant à eux pleinement engagés dans leur déconstruction, à l'image du travail d'Ayana Jackson, d'Alexis Peskine ou d'Omar Victor Diop.

Il reste donc des citadelles à prendre. C'est tout l'enjeu de la décennie qui s'annonce. Soit ce processus se fera et se mettra en marche, par une prise de conscience collective, soit nous entrerons en conflit avec la mouvance décoloniale et nous entrerons dans un temps de la vindicte et de la culpabilisation. Pour éviter cela, il faut commencer par prendre conscience que les stéréotypes d'hier sont toujours à l'œuvre et qu'ils fabriquent toujours de la fracture raciale.

Conçus comme des plateformes d'échanges, de savoirs et de rencontres, les musées doivent faire face aux enjeux actuels. Aujourd'hui plus que jamais, dans une perspective mondialisée, les institutions muséales sont invitées à ouvrir leurs espaces aux autres regards et aux autres histoires.

La place du colonial dans nos récits communs est à questionner désormais, à la fois dans le global au cœur des enjeux sociaux et sociétaux, mais aussi dans des espaces spécifiques comme les expositions, et les expériences citées ci-dessus – mais cela devra aussi évoluer dans les espaces permanents de ces musées. Il est devenu absurde de prétendre parler au monde alors que nous sommes incapables de construire un lieu où ces récits divers se racontent et se croisent. L'Allemagne le fera en 2019 à Berlin, les Britanniques le font déjà à Bristol et Liverpool, les États-Unis viennent de le faire à Washington avec le musée des Africains-Américains, et les Belges sont entrés dans cette dynamique fin 2018 avec la réouverture du musée de Tervuren.

Il est temps que la France entre dans cette temporalité post-stéréotypes, sinon elle se condamne à revivre les luttes coloniales éternellement. Il est aussi temps que le récit national et les commémorations débordent de leur chemin tracé pour intégrer les récits multiples de ceux qui désormais en font partie. C'est crucial, sous peine d'étouffer sous une histoire officielle incapable de faire sens pour ceux et celles à qui elle s'adresse… *aussi*.

NOTES

1. Dont le commissariat a été assuré par Pascal Blanchard, Lilian Thuram et Nanette Snoep. *Cf.* <www.quaibranly.fr/fr/expositions-evenements/au-musee/expositions/details-de-levenement/e/exhibitions-34408>, page consultée le 20/02/2019.
2. *Cf.* <www.musee-orsay.fr/fr/evenements/expositions/aux-musees/presentation-generale/article/le-modele-noir-47692.html?tx_ttnews%5BbackPid%5D=254>, page consultée le 20/02/2019.
3. Sous le commissariat de Denise Murrell, assistée de Cécile Debray (conservatrice en chef du patrimoine et directrice du musée de l'Orangerie), Stéphane Guégan (conseiller scientifique auprès de la présidente du musée d'Orsay) et Isolde Pludermacher (conservatrice en chef au musée d'Orsay).
4. *Cf.* <www.musee-delacroix.fr/fr/actualites/expositions/derniers-jours-imaginaires-et-representations-de-l-orientquestions-de-regard-s>, page consultée le 20/02/2019.
5. *Cf.* <www.palaisdetokyo.com/fr/evenement/lun-et-lautre>, page consultée le 20/02/2019.
6. *Idem.*
7. Après la revue de la droite extrême *Europe-action*, qui publiait en 1963 « La race est en tout cas la nouvelle patrie, "patrie charnelle" qu'il convient de défendre avec un acharnement quasi-animal » (Lamotte, P., « Avenir sombre pour les États-Unis », *Europe-Action*, n° 2, février 1963). Le Carrefour de l'horloge, anciennement Le club de l'horloge, décerne chaque année depuis 1990 le prix Lyssenko qui est un prix *parodique*. Ce prix est décerné « à un auteur ou une personnalité qui, par ses écrits ou par ses actes », a apporté, « une contribution exemplaire à la désinformation en matière scientifique ou historique, avec des méthodes et arguments idéologiques ».

RÉFÉRENCES BIBLIOGRAPHIQUES

Amossy, R., *Les Idées reçues, sémiologie du stéréotype*, Paris, Nathan, 1991.

Amossy, R. et Herschberg Pierrot, A., *Stéréotypes et clichés*, Paris, Nathan-Université, 1997.

Bancel, N., Blanchard, P. et Vergès, F., *La République coloniale*, Paris, Albin Michel, 2003.

Blanchard, P. et Veyrat-Masson, I., *Les Guerres de mémoire. La France et son histoire. Enjeux politiques, controverses historiques, stratégies médiatiques*, Paris, La Découverte, 2008.

Blanchard, P., Thomas, D. et Bancel, N. (dir.), *Vers la guerre des identités ?*, Paris, La Découverte, 2016.

Charaudeau, P., « Les stéréotypes, c'est bien. Les imaginaires, c'est mieux », *in* Boyer, H. (dir.), *Stéréotypage, stéréotypes : fonctionnements ordinaires et mises en scène*, Paris, L'Harmattan, 2007, p. 49-64.

Cukierman, L., Dambury, G. et Vergès, F. (dir.), *Décolonisons les arts !*, Paris, L'Arche, 2018.

Hermès, dossier « Les guerres de mémoire dans le monde », coordonné par Blanchard, P., Ferro, M. et Veyrat-Masson, I., n° 52, 2008.

Kodjo-Grandvaux, S., « Décoloniser les arts : "Les Blancs doivent apprendre à renoncer à leurs privilèges" », *Le Monde*, 7 oct. 2018.

Rennes, J., « L'argument de la décadence dans les pamphlets d'extrême droite des années 1930 », *Mots*, n° 58, 1999, p. 152-164.

Sarr, F. et Savoy, B., *Restituer le patrimoine africain*, Paris, Philippe Rey, 2018.

Teinturier, B. et Zumsteeg, S., *Fractures françaises*, Paris, Ipsos/Sopra, avril 2015.

Wieviorka, M., « Le racisme biologique n'est pas mort », *Books*, 30 nov. 2011.

Shinji Iida
Université Kagoshima-Kokusai

« Vous êtes le roi du monde ! » Les employés de bureau et l'évolution de leur image au Japon

La place du stéréotype dans la société

Aussi irrationnel que cela paraisse aux yeux des observateurs extérieurs, chaque stéréotype répond à un besoin : celui de justifier la manière d'être d'une personne et les comportements d'un groupe ou les représentations d'une société. D'autre part, il n'est que le produit de l'histoire : il change de contenu, d'objet et de nature ou même disparaît en fonction du contexte (Barthes, 1970, p. 194). On peut se demander si la question des stéréotypes raciaux ou ethniques à propos des Noirs ou des Japonais, que mentionne Walter Lippmann dans son ouvrage fondateur, avait un sens au temps de saint Augustin ou de saint François Xavier (Lippmann, 1965, p. 44). Aussi solide et immuable soit-il dans son époque, par sa nature même, le stéréotype est condamné à se transformer ou même à disparaître, au fil de l'histoire, d'autant que le monde contemporain se distingue par la rapidité parfois éblouissante des changements sociaux. C'est d'ailleurs la vitesse des changements qui caractérise la société japonaise de l'après-guerre. Dans le Japon de 1945, dont la quasi-totalité des zones urbaines et industrielles avait été mise en ruine par les bombardements des Américains, qui aurait osé imaginer que l'archipel pourrait vivre un redressement aussi rapide que spectaculaire et figurer, un quart de siècle plus tard, parmi les nations les plus prospères de la planète[1] avant de connaître ensuite une dégradation aussi constante que lancinante des conditions et de vie et de travail ?

La première partie de cette improbable transformation aura comme témoin un manga humoristique, créé par une jeune femme de 26 ans en 1946 pour *Yukan-Fukunichi*, un quotidien local à Fukuoka, et repris en 1949, après de brefs passages dans d'autres canaux de publication, par le journal *Asahi*, quotidien le plus important de l'archipel. D'abord paru dans l'édition du soir, le manga prendra place dans l'édition matinale en 1951, dont l'impact social est plus important par son lectorat. Devenu icône du journal, le manga continuera à y paraître tous les matins quasiment sans interruption jusqu'à février 1974. Il s'agit de *Sazaé-san* (que l'on pourrait traduire par mademoiselle ou madame

Sazaé selon son état matrimonial) de Haségawa Machiko[2]. Poussé par son succès éditorial, le manga sera relayé, un soir du dimanche 5 octobre 1969, par une chaîne privée de télévision sous forme de dessin animé. L'émission dominicale, diffusée à une heure de grande écoute pour la famille et les enfants, vite devenue une institution, continue à marquer pour un bon nombre de Japonais, même aujourd'hui, la fin du week-end et le retour de la semaine de travail. En effet, chose étonnante, plus de quarante après l'arrêt de la publication dans le journal, et 26 ans après la disparition de l'auteure, le programme continue à être retransmis par la même chaîne à la même heure.

Du point de vue du format, *Sazaé-san* comme manga appartient au genre « yonkoma », bref récit raconté en quatre (*yon*) cases (*koma*). On trouve son prototype chez Hokusai (Shimizu, 2009, p. 8-12), et bien avant la naissance de *Sazaé-san*, ce format a connu, sous l'influence des comic strips anglais et surtout américains, un succès massif au Japon. Si le format de quatre cases est devenu standard, c'est probablement sous l'influence de la poésie chinoise ancienne qui affectionnait la construction en quatre vers (Shimizu, 2009, p. 41-67). Et même aujourd'hui, les trois principaux quotidiens nationaux recourent au manga de ce format comme un moyen de fidéliser leurs lecteurs.

Il n'est dans notre propos d'analyser ni les épisodes publiés (6 500 en tout) ni les dessins animés dans la totalité (7 800 en tout) (Yoshida, 2005, p. 82), mais plutôt de considérer, à partir de cette œuvre, le stéréotype de l'employé de bureau et des cadres moyens, nommés couramment au Japon « salaryman », néologisme japonais à consonance anglaise (« salaried man ») et dont l'emploi est réservé aux hommes. On verra sa transformation au cours de la transposition du manga papier en dessin animé, donc du changement de média.

Une stratégie stéréotypique : le contre stéréotype dans un journal local

Sazaé-san et son auteure, dans la toute première période (de 1946 à 1947), semblaient proposer une nouvelle figure des Japonais et particulièrement des Japonaises. Ainsi, certains critiques tentent de trouver chez Sazaé une figure de proue de l'égalitarisme entre hommes et femmes, sans qu'elle soit toutefois une militante (Kato, 1992, p. 167), tandis que son père Namihei Isono, représente par sa petite taille et ses attitudes souvent puériles[3] le mâle japonais qui a perdu confiance en soi avec la défaite de la guerre du Pacifique. Les gestes et les comportements de Sazaé, très garçon manqué pour l'époque, inspiraient sans doute une certaine idée de la liberté féminine de l'après-guerre. À l'inverse de Namihei, qui peut être perçu comme l'antipode du mâle japonais sous le régime militaire de l'avant-guerre, Sazaé, même femme au foyer, devait incarner la Japonaise de demain : elle n'hésitera pas à revendiquer une dignité pour la femme au moins égale à celle des hommes. Dans un épisode publié en 1947 par exemple, elle monte sur une tribune dans une réunion publique pour revendiquer plus de liberté pour la femme ; la même année, lorsqu'elle travaille brièvement comme journaliste, elle ose affronter, un parapluie à la main, son collègue masculin pour défendre l'égalité entre homme et femme. Dans un autre épisode, toujours publié en 1947, Katsuo, frère cadet de Sazaé, croise deux femmes discutant du capitalisme et de l'humanisme alors que dans la case suivante, deux hommes parlent du prix des légumes ; cet épisode montre ainsi le progrès des femmes et la décadence des hommes dans la conscience politique. Mais les épisodes de cette tonalité sont cantonnés dans cette première année, quand Haségawa n'a pas encore été repérée par le grand quotidien national. Avant même d'analyser les effets du changement de média, il faut évoquer le changement d'échelle au sein du même média. En effet, pour retrouver cette soif de dignité dans les yonkoma publiés dans le journal *Asahi*, il faudra attendre l'épisode de 1956 dans lequel Sazaé réprimande un policier en service parce qu'à ses yeux, la façon dont il hèle sa femme dans la rue manque de respect.

Hormis ces premières années de l'après-guerre où tout paraissait possible, Haségawa a recours aux stéréotypes de genre. Certes, le journal *Asahi* se vante du profil socioprofessionnel de son lectorat, censé être plus ouvert aux débats d'opinions et à la confrontation d'idées que ses concurrents. Néanmoins, pour une manga-ka qui publie jour après jour ses yonkoma et qui doit créer un espace de complicité avec un vaste lectorat et l'entretenir durant une période aussi longue, il faut une stratégie qui ne peut se passer du stéréotype. En effet, pour que l'humour fonctionne, le yonkoma doit accepter les préjugés des lecteurs et les exploiter dans le récit, quitte à en prendre le contre-pied quand c'est nécessaire. C'est une question d'économie : dans *Sazaé-san*, on trouve des éléments significatifs à partir desquels la classe moyenne pouvait bricoler son propre autoportrait.

Le stéréotype fonctionne avec une efficacité remarquable pour la mise en scène du frère et de la sœur cadets de Sazaé, même si parfois c'est leur complicité plus que leur différence que souligne le manga. Les exemples sont multiples : Katsuo aime, comme tous les garçons de son âge (10-11 ans), jouer au baseball ou faire du sumo en plein air entre copains, alors que le jouet préféré de sa petite sœur Wakamé est la poupée ; et si cette dernière prend soin d'imiter les adultes, son grand frère ne cesse de multiplier des farces à l'encontre des adultes. Le stéréotype de genre est parfois négatif : la sœur a toujours beaucoup de difficultés en mathématiques, tandis que le frère se comporte parfois brutalement pour satisfaire ses caprices. Cependant, compte tenu de l'importance qu'occupait et occupe encore l'ancienneté dans tous les domaines de la société japonaise, il ne faut pas sous-estimer le rôle du petit frère de Sazaé ; par ses farces répétées contre ses aînés et ses professeurs qui représentent l'autorité et le pouvoir, il rejoint sa grande sœur pour incarner une certaine idée de la démocratie et de la liberté de l'après-guerre.

Le bouleversement du stéréotype du salaryman, du super héros au mouton

Le mot salaryman désigne l'ensemble des employés de bureau et des cadres moyens dont est exclue la classe dirigeante. Depuis une trentaine d'années – et notamment depuis l'éclatement, à la fin des années 1990, de la bulle spéculative japonaise –, les conditions de travail des salarymen se sont fortement dégradées comme l'indique la baisse du revenu annuel des travailleurs salariés[4]. Il est aussi fréquent que la mort due à la surcharge travail, dite *karoshi* chez les cadres, les chercheurs et les employés de bureau, fasse couler de l'encre dans les journaux, phénomène qui n'épargne plus les femmes. Par conséquent, l'image des salarymen s'est détériorée considérablement au point qu'aujourd'hui, ils sont souvent assimilés à des esclaves ou au *syachiku* (bétail de l'entreprise). Sur ce point, il faut rappeler cependant qu'en pleine économie de la bulle, la surcharge de travail chez les salarymen était perçue positivement par l'ensemble de l'opinion publique, comme le soulignent les spots publicitaires célèbres pour une boisson énergisante, qui se sont construits sur la métaphore du combat : les salarymen y sont assimilés aux combattants. Ainsi, la série des spots pour la société pharmaceutique Takéda a fait appel en 1990 à Arnold Schwarzenegger, incarnation même de l'idée du combat.

On ne trouve rien de tel dans les 6 500 épisodes du yonkoma. Au contraire, Haségawa avait tendance à souligner les problèmes chez des salarymen nouvellement installés dans les grandes métropoles, sans patrimoine : les transports en commun bondés, le salaire modeste, etc. Mais durant les 28 années de sa publication, aucun salaryman dans *Sazaé-san* n'a effectué d'heure supplémentaire. Il n'est jamais question non plus de chiffre d'affaires, ni de clients, ni de concurrence entre les entreprises ou entre les collègues. Certes, les deux salarymen principaux, Namihei et surtout Masuo, sont souvent représentés dans leurs lieux de travail, mais ils sont rarement au travail : le manga se construit plutôt autour de leurs bavardages. Paradoxalement, c'est dans les entreprises bien plus que dans la famille que règnent le calme et la sérénité. En effet, cette distance insouciante face au travail est un privilège dont ne jouit aucune autre catégorie professionnelle dans *Sazaé-san*.

Les commerçants comme stéréotypes négatifs des salarymen

Avant l'installation des supermarchés dans les années 1960, les petits commerçants que sont les marchands de légumes, de saké, de produits alimentaires ou les restaurateurs, sont au contact quotidien avec les foyers des salarymen, qui constituent l'essentiel de leur clientèle. Le manga souligne, certes sur un ton humoristique, le rapport de forces entre les deux catégories. Les commerçants sont en effet obligés de satisfaire, même en dehors de leur travail, les femmes des salarymen. Hormis cette soumission, l'image des commerçants est fréquemment utilisée comme négatif des salarymen afin de souligner la liberté relative dont ils jouissent par rapport au reste des travailleurs. À l'opposé des salariés tranquilles, le travail poursuit les petits commerçants partout où ils vont. L'épisode qui raconte la cérémonie d'entrée à l'école primaire de Wakamé en est un bon exemple. La vie des Japonais moyens est ponctuée de cérémonies : parmi elles, celle d'entrée aux écoles est l'une des plus importantes. Le jour de la cérémonie, le commerçant, même pour assister à la cérémonie de son fils, porte le vêtement de travail traditionnel, à l'inverse des salariés qui portent un costume. Dans *Sazaé-san*, les commerçants et les artisans sont stigmatisés. Quels que soient les moments ou les endroits où ils se trouvent, ils sont poursuivis par leur travail. Cette stigmatisation se poursuit même dans les années qui suivent et durant lesquelles ces petits commerces se raréfient, ce qui transforme considérablement le paysage urbain.

L'art de séduire, privilège des salarymen

À partir du début des années 1960, les supermarchés se multiplient dans le paysage urbain. Cependant, ils n'apparaissent pratiquement jamais dans Sazaé-san, pour la simple raison que c'est le plus égalitaire des magasins, où les femmes au foyer subissent des règles communes au lieu de négocier. À la place des commerçants, on voit apparaître une autre profession qui est au service, non plus des épouses des salarymen, mais directement de ces derniers : les hôtesses de bar et de cabaret qu'ils fréquentent à la sortie du bureau. Dès les premières années de la publication, on trouve assez fréquemment Namihei ou Masuo faire, au lieu de rentrer directement à la maison, un petit détour dans un bistro. Il n'est pas rare qu'ivres, ils errent dans la rue, sonnent à la maison d'autrui en pleine nuit. Le bar et ses hôtesses galantes font progressivement leur apparition, prenant la place des commerçants et des artisans durant la première décennie de la publication. On trouve régulièrement Masuo et son complice Norisuké entourés de jolies dames. La fréquentation de ces endroits équivoques peut aboutir à des scènes de ménage souvent violentes.

Pourquoi tant d'histoires extra-conjugales parfois sordides dans un quotidien bien-pensant ? Le but n'est sans doute pas de dénoncer l'état moral des salarymen, ni d'ironiser sur la misère sentimentale ou sexuelle des vieux couples. Il s'agit plutôt de mettre en avant le pouvoir d'une profession, sinon d'une classe, dont la culture, le style de vie et l'opinion ont un impact de plus en plus important dans la société. En effet, dans *Sazaé-san*, l'accès aux hôtesses de nuit est présenté comme l'apanage des salarymen. Ni les commerçants ni d'autres professions dont le revenu est bien plus important que celui de salarymen ordinaires, comme les médecins ou les politiques, n'y ont accès[5]. Flirter avec des hôtesses suppose quelques privilèges : la séparation entre le lieu de travail et d'habitation que les salaryman utilisent pour se créer des moments de liberté ; même si leurs salaires mensuels ne sont pas importants, ils bénéficient d'un revenu stable, de la sécurité d'emploi et peuvent parfois recourir aux frais généraux de leur entreprise ; mieux diplômés que la génération précédente, ils possèdent une culture étendue et un langage pour séduire des femmes, privilège dont Masuo est un exemple illustre[6] et que d'autres professions n'auront sans doute pas l'occasion de connaître[7].

Changement de médias, changement de stratégie

Suite logique des succès éditoriaux, *Sazaé-san*, devenu une icône du quotidien phare du centre gauche, fait son apparition sur le petit écran le 5 octobre 1969. Depuis, l'émission dominicale est programmée sans interruption : c'est la chaîne Fuji Television Network, appartenant au journal le plus à droite des quotidiens nationaux, qui a donné au manga son immense notoriété.

Le changement de média implique un changement du mode de publication et de réception. *Sazaé-san* à la télévision est constituée de trois histoires d'une durée de sept minutes. Un yonkoma qui se lit en un clin d'œil ne fait pas à lui tout seul une histoire de sept minutes. Pour assurer la transposition, deux procédés sont possibles : le regroupement de plusieurs épisodes dans une seule histoire ou l'invention *ex nihilo* de dialogues ou de sketchs supplémentaires, des « chevilles narratives » en quelque sorte. Pour cela, des personnages secondaires seront inventés, certains personnages secondaires dans le yonkoma prendront de l'importance. Les personnages des enfants vieillissent.

Nouvelle fabrique de stéréotypes

Cependant, c'est avant tout sur le changement dans le mode de réception qu'il faut interroger. Constatons tout d'abord une banalité aveuglante : l'impact que produit le yonkoma sur le support qu'est un quotidien est bien moindre que celui du dessin animé sur l'émission qui porte son propre nom. Le dessin animé, à la différence du yonkoma, doit séduire à lui seul le public. Mais la fidélisation de l'audience est une entreprise périlleuse. Par exemple, une des formes d'infidélité les plus courantes, qu'on nomme zapping, est un élément constitutif de la réception des programmes télévisés. Un des facteurs les plus importants dans le choix du contenu d'une émission est sans aucun doute la grille horaire. En fonction de cette dernière, le public change et, avec lui, les annonceurs. Et depuis la première émission du 5 octobre 1969, la grille d'horaire de *Sazaé-san* n'a pas connu de modification. Pour le producteur, tout doit se réfléchir à partir de cette condition : cette grille d'horaire exige que les histoires soient compréhensibles par les enfants, accompagnés ou non de leurs parents. Ainsi, d'après le témoignage d'un des responsables de la maison de production, environ 2 000 épisodes ont été sélectionnés pour constituer le noyau des histoires du dessin animé (Seino, Iwamatsu et Tomita, 2014, p. 55). Les deux tiers des épisodes publiés dans les journaux n'étant pas retenus, se pose légitimement la question de savoir si le yonkoma et le dessin animé constituent une même œuvre.

Nous ne sommes pas en mesure de faire une analyse fine des critères de choix pour l'adaptation à la télévision. Aucune reproduction n'étant mise sur le marché, il est simplement impossible de visionner les émissions du passé[8]. Ce que nous proposons ici est donc forcément tributaire des impressions et des souvenirs personnels et subjectifs. Cette réserve faite, nous proposons trois hypothèses quant aux critères des choix du contenu du dessin animé, à partir de cette présupposition : le dessin animé doit, pour être accepté par la télévision, éviter tout ce qui risque de troubler la sensibilité des enfants.

Tout d'abord, la thématique érotique est écartée systématiquement : ne sont pas retenus pour le dessin animé les épisodes mettant en scène les jeunes couples qui s'embrassent, des hôtesses accueillant leurs clients ou bien les personnages masculins troublés ou intimidés en présence de jolies et jeunes (et moins jeunes) femmes[9]. Ce dernier point sert également à sauvegarder la dignité masculine. En effet, dans la version télévisée, sont mis de côté également les épisodes où la dignité des adultes, notamment celle des hommes est mise en cause. Bien sûr, loi du genre oblige, tous les personnages font l'objet d'un traitement humoristique dans le dessin animé aussi. Mais cela n'empêche pas que le dessin animé présente les hommes adultes comme plus respectables que dans le yonkoma. Par exemple, la figure de Namihei dans le yonkoma était le symbole de la perte de confiance chez les hommes japonais à cause de la défaite de 1945, tandis que, dans le dessin animé, il est doté d'une certaine dignité, ce qui fait que certains y voient une figure patriarcale. Conséquence logique de choix, les farces que Katsuo mène contre les adultes masculins (Namihei, Masuo, Norisuké et les professeurs) sont bien moins fréquentes et manquent d'éclat. Disparaissent également les femmes qui battent leurs maris : dans le yonkoma, notamment depuis le milieu des années 1950 qui marquent le renouveau de l'économie japonaise, on voit régulièrement des femmes qui se plaignent du faible salaire de leurs maris ou de la fréquentation de ces derniers chez les hôtesses. Leur frustration finit souvent par une scène de ménage brutale où les hommes sont battus. À la télévision, on n'assistera pas à cet excès de violence féminine ; en revanche, on voit fréquemment des « kyosaika », des « maris qui ont peur de leur femme ». Enfin, dans le dessin animé, la société est représentée comme solide et stable, tandis que dans le yonkoma, est mise en avant l'évolution trop rapide de la société japonaise et des menaces sur elle. Les facteurs de changement ou de menace sont multiples comme la pollution, l'exploitation de l'espace naturel, la hausse des prix, le changement rapide des villes dû à la concentration de la population dans l'espace urbain. Trente ans après la fin de l'ère Showa provoquée par le décès de l'empereur Hirohito, le dessin animé continue à présenter un Showa mythique qui n'a existé nulle part.

Pour conclure : à chaque média son stéréotype

Toutes ces modifications qu'a entraînées le changement de média produisent une transformation radicale de la nature de l'œuvre. Le yonkoma et ses personnages principaux accompagnent l'évolution de la société japonaise et dressent un portrait humoristique et parfois ironique mais assez fidèle de ce nouveau et puissant acteur que sont les salarymen. Le dessin animé constitue au contraire un refuge contre l'évolution sans doute trop rapide et trop brutale. Il se détourne résolument de la société et de ses problèmes pour cristalliser un mythe de la famille comme havre de paix face au mouvement de l'histoire.

NOTES

1. Par exemple, *Japan as Number One : Lesson for America* du sociologue américain Ezra Vogel, sorti aux États-Unis en 1979 et traduit dans la même année dans l'archipel, y sera reçu avec retentissement impressionnant et impressionné.
2. Née le 20 janvier 1920 dans le département de Saga, Haségawa Machiko est décédée le 27 mai 1992 à l'âge de 72 ans (Shimizu, 1997, p. 252-254).
3. Pour la référence des épisodes de Sazaé-san, nous utilisons *Sazaé-san* de l'édition Asahi-bunko qui regroupe, en 45 volumes, la plupart des yonkoma. Pour faciliter l'accès aux épisodes qui ne sont pas retenus dans cette édition, le journal *Asahi* a édité en 2018 *Otakara Sazaé-san* [Le trésor de Sazaé-san] en six volumes.
4. Nous renvoyons à la graphie donnée sur le site suivant en japonais : <www.nippon-num.com/economy/salary.html> [consulté le 11 février 2018]. Nous tenons à signaler que les données en euro ou en dollar risquent de ne pas refléter exactement le vécu des travailleurs à cause du taux de change fluctuant face au yen.
5. Nous n'avons pu trouver qu'un seul épisode où une autre profession que le salaryman fréquentait un cabaret (XLII-102) : il s'agit en l'occurrence d'un paysan.
6. Masuo, amateur de musique classique, lit *Le Dit du Genji* en poussant une poussette dans le quartier, joue au violon à la maison et échange des livres avec des collègues à son travail. D'autres membres des familles Isono et Fuguta possèdent un capital culturel assez important. Sazaé est présentée comme une bonne connaisseuse des romans policiers anglais et connaît l'anglais suffisamment bien pour pouvoir l'enseigner aux collégiens du quartier. Funé, diplômée d'un lycée de jeune fille, grand privilège pour l'époque, apprend l'anglais par une amie de lycée qui a étudié la littérature anglaise. Namihei cite des haïkus de l'époque Édo et fréquente le théâtre Rakugo (un théâtre comique joué par un seul acteur assis en face du public).
7. Arrivés dans les grandes villes sans patrimoine important, le seul bien que possèdent les salarymen, c'est le bien symbolique dont les diplômes constituent un élément essentiel. C'est leur hantise. Dans *Sazaé-san*, nombreux sont des épisodes qui montrent les tracas des parents face aux concours de leurs enfants.
8. Il existe certes une tentative de base de données, loin d'être complète toutefois. Nous ne disposons même pas de la liste complète des titres des histoires passées au petit écran. Voici l'adresse de la tentative en question : <www24.atwiki.jp/sazaesannokiroku/pages/21.html>, consulté le 11 février 2018.
9. Il est important de souligner en même temps que la situation inverse, c'est-à-dire celle dans laquelle les personnages féminins sont troublés par le charme masculin, n'existe pas vraiment, à l'exception d'un épisode publié en 1946 dans le journal local de Fukuoka. Dans cet épisode, Sazaé qui n'était pas encore mariée avec Masuo, est attirée par un soldat américain. Ce déséquilibre devant l'incident éphémère de la vie est assez révélateur de ce qu'est le genre dans *Sazaé-san*.

RÉFÉRENCES BIBLIOGRAPHIQUES

BARTHES, R., « Le mythe, aujourd'hui », *Mythologies*, Paris, Seuil, 1970, p. 191-247.

KATO, N., « Sazaé-san to sengo » [Sazaé-san et l'après-guerre], *Sekai*, n° 572, 1992, p. 165-168.

LIPPMANN, W., *Public Opinion*, New York, Macmillan, 1965.

SEINO, M., IWAMATSU, K. et TOMITA, M., « Sazae-san tettei bunseki » [Analyse complète de *Sazaé-san*], *Mita hyoron*, n° 1177, 2014, p. 52-64.

SHIMIZU I., *Sazaé-san no syotai* [Identité de Sazaé-san], Tokyo, Heibonsya, 1997.

SHIMIZU, I., *Yonkoma manga : Hokusai kara « moé » made* [Manga sous format de yonkoma : de Hokusai à « moé »], Tokyo, Iwanami-syoten, coll. « Iwanami-shinsyo », 2009.

YOSHIDA, M., « Sazaé-san no syakaiteki kanshin » [Intérêt de la société chez Sazaé-san], *Rekishi hyoron*, n° 665, 2005, p. 82-92.

Christiane Connan-Pintado
Université de Bordeaux – ESPE d'Aquitaine
Université Bordeaux Montaigne – Telem EA 4195

Stéréotypes et littérature de jeunesse

Souvent peu légitimée et considérée comme marginale, la littérature pour la jeunesse offre un terrain d'élection aux stéréotypes et illustre dans le même temps leur ambivalence. Définie et désignée par son destinataire, formatée par une double visée récréative et éducative, encadrée par la loi du 16 juillet 1949 sur la protection de la jeunesse et, dans la sphère publique et privée, par différentes catégories de médiateurs, cette littérature subit nombre de contraintes d'ordre pédagogique, moral, esthétique. Aussi le poids de tant de précautions et d'impératifs risque-t-il d'obérer toute velléité de s'affranchir des « règles de l'art » qui régissent ce champ éditorial.

Pour revenir sur les caractéristiques d'un domaine qui fait la part belle aux stéréotypes, tant dans la langue que dans les structures narratives et les visées idéologiques, on privilégiera le domaine emblématique du conte, réorienté vers le secteur jeunesse au cours du XIXe siècle, en tant que « forme simple », brève et manichéenne. Suivant son évolution en diachronie, on verra comment il est revisité par des auteurs soucieux de bousculer les stéréotypes séculaires, tels ceux qui ont trait au genre, au risque d'en créer de nouveaux, en s'adaptant au contexte contemporain. Face au jeune lectorat qu'il importe d'initier à la littérature, on soulignera néanmoins la valeur formatrice du stéréotype pour construire des compétences en lecture.

Une littérature poreuse aux stéréotypes

Écrire, éditer pour la jeunesse, requiert une attention à l'âge du destinataire, partant une adaptation à son niveau linguistique, cognitif et culturel, au risque de simplifications qui font la part belle au cliché et au stéréotype. Cette question mérite d'être envisagée de manière nuancée, en fonction des strates de légitimité de l'édition. Si l'on se souvient du propos de Montaigne sur la difficulté de « condescendre » au niveau de l'enfant, car l'on « marche plus sûr et plus ferme à mont qu'à val » (« De l'institution des enfants », *Essais,* I, 26), écrire pour la jeunesse relève – ou devrait relever – d'un exercice technique de haute exigence. L'écrivain pour adultes qui s'adresse au jeune lectorat veille à rendre sa langue accessible, limite son lexique et simplifie sa syntaxe, mais sans trahir pour autant son écriture ni son équation personnelle[1]. Michel Tournier se targuait d'avoir mieux réussi sa réécriture pour enfants de *Vendredi ou les limbes du Pacifique* que l'original, et Le Clézio, au demeurant prix Nobel de littérature, a exprimé l'ambition d'une écriture épurée, accessible à un lecteur de douze ans. En revanche, les clichés du « déjà-dit » (Amossy et Herschberg Pierrot, 1997, p. 5) sont constamment convoqués par le tout-venant de la production éditoriale.

Pour rendre les jeunes élèves sensibles aux pratiques qui sévissent dans l'édition, Catherine Tauveron leur a fait comparer trois adaptations de *La Belle au bois dormant* avec le conte source. Cette expérimentation montre qu'il est dommage de transformer les grands textes en produits stéréotypés à l'usage des enfants : en effet, non seulement ils jugent les procédés d'adaptation malhonnêtes, réducteurs et infantilisants, mais ils se montrent sensibles à la qualité originale d'écriture de Perrault, en l'espèce à son usage particulier de l'humour et du merveilleux (Tauveron, 2002, p. 219-231). De surcroît, ces élèves sont conduits à constater que les adaptations déforment le conte, comme l'atteste leur dénouement, conforme au stéréotype hollywoodien popularisé par le dessin animé de Disney, dans lequel le prince éveille la Belle par un baiser – alors que nul baiser ne figure dans le texte initial, qui se poursuit par l'épisode de la reine-mère ogresse, régulièrement caviardé dans l'édition pour la jeunesse. À partir du « topic narratif » (Eco, 1985, p. 115) du baiser scellant des fiançailles, nombre de contes subissent les effets de la stéréotypie, tels *Blanche-Neige* et *Le Roi-Grenouille* des frères Grimm qui, contrairement à la croyance la mieux répandue, ne comportent pas davantage de baiser en leur dénouement : qui se souvient que, dans le texte originel, Blanche-Neige s'éveille en crachant son morceau de pomme quand les porteurs du cercueil trébuchent ? Et que la grenouille se transforme en prince lorsqu'elle est violemment projetée contre le mur de sa chambre par la princesse qui refuse de dormir avec elle ? Ce traitement des contes patrimoniaux véhicule un « prêt-à-penser » (Amossy et Herschberg Pierrot, 1997, p. 5) qui nivelle les œuvres en conformité avec une *doxa* à laquelle les livres pour la jeunesse échappent rarement. Sauf lorsqu'ils émanent de véritables créateurs, capables de s'en affranchir.

Par exemple, dans l'album intitulé *Le Tunnel*, qui intrique les données de plusieurs contes des Grimm[2], Anthony Browne présente deux protagonistes, un frère et une sœur, en conformité avec les stéréotypes de genre : fillette silencieuse, de rose vêtue, lectrice de contes, *versus* garçon remuant, sportif, goûtant les jeux de ballon en plein air. L'aventure relatée les mène devant un tunnel qui débouche sur une sombre forêt : le garçon s'y engage hardiment mais, pris d'angoisse devant cet univers mystérieux, se trouve transformé en statue de pierre ; inquiète de son absence, la fillette part à sa recherche, surmonte sa peur et affronte la forêt des contes, celle de ses lectures, retrouve son frère et l'étreint jusqu'à lui redonner vie. La dernière page les montre réconciliés et, pour la première fois, complices. Sans explication ni volontarisme, en faisant dialoguer un texte elliptique avec ses images, Anthony Browne met en scène, commente et démonte dans le même temps les stéréotypes de genre. Les réécritures de contes se montrent rarement aussi subtiles et basculent plus volontiers dans le contre-stéréotype.

La tentation du contre-stéréotype

En s'attachant au contexte sociopolitique qui les a vus naître ou qui les a perpétués – la société de l'Ancien Régime pour Perrault, le régime hitlérien pour les Grimm –, Jack Zipes (1983) a mis en évidence le formatage programmé par les contes pour encadrer les conduites enfantines. Dès 1949, Simone de Beauvoir dénonçait les modèles aliénés de féminité offerts aux jeunes lectrices : « dans les contes, on voit le jeune homme partir aventureusement à la recherche de la femme, il pourfend des dragons, il combat des géants ; elle est enfermée dans une tour, un palais, une caverne, enchaînée à un rocher, captive, endormie, elle attend. Un jour, mon prince viendra… » (Beauvoir, 1949, p. 44). Vingt ans plus tard, les courants féministes s'inscrivent dans cette lignée. Sont alors traduits, par les éditions des

Femmes les écrits de la pédagogue italienne Elena Gianini Belotti (*Della parte delle bambine*, 1973) ainsi que les albums pour la jeunesse d'Adela Turin et Nella Bosnia, à l'origine de la veine des albums contre-stéréotypés qui court toujours aujourd'hui. Il souffle un vent de liberté sur les réécritures de contes qui s'adaptent à l'air du temps, et le combat contre les stéréotypes séculaires s'empare de l'arme favorite de la parodie : l'inversion. Fleurissent ainsi les contre-stéréotypes de la revendication féministe, qui finissent par devenir les stéréotypes des temps nouveaux. La liste est longue de ces nouveaux contes qui aspirent à changer l'ordre des choses en faisant endosser aux filles le rôle des garçons et vice-versa (Connan-Pintado, 2006). La maison d'édition Talents hauts, créée en 2005, a porté en bannière cette attitude en proclamant sur son site publier « des livres qui bousculent les idées reçues », « des albums 100 % sans sexisme » et « des romans qui tordent le cou aux préjugés ». Les titres illustrent ce parti-pris, tels *La Princesse et le dragon, Le Prince aux petits pois*, et *a fortiori* ceux de la série « J'aime pas » qui décline *J'aime pas être belle, J'aime pas la danse* pour les filles, *J'aime pas le foot, J'aime pas être grand* pour les garçons. On sait depuis longtemps que ni les bonnes intentions ni les bons sentiments ne font la bonne littérature : aussi regrette-t-on le systématisme de procédés qui initient un nouveau conformisme à partir de scénarios de convention. Regret redoublé lorsque l'attention portée au message prime sur la qualité du texte et des images.

Plusieurs études, menées par des spécialistes des sciences de l'éducation et des psychologues, se sont penchées sur la réception des albums, stéréotypés ou contre-stéréotypés, pour tenter d'évaluer leur impact sur le jeune lectorat. Stéphane Bonnéry s'intéresse à eux en tant que « supports de socialisation masculine et de socialisation lectorale ». Il observe que ceux qui bousculent les normes sont mieux reçus par les enfants issus de milieux disposant d'un certain capital culturel que par ceux des milieux populaires qui peinent à y trouver leurs repères. D'où son interrogation : « L'imposition du modèle masculin des classes moyennes dans la littérature de jeunesse ne contribue-t-elle pas à tenir les garçons des classes populaires à distance des albums qui sollicitent des postures de lecteur réflexif ? » (Bonnéry, 2014, p. 223) De leur côté, Séverine Ferrière et Christine Morin-Messabel soulèvent un autre problème, lorsque les albums contre-stéréotypés, destinés à éveiller la conscience des jeunes lecteurs, leur sont présentés trop tôt. Confrontés en classe de maternelle à ce type d'albums, alors qu'ils connaissent un « pic de rigidité » dans la construction de leur identité de genre, les enfants ne sont pas en mesure d'accueillir positivement des propositions qui ne correspondent pas à leurs conceptions : « Face à des attitudes rigides de la part des élèves (ici les filles qui s'approprient et orientent les discussions sur des aspects stéréotypés, et en écho le refus de participation des garçons), les objectifs pédagogiques ne peuvent être atteints » (Ferrière et Morin-Messabel, 2014, p. 234). Si ces expérimentations se concluent par des constats réservés sur l'impact des stéréotypes de genre auprès des jeunes enfants, les derniers travaux des chercheurs en psychologie sociale fondés sur la lecture d'albums pour la jeunesse rappellent « tout l'intérêt de penser la relation enseignante/enseignant-élève dans le rapport aux stéréotypes-contre-stéréotypes de sexe de manière indissociable » (Devif *et al.*, 2018 ; Reeb *et al.*, 2018). Cette démarche fondée sur la littérature de jeunesse peut concerner différentes disciplines, comme le montre le travail réalisé par Christine Davenne, chercheure en arts plastiques, à partir des albums de la série *Martine*, production exemplaire de la stéréotypie genrée. Invités à procéder à des collages à partir des images de la série, des élèves de cycle 3 « produisent des pratiques de détournement propres à dérégler l'héroïne » et mettent alors à nu « ce que Martine exhibe et inclut : l'éternelle recherche et l'abandon d'innocence, ainsi que le retournement du cliché en figure complexe » (Davenne, 2014, p. 278).

Stéréotypes, lecture et compétences littéraires

Dans le domaine de l'enseignement du français et de la littérature, il apparaît que les stéréotypes favorisent la construction de compétences en lecture. Les apports des théoriciens de la réception au tournant des années 1970, et en particulier le concept d'horizon d'attente forgé par H. R. Jauss, ont nourri les travaux du didacticien Jean-Louis Dufays qui a mis en évidence le rôle des stéréotypes dans la lecture (Dufays, 1994). Tout lecteur confronté à un texte l'aborde avec son bagage culturel – désigné comme « répertoire » par Wolfgang Iser et « encyclopédie » par Umberto Eco – qui est composé des schèmes rencontrés ailleurs et modelés sous la forme de stéréotypes. Ces stéréotypes concernent tous les aspects du texte : personnages, structures, discours, valeurs, catégories génériques, *etc.*, tout un « déjà là » qui conditionne et modélise leur approche. Pour Dufays (1994, p. 35), « apprendre à lire, c'est apprendre à maîtriser des stéréotypies » car « la prégnance des stéréotypes a pour effet de rendre la plupart des textes lisibles, voire prévisibles, dans leurs contenus comme dans leurs formes ». Novice ou expert, le lecteur est rarement vierge devant un texte ou un livre et peut d'emblée procéder à son identification grâce au « précadrage typo-générique » (*Ibid.*, p. 123) qui consiste, à partir de la matérialité du livre et du paratexte textuel ou iconographique, à le classer dans une catégorie. Par exemple, nous avons pu observer que les jeunes enfants construisent très tôt les compétences génériques qui leur permettent d'identifier les contes – entre autres grâce à leurs formules récurrentes et à leur dimension merveilleuse (Connan-Pintado, 2009), en somme, grâce aux structures et aux thématiques stéréotypées qui en composent l'armature.

La valeur formatrice des stéréotypes en littérature de jeunesse a été particulièrement mise en évidence dans les travaux des didacticiens depuis que les programmes de l'éducation nationale de 2002 ont placé cette littérature au cœur de l'enseignement du français. Max Butlen (2005, § 3) rappelle que « la catégorie du stéréotype, ordinairement assez dépréciée dans les valeurs éducatives et littéraires, entre de façon inévitable dans la formation des jeunes lecteurs ; elle peut aider les enseignants à penser une continuité de l'action pédagogique en offrant des cadres de référence pour concevoir des programmations et des progressions dans la construction d'une culture littéraire. » Nombre d'activités menées dès la classe de maternelle ont pour objectif d'initier les enfants à la construction de stéréotypes, comme l'examen des premières couvertures d'ouvrages dont la dimension matérielle et les indices iconographiques permettent d'identifier un genre, une collection et de construire des hypothèses de lecture. Pour apprendre, pour connaître, et avant de découvrir, il convient d'abord de reconnaître, d'asseoir les informations nouvelles sur un substrat connu. Dans une telle perspective, les contes et leurs réécritures se montrent formes fécondes dans une littérature de jeunesse fortement citationnelle qui se livre volontiers aux jeux de l'intertextualité et de l'intericonicité. Accessibles dès le plus jeune âge, leurs *topoï* favorisent les opérations de classement et de catégorisation indispensables à la conceptualisation. Connus de tous par leur omniprésence dans toutes les formes de la représentation, les contes sont reconnus dans les réécritures qui s'emparent de leurs schèmes, leurs motifs, leurs figures, et jusqu'à leurs formules pour les considérer et les agencer autrement. La connaissance du stéréotype est le socle sur lequel peut s'apprécier le jeu mené avec lui pour le détourner, le transfigurer.

Effet collatéral de la fréquentation éclairée du stéréotype, le lecteur qui a pris conscience des figements se montrera d'autant plus sensible aux écarts, aux transgressions, aux démarches originales : « le plaisir de la lecture peut naître aussi de l'écart entre une attente modelée par les parcours de lecture antérieurs et des surprises déroutantes de l'inattendu qui résultent des ruses déployées par un auteur pour orienter ses lecteurs vers des fausses pistes » (Butlen, 2005, § 14). Corollairement à la lecture, c'est dans le cadre de la didactique de l'écriture que la connaissance des stéréotypes et la prise de distance à leur égard, fondement de la lecture littéraire, révèlent leur efficacité. Jean-Louis Dufays et Bernadette Kervyn (2010) analysent le stéréotype en tant qu'outil privilégié de cette didactique et Kervyn (2009) s'attache plus particulièrement au phénomène de distanciation à propos de l'écriture poétique en fin de primaire : le « traitement décalé du stéréotype [...] est nécessaire pour que le stéréotype devienne zone d'étrangeté poétique. Sans cet écart, le stéréotype rassure, place en terrain connu, active des réseaux sémantiques balisés car stabilisés et récurrents, mais il ne surprend pas et même entrave l'imagination et la diversité générique » (Kervyn, 2009, § 42).

Vecteur de l'approche poétique des textes, le stéréotype joue de surcroît un rôle déterminant au plan idéologique, comme l'ont montré les travaux de Viviane Devriézère à partir de sa thèse, soutenue en 2014. Elle y interroge, dans une visée humaniste et didactique, un choix d'œuvres susceptibles de favoriser l'émergence d'une identité européenne, à partir de l'image de l'Autre qui s'y trouve véhiculée et du rôle des stéréotypes dans la composition de cette image. En s'attachant aux représentations véhiculées et à leur incidence sur l'enseignement, ce questionnement inscrit la littérature dans son contexte socio-historique et vise la construction d'une compétence idéologique. Par exemple, le choix du roman de Selma Lagerlöf, *Le Merveilleux Voyage de Nils Holgersson à travers la Suède*, destiné à faire connaître leur pays aux écoliers suédois, s'avère heuristique dans la mesure où l'auteure elle-même l'a fondé sur des stéréotypes à des fins didactiques. Pour les écoliers français du XXIe siècle qui découvrent l'œuvre, il s'agit d'élargir leur horizon spatio-temporel à d'autres modes de vie, de se confronter à eux, d'exercer leur esprit critique, d'enrichir leur axiologie.

Ces brèves réflexions attestent que dans le domaine du livre de jeunesse, le stéréotype apparaît aussi ambivalent que l'ont montré les travaux théoriques menés par Ruth Amossy et Anne Herschberg Pierrot. Reflet de son contexte de production, la littérature de jeunesse s'adapte aux évolutions sociétales et socioculturelles, véhicule les stéréotypes qui circulent dans la société contemporaine et son langage, se plie aux dictats d'un politiquement correct accentué et propagé par la mondialisation. Aussi peut-on être tenté de la considérer comme une « littérature *concertante* [...] qui fait chorus sur les clichés du moment » (Viart et Vercier, 2005, p. 9). Forme souple et infiniment adaptable, le conte illustre cette aptitude à refléter les stéréotypes constitutifs d'une époque, fut-ce à travers les contre-stéréotypes qui entendent les combattre.

Il apparaît par ailleurs que dans le cadre de l'enseignement de la lecture et de la littérature, la stéréotypie devient un adjuvant précieux pour assurer le guidage du lecteur, l'aider à circuler dans les textes et les images, à nouer des connexions. C'est sur le socle de son indispensable maîtrise que ce jeune lecteur pourra savourer les écarts, enrichir sa culture et devenir un véritable lecteur de littérature. En permettant de conjuguer étroitement les démarches de découverte et de reconnaissance sur lesquelles se fondent les nouvelles acquisitions, la stéréotypie se place au service de la construction des cinq compétences littéraires définies par Umberto Eco (1985) : linguistique, encyclopédique, rhétorique, logique et idéologique. D'où sa fortune dans les recherches en didactique de la littérature de jeunesse, et conséquemment dans les pratiques enseignantes. Sans aller jusqu'à dire que comme la langue pour Ésope, le stéréotype est la pire et la meilleure des choses, force est de convenir qu'un bon usage du stéréotype peut faire de lui un excellent viatique pour les jeunes lecteurs, pour mieux lire et apprécier la littérature, pour écrire, penser et appréhender le monde.

NOTES

1. Voir le numéro 180 de la revue *Nous voulons lire !* « Écrire pour les adultes, écrire pour les enfants ? », juillet 2009.

2. Dans *Le Tunnel* (L'École des loisirs, 1989), Anthony Browne emprunte à la fois au *Petit Chaperon rouge*, à *Hansel et Gretel* et au *Conte de celui qui partit pour apprendre la peur.*

RÉFÉRENCES BIBLIOGRAPHIQUES

AMOSSY, R. et HERSCHBERG PIERROT, A., *Stéréotypes et clichés, langue, discours, société,* Paris, Armand Colin, coll. « 128 », 2007 [Nathan, 1997].

BEAUVOIR, S. (de), *Le Deuxième sexe,* Paris, Gallimard, 1949.

BONNÉRY, S., « Les albums, supports de socialisation masculine et de socialisation lectorale », *in* CONNAN-PINTADO, C. et BÉHOTÉGUY, G. (dir.), *Être une fille, un garçon dans la littérature pour la jeunesse (France, 1945-2012),* Pessac, Presses universitaires de Bordeaux, 2014, p. 209-223.

BUTLEN, M., « Que faire des stéréotypes que la littérature adresse à la jeunesse ? », *Le Français aujourd'hui,* n° 149, 2005, p. 45-53.

CONNAN-PINTADO, C., *Lire des contes détournés à l'école. À partir des contes de Perrault,* Paris, Hatier, coll. « Pédagogie », 2009.

CONNAN-PINTADO, C., « Enfants terribles des nouveaux contes. Chaperons et princesses ne s'en laissent plus conter », *Nous voulons lire !,* n° 164, avril 2006, p. 17-23.

DAVENNE, C., « Martine et les stéréotypes », *in* ESTRIPEAUT-BOURJAC, M. et SEMBEL, N. (dir.), *Femmes, travail, métiers de l'enseignement. Rapports de genre, rapports de classe,* Mont-Saint-Aignan, Presses universitaires de Rouen et du Havre, 2014, p. 273-283.

DEVIF, J., REEB, L., MORIN-MESSABEL, C. et KALAMPAKILIS, N., « Les contre-stéréotypes en éducation. Un outil en faveur de la promotion de l'égalité filles et garçons ? », *Éducation et formation,* n° 96, mars 2018, p. 153-170.

DEVRIÉSÈRE, V., *La Littérature de jeunesse et l'identité européenne. Étude des stéréotypes d'Européens dans la liste de référence du cycle 3,* thèse de doctorat, sous la direction d'Annie Rouxel, Rennes 2, 2014.

DUFAYS, J.-L., *Stéréotype et lecture. Essai sur la réception littéraire,* Bruxelles, Mardaga, coll. « Philosophie et langage », 1994.

DUFAYS, J.-L. et KERVYN, B., « Le stéréotype, un objet modélisé pour quels usages didactiques ? », *Éducation et didactique,* vol. 4, n° 1, 2010, p. 53-80.

ECO, U., *Lector in fabula. Le rôle du lecteur ou la coopération interprétative dans les textes narratifs,* Paris, Grasset, 1985 [1979].

FERRIERE, S. et MORIN-MESSABEL, C., « Contre-stéréotypes et développement de l'identité de genre. Impact des lectures d'albums en maternelle », *in* CONNAN-PINTADO, C. et BÉHOTÉGUY, G. (dir.), *Être une fille, un garçon dans la littérature pour la jeunesse (France, 1945-2012),* Pessac, Presses universitaires de Bordeaux, 2014, p. 225-250.

KERVYN, B., « Dépliage du processus de distanciation pour écrire de la littérature en fin d'école primaire », *Repères,* n° 40, 2009, p. 155-174. En ligne sur : <journals.openedition.org/reperes/339>, page consultée le 21/01/2019.

REEB, L. *et al.,* « Contre-stéréotypes de sexe et littérature de jeunesse », *Bulletin de psychologie,* n° 556, 2018, p. 727-737.

VIART, D. et VERCIER, B., *La Littérature française au présent. Héritage, modernité, mutations,* Paris, Bordas, 2005.

TAUVERON, C. (dir.), *Lire la littérature à l'école. Pourquoi et comment construire cet apprentissage spécifique ? De la GS au CM,* Paris, Hatier, coll. « Pédagogie », 2002.

Pascal Robert
Enssib

Le stéréotype dans la bande dessinée franco-belge : jeux et plasticité narrative

> *Axel Borg : « Ah ! c'est vrai, j'oubliais ! Vous ne buvez pas d'alcool, vous ne fumez pas, vous ne mentez jamais, vous ne jouez pas et trichez encore moins ; bref, vous êtes parfait ! Le vrai redresseur de torts, le jeune premier sans reproche !… Dites, cela doit être assommant de ne pas avoir de défauts. »*
> *Lefranc : « vous faites erreur ; j'ai des défauts, mais je n'en fais pas étalage. »*
> Jacques Martin, *Le Mystère Borg*, Paris, Casterman, 1965, p. 31.

La bande dessinée classique franco-belge, dont il sera question ici pour l'essentiel, est, semble-t-il, profondément redevable au stéréotype[1]. En effet, les personnages sont moins des caractères au sens psychologique que des sortes de marionnettes, des vecteurs narratifs qui relèvent d'abord d'une morale. Tintin est un bon boy-scout, tout comme Spirou et Astérix et Obélix deux amis inséparables qui œuvrent pour la justice. On pourrait multiplier les exemples. En ce sens le stéréotype du « héros » dans ce type de BD est lui-même la version morale du stéréotype : l'homme (plus rarement la femme) de bien, aux valeurs irréprochables[2]. Cela dit, cette logique fait également l'objet d'une subversion, qui la courbe quelque peu : ainsi Spirou n'hésite-t-il pas à faire le coup de poing et parfois même contre les douaniers, alors que Gaston engage volontiers une guérilla impitoyable contre l'agent Longtarin. Nous voudrions souligner dans cet article la fonction narrative du stéréotype[3] en BD et le fait que ce stéréotype est doté d'une plasticité qui lui permet d'absorber une déformation qui l'amène à se dépasser comme stéréotype.

À quoi sert le stéréotype dans la BD franco-belge ?

On voit volontiers le stéréotype comme une réduction abusive, voire malsaine, en effet, lorsque, par exemple, il verse dans une approche tendanciellement raciste de l'autre[4].

Mais c'est peut-être là aussi une vision quelque peu stéréotypée du stéréotype. La bande dessinée nous montre ainsi que le stéréotype peut également permettre de proposer une sorte de pré-modélisation des situations sociales qui sont mises en scène par le récit. Suivons quelques exemples.

Lorsque Franquin crée le comte de Champignac, il invente un type de savant qui possède à la fois (et pour emprunter aux catégories de Bourdieu) un capital culturel et social (son titre de noblesse), un capital économique non négligeable (un château et les moyens de mener ses expériences, apparemment sans travailler par ailleurs, selon un mode de vie qui relève de la « noblesse »), ainsi qu'un capital symbolique puisqu'il est un savant qui sait produire des inventions (à l'instar du Métomol) ou transformer et utiliser, mais à bon escient, des éléments naturels (tels que les champignons). Cette vision du savant ne ressemble en rien à la figure du scientifique du XXe siècle, inévitablement enrôlé dans des institutions lourdes, publiques ou privées (les centres de recherche ou l'université), mais à celle du savant du XIXe siècle (Allamel-Raffin et Gangloff, 2007), qui devait en effet assurer souvent le financement de ses travaux, ce qu'il avait plus de chance de pouvoir réaliser s'il était issu d'un milieu aisé dans lequel, comme on dit, on n'avait pas besoin de « gagner sa vie » et qui préférait l'étude, noblesse de l'esprit, au travail, toujours connoté négativement.

La figure ainsi dessinée est une sorte de marionnette simplifiée des grandes caractéristiques d'une certaine conception, plutôt archaïque, du savant. Elle fonctionne comme une pré-modélisation, pour dire un en deçà d'une modélisation qui aurait une vocation « scientifique », d'un type social, d'un stéréotype donc, auquel le récit va offrir la possibilité d'exprimer son potentiel. Ainsi peut-on découvrir que le château est étrangement calme, mais parsemé de champignons et d'une flore gigantesque… ce qui amène à s'interroger : Y aurait-il un sorcier à Champignac[5] ? À moins que, face à un Zorglub qui dépasse manifestement les bornes, le savant ne déchaîne ses micro-champignons à l'action singulièrement dévastatrice[6] ? Soit, encore, que le comte, magnanime, se réconcilie avec le même Zorglub[7], censé pourtant incarner le mal sous la forme d'une science au service d'un désir de pouvoir de type manifestement dictatorial ?

Le stéréotype n'est en rien ici un carcan limité qui définirait de manière restrictive les possibles qu'il est susceptible d'animer dans le cadre du récit. Tout au contraire il s'offre comme un potentiel réducteur, simplifié, sans être simpliste néanmoins, mais qui permet également l'expression de facettes qui l'ouvrent, sans le perdre pour autant. Bref, nous avons affaire ici à un stéréotype qui n'est pas complètement figé (la figure du comte comme ses inventions évolue dans le temps, sous l'égide de Franquin et, bien évidemment, sous le dessin et les scénarios des auteurs qui le suivent). Autrement dit, ici, le stéréotype fixe des traits que la mise en récit décline, actualise ou même crée : car le comte se fâche, ce que l'on n'aurait peut-être pas cru de lui au premier abord par exemple, voire devient franchement violent lorsqu'il expulse manu militari – aidé en cela par un produit dopant de son cru – un Zorglub qui ne s'y attendait pas (pas plus que le lecteur d'ailleurs)[8]. Figure du bien, le comte de Champignac ne renvoie pas à une psychologie, mais à une posture morale qui se donne pleinement à voir dans l'action, dans la manière dont l'action travaille les situations, les courbant vers une fin qui, toujours, fait triompher le bien.

Obélix est également un stéréotype marqué, celui du « gros » qui, lui-même, souligne qu'il est « bas de poitrine », doté d'une force surhumaine, mais qui est en fait très gentil, voire un peu benêt pense-t-on au début. Les aventures des deux Gaulois, comme l'a montré N. Rouvière (2006), vont souligner, par les situations qu'elles engendrent, qu'Obélix sait s'adapter et faire montre de qualités que l'on ne soupçonnait pas forcément *a priori* : celui qui bouscule et frappe volontiers les Romains s'avère être en définitive un grand timide avec les femmes ; celui que l'on pouvait prendre pour un imbécile et un suiveur sait également devenir un quasi-chef d'entreprise qui parvient – sur les conseils du manipulateur Saugrenus, il est vrai – à épouser le fonctionnement de l'économie de marché et sait utiliser ses menhirs pour réussir, comme on dit. Les dérives, dans Astérix, ne sont là que pour que les deux héros les redressent ou les contrent et que reviennent au minimum le bon sens (dans *Le Devin*[9]) et la morale – celle de la communauté gauloise, soudée malgré tout par le banquet commun. Morale politique de l'être ensemble qui, même menacé (dans *Le domaine des dieux*[10]), sait retrouver son assiette, ses points de repère et sa vision du monde.

Benoît Brisefer est un petit garçon apparemment « normal », c'est-à-dire qu'il ne sort de l'ordinaire d'un enfant de son âge de l'époque où il a été créé que par son béret peut-être – et encore ce couvre-chef, s'il est devenu exotique pour un garçonnet de nos jours, l'était beaucoup moins en ce temps-là – et sa cape – qui rappelle étrangement celle des superhéros américains, alors que Benoît, s'il est largement postérieur à Superman ou Batman, est légèrement antérieur aux héros de chez Marvel créés par Stan Lee et Jack Kirby[11]. Cela dit, Benoît n'est pas du tout un petit garçon comme les autres car il est incomparablement plus fort. Il brise, au sens propre, les fers, sauf lorsqu'il est enrhumé. Simplicité du personnage réduit au stéréotype d'un petit boy-scout, qui fait le bien mais qui peut le faire d'autant plus qu'il est très fort et qu'il peut donc combattre des ennemis adultes et les vaincre. Benoît n'est en rien une psychologie en acte, mais une morale en action qui se révèle dans l'action et les situations mises en scène par le scénario (à l'instar de ce qui arrive dans *Les taxis rouges*[12]).

Un stéréotype de sortie du stéréotype ?

Nous venons de voir que le stéréotype dans la BD franco-belge n'est en rien fermé. C'est à la fois vraiment un stéréotype, qui trace par quelques éléments clés une figure clairement identifiable, c'est-à-dire sans incertitude. Elle guide ainsi le jeune lecteur auquel elle s'adresse de manière privilégiée[13]. Mais elle ne le verrouille pas dans un schéma qui serait définitivement arrêté pour autant : il existe ainsi une marge de manœuvre qui est mise en œuvre et révélée par la dynamique narrative. Car c'est elle qui propose ces situations dans lesquelles le héros peut manifester ses qualités. Ses actes vont l'amener à se comporter en suivant une conduite qui est la mise en œuvre pratique d'une axiologie qui se révèle dans sa mise en situation et qui, donc, s'incarne à travers elle. Ses qualités renvoient ainsi à la fois à un noyau dur, central (que le jeune lecteur découvre en se familiarisant avec « son héros » et qu'il est heureux de retrouver d'ailleurs de numéro de revue en numéro ou d'album en album) mais également à une périphérie qui autorise une adaptation, une évolution – toujours relative, il va sans dire – et qui ne doit jamais basculer vers une figure indécise, ambiguë ou dans le mal. Cette marge de manœuvre est construite par les auteurs en partie contre un système, « marketing », qui privilégierait volontiers le seul noyau dur, au détriment des variations : des figures morales pures en quelque sorte qui ne seraient qu'une cohérence forte de qualités. Les auteurs ont dû et ont su lutter contre cette tendance en introduisant un halo de flottement autour du noyau dur. Convoquons à nouveau quelques exemples.

Spirou et Fantasio n'hésitent pas à faire le coup de poing contre des douaniers[14]. Or, les douaniers sont aussi des représentants de l'ordre, comme le dit très bien l'expression – c'est-à-dire de l'ordre établi. Se battre avec eux, quand bien même il y aura réconciliation, est un geste pour le moins subversif, qui n'est pas forcément inhérent au stéréotype *a priori* de Spirou. Certes, en langage populaire de Bruxelles, un Spirou, sans être apparemment un voyou, est quand même un petit gars qui traîne quelque peu dans les rues, un peu mariole et malin. Cela dit, Spirou porte à ses débuts un uniforme, qui le renvoie à un statut dans une entreprise : celui d'un groom qui est censé respecter une certaine morale relationnelle dans l'exercice de son métier.

Ce qui n'empêche cependant pas le Spirou de Franquin de pratiquer la boxe[15] ; mais la boxe exige que l'on respecte certaines règles, dans un espace délimité. En dehors du ring cette compétence n'est censée être convoquée que de manière mesurée, pour ne pas donner le mauvais exemple, et contre un quelconque méchant. Or ici, il s'agit de se confronter aux forces de l'ordre. Ce qui signifie une sorte de déformation narrative du stéréotype, qui certes revient par l'acte de réconciliation[16] à sa forme initiale, mais qui néanmoins se traduit par une subversion qui n'est pas marginale. En effet, cet acte constitue une violation du respect de la confiscation de la violence légitime par les représentants de l'état (Max Weber). Il conteste de fait ce monopole et, pendant la bagarre, crée un plan d'équivalence entre nos deux héros et les douaniers. Suspension en quelque sorte de la loi commune, accessible aux seuls héros ; suspension confirmée par la procédure de la réconciliation, quand bien même celle-ci fait suite à une nuit passée en prison. Ici, donc le stéréotype, dans la déformation qu'il subit, glisse d'une certaine manière en dehors du stéréotype.

Toujours chez Franquin, Gaston mène une véritable guérilla urbaine contre l'agent Longtarin, un autre représentant de l'ordre. Ordre bafoué par le travail de sape de Gaston, qui n'hésite pas à ridiculiser l'agent de police et même la police de manière plus globale[17]. Certes, Gaston ne gagne pas à tous les coups[18], mais le fait même qu'il engage cette guérilla est symptomatique d'un comportement qui, du stéréotype du fainéant invétéré, le transforme, c'est-à-dire le déforme, en un résistant à l'arbitraire du travail de surveillance des parcmètres de Longtarin. Gaston dont Franquin lui-même avouait qu'à ses débuts il le voyait comme un « con[19] », se transforme en un adversaire malin et rusé de l'agent de police ; un adversaire dont les stratégies subtiles ne manquent aucune occasion pour le tourner en dérision ou le provoquer. Là encore nous voyons que le stéréotype n'est pas figé, qu'il évolue, se déforme et se transforme au gré des sollicitations narratives des situations mises en scène par les gags.

Les Gaulois, dans Astérix, représentent de fait les ultimes résistants à l'emprise romaine[20] ; ils sont censés porter les valeurs de fierté et de courage qui sous-tendent leur acte de résistance ; cependant, ces Gaulois résistent d'abord parce qu'ils ont les moyens de leur résistance, ou plutôt un moyen efficace : la potion magique. Or, celle-ci, d'une certaine manière, n'est guère *fair-play*, car elle peut être assimilée à de la tricherie (en tant que produit dopant, dans *Astérix aux jeux Olympiques*[21]). Certes, elle peut également être vue comme une sorte d'arme de dissuasion du faible au fort (Robert, 2018a), qui permet de rétablir l'équilibre entre des forces par ailleurs disproportionnées. Mais même en ce cas, elle reste décalée, exorbitante à la mobilisation de forces normales, celles que l'on convoque pour mener une guerre classique à l'époque. On peut y voir une entorse à la morale guerrière qui voudrait que l'on se batte à armes égales ou presque, sans dissymétrie par trop prononcée, qui ne permet plus de mettre en valeur les valeurs de courage et d'efficacité du soldat. En ce sens, cette potion magique déplace quelque peu la limite de la norme morale et le stéréotype qu'elle emporte : le succès même d'Astérix montre que cette potion magique n'a jamais été remise en cause, ni dénoncée comme inique. Plasticité du stéréotype, dont joue la bande dessinée.

Même un Tintin, figure presque idéale-typique du boy-scout, combat régulièrement des dictateurs[22], ce qui est à la fois cohérent avec cette figure du boy-scout redresseur de torts luttant contre les forces du mal et, en même temps, lui faisant subir une distorsion puisque Tintin en vient à s'attaquer à ce qui, dans le pays en question, est le gouvernement en place, quand bien même il a pris le pouvoir à la suite d'un coup d'État ou d'une « révolution ». Un Tintin qui, donc, contre l'image volontiers réactionnaire qu'on fait de lui, ne joue pas forcément l'ordre établi, bien au contraire. Subversion par déformation du stéréotype. Déformation, car là aussi il ne le renie pas, mais en déplace le point d'application, ce qui vaut subversion.

Une laïcisation et une subversion du stéréotype moral ?

La connotation morale du stéréotype va connaître un glissement progressif dont nous allons, à grandes enjambées, essayer de retracer les différentes étapes. Tintin, comme Spirou, naît dans un milieu largement marqué par le catholicisme. Un catholicisme plutôt dur au tout début, dans le sillage de celui de l'abbé Wallez, qui offre à Hergé la possibilité de développer le personnage de Tintin. Un catholicisme qui survivra dans le *Journal de Tintin* en termes de valeurs morales édifiantes, sans relever d'un catholicisme militant pour autant. Tintin, par ailleurs, va, peut-être plus rapidement qu'on le dit parfois, glisser d'un état d'esprit empreint des valeurs de la logique coloniale (en entérinant, sans distance critique, ce type de monde) dans laquelle baigne la Belgique de l'époque (années 1920) et qui préside largement au scénario comme à la mise en image de *Tintin au Congo*[23], à une vision singulièrement plus anthropologique du monde, dans lequel l'autre ne relève plus seulement d'un stéréotype que nous qualifions aujourd'hui de raciste, mais prend vie dans une culture particulière dont il s'agit de découvrir et d'apprécier, dans leurs différences mêmes, les singularités. Ainsi le *Lotus bleu*[24] – qui doit beaucoup, on le sait, à la rencontre avec Chang – est-il un moment d'exploration de la Chine, indubitablement positive (les méchants sont alors les Japonais) dont le stéréotype là aussi est travaillé bien au-delà de la couleur locale incarnée par les Dupondt. On peut même considérer qu'à partir de cet album, le stéréotype stéréotypé de l'Autre est pris en charge par les Dupondt sous la forme d'un déguisement qui trahit le regard folklorique qu'ils jettent sur l'autre. Ce qui permet à Tintin d'assumer la logique de l'exploration culturelle (mais aussi politique et économique), et l'amène à déformer son stéréotype de base dans le sens d'une rencontre non asymétrique de l'autre (quand bien même, incluse dans une aventure de 62 pages, elle ne peut être que relativement superficielle). Ce double glissement vaut, me semble-t-il, comme une figure de la laïcisation du stéréotype moral.

Le Journal *Spirou* est une publication des éditions Dupuis. Des éditions marquées par le catholicisme revendiqué de son fondateur (Lesage, 2018). Cette empreinte est ainsi assumée par un Jijé qui réalise un *Don Bosco*, qui n'est rien d'autre qu'une hagiographie d'un homme d'Église. Un livre qui se vendra très bien (*Ibid.*). *Les Belles histoires de l'oncle Paul* vont dans le même sens, de même que la *Patrouille des castors* de Mitacq. La ligne directrice du journal, son modèle idéologique et éditorial, sont donc clairs. Cela n'empêchera pas le fils de Jean Dupuis, Charles, d'accepter qu'il se courbe dans le sens d'une laïcisation progressive au fil des années. Franquin est l'un de ceux qui vont y contribuer (avec Yvan Delporte) car l'admiration que Charles lui voue l'incite à l'indulgence. C'est aussi pourquoi Spirou va volontiers combattre l'ordre établi, notamment lorsqu'il est incarné par une dictature en Amérique du Sud[25]. N'oublions pas que, dans l'après-Seconde Guerre mondiale (et plus encore avant), l'Église catholique soutient volontiers les régimes autoritaires de l'Amérique latine. Ce qui peut donc nous sembler n'être en définitive qu'une sorte de bon sens politique démocratique allait en fait beaucoup plus loin. Car une obédience véritablement catholique aurait pu tout aussi bien éviter de mettre en cause leur légitimité, même à travers la fiction. Cette courbure qu'introduit Franquin et que tolère Dupuis va dans le sens d'une laïcisation de la posture morale, qui glisse alors d'une morale d'abord catholique à une morale politique et démocratique.

On oppose volontiers la science à la religion. Franquin va savoir mettre en scène la science, non directement contre la religion, mais dans une tension interne qui, de fait, ne laisse plus de place à la religion. Car il en va de la bonne science – celle du comte de Champignac – et de la mauvaise – celle de Zorglub. Celle du comte permet de faire parfois d'une pierre deux coups : ainsi ce Métomol, qui ramollit les métaux comme son nom l'indique, en vient-il non seulement à bafouer les forces de l'ordre à Champignac, mais aussi à ridiculiser les forces de l'armée palombienne – qui fondent littéralement – que Zantafio voulait envoyer en guerre dans sa folie de conquête et de pouvoir[26]. Celle de Zorglub, toute concentrée dans la zorglonde d'ailleurs, incarnée par une technologie logistique de conquête (zorgléoptère, etc.) ou de manipulation des esprits (dispositif qui produit les zorglhommes lobotomisés) ne vise qu'à prendre le pouvoir dans une perspective dictatoriale d'emprise totale sur le monde et ce, à son seul bénéfice. Connotation morale de la technoscience, avec les champignons, certes manipulés mais pour la bonne cause, et celle des machines, qui ne mène qu'au contrôle et à la domination. Paradoxalement, l'une, plutôt réactionnaire d'une certaine manière et l'autre, les pieds dans son époque. Dans les deux cas, une science qui, malgré la tension qui l'habite – et souvent violemment –, renvoie à une laïcisation des questions de pouvoir-faire et de manipulation, qui ne dépendent pas de Dieu, de ses miracles ou de ceux de ses saints, ni d'une foi qui serait susceptible de soulever des montagnes, mais bien plutôt des procédés et procédures, concrets et pratiques, de la science.

Cette laïcisation de la bande dessinée franco-belge[27] trouvera son point de maturité avec les années 1970 avec des auteurs forgés au moule du magazine *Pilote* notamment, dans une logique post-Mai 68, qui en viendront à promouvoir la libération des mœurs et des carcans politiques. On peut alors parler de sexe, montrer des corps nus et des scènes érotiques. Cette BD-là, celle de *Fluide Glacial* et plus encore celle de l'*Écho des savanes*, donne non seulement à voir des formes de sexualité, mais opère un virage très à gauche en termes politiques et devient très critique – dans la lignée de *Hara Kiri* ou de *Charlie Hebdo* – avec le pouvoir en place qui, il est vrai, est de droite jusqu'à l'arrivée de la gauche au pouvoir en 1981 (qui, elle-même, apportera nombre de désillusions qu'ils ne manqueront pas de souligner). La politique dans la BD franco-belge classique restait un infrapolitique, à l'instar de la critique politique que manipule volontiers Franquin, nous l'avons vu. Infrapolitique, car si elle pouvait exister *de facto*, elle ne pouvait en aucune manière se revendiquer comme telle (Robert, 2018a ; 2018b). Or, dans les années 1970, la politique devient l'une des matières premières de la BD, que ce soit dans la BD d'humour, nous l'avons vu, ou dans la BD de science-fiction telle que la pratiquent aussi bien un Druillet avec Lone Sloane, qu'un Christin avec Valérian ou, plus encore, avec *Partie de chasse*[28]. Ici la laïcisation de la morale en morale politique va même jusqu'à sa mise en cause en tant que morale, car un Lone Sloane (et à sa manière un Corto Maltese) est des plus ambigus : il n'est pas le bien en acte, ni le mal, mais un homme qui, selon ses intérêts, navigue entre les deux, parfois en eau trouble, quoiqu'il se révèle quand même, au final toujours farouchement opposé à toutes les formes fascisantes de pouvoir. De nos jours, la BD politique survit ou plutôt reprend vie, dans les reportages d'une revue comme *La Revue dessinée* qui, là encore, participe de ce mouvement de laïcisation et de subversion du stéréotype moral.

Il n'est pas sûr que la BD puisse échapper au stéréotype. D'une part parce qu'il existe encore et même massivement une BD marketing pour laquelle le stéréotype est fondamental et s'est même peut-être durci. C'est aussi elle qui fait de gros chiffres de vente sur le marché global de la BD. Certes, la BD actuelle plus intellectualisée est à la recherche de formes que l'on pourrait supposer *a priori* plus libres. Mais il semblerait que, même en ce cas, le stéréotype reste nécessaire au mode de fonctionnement narratif de la BD et qu'il ne s'efface pas : il se transforme. Pour ne prendre que deux exemples de la BD humoristique, si les Bidochon n'ont pas grand-chose à voir avec Boule et Bill, ils restent un stéréotype du Français moyen (et participent à sa construction sociale) – certes, un stéréotype au carré en quelque sorte, mais un stéréotype quand même ; il se renverse même, avec Sœur-Marie-Thérèse-des-Batignolles, qui reste effectivement une sœur, quand bien même elle jure, boit et fait le coup de poing. Peut-être enfin – mais nous ne pourrons ici qu'esquisser une question et non une réponse – en vient-il à verser aujourd'hui dans le quelque peu paradoxal stéréotype « psychologique » des récits de soi que pratique volontiers cette infime partie de la population mondiale qui a les moyens de se pencher avec un tel luxe de détail – et le temps pour le faire – sur sa propre personne ?

NOTES

1. Un stéréotype qui, tout en s'en inspirant pour partie, n'est pas celui de la caricature, qui est plus une fin en soi, alors que le stéréotype de la BD est au service d'un récit. Le stéréotype est présent dès la naissance de la bande dessinée : Rodolphe Töpffer lui-même prétendait « créer des types artificiellement, indépendamment de toute tradition de toute conception antérieure ». Il ajoutait que « l'essai vaut au moins d'être tenté, car là réside un grand moyen d'action sur les esprits, moyen d'autant plus efficace qu'il soulage l'intelligence et l'attention du spectateur tout en lui permettant de saisir une idée plus compliquée et plus étendue » (Groensteen et Peeters, 1994, p. 102).
2. Ou, tout à l'inverse, le méchant comme « homme de mal » (comme on le dit d'un homme de bien) aux valeurs négatives (il confisque la technique, le pouvoir, lobotomise ou manipule les hommes, etc.).
3. En ce sens, cet article ne s'interroge pas sur les types de stéréotypes que l'on peut rencontrer dans la BD franco-belge (sur l'autre, les femmes, telle ou telle profession ou activité, etc.), quand bien même nous y ferons référence, mais bien sur le rôle du stéréotype dans le récit.
4. *Cf.* par exemple Cras, 2017.
5. Titre du deuxième album de la série inaugurée par Jijé et Franquin.
6. *Cf. Z comme Zorglub, in Spirou et Fantasio, l'intégrale* (Paris, Dupuis, 2013, p. 954).
7. *Ibid.*, p. 972.
8. *Ibid.*, p. 928.
9. R. Goscinny et A. Uderzo, *Le Devin*, Paris, Dargaud, 1972.
10. R. Goscinny et A. Uderzo, *Le Domaine des dieux*, Paris, Dargaud, 1971.
11. Benoit Brisefer est né en 1960 (n° 1183 du *Journal de Spirou*) alors que les 4 Fantastiques apparaissent pour la première fois en novembre 1961.
12. Premier album de la série : Peyo, *Les taxis rouges*, Paris, Dupuis, 1962.
13. En ce sens, le stéréotype renvoie à une économie narrative : on n'a pas besoin de présenter longuement les personnages, leurs types parlent pour eux. Ils engendrent également des attendus du jeune lecteur, que les auteurs vont à la fois respecter et subvertir, comme nous allons le voir.
14. Dans *Les voleurs du marsupilami, in Spirou et Fantasio, l'intégrale* (Paris, Dupuis, 2013, p. 292-294).
15. *Cf. Spirou sur le ring, in Spirou et Fantasio, l'intégrale* (Paris, Dupuis, 2013, p. 22-42).
16. *Ibid.*, p. 295, au bistrot le lendemain, après, il est vrai, une nuit passée en prison où Spirou regrette néanmoins (p. 294) qu'ils se soient « conduits comme des chiffonniers ».
17. *Cf.* Franquin, *L'Intégrale de Gaston*, Paris, Dupuis 2015 ; quelques exemples, p. 546 ; p. 547, p. 579, p. 629, p. 646, p. 683, p. 716, p. 726, p. 754, p. 755, etc. ; pour la police, au-delà de Longtarin, *cf.* par exemple p. 718 et p. 739.
18. *Ibid.*, p. 632.
19. *Cf.* l'entretien de Franquin avec Numa Sadoul de 1985, repris dans les *Inrocks 2*, dossier « Franquin, un trait de génie », 2012, p. 16.
20. Rouvière parle, à propos de la série Astérix, d'une « parodie des stéréotypes français » : les auteurs ne cachent pas le stéréotype, mais, tout au contraire, l'affichent, en jouent et ainsi le déjouent.
21. R. Goscinny et A. Uderzo, *Astérix aux jeux Olympiques*, Paris, Dargaud, 1968.
22. Plutôt sud-américains (*cf. L'oreille cassée* ou, plus tard, *Tintin et les Picaros*), ce qui, à l'époque, n'est pas seulement un stéréotype.
23. Hergé, *Tintin au Congo*, Paris, Casterman, 1931.
24. Hergé, *Le Lotus bleu*, Paris, Casterman, 1936.

25. Sur les stéréotypes relatifs à l'Amérique du Sud dans la bande dessinée franco-belge, *cf.* Gilard, 1992.
26. *Cf. Le dictateur et le champignon, in Spirou et Fantasio, l'intégrale* (Paris, Dupuis, 2013, p. 396-404 et 447-449).
27. Laïcisation qui était déjà à l'œuvre au travers de la presse d'obédience communiste à l'instar de *Vaillant*, qui deviendra le *Journal de Pif* puis, sur un mode plus marketing, *Pif gadget* à la fin des années 1960.
28. P. Christin et E. Bilal, *Partie de chasse*, Paris, Dargaud, 1983.

RÉFÉRENCES BIBLIOGRAPHIQUES

ALLAMEL-RAFFIN, C. et GANGLOFF, J.-L., « Le savant dans la bande dessinée : un personnage contraint », *Communication et langages*, n° 154, 2007, p. 123-133. DOI : 10.3406/colan.2007.4696.

CRAS, P., « Les stéréotypes du noir dans la bande dessinée » (entretien), *Le sens des images*, 14 mars 2017.

CRÉPIN, T. et CRÉTOIS, A., « La presse et la loi de 1949, entre censure et autocensure », *Le Temps des médias*, 2003, n° 1, p. 55-64.

DELESSE, C., « Le cliché par la bande : le détournement créatif du cliché dans la BD », *Palimpsestes* [en ligne], n° 13, 2001. DOI : 10.4000/palimpsestes.1565

DELISLE, P., *Tintin et Spirou contre les négriers*, Paris, Karthala, 2013.

GILARD, J., « Utopies hebdomadaires. L'Amérique latine des bandes dessinées », *Caravelle*, n° 58, 1992, p. 117-139.

GROENSTEEN, T. et PEETERS, B., *Töpffer : l'invention de la bande dessinée*, Paris, Hermann, 1994.

LESAGE, S., *Publier la bande dessinée*, Lyon, Presses de l'Enssib, 2018.

PAVEAU, M.-A., « Des Tarzanides aux Peshmergas. Stéréotypes discursifs et iconiques autour des femmes "masculines" », *in* ALÉN GARABATO, C., DJORDJEVIC LÉONARD, K., GARDIES, P., KISMARCK, A. et LOCHARD, G., *Rencontres en sciences du langage et de la communication. Mélanges offerts à Henri Boyer par ses collègues et amis*, Paris, L'Harmattan, 2016.

ROCHER, S., « Hergé : les administrateurs soustraits et l'album inachevé ou la comptabilité sauve », OECCBB [en ligne], s.d. En ligne sur : <www.oeccbb.be/news/details/157>, page consultée le 12/03/2019.

ROBERT, P., « L'anticorps (sportif) et le contre-pied (subversif). Biopolitique du corps antisportif dans la bande dessinée franco-belge », *Loisir et Société / Society and Leisure*, vol. 41, n° 2, 2018a, p. 268-279. DOI : 10.1080/07053436.2018.1482671

ROBERT, P., *La Bande dessinée, une intelligence subversive*, Lyon, Presses de l'Enssib, 2018b.

ROUVIÈRE, N., *Astérix ou les lumières de la civilisation*, Paris, Presses universitaires de France, 2006.

ROUVIÈRE, N., *Astérix ou la parodie des identités*, Paris, Flammarion, 2008.

ROZE, X., « Stéréotypes sociaux » *Encyclopædia Universalis* [en ligne]. En ligne sur : <www.universalis-edu.com/encyclopedie/stereotypes-sociaux/>, page consultée le 12/03/2019.

Thierry Paquot
Philosophe

Le cinéma, petite fabrique de stéréotypes

Lorsqu'un comédien interprète un rôle en insistant sur un sentiment ou en forçant le trait – lorsqu'il surjoue en quelque sorte –, on lui reproche ou le félicite pour une attitude, une mimique ou un geste stéréotypé. En grec, *stereos* signifie « solide », « dur » ; on le retrouve en français dans un « stère », soit un mètre cube de bois. Mais pourquoi le vocabulaire de la typographie s'en empare-t-il pour désigner par « stéréotype » un « cliché obtenu par reproduction » (Rey, 2005) ? Certainement parce que ce « stéréotype » utilise un support « solide », sachant que le grec *tupos* est une empreinte en creux ou en relief qui permet la reproduction, un « moule », du verbe *tuptein*, « frapper, appliquer ». C'est le premier « moulage » qui sert ainsi de « modèle ». Ainsi un « type » est un caractère que le typographe agence avec d'autres pour imprimer un texte. L'empreinte qui sert à l'impression se nomme « stéréotype ». Le terme passe dans le langage des sciences sociales avec Walter Lippmann qui considère, par exemple, qu'un électeur vote pour un candidat non pas à cause de son programme mais d'après la représentation qu'il a du monde et par conséquent de ce candidat stéréotypé. Dans son ouvrage *Public Opinion* (1922), il attribue au stéréotype une fonction simplificatrice de l'opinion que chacun se forge eu égard à des « modèles ». Au figuré, un « type » équivaut à un « symbole », à un « modèle », à un « parangon », à un « standard », voire même à un « idéal ». Le *Dictionnaire culturel en langue française* cite François Mauriac : « Ce qui dans notre esprit survit de Proust, ce sont des types : Charlus, les Verdurin, Swann, la grand-mère de Marcel. » Et aussi Antonin Artaud : « Les personnages vont jusqu'au bout de leurs impulsions, de leurs pensées. Ils atteignent par là à cette vérité générale qui est le but même du théâtre, tout en demeurant extrêmement typés et marqués par leur temps. » On le voit, le « type » est exemplaire et représente un « modèle » que tout spectateur reconnaît immédiatement et admet comme « stéréotype ». On n'est pas loin alors de l'« archétype », orthographié « architipe » au XIIIe siècle et consacré par Rabelais au XVIe siècle. Depuis, est « archétypal » tout ce qui correspond à un « modèle » et s'affirme comme « référence » en peinture, en architecture, en sociologie, etc. Le psychanalyste C.G. Jung en a fait le symbole universel caractéristique de l'inconscient collectif, une sorte d'invariant psycho-anthropologique. Ces archétypes de l'inconscient collectif s'entremêlent aux inconscients individuels au point de constituer un imaginaire collectif anthropologico-historique fait de couches superposées et poreuses, où le folklore, les mythes, les croyances, etc. s'interpénètrent, se parasitent, se créolisent, s'enrichissent.

Dans *Psyché et symbole*, Jung (cité par McLuhan, 1973, p. 31) précise : « L'archétype est un élément de notre structure psychique et donc une constante indispensable et vitale de notre économie psychique. Il représente ou personnifie certaines données instinctives de l'obscure psyché primitive : réelles, invisibles, les racines de la conscience. »

Cliché et genre

« Type », « stéréotype », « archétype », « prototype » interviennent dans le cinéma, au même titre que « cliché » et « genre ». À quoi correspondent ces deux derniers termes ? Dans un atelier de typographie, le « cliché » est une plaque sur laquelle l'image à reproduire est en relief, ce qui évite d'user l'original tout en permettant d'en tirer plusieurs exemplaires. Le clicheur cliche dans la clicherie le cliché lors du clichage. Le « cliché » au figuré s'apparente, dans la langue parlée, au « lieu commun », à ce qui nous vient de suite à l'esprit lorsqu'on évoque tel ou tel métier, telle ou telle émotion, telle ou telle expression… Au cinéma, le « cliché » prend l'aspect d'un personnage ou d'une situation « type », s'approchant alors de la « caricature ». Celle-ci est à l'origine une représentation graphique d'un individu ou d'un lieu par un artiste qui force le trait afin de les ridiculiser ou de les moquer. Le caricaturiste s'amuse à caricaturer un homme public en exagérant, c'est-à-dire en en accentuant telle ou telle caractéristique de son visage, comme le fait Daumier portraitisant Louis XVIII en poire ! Il devient difficile à tout « caricaturé » de se libérer de sa caricature. Elle lui colle à la peau. Le mot « genre » dérive du latin *genus, generis*, « naissance, race » et aussi « espèce ». On l'utilise pour parler du « genre humain » et de toute classification, comme en littérature : poésie, épopée, drame ou encore « romantique », « symbolique », « réaliste », « naturaliste »… Marshall McLuhan, dans *Du cliché à l'archétype*, observe que « les genres agissent comme les dialectes dans la formation de groupes humains ; tout genre est à la fois dialecte, masque, costume et toute autre fourniture de groupe. Dans un monde où les satellites de communication sont le plus récent et le plus global des environnements de service, et où les environnements de service s'empilent les uns sur les autres au point d'engendrer un milieu d'irresponsabilité générale, on ne peut nier l'importance de ce facteur de cohésion qu'est le genre » (McLuhan, 1973, p. 112).

Le cinématographe, dès sa naissance en 1895, va fabriquer des « stéréotypes » et des « genres », d'autant plus nécessairement qu'il est muet et donc se doit de « parler » à tous. Inventer un langage cinématographique à visée universelle nécessite la mise en place d'un « alphabet visuel » (mimique, gestuelle, ralenti, gros plan, travellings, etc.) qui « traduise » des sentiments, des réactions, des sous-entendus compréhensibles d'une culture à une autre, indépendamment de leurs langues parlées. Parfois des « cartons » indiquent en un ou plusieurs mots l'enchaînement de l'action, et dès le premier film sonore (*The Jazz Singer*, 1927, Alan Crosland) et l'avènement du film parlant, le langage cinématographique se babélise, ce qui accorde aux « stéréotypes » le rôle d'intercesseur entre le réalisateur et les publics. Ils s'imposent à travers des « sujets » communs à tous les cinéastes. Longtemps, les innombrables « histoires » du cinématographe s'attachent à présenter les principaux « thèmes » spécifiques (le *self-made-man*, l'immigration, le conflit social, la famille, l'éducation, le conflit parents/enfants, le drame intérieur, la nature, etc.) à un cinéma « national » (américain, français, italien, indien, chinois, brésilien, mexicain, russe, etc.). Par la suite, la géohistoire du cinéma récuse l'approche nationale devenue insuffisante et met en cause les « frontières » des différents thèmes, les jugeant discutables et pas assez bien circonscrites, pour préférer les « genres » et les « stéréotypes », tout en admettant que ces deux modes de catégorisation possèdent aussi leurs limites et ne sont jamais vraiment stabilisés.

Ainsi, le « film noir », dont la formule apparaît dans le n° 61 de *L'Écran français* en août 1946 sous la plume de

Nino Franck, qui rend compte de quelques films policiers américains rompant avec le standard habituel. Peu auparavant, les éditions Gallimard inauguraient une collection intitulée « La Série noire » (le titre est de Jacques Prévert) dirigée par Marcel Duhamel. Le « noir » se porte bien dans la littérature (la revue américaine *Black Mask* entre les deux guerres publiait des nouvelles criminelles, dont celles de Dashiell Hammett) comme dans le cinéma, dont le label « film noir » génère assez rapidement des ouvrages, comme le *Panorama du film noir américain* (Borde et Chaumeton, 1955) ou plus récemment l'*Encyclopédie du film noir* d'Alan Silver et Elizabeth Ward (1987). Dans ce dernier, nous pouvons lire : « Le film *noir* n'est pas seulement ainsi dénommé parce qu'on y trouverait, matériellement, une majorité d'images sombres, ni parce qu'il refléterait le pessimisme populaire, mais aussi parce que l'on pourrait, en usant d'une métaphore empirique, le comparer à une sorte de tableau noir où l'Amérique aurait *inscrit ses maux pour s'en soulager par ce geste cathartique.* » En novembre 1946, dans *La Revue du cinéma*, Jean-Pierre Chartier adopte à son tour l'expression « film noir » en établissant un lien avec le « réalisme poétique » français de Renoir, Carné et Duvivier. Il mentionne trois films américains qui seraient typiquement des « films noirs » : *Murder My Sweet* (*Le Crime vient à la fin*, 1944) d'Edward Dmytryck, *Double Indemnity* (*Assurance sur la mort*, 1944) et *The Lost Week-End* (*Le Poison*, 1945), tous les deux réalisés par Billy Wilder. Parmi les plus typiques de ce genre, ajoutons : *Laura* (1944) d'Otto Preminger, *Gilda* (1947) de Charles Vidor, *La Dame de Shanghai* (1948) d'Orson Welles, *Quand la ville dort* (1950), de John Huston, *Règlement de compte* (1953) de Fritz Lang, sans oublier les films d'Alfred Hitchcock, Samuel Fuller, Howard Hawks, Raoul Walsh… Le « film noir » regroupe un large éventail de réalisations avec une intrigue policière alambiquée, principalement nocturne, un privé dépressif ou un flic fatigué, une « femme fatale », une ville chaotique, des néons qui clignotent, des voitures qui se coursent et s'évitent à grands coups de volant qui font crisser les pneus sur le macadam, du whisky qui coule à flots… Autant l'avouer, ce « genre » à dimensions variables accumule les « clichés » et les « stéréotypes ». Il dure une poignée d'années – environ du milieu des années 1940 au milieu des années 1950, selon les critiques.

Dans *Le Film noir. Vrais et faux cauchemars*, Noël Simsolo (2005, p. 421) note : « La Chasse aux sorcières n'est pas la seule cause de la raréfaction du *film noir* sur les écrans américains à partir de la fin des années cinquante. La progression de la télévision dans les foyers y joue aussi son rôle. Les familles y voient défiler des séries conçues sur mesure. Le feuilleton policier s'y installe et se garde bien de démarquer les subversions du "cycle noir" par crainte de la censure, qu'elle soit celle de l'administration fédérale ou des sponsors publicitaires. » C'est donc un genre assez ouvert qui possède de nombreux stéréotypes, dont certains se retrouveront dans le « western », le « thriller », le « film dramatique », le « polar », etc., ce qui permet de brouiller les pistes de tout classement et aussi de relativiser la notion même de « genre ». « Il faut se garder, écrit Denis Lévy, de voir le genre comme une catégorie étanche, une classe fermée. Il faut plutôt y voir une *polarité*, autour d'un axe constitué par l'ensemble imaginaire (et ouvert) des situations, des types et des tonalités possibles dans le genre. Il n'y a donc pas de modèle du genre : aucun western, aucun film noir, aucune comédie musicale ne peut prétendre être l'archétype de son propre genre (et on sait que les tentatives totalisantes sont plutôt des films d'achèvement, sinon d'essoufflement). » (Lévy, 2014, p. 17) Malgré cela, le « film noir » a bien existé, du moins à Hollywood, et il possède quelques caractéristiques propres : la voix off (qui « cadre », si j'ose dire, l'intrigue et en rappelle au spectateur les grandes lignes), la désespérance du personnage principal, l'appât du gain (qui est souvent le mobile du crime), le contexte urbain, l'ambivalence des personnages féminins et une incontestable érotisation des relations entre les personnages, qui participe à l'atmosphère trouble du film (Ben Cheikh, 2014).

De nouveaux personnages

Si les « genres » évoluent selon les modes, les transformations sociales et les mutations économico-technologiques, ce qui explique en partie l'élasticité de leurs contours, les « stéréotypes » les suivent-ils ? Pour tenter de répondre à cette question, il faudrait établir un inventaire de ces stéréotypes et pointer les inflexions qu'ils subissent selon les adaptations successives du genre auquel ils appartiennent – autant dire : mission impossible ! Ce que le cinéphile peut repérer, ce sont les continuités d'une part (le flic solitaire qui défend le Bien) et les émergences (le « beur » et la « beurette » dans le cinéma français dont l'intrigue se situe en banlieue, l'« homo » plus internationalement, sauf bien évidemment dans les pays à la législation répressive et homophobe) et les changements (la figure du « patron » dans le cinéma français) d'autre part. Commençons par ce dernier. Son image accompagne la refonte de l'échiquier politique, du moins pour la période 1976-1997, celle où la gauche arrive au pouvoir (1981) et favorise une politique économique conciliante avec le libéralisme (gouvernement Fabius, puis Bérégovoy qui nomme ministre un « entrepreneur » hâbleur et populaire, Bernard Tapie). Sur 44 films français examinés par Vincent Chenille et Marc Gauchée (2001) sur cette période, le patron équivaut d'abord à un « salaud » – avec comme acteur emblématique du patron sûr de lui, arrogant et cynique, Michel Piccoli – et devient soucieux de la question sociale et de ses salariés par la suite, avec Daniel Auteuil comme représentant idéal-typique ! *Ma petite entreprise* (1999) de Pierre Jolivet avec Vincent Lindon et *Le Goût des autres* (2000) d'Agnès Jaoui avec Jean-Pierre Bacri montrent des patrons méritants et à mille lieues de la lutte des classes. Ainsi le stéréotype du « patron » varie-t-il selon ce que ce dernier représente à un moment donné dans une société donnée, certes avec un léger décalage, mais il nous dit beaucoup sur une époque. L'autre face de la médaille serait la figure de l'ouvrier et son stéréotype ; or, le cinéma français ne s'en préoccupe guère : moins de 200 films depuis la naissance des frères Lumière et la sortie de leur usine, et 134 depuis le parlant, soit alors 1,6 % des fictions (environ 8 000) ! (*cf.* Cadé, 2004 ; Paquot, 2005) Et encore, l'ouvrier n'est pas filmé à son poste de travail ou quelques secondes : on le voit au café, dans une réunion syndicale, à un piquet de grève. Ne serait-il pas photogénique ? Ou bien le public populaire ne souhaite pas se retrouver sur l'écran ? Lui qui connaît la situation ouvrière rêverait d'autres scènes, plus joyeuses que de revivre ce à quoi il est condamné ? Le « patron » ne bénéficie-t-il pas de son pendant ? Quant à la patronne, elle fait très modestement son entrée sur les écrans (héritière, veuve du patron, intrigante, etc.).

Les « jeunes » sont mieux servis et les films qui les concernent témoignent de leur place dans la société, des « problèmes » qu'ils posent aux adultes (délinquance, « blousons noirs », bande, drogue, etc.), de leurs difficultés à exister, à aimer, à se positionner dans un univers d'adultes (Paquot, 2004 ; 2008 ; 2015 ; 2019). Si les films sont nombreux, et ceci dans tous les pays, les jeunes sur lesquels ils s'attardent sont stéréotypés : ce sont des jeunes vus, généralement, par des adultes. Rares sont les cinéastes qui se documentent, oublient leur propre enfance et filment au plus près le passage de l'enfance à l'adolescence et celui encore plus délicat encore d'adolescent à « jeune ». La trilogie de Bill Douglas (*My Childhood*, 1972 ; *My Ain Folk*, 1973 et *My Way Home*, 1978) semble exceptionnelle, quelques autres rares pépites s'en approchent, en vrac : *L'Enfance nue* (1968) de Maurice Pialat, *Kes* (1969) de Ken Loach, *Alice dans les villes* (1974) de Wim Wenders, *Les Doigts dans la tête* (1974) de Jacques Doillon, *Salam Bombay* (1988) de Mira Nair, *De bruit et de fureur* (1988) de Jean-Claude Brisseau, *La Vie de Jésus* (1997) de Bruno Dumont, *Le Gamin au vélo* (2001) des frères Dardenne ou encore *Ken Park* (2002) de Larry Clark et Edward Lachman. La majorité des films sur des « jeunes » (catégorie sociologique et générationnelle particulièrement floue) joue sur l'air du temps et la libération des mœurs.

Aussi des filles deviennent des garçons et inversement, des gangs de gars ont une cheffe (*Terrain vague*, 1960, Marcel Carné), les filles mènent la danse (*L'Esquive*, 2004, Abdellatif Kechiche ; *L'Enfant d'en-haut*, 2012, Ursula Meier), des jeunes garçons se prostituent auprès de femmes d'âge mûr (*Vers le sud*, 2005, Laurent Cantet ; *Paradis : Amour*, 2013, Ulrich Seidl), d'autres s'engagent dans le terrorisme islamiste (*La Désintégration*, 2011, Philippe Faucon ; *Les Chevaux de Dieu*, 2013, Nabil Ayouch ; *Ne m'abandonne pas*, 2015, Xavier Durringer).

Un personnage se fait progressivement familier sur les écrans, tant des fictions que des séries, c'est l'homosexuel-le (Roth-Bettoni, 2007). Dans son ouvrage très bien informé, Alain Brassart (2007) en trace rapidement l'historique, pour le cas hexagonal, qui épouse celui de la reconnaissance des gays par la société, c'est-à-dire, en premier, les « puissances » morales et politiques. Ce qui ne signifie pas pour autant l'acceptation de l'homosexualité par tous… Qui ignore les violences homophobes « ordinaires » dans les salles de classe, les stades, les bars, la rue, que la presse quotidienne rapporte ? Néanmoins, le cinéma ne dissimule plus l'homosexualité, vécue comme une honte ou pire encore une déviation (!), comme ce fut le cas durant des lustres, et attribue le rôle principal à un ou une homosexuel-le. Alain Brossard s'intéresse d'abord à des réalisateurs homosexuels – qui le taisent comme Marcel Carné, mais celui-ci intègre presque clandestinement dans ses réalisations un personnage homosexuel, ou qui l'affichent comme Jean Cocteau et son comédien favori Jean Marais, lui-même homosexuel, ou encore qui font comme si de rien n'était, tel Jacques Demy et ses comédies musicales. Là, nul stéréotype. Avec les années 1970, l'homosexualité n'est plus un sujet tabou mais débattu aussi bien à la radio, qu'à la télévision, dans les chansons (*Comme ils disent* de Charles Aznavour, 1973), le théâtre (*La Cage aux folles* de Jean Poiret, 1973, pièce adaptée au cinéma en 1979 avec Michel Serrault et Ugo Tognazzi), la presse (création du mensuel *Gai Pied* en 1979). Là, les « stéréotypes » ne se dissimulent pas, l'homosexuel est « efféminé », apprécie le travail ménager, les travestissements et finalement reste seul. Le cinéma peut rompre avec ce cliché, comme l'assume Claude Brasseur dans *Un éléphant ça trompe énormément* d'Yves Robert, en 1976, où il n'hésite pas à se battre « virilement »… Le cinéma LGBT (*Lesbien Gay Bi Transgenders*) secoue la société nord-américaine avec *Le Secret de Brokeback Mountain*, d'Ang Lee, en 2006 et *Harvey Milk* de Gus Van Sant, en 2008, remarquablement interprété par Sean Penn. En France, Patrice Chéreau et André Téchiné, cinéastes homosexuels, s'efforcent de rompre avec le « stéréotype » de l'homo un rien « folle » pour s'attacher à des individus pleinement confrontés à leur sentiment ; en cela, ils ne banalisent pas le « gay » mais ne le ghettoïsent pas non plus : il est ce qu'il souhaite être. André Téchiné, avec *Quand on a 17 ans* (2016), démontre, avec délicatesse, comment l'amour entre garçons s'éveille, tout comme Catherine Corisini le fait pour deux femmes avec *La Belle saison* (2015). Il faudrait citer *La Vie d'Adèle. Chapitres 1 & 2* (2012) d'Abdellatif Kechiche, *L'Inconnu du lac* (2013) d'Alain Guiraudie, *120 battements par minute* (2017) de Robin Campillo ou encore *Plaire, aimer et courir vite* (2018) de Christophe Honoré pour confirmer que l'homosexuel-le au cinéma ne relève plus de la caricature, fréquemment désobligeante.

Le cinématographe doit se garder de tout manichéisme nécessairement simplificateur et donc se préserver des « clichés » caricaturaux et des « stéréotypes » bruts de décoffrage pour, au mieux, rendre compte de situations, lieux, sentiments, intrigues qui à la fois, charment et enchantent les spectateurs, toujours acquis à ce qui sait les faire vibrer, les émouvoir, les rassembler. Le cinéma peut traiter de tous les thèmes à la condition de ne jamais tomber dans l'humiliation. Un film qui humilie, même quelques secondes, même un personnage secondaire, ne « passe » pas l'épreuve du public. Celui-ci n'est pas prêt à tout avaler ! Le public échappe à la stéréotypisation, qu'on se le dise…

RÉFÉRENCES BIBLIOGRAPHIQUES

BEN CHEIKH, S., « Le film noir comme genre : essai de définition », *L'art du cinéma*, n° 42-45, 2014, p. 45-74.

BORDE, R. et CHAUMETON, E., *Panorama du film noir américain*, Paris, Minuit, 1955 (nouvelle édition, Paris, Flammarion, 1988).

BRASSART, A., *L'Homosexualité dans le cinéma français*, Paris, Nouveau Monde éditions, 2007.

CADÉ, M., *L'Écran bleu. La représentation des ouvriers dans le cinéma français*, Perpignan, Presses universitaires de Perpignan, 2004

CHENILLE, V. et GAUCHÉE, M., *Mais où sont les « salauds » d'antan ? 20 ans de patrons dans le cinéma français (1976-1997)*, Cessey-sur-Tille, éditions Mutine, 2001.

LÉVY, D., « L'art et le genre », *L'art du cinéma*, n° 42-45, 2014, p. 9-20.

LIPPMANN, W., *Public Opinion*, New York, Harcourt, Brace and Co, 1922.

MCLUHAN, M., *Du cliché à l'archétype*, traduit de l'anglais par D. de Kerkhove, Montréal/Paris, éditions Hurtubise/Mame, 1973.

PAQUOT, T., « Filmer l'adolescence », *Informations sociales*, n° 119, 2004, p. 52-57.

PAQUOT, T., « L'usine dans la ville : un effacement programmé, sous l'œil de la caméra », *Mouvements*, n° 39/40, 2005, p. 53-59.

PAQUOT, T., « Les banlieues au cinéma : filmothèque », *in* PAQUOT, T., *Banlieues. Une anthologie*, Lausanne, Presses polytechniques et universitaires romandes, 2008, p. 147-162.

PAQUOT, T., « Filmographie commentée », *in* PAQUOT, T. (dir.), *La Ville récréative, enfants joueurs et écoles buissonnières*, Gollion, Infolio, 2015, p. 157-171.

PAQUOT, T., « Quand le jeune fait son cinéma », *Diversité*, n° 194, jan.-avr. 2019, p. 48-53.

REY, A. (dir.), *Dictionnaire culturel en langue française*, Paris, Le Robert, 2005.

ROTH-BETTONI, D., *L'Homosexualité au cinéma*, Paris, La Musardine, 2007.

SILVER, A. et WARD, E., *Film noir*, New York, The Overlook Press, 1979, traduction française, Paris, Rivages, 1987.

SIMSOLO, N., *Le Film noir. Vrais et faux cauchemars*, Paris, Cahiers du Cinéma, 2005.

Gilles Rouet
Institut supérieur de management
IAE de Versailles Saint-Quentin-en-Yvelines

Les stéréotypes générationnels : fondements, limites et dangers

Le « générationnel » n'est pas nouveau (caractériser et/ou catégoriser des sous-ensembles de populations selon les âges ou les époques), mais l'usage qui en est fait désormais dépasse la mise en évidence de tendances et donne à la démarche un caractère normatif, sans remise en cause possible, bien pratique parce que simple et présenté comme efficace.

Bien sûr, les générations n'ont pas les mêmes histoires, et si les valeurs partagées changent, finalement, assez peu, les hiérarchies de ces valeurs évoluent au sein des populations, en fonction des changements de mentalité, des cultures, etc. Mais la généralisation de caractérisations générationnelles s'apparente actuellement à une production et à une diffusion de stéréotypes, pouvant induire d'ailleurs des comportements autoréalisateurs : puisque les personnes de ma génération sont ainsi, je dois donc m'y conformer.

Les conséquences sont importantes, en particulier dans des contextes n'intégrant pas d'éléments critiques ou quand il s'agit de prendre des décisions dans un environnement complexe. Il s'agirait aussi d'une démarche largement initiée par certains acteurs économiques, comme les consultants ou encore les cabinets de recrutement. Les stéréotypes générationnels sont en effet rarement envisagés, justement, comme des stéréotypes, mais comme des évidences démontrées qui s'imposent souvent sous couvert d'une scientificité discutable. Il serait alors nécessaire, pour tenter de maîtriser ces phénomènes générationnels, de mobiliser des compétences particulières, ce qui a un coût et invite à recourir à des spécialistes.

Cette contribution propose de mettre en évidence la faiblesse conceptuelle du raisonnement générationnel et d'en expliquer certaines limites et dangers.

Le constat et l'analyse des transformations des mentalités, des attitudes, voire des compétences au fil des générations aboutissent souvent à une recherche de caractérisation, de qualification et de catégorisation, voire de stigmatisation. Les expressions *digital natives*, Net génération, génération X, Y ou Z, *millennials*, etc., à la fois métaphores et slogans, sont plus ou moins médiatiques et médiatisées et sont parfois érigées en concepts. L'idée semble simple, et c'est ce qui fait certainement son succès, en particulier en management, en marketing ou dans le champ des ressources humaines : la différence entre les jeunes d'aujourd'hui, les dernières « générations » donc, et les plus âgés résiderait dans des compétences, des capacités, des aptitudes, des connaissances différentes et distinctives, adaptées à l'environnement numérique, alors que les aînés doivent ou ont dû « immigrer » vers ce nouveau monde.

Le générationnel a ainsi envahi le monde de l'entreprise, de manière concomitante ou presque avec la généralisation des technologies de l'information et de la communication, et de nombreux auteurs expliquent d'une part que les entreprises doivent adapter leurs méthodes de management à ces nouvelles générations, d'autre part comment le faire, car les *Digital Natives* – qui représenteront 75 % de la population active d'ici une dizaine d'années – maîtriseraient parfaitement le digital (*cf.* par exemple, Victor et Babaci-Victor, 2017 ; Desplats et Pinaud, 2011).

Une scission générationnelle a-t-elle donc eu lieu, radicalement ? Les fractures au sein des populations, induites par l'évolution technologique et les outils à maîtriser, ne se limitent pourtant pas à un problème de génération. Mais l'important serait non pas « de définir une génération [...], une partie de cette génération », mais plutôt de « caractériser une certaine pratique du numérique » (Stenger, 2015, p. 13), en tenant compte du fait qu'« un jeune né dans un monde peuplé d'ordinateurs ne comprend pas davantage la pensée algorithmique qu'un jeune né dans un mode peuplé de voitures ne maîtrisait le principe d'un moteur à explosion » (Coutant, *in* Stenger, 2015, p. 151).

Qu'est-ce qu'une génération ?

La notion de « génération » est de l'ordre de l'évidence quand il s'agit de rassembler des individus selon leur âge, ou bien pour indiquer un rapport à un événement important, souvent difficile à vivre, une rupture politique ou sociale, une opportunité nouvelle proposée à une partie seulement du corps social : la « génération Mai 68 », mais aussi la « génération Erasmus ». Le sens du mot a cependant évolué et de nombreux champs des sciences humaines et sociales l'ont investi.

Néanmoins, ce terme s'est imposé dans une démarche historique, quand il s'agit, en particulier, de donner des éléments d'explication à une situation particulière : l'engagement d'une grande partie des Allemands dans la politique nazie serait ainsi lié, en réaction, aux événements vécus par une génération née au début du XXe siècle : privations, absence du père mort à la guerre, défaite, chômage, etc. (Loewenberg, 2017 [1983]) Les générations ayant subi les guerres, en particulier, ont ainsi été souvent mises en évidence, mais sans pour autant que le lien entre les événements et les caractéristiques générationnelles s'inscrive dans une relation de causalité. Même si les événements ont des effets sur les populations qui en sont témoins ou acteurs, ce qui peut par la suite induire des comportements particuliers, la relation avec le générationnel n'est liée qu'à l'âge et à la durée de vie des personnes concernées. Il devient aussi assez commode de faire coïncider générations et périodes historiques – les générations, historicisées, devenant alors preuves supplémentaires du bien-fondé des périodisations proposées.

En effet, la génération d'âge, « cohorte », d'un point de vue démographique, est un ensemble d'individus nés une même année, ou bien pendant une même période, cette période pouvant aussi être fondée sur... la génération elle-même. Ce raisonnement permet alors d'arrimer les rythmes historiques aux générations successives.

Pour autant, on parle peu de « génération 11 septembre » ou de « génération Mur de Berlin » ; les événements retenus s'inscrivent souvent plutôt dans une certaine durée. De plus, le générationnel induisant une succession (voire une progression) historique (comme la périodisation), le temps en reste un élément fondamental : temps politique, social, économique, mais aussi biologique. La question de l'amplitude des générations reste largement ouverte, en particulier aujourd'hui : quand sont nées les personnes de la génération Y ? De nombreux auteurs se contentent d'intervalles larges, sans précision… C'est qu'il n'y a ni rupture ni événement circonscrit dans le temps historique : la généralisation des TIC a été rapide, certes, mais progressive, tout comme les mondialisations. Les historiens ont moins ce problème, car ils s'attachent, très généralement, à définir des générations *a posteriori,* sauf peut-être dans le cadre des tentatives d'histoire à rebours…

Au XIXe siècle, une vision des générations s'est imposée, dépassant le cadre de la construction historique. Le positivisme d'Auguste Comte met en relation le rythme du progrès social avec le générationnel : chaque génération contribue ainsi au progrès (Comte *et al.*, 2012). Dès la fin du XIXe siècle, s'impose l'idée d'un cycle de trois, quatre puis, plus récemment, cinq générations qui s'influenceraient mutuellement. Le renouvellement des générations, la question de la « relève », du « remplacement[1] », la mise en exergue des « seuils de renouvellement » liés à la reproduction des populations, sont autant de thématiques qui traversent le siècle pour nourrir des thèses politiques de défense identitaire, du repli nationaliste et de l'opposition à l'immigration. La thèse du « grand remplacement », complot dénoncé de substitution de population, s'appuie sur une conception spécifique du générationnel largement inspirée de la tradition positiviste, et qui n'admet aucun métissage, aucun dynamisme des populations. Le générationnel s'articule alors avec une conception statique et collective de l'identité, induite par un renouvellement démographique des sociétés fermées (Le Bras, 2017).

Les générations et leur succession constitueraient donc un moteur du progrès, scientifique, social, politique, les communautés d'âge se confondant avec des communautés de destin, selon le rythme trentenaire des générations familiales ou bien celui, de dix ans, des générations sociales (Mentré, 1920).

La sociologie a tenté de dépasser le cadre rigide de cette régularité qui induit une unification générationnelle. En particulier, Karl Mannheim développe trois concepts : la « situation de génération », l'« ensemble générationnel » et l'« unité de génération ». La situation de génération, comme la situation de classe, est caractérisée par l'appartenance des personnes concernées à un espace historique et social qui, en circonscrivant le champ du possible, laisse apparaître des tendances spécifiques. L'ensemble générationnel est le lien réel entre les individus se trouvant dans une même situation générationnelle, participant donc à un destin commun. L'unité de génération, enfin, est un lien plus concret, par exemple celui d'un groupe qui s'approprie différemment les expériences communes à l'ensemble générationnel (Mannheim, 1928, p. 58-60).

L'appareil conceptuel de Mannheim, centré sur les processus et les interactions sociales, permet ainsi de mettre en évidence des situations particulières, une relativité de l'unité générationnelle, avec des divergences et des hétérogénéités (Blavier, 2010). Pour autant, comme le met en évidence Claudine Attias-Donfut, cette analyse formelle « reste néanmoins dans l'esprit de ses prédécesseurs, du point de vue du double rapport à la pensée et à l'histoire » (1988, p. 41). Les générations au sens démographique, dont la jeunesse a lieu pendant des changements significatifs, sont alors aussi des générations au sens social. Il est difficile de ne pas faire le lien entre cette analyse et les présentations actuelles des générations X, Y et Z. Pour autant, les processus ne sont peut-être pas aussi réguliers que les renouvellements démographiques et ce sont alors les changements en eux-mêmes qui définissent les générations particulières.

Quel lien est-il possible d'établir, finalement, entre les changements sociaux et les générations et entre les individus et leur génération ? En considérant une génération définie par un cadre temporel, comment évaluer similitudes et divergences des individus la composant *a priori*, en particulier par rapport à l'évolution technologique, élément principal de contexte pour les tenants actuels du générationnel ?

Alors qu'actuellement le concept de génération reste mal défini et est souvent abandonné, en particulier en sociologie, la généralisation de notions voisines (classes d'âge, groupes d'âge, cohorte) n'aboutit à régler ni le problème des frontières des générations ni celui du rapport à la famille et aux groupes sociaux. Depuis la fin des années 1970, le terme « génération » est ainsi utilisé avec de nombreux sens plus ou moins explicités, en particulier par rapport à l'évolution des mentalités et des idées politiques (« génération Mitterrand »). S'il est ainsi difficile d'identifier une génération à une époque historique, avec ses aspects politiques, sociaux, économiques, technologiques, alors pourquoi user et abuser de ce terme, sinon dans le cadre d'une production idéologique et/ou symbolique spécifique ? Le discours générationnel a évidemment une fonction sociale. En faisant référence à la fois au temps et aux filiations des sociétés, il s'agit d'insister sur les ruptures, sur les dichotomies presque irréductibles au sein des populations. « En nommant les générations, on en fait des personnes collectives, nées de l'imaginaire » (Grimm-Gobat, 2013, p. 60).

Les stéréotypes générationnels en entreprise

La pertinence de l'utilisation de la notion de génération doit donc être discutée. Dans le champ des sciences de management, comme dans d'autres, les présentations des générations focalisent sur l'âge chronologique des individus concernés, d'une part, et sur les cohortes sociétales, ensemble d'individus qui, dans des âges comparables, sont concernés par un même environnement, d'autre part. L'homogénéité des générations n'est pas, généralement, postulée ou démontrée en tant que telle, mais il s'agit souvent de mettre en évidence des similitudes de comportements, d'aptitudes ou de compétences, ce qui induit, par généralisation, une uniformisation.

Il n'est pas question de nier que chacun, selon l'âge, les événements auxquels il participe, les institutions qui le concernent, est influencé par des contextes familiaux, politiques, culturels, économiques et développe en conséquence des attitudes et des croyances, qu'il partage plus ou moins et qui sont susceptibles d'orienter ses comportements. Pour autant, il est important d'envisager toute approche générationnelle de manière critique : les comportements restent relativement hétérogènes et les attitudes et aptitudes envers les TIC ne sont pas seulement liées à l'âge, mais bien aussi à un ensemble d'autres caractéristiques, notamment cognitives et sociales.

Sur Internet, de très nombreux sites foisonnent qui décrivent (plutôt qu'expliquent) les particularités qui caractériseraient les différentes générations. Voici une rapide synthèse des éléments principaux :

– Les baby-boomers, nés à la fin de la Seconde Guerre mondiale (entre 1945 et 1960), pendant les Trente Glorieuses, sont désormais des seniors. Ils ont bénéficié du plein-emploi, de la reconstruction, et n'ont pas connu de crise majeure. Ainsi ils se sont insérés dans des entreprises au développement rapide et à la structure hiérarchique rigide. Ces circonstances les auraient amenés à privilégier l'épanouissement, leur réalisation par le travail et au travail, en cultivant autonomie et convivialité. Loyaux envers leur entreprise, ils auraient tendance à considérer leurs proches collègues comme une seconde famille.

– La génération X, du titre du roman de Douglas Coupland (1993)[2], regroupe des personnes nées entre 1960 et 1980 qui doivent ou ont dû se contenter de petits boulots. Ils sont alors souvent peu payés, dans des positions peu prestigieuses, demandant une faible qualification et n'offrant pas d'avenir. Durant cette période, souvent qualifiée de transition, cette génération aurait tenté de s'imposer et de changer les codes, d'où une volonté d'évolution, par une mobilité verticale ou horizontale, avec un besoin d'apprendre et de relever des défis. En même temps, la recherche d'équilibre entre vie professionnelle et vie privée est une caractéristique très souvent mise en avant pour cette génération.

– La génération Y est certainement la plus médiatisée. Une requête dans Google Books fait apparaître plus de 21 000 résultats pour « Génération Y », soit dans le titre des ouvrages, soit dans les résumés (contre 5 600 pour « Génération X » et 5 500 pour « Génération Z »)[3]. Cette génération du « pourquoi » (*why*, prononciation anglaise de Y) est caractérisée par son environnement technologique, d'où l'expression proposée par Marc Prensky, *digital natives*, en 2001. De plus, la graphie de la lettre Y rappelle les écouteurs, accessoires très largement utilisés (seulement par les natifs entre 1980 et 2000 ?). Cette génération a connu la libre circulation au sein de l'Union européenne, mais aussi une banalisation du projet européen (Rouet, 2017). Les membres de cette génération auraient besoin de dissocier leur vie privée et leur vie professionnelle. Il est donc facile, sur ce point, de constater une évolution logique, certainement rassurante pour les tenants de cette théorie générationnelle, entre les baby-boomers qui investiraient leur vie professionnelle, la génération X qui chercherait un équilibre et la génération Y qui tenterait de séparer les deux aspects, même si ses représentants invitent pourtant leur vie professionnelle dans leur vie privée (Delaye, 2013), qui néanmoins passerait toujours en premier (Lahouze-Humbert, 2010). Ils ne seraient pas loyaux envers leur entreprise, voudraient imposer leurs conditions, n'hésitant pas à changer d'employeur quand leurs conditions de travail ou leurs missions ne correspondent plus à leurs attentes.

Ils sont souvent décrits selon « quatre i » : individualistes, inventifs, interconnectés et impatients[4]. Pour autant, l'individualisme n'est pas l'individualisation (la recherche de reconnaissance personnelle dans le contexte actuel dépasse largement le cadre de la génération ciblée) ; l'interconnexion est une pratique généralisée qui n'induit pas forcément une appétence (ou une compétence) pour les technologies utilisées, ce que suggèrent ces descriptions ; l'inventivité peut s'appliquer à une grande palette de comportements avec des objectifs différents et l'impatience est certainement liée à l'évolution du rapport au temps, ce qui concerne l'ensemble des populations. Pour certains auteurs, la génération Y cherche avant tout à donner du sens à son travail (Desplats et Pïnaud, 2015) et revendique une bonne qualité de vie au travail (Delaye, 2013).

– La génération Z, aussi appelée *millennials* (pour les auteurs qui considèrent le début de cette génération au début des années 2000) est décrite comme « hyperconnectée » (donc plus que les précédentes ?) et se résume avec 4 c : « communication, collaboration, connexion et créativité[5] ». La pratique des réseaux sociaux la caractérise et elle serait alors plus ouverte au monde, s'affranchissant des distances réelles. Même si ces idées reçues ne sont pas confirmées par les recherches sur la réalité des pratiques (Cardon, 2010), il s'agit bien de mettre en évidence l'évolution des comportements de cette nouvelle génération qui ne mettrait plus de barrière entre vie privée et vie professionnelle. Les membres de cette génération seraient réticents à s'engager dans une entreprise, très sensibles à leur image, avides de flexibilité, d'autonomie et de travail collaboratif.

Limites, business et dangers

Ces caractéristiques générationnelles reposent, dans la plupart des cas, au mieux sur des études ciblées sur des entreprises ou des emplois spécifiques, au pire sur des observations sur quelques cas rencontrés. Cette « microsociologie » est cependant importante et de nombreux responsables des ressources humaines peuvent considérer que ces descriptions correspondent réellement à des tendances, mais il est possible qu'ils n'aient été en contact qu'avec des ensembles de personnes relativement homogènes, en particulier quand il s'agit de chercher à recruter.

Les schémas explicatifs sont à la fois simples et efficaces : les baby-boomers ont été habitués aux rythmes imposés et à l'autorité, ils n'ont pas ou peu connu le chômage et se sont insérés dans des structures paternalistes, tandis que les suivants ont été confrontés à une pénurie des emplois et se montrent individualistes par rapport à cette quête, tout en souhaitant rompre avec leurs aînés et trouver des modes d'épanouissement en dehors du travail. Ceux de la génération suivante développeraient un autre mode de vie en liaison avec la généralisation du digital, ils sont connectés et ont ainsi un autre rapport à l'information, ils s'inscriraient dans le collaboratif et remettraient en cause la hiérarchie et le pouvoir d'autorité. Reste à mettre en perspective la génération Z qui s'insère actuellement sur le marché du travail.

Les environnements induisent donc des comportements collectifs qu'il est nécessaire de bien connaître pour anticiper, en termes de mode de recrutement comme de conditions de travail. Le marketing, puis les sciences du management, se sont emparés de ces démarches qui aboutissent à renforcer, voire à produire des stéréotypes. Rien d'étonnant à cela puisque la « relation client » comme le management des équipes sont, effets générationnels ou pas, de toute façon à repenser avec les évolutions sociétales actuelles, qui ne concernent cependant pas que les Y ou les Z. Le projet de réunir des individus dans une homogénéité de comportements et de mentalité permet évidemment de réduire la diversité toujours difficile à cerner. Depuis une dizaine d'années, des études montrent les limites de ces généralisations. François Pichault et Mathieu Pleyers évoquent une « représentation managériale », un « mythe » et leur étude en Belgique permet de relativiser « le discours dominant sur la spécificité de la génération Y et sur celles des réponses managériales à y apporter » (2012, p. 52). Pour Jean Pralong, la génération Y n'existe pas, sa recherche montre que « les schémas concernant l'emploi des salariés de la "Génération Y" ne diffèrent pas significativement de ceux des salariés membres de la génération antérieure » (2010, p. 18). D'ailleurs, la littérature sur les générations provient bien plus des « récits de managers ou des recommandations des consultants » que de la communauté académique (*Ibid.*, p. 1).

Comme cela a été signalé, la sociologie n'est pas convaincue, les enquêtes et études n'ont pas abouti à proposer des généralisations possibles. Les générations d'âge restent hétérogènes, en particulier par rapport aux conditions de vie et aux études suivies. Il est alors difficile de soutenir qu'il n'existerait qu'un seul rapport au travail évoluant génération après génération, ou bien que l'âge, principalement, serait le facteur explicatif principal. Le sentiment d'appartenance, élément de la construction identitaire, est intéressant dans une perspective d'étude d'éventuels phénomènes générationnels. Mélia Djabi et Sakura Shimada ont adopté cette approche, avec une enquête sur l'affiliation d'individus à des groupes générationnels. Elles concluent que « l'entreprise joue un rôle majeur dans la production et le modelage des générations au travail », et qu'elle prend ainsi « activement part » à « la diversité générationnelle » (2015, p. 59), mettant ainsi en évidence de nouveaux enjeux managériaux avec ce dépassement des catégorisations « externes » rapides et mythifiées. Mais si ce sentiment d'appartenance fait défaut au plus grand nombre des membres de la supposée génération Y, alors en quoi s'agit-il bien d'une génération ?

Les caractéristiques générationnelles sont souvent définies à partir de rapports de causalité supposés, mais non fondés. Par exemple, ce n'est pas parce que des *millennials* s'estiment moins satisfaits de leur emploi que d'autres salariés d'une génération précédente (X par exemple) qu'il est possible d'en déduire que leur génération est moins satisfaite que les autres. Il conviendrait, justement, d'établir des recherches par suivi de cohortes et d'envisager la satisfaction de leurs aînés au début de leur carrière ! Ce n'est pas parce que ce type de recherche est difficile, voire impossible à réaliser (sur une grande amplitude temporelle incluant plusieurs générations) qu'il faut ignorer le rôle de l'effet de l'âge. De la même façon, le supposé narcissisme des *millennials* est peut-être, finalement, davantage lié à la jeunesse qu'à la génération…

D'un point de vue méthodologique, il est difficile de pouvoir mettre en évidence des effets générationnels. Il faudrait pour cela collecter et analyser des données sur plusieurs échantillons longitudinaux, sur de nombreuses années, pour tenter de contrôler les effets du vieillissement, des évolutions de l'environnement, et des générations (au sens de cohorte).

Les frontières temporelles sont également un problème central : de nombreux auteurs proposent des dates, de manière arbitraire ou bien reliée à l'histoire de l'évolution technologique. Seuls les baby-boomers semblent disposer de marqueurs temporels liés à des événements et des situations qui peuvent effectivement être des éléments explicatifs d'évolution des comportements, mais pour la génération Y, en particulier, les frontières temporelles sont particulièrement mouvantes, de la fin des années 1970 pour les uns, à l'après-1985, pour d'autres, alors qu'il est évidemment difficile de mettre en évidence un événement particulier.

Alors, même si les limites de ces approches sont nombreuses, ne s'agit-il pas en fin de compte de fournir des éléments de réflexion aux managers, aux recruteurs, aux spécialistes du marketing pour qu'ils améliorent leurs dispositifs ? Les stéréotypes générationnels pourraient aussi fournir des éléments très lacunaires d'une évolution actuelle, en profondeur, des entreprises comme de toutes les sociétés. Il pourrait s'agir non pas de générations successives, mais d'époques en mutation, avec de nouveaux rapports au temps, au travail, aux transports, etc., auxquelles les structures des entreprises comme des institutions ne seraient plus adaptées.

Mais les dangers à croire, à utiliser cette approche sont peut-être bien plus importants que les avantages. Si les personnes sont différentes en fonction de leur « génération » d'appartenance, imposée plus que ressentie, alors il est indispensable que les entreprises, mais aussi les enseignants, les agents des services publics et même les parents s'efforcent de s'adapter à ces particularités, de l'ordre de la révélation.

Beaucoup de responsables d'entreprise témoignent de la difficulté à maintenir les employés les plus jeunes, les *millennials*, qui sont justement réputés comme instables. La génération Y serait un véritable « péril jeune » pour les entreprises (Pralong, 2010). Comme il est impossible de les faire vieillir, ou bien de n'embaucher que des salariés des générations précédentes, qui sont supposés ne pas avoir les mêmes caractéristiques par rapport à l'entreprise et au travail, les responsables peuvent décider d'améliorer les conditions de travail et d'augmenter les salaires des plus jeunes pour éviter leurs départs rapides et redoutés. Mais quelles en seront alors les conséquences sur l'ensemble du personnel ? Cette importance accordée à ces différences entre les générations peut avoir des effets négatifs en encourageant les responsables à privilégier une approche différenciée à une approche intergénérationnelle. Il serait aussi plus indiqué de tenter de connaître les raisons, audelà du générationnel, de l'instabilité des plus jeunes que d'avoir recours à des spécialistes qui vont proposer des solutions toutes faites.

Un site d'un éditeur de logiciels va très loin dans le stéréotype : les *digital natives*, ces « autochtones du Web », seraient « multitâches et polyvalents » (ceux des milieux populaires ayant des « pratiques du numérique moins variées que ceux des milieux aisés »), s'informeraient « principalement *via* internet » (et comme l'information y est « peu fiable », « leur sens critique est remis en question par leurs aînés »). « Ils ne lisent pas » (d'où leurs possibles lacunes en orthographe) et « ils sont toujours en quête de sens[6] ». Comment sont reçues ces caractéristiques ? Comment sont-elles perçues par les personnes qu'elles concernent ? Mis en application dans le cadre de recrutements, par exemple, ce type de démarche peut amener des demandeurs d'emploi à tenter de se conformer à ces stéréotypes. Suis-je un « vrai » représentant de cette génération X, Y ou Z, qui me fournit une explication des différenciations sociétales et qui doit avoir un fond de vérité, étant donné son succès et son impact ?

C'est l'effet Pygmalion : les attentes du recruteur peuvent déterminer le comportement du candidat qui cherchera à se conformer au stéréotype. Une erreur de perception des recruteurs, par effet de halo, peut également se produire quand les candidats mettent en avant des caractéristiques générationnelles, de manière artificielle. Le danger est évidemment réel, la mise en place de procédures de recrutement (ou de ventes dans certains cas) basées sur les caractéristiques des stéréotypes générationnels peut aboutir à des embauches finalement inadaptées aux profils recherchés. Un autre danger est de s'appuyer sur ces stéréotypes pour définir les besoins en termes de compétences ou de comportement.

Si un grand nombre de consultants et cabinets de conseil continuent de proposer des services qui reposent toujours sur ces stéréotypes dont les fondements théoriques restent discutables et qui peuvent s'avérer dangereux, certaines organisations revendiquent une autre approche et dénoncent ces « clichés intergénérationnels qui ont la vie dure[7] ».

Il est à parier que les générations et leurs caractéristiques vont continuer d'inspirer de nombreux travaux, débats, médias et offre de services de consultants. La popularité du générationnel ne lui donne pas de légitimité, ni scientifique ni sociale. Alors qu'un dogme technocentré justifie certaines évolutions sociétales et un nouvel ordre progressiste, le succès d'une vision finalement positiviste des générations n'est pas fortuit. De plus, les replis identitaires induisent des relations difficiles à l'altérité. Dans ce contexte, il est urgent de remettre en cause certaines vérités plus révélées que démontrées, d'abandonner le mythe stéréotypé des générations et d'accepter, pour mieux les comprendre, que nos différences s'inscrivent à la fois dans des déterminismes multiples et sont la conséquence de nos choix individuels.

NOTES

1. D'après l'Ined, « une génération assure son remplacement si le nombre de filles dans la génération des enfants est égal au nombre de femmes dans la génération des parents. À cause du rapport de masculinité à la naissance (il naît 105 garçons pour 100 filles) et de la faible mortalité infantile, le niveau de remplacement est atteint lorsque les femmes ont environ 2,1 enfants dans les pays développés » (*cf.* <www.ined.fr/fr/lexique/remplacement-des-generations>). Pour le Centre d'observation de la société, « si la descendance finale des femmes se maintient durablement sous ce chiffre, la population diminue lentement. Nous employons le conditionnel, car ce chiffre ne tient pas compte de l'immigration, qui peut constituer un apport notoire. En pratique, avec 1,8 ou 1,9 enfant par femme et un solde migratoire modeste, la population reste stable. » (<www.observationsociete.fr/definitions/renouvellement-des-generations.html>).
2. Paru en 1991 au Canada avec le titre *Generation X : Tales for an Accelerated Culture* (New York, St Martin's Press).
3. Une recherche similaire en anglais donne 152 000 occurrences pour « Generation Y » et 34 000 pour « Generation Z ».
4. Selon Benjamin Cheminade, *cf.* <www.01net.com/actualites/recruteurs-attention-la-generation-y-debarque-378068.html> (page consultée le 20/02/2019), repris en particulier par Desplats et Pinaud, 2015.
5. *Cf.* par exemple, la page <www.cdesetudesetduconseil.fr/2016/02/11/communication-collaboration-connexion-et-creativite-ils-ont-tout-pour-eux/> (consultée le 20/02/2019), qui évoque une « cyber-génération » avec des tendances comportementales particulières : « la sélection et la création plutôt que la quantité », ou encore « les images avant les textes ». Sur le site <business-digest.eu/fr/2011/06/23/

gen-c-collaboration-communication-connexion/> (consulté le 20/02/2019), cette « génération C », « change la donne », car, comme ils œuvrent « naturellement en réseau par leur usage intensif des nouvelles techno, ils ont tout pour bousculer l'organisation pyramidale de l'entreprise ».

6. *Cf.* <www.oipsolutions.com/digital-native-qui-sont-ils/#>, page consultée le 20/02/2019.
7. *Cf.* <www.generationy20.com/attention-aux-cliches-intergene rationnels>, page consultée le 20/02/2019.

RÉFÉRENCES BIBLIOGRAPHIQUES

Attias-Donfut, C., « La notion de génération. Usages sociaux et concept sociologique », *L'homme et la société,* n° 90, 1988, p. 36-50.

Blavier, P., « La notion de génération en histoire », *Regards croisés sur l'économie*, vol. 1, n° 7, 2010, p. 44-46.

Cardon, D., *La Démocratie internet. Promesses et limites*, Paris, Seuil, 2010.

Comte, A., Bourdeau, M., Clauzade, L. et Dupin, F., *Cours de philosophie positive, leçons 46 à* 51, Paris, Hermann, 2012.

Coupland, D., *Génération X*, Paris, Robert Laffont, 1993.

Delaye, R., « Quelle perception du management des séniors par la génération Y ? », *Revue interdisciplinaire Management, homme & entreprise*, vol. 1, n° 5, 2013, p. 96-105.

Desplats, M. et Pinaud, F., *Manager la génération Y*, Paris, Dunod, 2015.

Djabi, M. et Shimada, S., « Les différentes facettes de la catégorisation générationnelle au travail », *La revue des conditions de travail*, n° 2, 2015, p. 53-61.

Grimm-Gobat, G., « La fin des générations », *Hémisphère*, n° 5, 2013, p. 60-62.

Lahouze-Humbert, E., *Le Choc générationnel. Comment faire travailler ensemble trois générations*, Paris, Maxima, 2010.

Le Bras, H., *Malaise dans l'identité*, Arles, Actes Sud, 2017.

Loewenberg, P., *Decoding the Past. The Psychohistorical Approach,* Abingdon, Taylor & Francis, 2017 [1983].

Mannheim, K., *Le Problème des générations*, Paris, Nathan, 1990 [1928].

Mentré, F., *Les Générations sociales*, Paris, Bossard, 1920.

Pichault, F. et Pleyers, M., « Pour en finir avec la génération Y… Enquête sur une représentation managériale », *Gérer et comprendre*, vol. 2, n° 108, 2012, p. 39-54.

Pralong, J., « L'image du travail selon la génération Y. Une comparaison intergénérationnelle conduite sur 400 sujets grâce à la technique des cartes cognitives », *Revue internationale de psychosociologie*, vol. XVII, n° 2, 2010, p. 109-134.

Prensky, M., « Digital Natives, Digital Immigrants », *On the Horizon* [en ligne], vol. 9, n° 5, 2001. En ligne sur : <www.marcprensky.com/writing/Prensky%20-%20Digital%20Natives,%20Digital%20Immigrants%20-%20Part1.pdf>, page consultée le 20/02/2019.

Rouet, G., « Peurs et espoirs au sein de l'espace européen », *Hermès*, n° 77, 2017, p. 181-190.

Schwartz, S. H., « Les valeurs de base de la personne : théorie, mesures et applications », *Revue française de sociologie*, vol. 47, n° 4, 2006, p. 929-968.

Stenger, T. (dir.), *Digital Natives. Culture, génération et consommation*, Caen, EMS éditions, 2015.

Victor, C. et Babaci-Victor, L., *Révolution digitale : transformer la menace en opportunités*, Paris, Eyrolles, 2017.

Thierry Consigny
Publicitaire, directeur de l'agence Saltimbanques

Stéréotype, art et publicité

***Revue* Hermès :** Il est de bon ton d'associer la publicité aux stéréotypes, voire d'accuser la publicité d'en renforcer certains et d'en créer de nouveaux. Qu'en pensez-vous ?

***Thierry Consigny* :** Les stéréotypes publicitaires traditionnels comme la femme-objet, la petite vie de famille, l'enfant mignon, le chien, agressent l'intelligence et l'identité des gens. Comment tombe-t-on là-dedans ? Sans doute, me semble-t-il, en travaillant et en pensant d'une manière stéréotypée, ce qui reste souvent plus pratique. Il suffit de penser cible, c'est-à-dire se demander à qui on s'adresse. Une fois qu'on a ciblé la ménagère de quarante ans, ou la génération millenium, on met les gens dans des catégories stéréotypées. Il y a alors de fortes chances, si on s'adresse à des publics stéréotypés, de ne créer et ne communiquer que d'autres stéréotypes. Et c'est ce qui se passe. Il ne faut pas sous-estimer la bêtise et la vulgarité mentale du milieu publicitaire. Frédéric Beigbeder, dans *99 francs,* raconte la vérité. Ce sont des pratiques que j'ai connues ; l'écrivain ne caricature pas. Il a pris des notes en réunion. Une mer plus verte, un noir moins sombre, une fille sexy mais pas vulgaire sont des propos qu'on entend encore dans certaines habitudes du travail de publicitaire qui peut-être disparaîtront.

Le PowerPoint est en soi un stéréotype de la pensée : il fait rentrer la pensée dans une forme, un cadre, qui la norme ; il est utilisé dans les finances, le marketing, la publicité. Dans la manière de communiquer entre clients et agence, il faut éviter de passer par de tels formatages et se garder ainsi des risques de stéréotypes.

Dans notre agence Saltimbanques, notre travail singulier, c'est « l'art moteur », « l'art dans votre vie et la vie dans votre art ». Parler d'art n'est pas une idée stéréotypée. Il n'est bien sûr pas question d'utiliser des œuvres d'art très connues au service de la publicité, à l'exemple de *La Laitière* de Vermeer pour Danone ou de *La Traviata* pour Nissan. Ces exemples relèvent d'une forme de destruction de biens collectifs et de trésors de l'humanité qui devrait être condamnée devant les tribunaux : on ne peut plus écouter *La Traviata* sans l'image d'une voiture Nissan et regarder *La Laitière* sans penser à un yaourt. On a ainsi sérieusement maltraité des prodiges de grâce, de mystère et de douceur. Non pas qu'un yaourt soit grossier, mais il n'est pas de cet ordre-là et on a fait entrer *La Laitière* dans la trivialité ; de cette manière on l'a abîmée.

Si au contraire dans le travail de la communication, de la publicité, du commerce et des marques, on essaie de travailler en artiste, « Mettez de l'art dans votre vie et de la vie dans votre art », on se garde des stéréotypes. « Trouvez du nouveau », disait Baudelaire. Dans notre travail, il ne faut pas s'accrocher à des choses existantes, ce qui hélas est un réflexe permanent chez les publicitaires ou les annonceurs. Utiliser les stars, c'est toujours utiliser les stéréotypes. Prenons par exemple Julia Roberts pour un parfum comme Lancôme : on l'achète très cher, tout est fourni et on n'a pas à construire un personnage et un univers. C'est une personnalité magnifique, une actrice époustouflante et avec tout cela elle vend ! Nous devons donc trouver du nouveau, une pensée inédite, une façon originale d'aborder les choses. La marque Hermès, qui a le même nom que votre revue, n'a jamais fait appel à une star. Vous me direz qu'ils fabriquent deux sacs, le *Birkin* et le *Kelly*, qui portent deux noms de stars. Mais c'est tout à fait fortuit. Hermès a une communication très talentueuse ; ils ont construit un imaginaire, une poésie, en inventant de nouvelles images et de nouveaux événements.

***Revue* Hermès :** Les stéréotypes ont donc une fonction finalement négative dans la publicité ?

***Thierry Consigny* :** Pas toujours. La question est de pouvoir les déplacer, les détourner. Laurent Terzieff, un très grand acteur, qui était également un très grand ami, me disait qu'il ne fallait pas avoir peur des sentiers battus car s'ils sont fréquentés c'est qu'il y a une bonne raison. Pour ces grands artistes, il y a un vrai défi à se confronter à des stéréotypes partagés par un grand nombre. Une agence véritablement créative peut choisir par exemple la femme, ou la mère, à condition d'inventer et d'apporter une part singulière et originale à ce grand thème. À chaque fois la même question se pose : est-ce qu'on crée ou est-ce qu'on fait du copier-coller, c'est-à-dire, qu'on se contente de ce qui existe ? Le film *#lamourlamour* d'Intermarché en est un bon exemple. Des jeunes achètent de la très mauvaise « bouffe » à Intermarché. Un d'entre eux voit la jolie et jeune caissière faire la moue à la vue de leurs achats ; il va changer ses habitudes d'achat pour la conquérir. Les personnages à la base sont des stéréotypes, mais la conception et la réalisation les renversent. Le choix de la musique, la chanson *L'amour* de Mouloudji, bouscule également les clichés.

***Revue* Hermès :** Si je comprends bien votre analyse, on peut utiliser des stéréotypes en publicité à condition d'innover et de créer à partir de ceux-ci.

***Thierry Consigny* :** Oui, c'est vrai pour la publicité, mais c'est aussi vrai pour la littérature. Quand Flaubert écrit *Madame Bovary* ou Tolstoï *Anna Karénine* ils partent du stéréotype de la femme adultère. Le génie, l'inventivité et l'investissement personnel de ces deux auteurs engendrent Emma Bovary, dont Flaubert dira « c'est moi », et Anna Karénine, dont Sophie Tolstoï pensait que son mari était amoureux. Le stéréotype est oublié.

En travail de marketing, des gens pourtant cultivés et humains ne savent plus raisonner. On entend souvent : « J'aime bien, mais le public n'aimera pas ou ne va pas comprendre. » Ils jugent en fonction de l'idée figée qu'ils se font du public. On retrouve ces tendances dans les mails professionnels : les Français sont très stéréotypés, obéissent à des normes. Les Italiens au contraire envoient des messages libres comme s'ils étaient en dehors du cadre de travail. Ils sont forts parce qu'ils sont eux-mêmes. Ils ne sont jamais des machines.

Le cinéma illustre bien ce phénomène. Quand un film n'arrive pas à dépasser le stéréotype, il se casse la figure. *Le Dîner de cons* a été un succès. Les deux acteurs Thierry Lhermitte et Jacques Villeret jouent vrai, ils sont allés chercher au fond d'eux-mêmes. On ne fait pas rire en faisant le clown et en reprenant des jeux d'acteurs complètement éculés.

***Revue* Hermès :** Et le public, le client potentiel, est-il manipulable ?

Thierry Consigny : Philippe Michel[1], un grand patron de la publicité, disait : « Moi j'aime bien me faire manipuler si c'est fait avec talent. » Dans le domaine, il y a des choses infâmes, mais aussi de purs chefs-d'œuvre. On s'y intéressera d'ailleurs de nouveau un jour.

Actuellement ce n'est pas que le public n'aime pas se faire manipuler, mais il ne se laisse plus manipuler. D'un point de vue créatif, nous pouvons le regretter car c'est la fin d'une certaine publicité extrêmement talentueuse. Certains films de publicité des années 1970-1980 étaient assez extraordinaires et inventifs. Le lancement du Macintosh avec le film d'Apple intitulé *1984* réalisé par Ridley Scott peut être considéré comme le film publicitaire le plus talentueux. Une scène imaginaire de *1984* de Georges Orwell : une assemblée de zombies complètement hypnotisés regarde un grand écran diffusant un discours de Big Brother ; une jeune femme, poursuivie par des policiers, court dans une travée au milieu des zombies et lance un marteau à long manche sur l'écran qui explose. Elle met fin au discours de Big Brother. Apparaît alors le court texte suivant : « Le 24 janvier Apple lancera Macintosh et vous verrez pourquoi 1984 ne sera pas comme *1984.* » Au dernier moment le conseil d'administration d'Apple a tenté d'annuler le plan média. Le publicitaire a dû tout annuler sauf la diffusion sur l'écran du Super Bowl et le retentissement fut énorme. Les publicités Apple sont devenues les produits eux-mêmes : pas de saga, pas de personnages, pas de narrations. Cependant la marque n'a pas toujours échappé à l'utilisation de stéréotypes, elle a utilisé les figures de Picasso, Mozart, Einstein… Le claim[2] était « Penser autrement » et il est devenu « Pensons autrement ».

Le public semble ne plus vouloir se laisser manipuler même par quelque chose de très novateur. Ils veulent voir un produit, son prix et ce qui peut se faire avec. C'est le cas d'Apple, mais également d'autres annonceurs : Danone a été un annonceur important et a réduit son budget publicité pour en consacrer davantage à des campagnes de promotion.

Si les gens se laissent moins manipuler, je le répète, c'est aux dépens de la création. Le seul secteur qui garde sa créativité est celui du luxe. On achète une bouteille de bon vin pour 90 % de son contenu et le reste pour l'utilisation qu'on en fait. Ce n'est pas une question de snobisme. On ne peut pas ignorer le plaisir de la marque. Mais il faut nourrir celle-ci. C'est également le cas de Nike devenue une marque de luxe qu'il faut alimenter. La publicité pour les marques de luxe n'est pas en plus, elle fait partie du produit, de la technicité, du matériau : elle est le fruit d'une communication globale.

***Revue* Hermès :** C'est-à-dire ?

Thierry Consigny : Elle joue un moindre rôle. Quand j'ai commencé ma carrière publicitaire chez BDDP, la pub était reine. BDDP s'est acheté ensuite une agence d'événements, puis de packaging. Les aristocrates, c'était ceux qui faisaient la pub. Alors que maintenant le packaging et l'événementiel sont devenus essentiels. La publicité n'est plus la locomotive ; elle est la résultante de tout cela. Comme pour Apple, on soigne le design et le packaging d'un produit, on le photographie et roule…

Je fais pas mal de publicité pour les vins et les champagnes. Si je me contente de mettre du doré partout, ou une jeune femme bling-bling, cela ne marche pas. Les stéréotypes sont utilisés par des marques médiocres. Le très haut de gamme se débarrasse du doré : on cherche une façon de nourrir l'image en faisant en sorte qu'elle soit à la hauteur de la qualité. Il faut que les produits soient bons et que la passion pour leur fabrication soit ressentie.

Il peut y avoir dans ces produits haut de gamme des cas particuliers de stéréotypes. La bouteille Roederer par exemple est entièrement en or, mais elle l'est depuis 1860, date de la commande du tsar de Russie Alexandre II. Gucci utilise le stéréotype de la femme-objet, mais la marque crée un monde de kitsch baroque qui atteint une vérité par l'outrance.

***Revue* Hermès :** Dans votre agence, Saltimbanques, votre travail se construit contre les stéréotypes ?

***Thierry Consigny* :** À un point tel qu'il faut que j'aie cette conversation avec vous pour que je mesure l'importance d'une telle démarche. Cette façon de travailler nous est venue petit à petit, au fil des observations et du constat dont je viens de parler : la publicité fait partie du produit. Cela change tout. Avant le produit était fabriqué et ensuite un publicitaire arrivait « pour faire vendre ». Commercialement, il est difficile de comprendre ce qui fait vendre. Procter et Gamble en sont un exemple. Quand quelque chose marche, c'est extrêmement subjectif, compliqué et éphémère. En revanche, poser une annonce ou un film sur la table, et se demander si la satisfaction de boire ce vin sera plus grande en ayant vu cette image n'est pas une question d'expert, mais humaine, à laquelle il est relativement facile de répondre. On peut travailler en faisant l'économie des stéréotypes commerciaux et des professionnels d'agence comme le créatif en basket, le marketeur en costume, etc. Nous sommes totalement sortis de ce jeu de rôle habituel. Les rapports que nous avons avec nos clients sont très différents et plus stratégiques. Dans mon agence, nous nous rapprochons davantage du business, au sens où nous ne sommes plus là pour faire un beau costume au produit à des fins de ventes, mais pour essayer de contribuer à la qualité du produit. J'ai en permanence avec mes clients des échanges sur cette question essentielle. En ce moment par exemple, je suis à la recherche d'un très bon chef de cave pour un vin italien dont mon agence s'occupe. Nous avons créé une publicité très prometteuse, design, campagne de presse et Internet. Du coup, la marque pense que son produit doit encore s'améliorer et cherche donc les meilleurs professionnels.

***Revue* Hermès :** Est-ce que le numérique a changé quelque chose dans le domaine de la publicité et des stéréotypes ?

***Thierry Consigny* :** Énormément ! Il y a beaucoup à dire… On a tous cru que le numérique allait rendre la créativité reine et indispensable puisqu'il n'y avait plus, comme à la télévision, de la publicité imposée et que les gens allaient choisir librement le meilleur. Sur Instagram, la pub ne coûte pas cher par rapport à TF1, le budget création est proportionnel au budget publicité. Le résultat a été une baisse de la qualité et une multiplication des stéréotypes, à l'exception de quelques marques qui ont réalisé avec succès des sagas. Sur Instagram par exemple, les publicités de champagne, vin et parfums offrent une enfilade de stéréotypes. Par ailleurs, on peut citer de rares et très bons films comme ceux du whisky Johnny Walker avec de grands acteurs comme Jude Law et Giancarlo Giannini : en sirotant un whisky sur un voilier sublime, un jeune homme dit à un autre, plus âgé, qu'il va lui acheter son bateau mais pas avec de l'argent, plutôt sous forme de défis comme monter une comédie musicale. Johnny Walker n'a pas acheté d'espaces mais le film de grande qualité a été téléchargé ou vu par des millions d'individus. Mais ce genre de phénomène de viralité se produit rarement, contrairement à ce qui avait été prévu avec l'arrivée du numérique et des réseaux.

(entretien réalisé par Brigitte Chapelain)

NOTES

1. Philippe Michel (1940-1993) fut en particulier fondateur et président de l'agence CLM BBDO.
2. La promesse publicitaire.

Brigitte Munier
Télécom ParisTech

Aux bonheurs du kitsch

> *« Le kitsch reste essentiellement un système esthétique de communication de masse. »*
> *Abraham Moles*

En France, *kitsch* est un qualificatif dédaigneux renvoyant aux bibelots produits en série, boules à neige ou nains de jardin, dont la possession suscite une sorte de réassurance attendrie : voici l'objet « rétro », conformiste, banal et de mauvais goût, inutile pacotille ou pâle copie d'un objet d'art. Dans les pays anglo-saxons, le kitsch révèle une tout autre ampleur et désigne une attitude subjective, une forme de compréhension sentimentale du monde favorisant le « confort du cœur qui rend l'art propre à la consommation », dit joliment Benjamin (1989, p. 413). Apparu dès 1830 en Europe centrale et en Angleterre, le kitsch réagissait à la brutalité de la révolution industrielle et s'opposait tant à l'austérité de l'art pur qu'aux aspects pressentis inhumains de la société de masse : il promut un désir de beauté apprivoisée, convenable et accessible à tous, un reflet embellisseur et mensonger du monde permettant à tout individu de s'y reconnaître avec « une satisfaction sincère » écrivit Hermann Broch, son théoricien majeur (1966, p. 311). Au prix de la perte de style, le kitsch recycle (*kitschen*) de grandes idées et des idéaux artistiques confirmés pour les ajuster au goût du plus grand nombre. Grâce aux techniques de reproduction et de diffusion propres à la société de consommation débutante, n'importe quelle forme artistique put engendrer du kitsch : il suffisait que l'objet produit – roman, toile, rengaine ou babiole – soit aisément abordable et puisse faire l'objet d'une appropriation sentimentale apte à satisfaire l'aspiration esthétique du *Kitschmensch* et son besoin de partage.

Le concept de kitsch émergea tardivement en France : si Edgar Morin le mentionne dans *L'Esprit du temps* en 1962, avant Jean Baudrillard dans *La Société de consommation* de 1970, Albert Kohn, traducteur des essais d'Hermann Broch parus chez Gallimard en 1966, se crut obligé de traduire *kitsch* par l'expression « tape-à-l'œil » de peur d'être mal compris du public français. Deux auteurs osèrent enfin le kitsch, si l'on peut ainsi s'exprimer : Abraham Moles avec *Psychologie du kitsch* en 1976 et Jean Duvignaud qui publia *B.-K. Baroque et Kitsch, Imaginaires de rupture* en 1997. Le succès obtenu par les œuvres de Milan Kundera décida enfin de la popularisation de notre concept, présenté tel l'*ethos* de la culture de masse dont il sert le goût du bien-être (*gemütlichkeit*) et l'aspiration au bonheur collectif : « La fraternité de tous les hommes ne pourra avoir d'autres bases que le kitsch » (1984, p. 315) conclut l'écrivain tchèque.

Notre brève étude voudra d'abord réduire une ambiguïté affectant le kitsch qui paraît osciller du sujet (*Kitschmensch*) à l'objet (*kitsch*) : alors pourrons-nous tenter une définition de notre notion que nous confronterons ensuite à celle de stéréotype dont traite ce numéro d'*Hermès*. Un questionnement sur la pérennité du kitsch conclura nos propos : que devient ce phénomène issu de la première révolution industrielle dans une société dominée par la révolution numérique ?

Le kitsch, catégorie culturelle

« Enfant de l'ère bourgeoise », écrit Broch, le kitsch émerge quand le monde social « en accord évident avec son aspect spirituel et réel, est devenu d'une part l'ère de la machine, mais d'autre part a condensé ses tendances positivistes jusqu'au matérialisme le plus rigoureux » (1966, p. 333) : le kitsch incarne la revanche du sentiment.

Les choristes du bon sentiment

Au début du siècle de la modernité, la bourgeoisie manquait d'ascendance et ses valeurs offraient maigre provende à son souci de distinction : prise dans l'âpreté des luttes économiques et politiques mais aspirant à la noblesse des idéaux romantiques, elle n'osait, selon Benjamin, « regarder en face le développement futur de la production qu'elle [avait] mise en œuvre » (1974, p. 236). L'éclectisme et le conformisme traduisirent alors le sybaritisme frileux de cette classe qui, progressiste par nature, se plaisait pourtant à un conservatisme artistique lui donnant une illusion rassurante d'immobilisme culturel. Sa culture trouva refuge dans la réhabilitation de valeurs passées et disparates en un syncrétisme faisant écran à la trivialité du monde moderne : on recouvrit les styles anciens d'un vernis contemporain en une esthétique propre à toucher agréablement le public sans le choquer. Le goût du beau épousa le respect du « comme il faut », cet étalon du « nouveau type social de l'homme distingué » décrit par Greimas (2000, p. 15). Ainsi naquit le *Kitschmensch* épris d'ordre et de beautés standardisées propres à susciter un émoi mesuré et partagé. La France, qui ignorait le terme de kitsch, reprit les modèles du grand art pour ennoblir l'art de vivre du plus grand nombre : ainsi, sous le Second Empire ajustait-on les thèmes échevelés du romantisme « au goût et aux principes de la classe moyenne », indique Albert Cassagne (1997, p. 130). Nombreux sont les auteurs de l'époque à avoir repéré et conspué le kitsch sans toutefois utiliser ce terme : ainsi fit Jules de Goncourt qui, excédé par le romantisme édulcoré d'Octave Feuillet, le traitait de « Musset des familles ». Pour concilier le plaisant, l'utile et le beau, le kitsch couche toute création sur son lit de Procuste mesuré à l'aune d'une homogénéisation tendant « à rendre euphoriquement assimilables à un homme moyen idéal les contenus les plus différents » (Morin, 1962, p. 46). L'accès à l'art est redéfini par le bien-être et l'« ophélémité », que théorisa Pareto (*cf.* Valade, 1990), tandis que l'exigence d'une adhésion sentimentale conforte l'entente sociale et prend valeur morale : pour le kitsch, l'esthétique devient « la concrétisation de l'éthique » (Broch, 1966, p. 226).

Le confort du kitsch

La diffusion puis la souveraineté du kitsch dépendirent de l'application de l'art à l'industrie qui permit la reproduction d'une œuvre en d'innombrables copies selon divers formats et qualités : les romans bénéficièrent de la promotion des feuilletons, mais il y eut aussi les bibelots, phénomènes kitsch essentiels au XIXe siècle car ils marquèrent l'accès de tous à des possessions échappant à la stricte ustensilité. L'inquiétude suscitée par les transformations urbaines accélérées réclama, tel un antidote, la possession de nombreux objets décoratifs propres à lester le logis d'un poids de bien-être faisant pièce à l'inhospitalité de l'extérieur : miniaturisé et possédé par le biais des babioles, l'univers parut moins menaçant et la douceur confortable[1] du foyer permit de croire en la pérennité des valeurs. Un regard sur l'appartement bourgeois, faux-semblant de microcosme, arche amarrée à la grande ville, atteste le besoin du *Kitschmensch* de charger son intérieur pour repousser une extériorité hostile : « Les meubles, écrit Virginia Woolf dans *Orlando*, furent capitonnés ; les tables et les murs couverts ; et rien ne resta nu [...]. Comme le café exigeait un salon où on pût le boire, comme le salon exigeait des globes, les globes des fleurs artificielles, les fleurs artificielles des cheminées bourgeoises, les cheminées bourgeoises des pianos, [...] et en sautant un ou deux intermédiaires, une armée de petits chiens, de carrés en tapisserie, et d'ornements en porcelaine, le "home" – qui avait pris une importance extrême – changea du tout au tout » (2001, p. 287). Le kitsch fut à la fois tributaire et commanditaire de la miniaturisation car l'appétit de décoration dut s'adapter à l'exiguïté des habitations : Walter Benjamin le qualifie cruellement « d'art transformé momentanément, mais totalement, [...] en objet de consommation » (1989, p. 313). Au sein de la bourgeoisie urbaine, le culte des brimborions ouvre à l'intelligence de la double caractérisation du kitsch qui, issu des désirs du sujet, se décline ensuite dans des choses. Flaubert reprochait à l'industrie d'avoir accru le bien-être et le luxe du bourgeois au point de gâter son goût par la profusion des contrefaçons artistiques produites au préjudice de la noblesse des formes et des sentiments : « Combien de braves gens, se plaignit-il à Louise Collet en 1859, qui, il y a un siècle, eussent parfaitement vécu sans beaux-arts, et à qui il faut maintenant de petites statuettes, de petite musique, de petite littérature » (1980, p. 519). Et l'auteur d'incriminer avec Renan la concurrence dans l'industrie et l'appétit de commodité et de confort funestes à l'art et au style. L'illusion de sécurité est au prix de l'accumulation de marchandises transformées en fétiches, de bagatelles qui, étrangères au besoin, vivent de leur seule fonction indicielle.

Né en Autriche, le kitsch sévit à présent dans toute l'Europe et aux États-Unis parce qu'il est devenu une « catégorie culturelle » trouvant son fondement « dans la réalité *sociologique* de la société de consommation », juge Jean Baudrillard (1970, p. 166). Benjamin opposait le *Kitschmensch* à l'esthète qui, attentif au « lointain du regard qui s'éveille dans l'objet regardé » (1989, p. 327), demeure à distance de l'aura de l'œuvre pour attendre le dévoilement progressif de sa profondeur : la distinction conserve son sens à condition d'admettre que nul esthète ne saurait désormais esquiver la posture du *Kitschmensch* dans la vie ordinaire. Qui pourrait se déclarer étranger au kitsch dans nos sociétés de masse soucieuses d'*industrie culturelle* ? La rareté et l'exception y sont reproduites à grand tirage dès leur apparition selon une dynamique paradoxale réclamant l'originalité d'un statut par la détention d'objets devenant communs dès leur apparition. Jadis incarné dans les bibelots, le kitsch touche à présent la prolifération des objets utilitaires qui, pour soutenir la concurrence, doivent obéir à un *design* destiné à les rendre attractifs : une simple brosse à vaisselle sera déclinée en divers modèles (épuré, multicolore, à l'effigie de personnages de bande dessinée, etc.) tant il paraît nécessaire au consommateur de pouvoir « se reconnaître » plaisamment dans l'objet qu'il achète. Pour illustrer le kitsch, nous avions cité la boule à neige, censée suggérer les valeurs de Noël, mais un *mug* à l'effigie de Lady Diana, un parapluie reproduisant *Rue de Paris sous la pluie* de Caillebotte ou un parc à thème font l'affaire : le kitsch exige la surgie d'une émotion (même passagère et ténue) suivie par son assomption par le sujet qui juge son sentiment agréable, socialement convenable et digne d'être partagé. Le kitsch est une valeur communicationnelle de masse qui permet d'acculturer modes et idées : il est, dans l'objet, l'analogue du stéréotype présent dans la langue.

Kitsch, stéréotype et culture de masse

Kulturindustrie

Le kitsch, qui accommode toute idée ou forme nouvelle aux prestiges de formules éprouvées, a le cliché pour emblème : « Par le terme de "cliché", on entend en général une fleur de rhétorique déjà fanée et qui est d'autant plus fanée qu'elle est déjà chargée d'opinions établies, de représentations, de jugements de valeur », écrit Broch (1966, p. 231). Comme le kitsch, le cliché permet la compréhension immédiate de lieux communs qui, transformés en stéréotypes, prennent valeur de vérité ; le « génie de l'enfance » ou la « tristesse du clown » offrent deux exemples de clichés sentimentaux élevés en stéréotypes, c'est-à-dire en propositions dogmatiques et fédératives : ces représentations contingentes et relatives à un moment de la culture sont données pour nécessaires et absolues parce qu'elles suscitent un accord sentimental pourvoyeur d'entente collective. L'appel au stéréotype émotionnel est toujours péremptoire, car en contester la validité revient à trahir des valeurs dont le partage garantit le lien social. Sémantiquement pauvres mais saturés de signes, kitsch et stéréotypes constituent une grille d'interprétation du monde fondée sur le poncif : il s'agit toujours de *kitschen*, de recycler des idées ou des œuvres de façon à en faire des lieux communs garants de concorde. Il faut, pour mieux le comprendre, revenir sur la notion de culture de masse, creuset du kitsch.

En un article célèbre reprenant la *Kulturindustrie* honnie d'Adorno, Clément Greenberg traite le kitsch de « succédané de culture » : « Il s'agit, dit-il, d'un art et d'une littérature *populaires et commerciaux*, faits de chromos, de couvertures de magazines, d'illustrations, d'images publicitaires, de littérature à bon marché, de bandes dessinées, [...] de films hollywoodiens, etc. » (1988, p. 15-16) ; pris de scrupule, il ajoute : « Tout n'est pas sans valeur dans le kitsch. De temps en temps, il produit quelque chose de valeur, quelque chose ayant une *saveur populaire authentique*[2] ; [...] bon nombre de gens, pourtant avertis, s'y sont laissés prendre » (*Ibid.*, p. 18). Fort bien, mais alors comment discerner le kitsch propre à la culture de masse de l'authenticité de la culture populaire ? Pour répondre à cette question, point ne sert de recourir aux canons du bon goût, toujours problématiques : mieux vaut recourir à la distinction entre trois formes littéraires dont le surgissement au mitan du XIXe siècle nous paraît éclairant pour notre analyse.

Démonter le kitsch

Clément Greenberg oppose tacitement l'art et la littérature élitistes à leurs avatars populaires et de masse, mais ne dispose pas d'outil de différenciation entre ces deux dernières formes : pour tenter d'en forger un, nous proposons une très brève caractérisation des trois types romanesques[3] (élitiste, populaire et de masse) apparus en France dès le Second Empire. Ce détour par les littératures élitiste et populaire paraîtra tout à la fois bavard et trop succinct, mais il a pour seule fin d'indiquer la spécificité des productions kitsch issues de la culture de masse.

Né au début du XVIIe siècle, le *roman dit élitiste*, héritier de Cervantès et de Mme de Lafayette en France, s'illustra au XIXe siècle sous le nom de roman social : novateur et inventif, il analyse l'évolution du désaccord entre le sujet et la société modernes soumis à l'histoire, au hasard et à la contingence.

Le *roman populaire*, quant à lui, émergea peu à peu de l'épopée dont il reprit les grands récits structurés (les mythes et les contes) en les dotant d'un aspect contemporain : voici le roman d'aventures puis le roman policier qui firent florès au XIXe siècle avant nos actuels récits de science-fiction. Ainsi, par exemple, dans *Les Mystères de Paris* et *Les Mohicans de Paris*, Eugène Sue et Alexandre Dumas ont-ils mobilisé (sous le nom Rodolphe et de Salvator) et modernisé le héros mythique Prométhée tout en conservant toutes les séquences de son mythe : la transgression, la réforme du monde social, la trahison par une Belle sans merci, la soumission tardive au Père, etc. L'inventivité du roman populaire n'est pas à chercher dans le personnage ni dans la structure du récit, mais dans la confrontation du type mythique séculaire au contexte moderne.

Le *roman de masse*, enfin, syncrèse bâtarde des précédents, emprunte au roman élitiste ses analyses psychosociales, qu'il simplifie, et au roman populaire ses motifs, qu'il galvaude. L'existence de ce type romanesque destiné à séduire le plus grand nombre est due au recul de l'illettrisme allié à la croissance de la presse et des collections bon marché. Sans grande originalité, le roman de masse compose avec les oukases de la mode dans l'espoir de produire ce que l'on nomme aujourd'hui un *best-seller*. Tocqueville avait observé que, pour plaire à tous, « la démocratie ne fait pas seulement pénétrer le goût des lettres dans les classes industrielles, elle introduit l'esprit industriel au sein de la littérature » (1992, p. 572) ; en écho, Broch déplora l'ajustement par le roman kitsch de la « quête infinie de Dieu chez Dostoïevski » aux recettes adaptées aux « lecteurs des Veillées des chaumières » (1966, p. 363). Le kitsch littéraire et artistique est donc à repérer, non point d'abord dans quelque faute du goût, mais dans la subversion des formes élitistes et populaires : l'exemple d'un roman d'Erich Segal et de sa version filmique par Arthur Miller en donnera quelque idée.

Fort bien faits, le récit et le film *Love story* relèvent de la culture de masse et du kitsch : ils empruntent au grand mythe occidental de la passion amoureuse (Tristan et Iseut), l'actualisent à l'aide de thématiques sociales en vogue (le coût des études, par exemple) puis en subvertissent les séquences en le criblant de poncifs (tels le sacrifice féminin dans le couple, la dureté de cœur des riches, etc.) qui remplacent certains vieux mythèmes. L'ensemble est si efficace et réussi qu'il faudrait « un cœur de pierre pour ne point s'émouvoir et pleurer », admet Umberto Eco (1993, p. 13) ; mais il ajoute : « il faut savoir démonter les mécanismes » (*Ibid.*, p. 25). S'il n'est pas de honte à se délecter à pleurer en lisant ou voyant *Love story*, récit conçu à cet effet, nous devons, une fois nos larmes versées, être conscients de la jouissance seconde éprouvée à la pensée de nous attendrir *tous ensemble* sur les stéréotypes sentimentaux déployés par cette histoire. Le kitsch renvoie au plaisir pris à ressentir des émotions de façon consensuelle et conformiste. Comme le stéréotype, le kitsch est un agent d'harmonie sociale dont il importe de « démonter » le fonctionnement afin de n'être pas dupe de sa raideur conventionnelle.

Numérique et kitsch

Traquer les repaires contemporains du kitsch serait peu profitable : il sévit partout en réponse aux besoins du *Kitschmensch* présent en chacun de nous : nous invitons qui en douterait à contempler la déferlante croissante des produits dérivés aptes à donner une forme matérielle et touchante au « souvenir » de films, de *best-sellers*, d'événements, d'expositions, de musées et de voyages. En guise de conclusion à nos propos, nous proposons plutôt d'interroger la résistance du kitsch à l'immatériel et proposons deux exemples de la conquête du numérique par le kitsch : les expositions immersives et la pratique des émoticônes.

Les expositions dites « immersives » projettent sur toutes les surfaces des locaux qui les abritent d'immenses reproductions simultanées des chefs-d'œuvre d'un peintre ; au bout de quelques secondes, de nouvelles images remplacent les premières qui disparaissent progressivement suivant une modalité conçue par le *designer* : un kaléidoscope de petits points et carrés colorés, s'il s'agit de Klimt, par exemple. En juin 2018, à l'Atelier des Lumières, ancienne fonderie du 11e arrondissement à Paris, eut lieu une exposition immersive d'œuvres pixélisées de Klimt, Schiele et Hundertwasser réalisée avec 140 vidéoprojecteurs laser sur accompagnement de musique de Beethoven et de Wagner. Partagée, la critique ne sut dire si c'était beau ou… mais peut-on dire qu'une œuvre de Klimt, même dématérialisée, est laide ? C'était admirablement kitsch ! Ce kitsch ne provient pas de la dématérialisation comme telle (outil fort utile pour découvrir un musée), mais de la présentation de l'exposition telle une œuvre à part entière qui ne dit rien des peintres ni du format des toiles : c'est un pur spectacle pour un public devenu partie prenante de l'expérience cinesthésique qui l'enserre tel un cocon de musique et de lumière colorée. « Au sein d'une production de masse, une chose est d'une importance particulière pour le déclin de l'aura : c'est la reproduction massive de l'image », déplorait Benjamin (1989, p. 351), bien loin, néanmoins, d'imaginer de telles « performances ». L'illusion de communion esthétique est d'autant plus importante pour les spectateurs que le vertige sensoriel est partagé sans effort tout en donnant le sentiment d'*en être* avec tous les autres. Toutes les exigences du kitsch sont réunies : l'appropriation, le partage d'une esthétique confortable et communicable, le plaisir de jouir facilement de beautés réputées et la réutilisation de vieilles valeurs (les toiles de maître) grâce à un média *high tech.*

Le *smiley* ou émoticône nous paraît constituer un autre ambassadeur du kitsch virtuel. Il s'agit de visages stylisés en forme de rond jaune avec deux yeux, un nez et une bouche dont les diverses orientations peuvent suggérer plusieurs émotions. Réalisables à partir d'un clavier d'ordinateur, les émoticônes sont aussi proposées en panel par les smartphones, qui les enrichissent d'accessoires et de détails propres à les rendre mignonnes et amusantes : l'ensemble constitue un catalogue de stéréotypes émotionnels simples. Abondamment utilisés dans les SMS, ces *smileys* signifient au destinataire l'émotion qu'il est censé éprouver et partager avec le rédacteur dont le message est trop succinct pour dépasser la simple information : la standardisation de ces clichés supplée à l'effort de compréhension d'autrui tout en esquivant les malentendus inhérents à toute communication humaine. Les émoticônes répertorient, figent et désincarnent des sentiments dont le signe conventionnel est ajouté à des messages tel un mode d'emploi affectif : les échanges sont ainsi plus *simples*, puisqu'ils épargnent l'effort de rédaction nécessaire pour réaliser une communication réelle, et plus *confortables* car la note sentimentale doit préserver l'entente entre les correspondants. Comble du kitsch, un smiley est un paradigme de cliché figuratif sentimental.

Si la place ne nous était comptée, nous pourrions poursuivre cette amusante quête de kitsch digital pour lui adjoindre les *selfies* et autres images postées sur les réseaux sociaux. Né avec la première révolution industrielle, le kitsch conquiert aisément la troisième et, grand usager des stéréotypes, s'adapte aux traits marquant la communication numérique : en raison de sa mobilisation du sentiment, il *humanise* le flot continu d'informations échangées sur la Toile et favorise l'illusion de partage mais son recours aux idées générales et aux stéréotypes dirime la compréhension mutuelle ou communication. « Nous devenons superficiels », soupirait déjà Valéry (1960, p. 1293).

NOTES

1. Mot anglais, le *comfort* dérouta d'abord la France. Ainsi, quand un vicomte complimente Mlle Cormon pour sa maison si *confortable*, dans *La Vieille Fille* de Balzac, elle suppose qu'il s'agit d'un mot russe (1976, p. 900). Mais les Français prisèrent bientôt ce *comfort* qui leur parut incarner un art de vivre mêlant les trottoirs macadamisés, les meubles rembourrés et l'usage de la « lune de miel ». Théophile Gautier parla même d'un « amant très confortable » !
2. Nous soulignons.
3. Nous avons traité ce thème dans *Quand Paris était un roman*, Paris, La Différence, 2007, p. 431-458.

RÉFÉRENCES BIBLIOGRAPHIQUES

Balzac, H. (de), *La Vieille fille* [1837], *in La Comédie humaine*, vol. 4, Paris, Gallimard, 1976.

Bastide, R., *Art et société*, Paris, Harmattan, 1997 [1977].

Baudelaire, C., *Les Fleurs du mal* [1857], Paris, Gallimard, coll. « Bibliothèque de la Pléiade », 1975.

Baudrillard, J., *La Société de consommation,* Paris, Folio, 1997 [1970].

Benjamin, W., *Paris, capitale du* xix*e siècle. Le livre des passages*, trad. J. Lacoste, Paris, Cerf, 1989.

Benjamin, W., *Charles Baudelaire, un poète lyrique à l'apogée du capitalisme*, trad. J. Lacoste, Paris, Payot, 1974.

Broch, H., *Création littéraire et connaissance* [1955], trad. A. Kohn, Paris, Gallimard, coll. « Tel », 1985.

Cassagne, A., *La Théorie de l'art pour l'art, en France chez les derniers romantiques et les premiers réalistes* [1906], Paris, Champ Vallon, 1997.

Duvignaud, J., *B.K. Baroque et Kitsch, Imaginaires de rupture*, Arles, Actes Sud, 1997.

Eco, U., *De Superman au surhomme* [1978], trad. M. Bouzaher, Paris, Grasset, coll. « Biblio essais », 1995.

Flaubert, G., *Correspondance*, t. 2, Paris, Gallimard, coll. « Bibliothèque de la Pléiade », 1980.

Greenberg, C., « Avant-garde et kitsch », *in Art et Culture* [1961], trad. A. Hindry, Paris, Macula, 1988.

Greimas, A. J., *La Mode en 1830* [1948], Paris, Presses universitaires de France, 2000.

Grœthuysen, B., *Origines de l'esprit bourgeois en France* [1927], Paris, Gallimard, coll. « Tel », 1977.

Kundera, M., *L'Insoutenable Légèreté de l'être,* Paris, Gallimard, 1984.

Moles, A., *Psychologie du kitsch. L'art du bonheur* [1971], Paris, Pocket, coll. « Agora », 2016.

Morin, E., *L'Esprit du temps*, vol. I, Paris, Grasset, 1962.

Simmel, G., *La Tragédie de la culture et autres essais*, trad. S. Cornille et Ph. Ivernel, Paris, Rivages, 1988.

Tocqueville, A. (de), *De la démocratie en Amérique* [1835-1840], *in Œuvres II*, Paris, Gallimard, coll. « Bibliothèque de la Pléiade », 1992.

Valade, B., *Pareto. La naissance d'une autre sociologie*, Paris, Presses universitaires de France, 1990.

Valéry, P., *Pièces sur l'art* [1934], *in Œuvres* II, Paris, Gallimard, coll. « Bibliothèque de la Pléiade », 1960.

Woolf, V., *Orlando* [1928], trad. C. Mauron, Paris, Stock, 2001.

Jean Caune
Université Grenoble Alpes

Formation des stéréotypes du Juif

Au-delà du plan sémiotique, la formation et la circulation de stéréotypes relatifs à la personnalité juive relèvent de l'idéologie. Mon propos vise à indiquer comment des textes de la littérature, des récits de fiction ou encore des histoires drôles, et moins drôles, ont pu jouer une fonction structurante des différents stéréotypes du Juif développés au cours du XXe siècle. Les traits de ces derniers trouvent une partie de leur réalité dans les conditions de vie sociale, politique et culturelle du peuple juif en *diaspora* (exil). Je m'intéresserai ici moins à la fonction discriminante jouée par le stéréotype du Juif qu'à son sens pris dans l'expérience vécue.

Préliminaires et problématiques

Le stéréotype : un objet « ordinaire » des sciences sociales

Le stéréotype, en tant que construction sociale dans une histoire et une culture, est constitué d'éléments qui proviennent d'énoncés et de discours multiples. Au même titre que les autres signes (la métaphore, le cliché, le symbole), le stéréotype associé à un phénomène humain doit être rapporté à ses conditions sociales d'existence et de circulation. Si la métaphore est une manière de penser par le biais d'une analogie, le stéréotype s'en distingue : il est une figure figée qui empêche de penser.

La signification immédiate du stéréotype se trouve dans la relation entre le mot et la chose qu'elle désigne. Sur le plan de l'analyse du sens, le stéréotype exige une pensée pragmatique qui s'interroge sur les effets de la parole et prend en considération le médium qui la met en circulation dans l'espace public, envisagé dans son contexte socio-économique. L'énonciation du stéréotype (l'acte de parole) assigne l'autre à une catégorie : elle le renvoie à sa pseudo-nature. La pensée stéréotypée est une « fausse conscience » qui réifie, décontextualise et essentialise (Gabel, 1962). Le stéréotype, pour ces raisons, par une inclination qu'on pourrait qualifier de « naturelle », conduit bien souvent au cliché et à la caricature, voire à la stigmatisation.

La singularité du stéréotype du Juif

Une des premières singularités de ce stéréotype, et elle est fondamentale, est que la notion de Juif – qu'elle désigne une religion ou plus largement une communauté (un peuple ?) – est problématique. Elle ne va pas de soi. Au-delà du processus de signification, le stéréotype du Juif doit être examiné dans son usage. Précisons d'ores et déjà que cet usage n'est pas exclusif à l'antisémitisme ; il intervient également comme figure de reconnaissance de la condition juive. On conviendra donc que le stéréotype du Juif ne peut être isolé de son contexte historique et politique. L'usage qu'en fait l'antisémitisme, « socialisme des fous » comme le définissait un leader de la social-démocratie allemande, August Bebel, à la fin du XIXe siècle, doit être dénoncé. Le premier chapitre du livre d'Hannah Arendt, *Sur l'antisémitisme* (1973), s'intitulait : « L'antisémitisme, insulte au bon sens[1] ».

Mon propos se situe sur deux plans. Le premier relève de l'Histoire. Je rappellerai comment le stéréotype du Juif a émergé, à partir de la deuxième moitié du XIXe siècle. Ses différentes formes sont apparues dans un cadre économique, politique, culturel à partir de personnages multiples de la littérature, qu'elle soit de fiction (avec par exemple Shylock, Gobseck ou le Juif Süss, ou bien des figures romanesques plus positives comme Nathan le sage, celui du roman de Lessing, de légendes telles que celle du Juif errant), ou encore du répertoire sans limites des histoires drôles, les *Witz* pour les désigner du mot yiddish. Le texte de Karl Marx sur la question juive (2006), qui date de 1844, n'a pas été sans effet sur la diffusion du stéréotype qui s'épanouit rapidement, et de manière virale, à partir de la fin du XIXe siècle.

Le second plan est de nature différente. Il concerne la recherche de quelques traits de l'Être-juif, dans son expérience vécue[2]. Ainsi, par exemple, Albert Memmi (1962) raconte comment le fait de se découvrir juif, dans une société non-juive, conduit à reconnaître la « figure mythique du Juif » comme propre à vous désigner personnellement. C'est dire aussi que dans bien des cas, le Juif se vit comme surdéterminé : lorsqu'il affirme sa judéité, dans une société qui ne la reconnaît pas, il peut nier, cacher ou survaloriser la différence.

« Les formations discursives » sur les Juifs ont pu être exploitées, systématisées, tronquées, etc. pour donner lieu à des discours polémiques d'exclusion qui perdurent, même dans des pays où les Juifs ont pratiquement disparu. Le stéréotype doit être rapporté à la réalité qu'il veut représenter, à l'expérience juive telle qu'elle est vécue dans des circonstances historiques et territoriales précises.

Une histoire juive peut rendre compte de l'écart entre la chose et le mot, entre le phénomène et la représentation stéréotypée :

> Le maître : Moïche, va près de la carte et trouve l'Amérique du Nord.
> Moïche se dirige vers la carte et désigne du doigt le continent américain :
> – La voilà.
> Le maître : Exact. Maintenant dites-moi, les enfants, qui a découvert l'Amérique ?
> Les enfants en chœur : Moïche[3] !

Ce *Witz* nous met en garde sur la confusion entre la carte et le territoire. Et pour ce qui est de la carte de la condition juive, dans la modernité politique, elle est marquée en Europe par la question de l'émancipation des Juifs.

Être juif : une question ou une condition ?

Déjà, au temps d'Hérode, un siècle avant Jésus-Christ, les deux autorités du Sanhédrin, l'institution religieuse juive, Chamaï et Hillel, se distinguaient dans leurs réponses à la question « Qu'est-ce qu'être juif ? ». Chamaï avait éconduit avec colère un prosélyte venu lui demander de lui enseigner la Torah tout entière, durant le temps où il pouvait rester debout sur un pied. Au contraire, Hillel lui répondit :

> Ce qui t'est odieux, ne l'inflige pas à d'autres hommes. Voici toute la Torah, le reste n'est qu'une illustration de ce principe. Maintenant, va et apprends.

Il faut distinguer : Juif, le peuple – entité anthropologique qualifiée de judéité – et juif, la personne se déterminant dans la religion juive, dans le judaïsme. Pour Hannah Arendt, la judéité est une donnée existentielle à laquelle on ne peut échapper ; le judaïsme est un système de croyances que l'on peut adopter ou rejeter.

Il est également important de différencier antijudaïsme et antisémitisme[4]. Le mot antijudaïsme est employé plus précisément pour désigner le rejet des Juifs sur la base d'arguments théologico-religieux. L'antisémitisme, idéologie raciste, se déploie à partir de la fin du XIXe siècle, tandis que l'antijudaïsme s'est développé dans l'Occident chrétien après que le christianisme fut devenu religion d'État, à la fin du IVe siècle.

« Dénoncés comme déicides jusqu'au concile de Trente, les Juifs formèrent en Europe une "communauté" qui n'était assignée à aucun territoire, à la fois visible et invisible, une communauté errante. » (Arendt, 1973, p. 19) Cette caractéristique qui perdure jusqu'à la création de l'État d'Israël est évidemment la source du mythe du Juif errant qui donne lieu à une figure du stéréotype (*cf.* infra).

Le mot antisémite a été forgé dans un contexte particulier, le monde germanique des années 1870-1880. Proposé par un auteur socialiste, Wilhelm Marr, le terme se réclamait de la science et s'inscrivait dans une théorie des races. Particulièrement mal forgé, il renvoyait autant aux Juifs qu'aux Arabes et se fondait sur l'opposition aryens/sémites (Leselbaum, 2013).

Poser la question juive ou s'interroger sur la condition juive ne revient pas au même. Le premier terme de l'alternative fragilise l'universalité de l'humain et relève d'une recherche d'essence ; le second terme problématise une culture vécue.

Au cours de la première année de l'indépendance d'Israël (1948), la Knesset a défini le Juif de la manière la plus simple qui soit : « Quiconque est juif qui se considère comme juif ». En 1978, elle modifia profondément la définition : « Seule une personne née d'une mère juive ou qui s'est convertie, en conformité avec les prescriptions orthodoxes, est juive. » En trente ans, en Israël, on est passé d'une appréhension choisie de l'appartenance juive, appartenance laissée au libre arbitre de la personne, à une définition déterminée par une logique religieuse, construite à l'intérieure d'une idéologie orthodoxe, confirmée par la Loi fondamentale « Israël État-nation du peuple juif » adoptée par la Knesset le 19 juillet 2018.

Identité juive et stéréotypes du Juif

La communauté juive dans les deux dimensions de son identité – peuple et appartenance religieuse – s'est maintenue malgré les aléas historiques, d'abord dans le bassin méditerranéen, pendant plus d'un millénaire, puis après l'expulsion d'Espagne en 1492, en Europe et en Amérique latine sous une forme cachée, celle du marranisme.

L'identité juive : entre unicité et universalité

Le peuple juif reste une entité problématique dans la mesure où ce peuple vit dans des territoires dispersés, use de langues distinctes, celles du pays d'accueil ou des langues comme le yiddish ou le ladino. Cette entité existe de manière incarnée, d'une part dans l'appartenance de la personne au judaïsme, défini par la transmission d'un texte et son interprétation, et, d'autre part, du fait d'une sensibilité culturelle et d'une mémoire. Sensibilité et mémoire juives, bien que nourries et transmises par le judaïsme, ne s'accompagnent plus nécessairement de l'observation des rituels religieux et de la pratique.

Pour Hannah Arendt (1973, p. 33), « L'histoire juive offre ce spectacle extraordinaire d'un peuple, unique à cet égard, un peuple sans gouvernement, sans pays et sans langue ». André Neher, rabbin et philosophe, dans un livre majeur, *L'identité juive* (1994), a posé et traité la question préliminaire : Y a-t-il une identité juive ? Peut-on parler d'un homme juif ? Pour Neher, l'identité juive n'est pas exclusivement religieuse et théologique ; elle est aussi anthropologique et sociologique. Judaïsme, comme religion, et juif, comme condition existentielle, sont à ses yeux dans une relation réciproque et indissociable.

L'homme juif est d'abord l'homme hébreu, l'homme qui se rattache à Abraham, celui qui rejette les divinités multiples et se réclame du Dieu unique. Abraham est l'homme de l'expérience du passage (en hébreu *ivri*). L'homme juif en tant qu'Hébreu est exil permanent. Neher met en évidence la tension interne de l'identité juive. L'unique et l'universel. L'Unique, celui qui accepte d'être autre : Israël, peuple solitaire, séparé des autres peuples par l'obéissance à une loi qui l'astreint à des rites particuliers dans tous les domaines de sa vie. Mais aussi l'universel, celui qui vise à parler pour « tous les hommes » ; celui qui affirme qu'un non-juif (le Gentil) qui vit en Juste, dans le respect et la reconnaissance de l'autre, est l'égal du grand prêtre. Les éléments constitutifs de cette tension (l'élection, l'exil, le respect des commandements, etc.), qu'on les considère comme mythiques ou porteurs d'une tradition, sont une réserve particulièrement féconde pour générer des stéréotypes multiples.

Phénoménologie du stéréotype du Juif

Avec l'émancipation des Juifs, l'Être-juif s'intègre, en France, dans l'histoire de la République qui, depuis la Révolution, se reconnaît dans la déclaration de Clermont-Tonnerre lors du débat sur l'émancipation des Juifs : « Tout pour les juifs comme citoyens, rien pour les Juifs comme nation ! ». Les Juifs du XIXe siècle se trouvèrent confrontés à un dilemme : celui d'avoir à choisir entre « l'universalité humaine et la particularité juive » (Roudinesco, 2016, p. 49). Le judaïsme affirme que l'on reste juif (au sens de l'appartenance à un peuple) quand on a cessé d'être juif au sens de la pratique de la religion. C'est la raison pour laquelle, le phénomène de la *Haskala* (les Lumières juives au XVIIIe siècle), émancipation spirituelle, portée en Allemagne par Moses Mendelssohn, demande à ses coreligionnaires d'être à la fois juifs *et* allemands.

La multiplicité des manières d'être, et de se dire, juif permet de comprendre la capacité du stéréotype du Juif d'acquérir ou de perdre des éléments constitutifs et de se transformer. Polymorphe et hétérogène dans ses éléments, le stéréotype n'a cessé de se diffuser à partir de la fin du XIXe siècle. Cette plasticité a accompagné le développement de l'antisémitisme dès la fin du XIXe siècle. Dans la mesure où l'antisémitisme catalogue et assigne une nature à l'homme juif, il le fige dans ses rapports aux autres. Et ce qui pouvait être considéré comme une opinion construit une idéologie dont la fonction est d'assujettir des individus concrets[5].

L'antisémitisme se formule à partir du moment où les Juifs peuvent opter pour l'assimilation, voire la conversion. En devenant moins visibles, ils deviennent plus facilement, à la moindre crise économique et sociale, la cible d'accusation de complot ou d'infidélité à la nation qui avait permis leur assimilation. La société civile qui les avait intégrés était susceptible, au moindre ébranlement, de désigner les Juifs comme une part maudite, de les stigmatiser comme un peuple dans le peuple, une nation dans la nation. Dans ce cadre historique et culturel, il devient difficile de distinguer un Juif d'un non-Juif, sinon par le patronyme, dès lors qu'il n'y a plus de signe vestimentaire ou d'appartenance religieuse pour l'identifier.

Les mythes antijuifs : souches des stéréotypes

Dans ses usages – ses figures et son inscription dans les discours –, le stéréotype du Juif tire une grande partie de ses contenus de la judéophobie qui se singularise par sa persistance dans l'Histoire. La haine antijuive représente, selon la formule de Léon Poliakov, un « funeste legs chrétien » qui s'est transmis avec la qualification du peuple juif de « peuple déicide ». Les réaménagements du concile œcuménique Vatican II ont permis de prendre des distances avec ce que l'historien Jules Isaac, à la même époque (1962), appelait « l'enseignement du mépris ».

La responsabilité chrétienne dans la diffusion de la falsification historique qui attribue aux Juifs la crucifixion de Jésus ne doit pas occulter un antijudaïsme préchrétien, qui n'était pas de nature théologico-politique. Celui-ci avait beaucoup à voir avec le monothéisme et le rejet des idoles par le judaïsme. Ces deux trop rapides remarques pour signaler que les sources de différentes figures du stéréotype du Juif se déploient selon un large faisceau. « Les fables qu'on se raconte sur les Juifs », pour citer Flavius Josèphe, l'historien juif-romain, se sont perpétuées sous des formules toutes faites tout au long de l'Histoire.

Pierre-André Taguieff (2013) distingue six thèmes constitutifs de la judéophobie. Les traits de ces derniers sont autant d'éléments qui peuvent entrer en combinaison pour construire les différentes formes du stéréotype du Juif. Le noyau de l'idéologie antijuive se situe dans l'accusation de séparatisme du peuple juif. Celle-ci est fondée sur une dimension de la réalité, celle du respect strict de la *halakha* (loi religieuse) qui définit les « commandements » s'appliquant à la vie quotidienne (cacherout et rituels). Deux autres traits sont relatifs à l'accusation de déicide et de meurtre rituel censé reproduire la crucifixion de Jésus. Les trois derniers se rapportent à la fétichisation de l'argent, illustrée par l'usure et la spéculation financière, à l'accusation de complotisme et, enfin, à la prétention d'une supériorité raciale, relevant de l'appartenance au peuple élu. Ces thèmes ont donné naissance à des mythes qui ont pris des formes narratives diverses.

Le stéréotype du « Juif errant », ce personnage légendaire qui continue de nourrir l'imaginaire, contient, dès le début de sa diffusion au XIIIe siècle, des éléments empruntés aux mythes antijuifs. Edmond Fleg, poète, romancier et essayiste du premier tiers du XXe siècle, raconte dans son livre, *Jésus raconté par le Juif errant,* de manière savoureuse et profonde, le destin de ce contemporain du Christ. Ce Juif a croisé le chemin de Jésus lors de sa montée au calvaire (Fleg, 1933, p. 18). Condamné à l'errance perpétuelle pour avoir refusé un instant de repos au Christ, il parcourt le monde, son corps se renouvelant chaque siècle. L'histoire du Juif errant présente, dans ses multiples versions, toutes les caractéristiques du mythe : la structure qui permet son exploitation par une pensée judéophobe conjugue l'image du Juif déicide et du Juif apatride.

Un autre mythe s'est perpétué jusqu'à notre époque : celui du comploteur, du semeur de troubles. Ce mythe est repris par les *Protocoles des sages de Sion*. Selon ce faux fabriqué au début du XXe siècle par la police du Tsar, les Juifs seraient partout ; ils chercheraient à contrôler le monde par les médias et la finance ; ils agiraient masqués et influenceraient les décisions au plus haut niveau des États.

L'antisémitisme n'est devenu influent sur le plan politique « qu'à partir du moment où il est passé du stade de récit de conte d'épouvante à celui de théorie liée à des contextes beaucoup plus modernes » (Arendt, 1973, p. 196). Un stéréotype dont les racines sont sociales et économiques a gardé toute sa force : celui concernant le pouvoir de l'argent à partir de la figure de l'usurier juif.

De Shylock à la « société du marchandage »

Jusqu'au XVIe siècle, le prêt à intérêt fut interdit aux chrétiens. Être juif était un statut parmi d'autres, le plus bas et le plus proscrit. Le Juif n'appartenait à la société qu'en qualité d'usurier, de même qu'il ne faisait partie de la culture qu'au titre d'ennemi et de meurtrier du Christ. Ainsi, haine sociale et haine religieuse ont pu se conjuguer et s'amalgamer. L'assimilation économique des Juifs, au XIXe siècle, en Allemagne, privée d'ailleurs de toute légitimité politique, « a fait d'un peuple d'opprimés et de persécutés un peuple de banquiers, de commerçants et d'universitaires » (*Ibid.*, 1973, p. 147). L'antisémitisme moderne n'en a pas moins recueilli l'héritage de la haine des Juifs du Moyen Âge. C'est ainsi que le stéréotype de l'usurier a pu devenir l'image du particularisme juif.

Karl Marx, dans son texte de jeunesse *Zur Judenfrage*, désigne systématiquement la forme juive de commerce par le terme stigmatisant de *Schacher* (marchandage)[6]. L'essence anthropologique du Juif comportant, selon Marx, deux attributs : l'égoïsme et le besoin bassement pratique. Peu de commentateurs de l'œuvre de Marx ont noté la dimension clairement et violemment judéophobe de ce texte, comme l'ont fait par exemple Pierre Vidal-Naquet ou Léon Poliakof[7].

L'idée que les Juifs sont naturellement intéressés par l'argent est, parmi les plus anciens stéréotypes du Juif, l'un de ceux qui continuent d'avoir un impact sur la manière dont ils sont perçus aujourd'hui. Il présente le Juif comme l'incarnation de la cupidité commerciale, l'exploiteur des pauvres et la source de souffrances économiques et de misère pour les masses.

La première expression littéraire de la figure de l'usurier juif est à rechercher dans le drame de Shakespeare, *Le Marchand de Venise*, avec le personnage de Shylock. Dans cette pièce, écrite à la fin du XVIe siècle, Shylock est un usurier juif qui accorde à un marchand chrétien, Antonio, un prêt garanti sur une livre de sa chair s'il devait se trouver dans l'incapacité de rembourser sa dette. Shylock est loin d'être une caricature ou l'objet d'un procès à charge de la part de Shakespeare. Shylock est un grand personnage de théâtre, complexe par l'humiliation permanente dont il est l'objet ; pitoyable et monstrueux, si l'on considère la vengeance exercée sur son débiteur[8].

Du parvenu au paria

Une grille d'analyse de la condition juive au XIXe siècle en Occident est proposée par Hannah Arendt dans un article capital : « Le Juif comme paria : une tradition cachée[9] ». L'histoire juive moderne a commencé au XVIIIe siècle lorsque les Juifs fortunés vont recevoir de la part de l'État-nation, en quête de capitaux pour ses activités économiques, certains privilèges (Arendt, 2011)[10].

Une majorité de Juifs qui n'ont pas voulu, ou pu, devenir des parvenus sont restés des « parias conscients ». Le concept de « peuple paria » désigne une position d'exclus de la société qui a été celle des Juifs durant tout le XIXe siècle en Allemagne, dans l'empire austro-hongrois ou en Angleterre. Ce concept de nature politico-sociale conduit Arendt à distinguer d'une part les qualités juives reconnues (l'humanité, l'humour, l'intelligence désintéressée, etc.) qui sont celles des parias et, d'autre part, les défauts juifs (le manque de tact, l'imbécilité politique, la dissimulation, l'arrogance, l'avarice, etc.) qui sont caractéristiques des parvenus. On comprend combien cette distinction binaire, donc simpliste, peut être à l'origine d'une diversité de stéréotypes qui peuvent mêler des éléments empruntés à l'une et l'autre de ces catégories.

Schlemihl *et* Schnorrer

Je n'évoquerai ici que le premier type de paria, incarné par deux figures de la littérature : le *Schlemihl* et le *Schnorrer*. Le premier, terme yiddish désigne une personne qui n'a pas de chance, à l'instar du héros de von Chamisso de *La Merveilleuse Histoire de Peter Schlemihl*, dans laquelle le héros vend son ombre à Satan.

Hannah Arendt, pour définir le type du *Schlemihl*, fait référence au poème de Heinrich Heine, grand poète allemand, juif converti, qui dans « La princesse Sabbat », première de ses *Mélodies hébraïques*, dépeint son peuple sous la figure d'un prince transformé en chien par un sortilège[11]. Personnage ridicule tout au long de la semaine, il retrouve sa forme humaine et princière chaque vendredi soir. Le *Schlemihl* est, dans le monde du *Yiddishland*, un stéréotype du petit peuple ; il est le héros malgré lui de très nombreuses blagues juives. Quoi de plus significatif que de citer un *Witz* qui donne à deux *Schlemihl* l'occasion de deviser sur leur vie, si on peut appeler cela une vie.

> – Quelle terrible époque nous vivons, se plaint le premier. L'inflation, la déflation, le chômage, les dettes qui s'accumulent… Je vais te dire, je ne me souviens plus de la dernière nuit où j'ai vraiment bien dormi.
> – Ah bon ?, fait le second, un vrai *Schlemihl.* Moi je dors comme un bébé !
> – Et comment fais-tu ?, s'étonne le premier.
> – Eh bien je me réveille toutes les deux heures. Et je crie !

L'autre figure stéréotypée du paria qui est le sujet d'innombrables *Witz* est celle du mendiant qui se nourrit des miettes que veut bien lui accorder le parvenu[12]. Le *Schnorrer* est un des piliers de l'ordre social dont il est exclu. Cette relation lui donne une grande liberté de parole, dans la mesure où son activité donne à son bienfaiteur l'occasion de faire une bonne action[13]. Le *Witz* qui suit rend bien compte de cette interdépendance :

> Au cours de sa tournée hebdomadaire, un *Schnorrer* frappe à la porte d'un riche dont il est l'obligé.
> – Je n'ai pas un sou de monnaie s'excuse son bienfaiteur. Revenez demain.
> – Demain ?, maugrée le *Schnorrer*. Cher Monsieur, que cela ne se reproduise pas, j'ai perdu une fortune en faisant crédit !

Il faudrait sans aucun doute citer d'autres figures du paria évoquées par Freud et par la littérature yiddish : celle du marieur ou encore celle de l'angoissé permanent. Une dernière histoire juive condense de multiples stéréotypes et témoigne d'un sens de la dérision et d'un regard sur soi sans illusion.

> Deux commerçants juifs discutent de la marche de leurs affaires. Le premier répond au second, qui s'étonne de sa bonne fortune :
> – Lorsque je dis j'achète, j'achète.
> Lorsque je dis je vends, je vends.
> Lorsque je dis je donne, je dis.

Le lecteur conviendra que ce *Witz* peut légitimement donner un point d'orgue à un article qui proposait un point de vue pragmatique de la communication pour examiner la relation du stéréotype à la société qui l'a généré. Les éléments de ces dix dernières années, en particulier en France, ont vu se manifester un antisémitisme qui conduit au meurtre, à la profanation des tombes et des signes de la mémoire des victimes. La stigmatisation et la haine qui reprend, en les actualisant, les stéréotypes du Juif ne peuvent pas se réduire à des faits de langage, à des clichés, à des caricatures… Ces phénomènes sont une menace pour la République et pour la paix civile : « Quand vous entendez dire du mal du Juif, écrivait Frantz Fanon, tendez l'oreille, on parle de vous ».

NOTES

1. Ce livre constitue la première partie de *The Origins of Totalitarianism* (1951).
2. Tout au long du XXe siècle, les ouvrages qui rendent compte de l'expérience vécue de l'Être-juif sont innombrables. Ils peuvent être de l'ordre du témoignage, de l'autobiographie ou de la fiction.
3. Cette histoire – ce *Witz,* pour utiliser le mot yiddish qui désigne la blague juive – peut facilement se convertir en stéréotype :

les Juifs n'auraient-ils pas tendance à s'approprier toutes les découvertes humaines ? Encore que ! Il paraîtrait, en effet, que Christophe Colomb était un marrane – d'origine juive, donc.

4. Aujourd'hui, on peut se demander si l'antisionisme, envisagé comme une idéologie qui rejette la légitimité de l'État d'Israël, n'est pas une forme contemporaine de l'antisémitisme.
5. J'utilise ici le concept d'idéologie au sens où Althusser le reconstruisait après Marx. L'idéologie, selon, Althusser (1976, p. 110), a une existence matérielle : elle existe dans des pratiques ; elle interpelle les individus concrets en sujets.
6. Ce terme, venant de l'hébreu *sakar*, évoque un commerce douteux et mesquin, voire sordide.
7. André Sénik, dans un livre particulièrement décapant (Sénik, 2011), montre comment le texte de Marx, porté par un langage philosophique sur le thème de l'émancipation, développe une conception qui appelle la société à « s'émanciper de la judéité », voie de l'émancipation humaine.
8. N'oublions pas qu'un texte de théâtre est destiné à l'interprétation, aux deux sens du mot. Les mises en scène contemporaines, en particulier celles du Royal Shakespeare Company, mettent en évidence l'humanité de Shylock exigeant d'être considéré, en tant que Juif, comme un être humain (acte 3, scène 1).
9. Cet article qui avait paru en anglais, en 1944, a été repris dans *Écrits juifs*, paru sous la direction du dernier assistant de Arendt, Jerome Kohn (traduction française par Sylvie Courtine-Denamy, 2011). Le livre rassemble la totalité des écrits d'Arendt consacrés sinon à la « question juive » du moins aux « affaires juives » durant quatre décennies (1930-1960).
10. *Cf.* H. Arendt, « l'antisémitisme », dans *Écrits juifs*, chapitre IV.
11. Heinrich Heine a toujours voulu rester Juif *et* Allemand.
12. Le livre d'Israël Zangwill (1994), *Le Roi des Schnorrers*, est reconnu comme l'un des grands classiques de la littérature juive. De culture juive et anglaise, Zangwill a connu de son vivant une véritable gloire littéraire en Angleterre, aux États-Unis et dans le monde juif. Il a été considéré comme le Dickens juif.
13. Cette figure est très largement citée par Sigmund Freud (1992) dans son livre, *Le Mot d'esprit et sa relation à l'inconscient*.

RÉFÉRENCES BIBLIOGRAPHIQUES

Althusser, L., *Positions (1964-1975)*, Paris, Éditions sociales, 1976,

Arendt, H., *Sur l'antisémitisme*, Paris, Calmann-Lévy, 1973.

Arendt, H., *The Origins of Totalitarianism*, New York, Harcourt Brace, 1951.

Arendt, H., « Le juif comme paria : une tradition cachée », *in* Arendt, H., *Écrits juifs*, Paris, Fayard, 2011a, p. 433-457.

Fleg, E., *Jésus raconté par le Juif errant*, Paris, Gallimard, 1933 [6e éd.].

Freud, S., *Le Mot d'esprit et sa relation à l'inconscient*, Paris, Gallimard, coll. « Folio Essais », 1992.

Gabel, J., *La Fausse Conscience. Essai sur la réification*, Paris, Minuit, 1962.

Leselbaum, « Antisémitisme (évolutions) », *in* Leselbaum, J. et Spire, A. (dir.), *Dictionnaire du judaïsme français depuis 1944*, Paris/Lormont, Armand Colin/Le bord de l'eau, 2013, p. 53-58.

Marx, M., *Sur la question juive,* Paris, La Fabrique, 2006.

Memmi, A., *Portrait d'un juif. L'impasse,* Paris, Gallimard, 1962.

Neher, A., *L'Identité juive*, Paris, Petite Bibliothèque Payot, 1994.

Roudinesco, E., *Retour sur la question juive, postface inédite*, Paris, Seuil, 2016.

Sénik, A., *Marx, les Juifs et les droits de l'homme. À l'origine de la catastrophe communiste*, Paris, Denoël, 2011.

Taguieff, P.-A., « Antisémitisme (évolutions) », *in* Leselbaum, J. et Spire, A. (dir.), *Dictionnaire du judaïsme français depuis 1944*, Paris/Lormont, Armand Colin/Le bord de l'eau, 2013, p. 49-53.

Zangwill, I., *Le Roi des Schnorrers*, Paris, Autrement, 1994.

Le théâtre de Jean-Claude Grumberg : en finir avec le stéréotype

La dernière pièce de Jean-Claude Grumberg, *Pour en finir avec la question juive*, illustre brillamment, en une soixantaine de pages, et avec une drôlerie remarquable, une grande partie des stéréotypes qui constituent aujourd'hui la constellation des discours antisémites[1]. Le texte reprend à nouveaux frais, et sur le mode d'un dialogue subtil et paradoxal, le questionnement sur l'Être-Juif.

Durant dix séquences, à l'occasion d'une rencontre dans leur escalier commun, le voisin du dessus (appelons-le A pour faciliter la lecture) interroge sans relâche, et sans beaucoup de délicatesse, son voisin juif du dessous (appelons-le B) : il voudrait savoir ce que c'est qu'être juif.

Ce dernier aurait plutôt tendance à l'éconduire, vraisemblablement pour les mêmes raisons que celles de Chamaï, en réponse à celui qui souhaitait une réponse lapidaire. Que répondre à un fâcheux qui souhaite savoir « ce que c'est » qu'être juif, « comme ça, à brûle-pourpoint, sans documentation » ? Sa curiosité, pourtant, bien qu'insistante, n'est pas exigeante : il l'exprime « comme ça, entre voisins ».

Dans *Michu*, une de ses premières pièces, le signifiant « juif », qui apparaît pour la première fois dans son théâtre, demeure un signifiant vide, sans référence ni signifié : c'est l'autre, dans sa négation.

L'œuvre théâtrale de Jean-Claude Grumberg s'est construite, pour une partie importante et significative, autour de la condition juive, aussi bien dans le *Yiddishland*, en Europe centrale, avant la Seconde Guerre mondiale, qu'en France pendant, avant et après la Shoah.[2]

Les trois pièces *Dreyfus* (1974), *L'Atelier* (1979) et *Zone libre* (1990), rééditées ensemble en 1998 dans la collection « Babel », tissent une dimension fondamentale de l'œuvre de Jean-Claude Grumberg. Elles sont traversées par la disparition de la communauté juive d'Europe centrale, question qui inscrit à tout jamais sa marque dans l'histoire du XXe siècle. Avec *Dreyfus*, Grumberg se penche plus directement sur la condition juive, telle qu'elle était vécue dans la Pologne des années 1930, et il le fait par un biais narratif d'une grande efficacité dramatique : le destin d'Alfred Dreyfus. Juif et capitaine, il avait été, à la fin du XIXe siècle, le révélateur de l'antisémitisme ambiant[3].

Une des sources de *Dreyfus* peut être trouvée dans la nouvelle, « Dreyfus à Kassrilevké » de Scholem Aleichem, le fondateur de la littérature yiddish. Le récit se situe au moment de l'affaire Dreyfus. Des Juifs d'un *Schtetl*, une bourgade typique de Pologne éloignée du monde occidental, attendent avec impatience qu'un des leurs, abonné à un journal hébreu, vienne leur donner des nouvelles du monde. Lorsqu'ils apprennent qu'un capitaine juif, un nommé Dreyfus, est accusé d'avoir livré à une puissance étrangère des secrets d'État, la nouvelle n'éveille guère d'intérêt. Quelqu'un fait même cette remarque : « Il y a tout de même d'autres manières de gagner sa pauvre croûte ! »

La nouvelle de Scholem Aleichem, comme la pièce de Grumberg, mettent en évidence un des traits du stéréotype du Juif. Pour les antisémites, un Juif capitaine de l'armée française ne pouvait qu'être un traître en puissance. Pour les Juifs du *Schtetl*, impossible d'imaginer qu'un Juif puisse devenir capitaine, même en France. Ou alors, le personnage ne devait pas être très « cacher ».

Dans, *Vers toi Terre promise*, Grumberg laisse le chœur poser la question : « Qu'est-ce qu'un Juif ? » L'interrogation trouve sa légitimité à l'occasion de la rencontre du couple Charles et Clara Spodek, avec la supérieure du couvent qui a recueilli pendant la Seconde Guerre mondiale leur fille aînée, alors que la plus jeune a été déportée. La supérieure leur a suggéré, pour supporter leur douleur, de se tourner vers la prière. Charles lui réplique qu'en tant qu'athée, il ne prie pas ; il précise même que le mot athée possède « une connotation trop religieuse à son goût ». Son interlocutrice ne peut comprendre ce qui lui paraît être une contradiction insoutenable :

– « Peut-on être juif sans pratiquer la religion juive ? ».

La mère supérieure a posé une question pertinente. La réalité contemporaine montre que c'est possible, et cette situation, en France est loin d'être minoritaire. Soit dit en passant, aujourd'hui encore, pour un grand nombre de personnes, « être juif » semble impliquer l'appartenance à la confession juive[4]. Il y a dans cette nécessaire concordance un trait du stéréotype du Juif.

L'écriture de Grumberg est portée par un humour qui fait rire de ce qui devrait faire pleurer. Les ressorts de cet humour résultent de la reconnaissance de la difficulté d'être juif dans un monde hostile qui ne laisse de choix qu'entre l'assimilation et la disparition. Comment échapper à ce dilemme, sinon en le refusant ? Et c'est moins d'un humour juif, en l'occurrence, de nature ethnique ou culturelle qu'il est question que de l'humour de l'exil et de la différence que l'humour permet précisément de supporter en les revendiquant, un humour qui, pour reprendre une formule de Marcel Duchamp à propos d'un de ses détournements, est « une sorte de sauvetage ».

Le voisin du dessus de la pièce de Grumberg *Pour en finir avec la question juive*, pour ce qui le concerne, ne s'embarrasse pas de considérations métaphysiques et théologiques. Il cherche à satisfaire aux interrogations de sa femme, tourmentée par la question de l'identité juive. Comme Internet se contente de dire qui est juif et ne dit « jamais rien sur ce que c'est que l'être », il prend la liberté d'interroger son voisin juif du dessous :

> A : Je me suis permis de vous interpeller, afin de savoir quoi lui répondre à ma… quand elle me demande ce que c'est exactement.
> B : Être juif ?
> A : Voilà.
> B : Elle voudrait savoir comment ça s'attrape ?
> A : Par exemple, oui.
> B : Eh bien dites-lui…
> A : Oui ?
> B : Ça s'attrape le plus souvent à la naissance.
> A : À la naissance ?
> B : Oui, si vos parents sont juifs, vous avez de grandes chances de l'être aussi.
> A : D'accord. Après ?
> B : Après, est juif celui qui ne nie pas qu'il l'est quand il l'est.
> A : Ah ouais ?
> B : Voilà, avec ça vous avez de quoi satisfaire madame[5].

Le voisin du dessous, pour se débarrasser du questionnement de son voisin du dessus, finit par lui délivrer une « exclusivité » :

> B : Un juif est un mortel comme les autres mortels – peut-être même un peu plus mortel que les autres mortels – mais LES juifs, eux, sont immortels, et c'est pour cette raison qu'on parle tellement d'eux dans les médias depuis cinq-six mille ans.

La curiosité du voisin est insatiable. Il ne comprend pas pourquoi racisme et antisémitisme doivent se distinguer. Son voisin juif l'éclaire par une brève leçon pratique de distinction conceptuelle :

> B : L'antisémite n'arrive pas à reconnaître qui est juif et qui ne l'est pas, du coup, il voit des juifs partout, il se sent cerné, assiégé, agressé et il a peur. Le raciste, lui, reconnaît facilement qui n'est pas de sa couleur de peau, du coup il se sent cerné, assiégé, agressé et il a peur.
> A : Donc c'est pareil.
> B : Pas du tout, c'est le contraire…[6]

Dans l'annexe de sa pièce, Grumberg entre dans les détails, il indique les livres que le voisin du dessous aurait pu prêter à son voisin du dessus. Afin d'être aussi complet que possible, Grumberg prend la peine de préciser « à ceux que la question continuerait à tarauder après lecture de ce présent ouvrage, qu'un professeur émérite d'Harvard a répertorié à ce jour 8612 façons de se dire juif. Ne se reconnaissant dans aucune, il a déclaré à la presse qu'il poursuivait ses recherches ». Et Grumberg d'ajouter : « Je m'associe modestement de tout mon cœur, à sa quête ».

Jean Caune
Université Grenoble Alpes

NOTES

1. Jean-Claude Grumberg, *Pour en finir avec la question juive*, Arles, Actes Sud, 2013.
2. *Cf.* J. Caune, *Le Théâtre de Jean-Claude Grumberg, mise en pièces de la question juive*, Lormont, Le Bord de l'eau, 2016.
3. Le personnage du capitaine Dreyfus est sans aucun doute la personnalité de l'époque moderne qui incarne le mieux la manière dont l'identité juive, dans ses différentes facettes, a été instrumentalisé pour devenir l'objet d'un fantasme collectif qui s'est converti en stéréotype du Juif cosmopolite incapable de sentiment patriotique.
4. Le dernier exemple a été donné par l'ancien président de la République, François Hollande qui, dans son discours prononcé à l'occasion de la commémoration de la libération d'Auschwitz (27 janvier 2015), s'est adressé à ses compatriotes juifs par la formule : « Vous, Français de confession juive ». Cette formule signifierait-elle qu'il s'adressait uniquement aux juifs croyants ? Les Juifs incroyants seraient-ils, à ses yeux, des Juifs de seconde catégorie ?
5. Jean-Claude Grumberg, *Pour en finir avec la question juive*, *op. cit.*, p.14.
6. *Ibid.*, scène 4, p. 37.

Les micro-agressions linguistiques

Les langues sont des constructions sociales. Le simple fait de pouvoir parler de langues à travers pléthore de termes rappelle cette évidence quelque peu négligée. En français par exemple, « langue », « système linguistique », « parler », « idiome », « variété », « patois » ou « dialecte » font somme toute référence à une caractéristique définitoire de l'homme. Quel que soit le terme employé, il s'agit d'une caractéristique qui remplit deux fonctions indissociables. Elle sert de moyen de communication *et* d'identification. Et s'il existe des différences entre ces termes dans le langage courant, elles résultent davantage de perceptions sociales que de leur supposée valeur sémantique. Ce qui revient à reformuler la remarque d'Henriette Walter : sont généralement appelées « langues » des « dialectes » qui ont socialement réussi. La conséquence est double. Premièrement, une conception sociale des langues signifie qu'une « norme » linguistique n'existe pas en soi. La variation est effectivement un phénomène intrinsèque à toutes les langues, dès lors que des groupes sociaux – au sens large et non exclusivement ethnicisé – en font un espace de sens, y développent des sentiments d'attachement et, de ce fait, les utilisent pour se distinguer des autres groupes voire pour s'opposer. La deuxième implication est la nécessaire déconstruction d'un stéréotype quasi intemporel : croire que les notions de « pureté », d'« authenticité » et de « nativité » s'appliqueraient aux langues, c'est accepter qu'elles s'appliquent aux hommes.

Repenser les langues en tant que *pratique sociale comme une autre* permet de comprendre en quoi elles font aussi l'objet de (dé)valorisations subjectives. Au même titre que l'objectivation des « ethnies », « races », « religions », « sexes », « classes sociales », etc., les langues, étant faites de variations, provoquent des jugements de valeur, des tensions, des conflits et inéluctablement des discriminations. Les recherches autour de ces phénomènes ont fait naître des concepts spécifiques pour désigner les formes de violence symbolique fondées sur des différenciations linguistiques : « linguicisme » (Skutnabb-Kangas, 1988 ; Phillipson, 1992), « glottostéréotypie » (Bochman, 2001) et plus récemment « glottophobie » (Blanchet, 2016).

Nous avons initié en 2018 un projet de recherche-création mené avec des jeunes résidant en Nouvelle-Calédonie. Il met en perspective la banalité des idéologies véhiculant un purisme ethnolinguistique, y compris dans des contextes *de facto* marqués par la pluralité/diversité des langues à l'image de cet archipel du Pacifique Sud où une quarantaine de langues Kanak coexistent avec autant d'autres, retraçant les mouvements migratoires régionaux et internationaux. Nous avons demandé aux jeunes s'ils s'étaient déjà sentis jugés, infériorisés, ridiculisés, exclus, en raison de leurs langues ou de leurs façons de parler. Ils étaient invités à témoigner de ce que nous appelons des « micro-agressions linguistiques », soit des remarques insidieuses qui pointent une personne du doigt en raison d'une caractéristique linguistique donnée (Razafi et Wacalie, 2018 ; Frain, Razafi et Wacalie, 2019). En apparence ordinaires, voire bien intentionnées, ces petites réflexions, une fois intériorisées, finissent par provoquer des inhibitions linguistiques et nourrissent en parallèle le sentiment de ne plus être un locuteur légitime. Ces effets sont durables et conditionnent la vitalité des langues. Les récits des étudiants mettent en exergue un processus lent mais opératoire où le mépris de l'altérité linguistique cause l'abandon des langues (ou des pratiques langagières) ciblées et, fatalement, leur non-transmission aux générations nouvelles. *A contrario*, les pensées doxiques continuent quant à elles à se répandre insidieusement faisant notamment croire qu'il existerait de « vraies » langues comme il existerait des « vrais locuteurs » ou encore des « locuteurs natifs » étanches aux phénomènes de variation et de pluralisation.

Les autoportraits des étudiants donnent à voir l'objectivation de stéréotypes visant l'altérité linguistique (*cf.* photo 1). À l'instar des dynamiques observées en Nouvelle-Calédonie, les schémas de domination linguistique sont à la fois hérités du colonialisme, reléguant les langues Kanak aux marges du concept même de « langue » (*cf.* photo 2) et produits sous l'emprise d'une interaction située (*cf.* photo 3). Du point de vue scientifique, les langues, quels que soient leurs statuts, ne sont pas monolithiques. Toute langue est faite de variations, c'est une réalité scientifique autant qu'une garantie de sa vitalité. Par conséquent, les micro-agressions peuvent aussi être d'ordre endogène, mettant en jeu des injonctions intralinguistiques que se renvoient des locuteurs d'un même système linguistique (*cf.* photo 4). En référence à ce portrait, un critère d'authenticité linguistique est apposé à l'identité sociale, étant entendu que les « vrais » Viets parlent vietnamien. Dans ce projet, une démarche artistique à travers une réalisation *street art* a été proposée aux étudiants en guise de médium pour renvoyer à l'autre ses propres clichés (*cf.* photo 5). Redisons-le, la différenciation est un phénomène linguistique aussi inévitable, sinon les innombrables tentatives d'uniformisation/universalisation auraient réussi, que souhaitable, elle conditionne la survie des langues. Aussi est-elle reconnue comme un droit… à moins de n'y voir qu'un idéal ?

Elatiana Razafi
Université de la Nouvelle-Calédonie – Eralo

Fabrice Wacalie
ESPE – Université de la Nouvelle-Calédonie – équipe Lire

RÉFÉRENCES BIBLIOGRAPHIQUES

Blanchet, P., *Discriminations : combattre la glottophobie*, Paris, Textuel, 2016.

Bochmann, K., « Notre langue, votre patois, leur baragouin : stéréotypes et représentations des langues », *Hermès*, n° 30, 2001, p. 91-102.

Frain, S., Razafi, E. et Wacalie, F., « Speaking Back : Challening Linguistic Microaggressions in New Caledonia Through Street Art », *Pasifika Rising*, 10 mars 2019. En ligne sur : <www.pasifikarising.org/speaking-back-challenging-linguistic-microaggressions-in-new-caledonia-through-street-art/>, page consultée le 18/03/2019.

Phillipson, R., *Linguistic Imperialism,* Oxford, Oxford University Press, 1992.

Razafi, E. et Wacalie, F., « From Linguistic Norms to a Sea of Discriminations », *Sea of Norms : Laws and other Orders in the South Pacific,* Worshop sessions, The University of the South Pacific, Suva, août 2018.

Skutnabb-Kangas, T., « Multilingualism and the Education of Minority Children », *in* Phillipson, R. et Skutnabb-Kangas, T., *Linguicism Rules in Education,* Roskilde, Roskilde University Centre, Institute, 1986, p. 42-72.

Photo 1 : Stéréotype basé sur l'altérité linguistique.

Photo 2 : Exemple de micro-agression
*inter*linguistique héritée du colonialisme.

Photo 3 : Exemple de micro-agression *intra*linguistique opposant des locuteurs d'un même système linguistique.

Photo 4 : Exemple de stéréotype où la langue est utilisée comme critère d'authenticité identitaire.

Photo 5 : Le *street art* et la médiation visuelle en tant que contre-discours, réalisations en collaboration avec PäBlow et Sham Graff.

Jean-François Amadieu

Alexandra Roy

Prism-Cergors – université Paris 1 Panthéon Sorbonne

Stéréotypes et discriminations dans le recrutement

Dans tous les pays, les discriminations dans l'accès à l'emploi restent importantes malgré des politiques mises en place de plus ou moins longue date pour les combattre. Les sondages réalisés en France (Ifop-Défenseur des droits, 2014 ; 2015) et en Europe (Commission européenne-Sofres, 2007) montrent que les demandeurs d'emploi, les salariés et l'opinion publique sont convaincus de l'existence de discriminations multiples et importantes, particulièrement en France. Surtout, ces discriminations paraissent persistantes quels que soient les efforts déployés. L'observation des résultats des « testings » – c'est-à-dire des envois de CV factices similaires à l'exception d'un critère de discrimination pour mesurer, toutes choses égales par ailleurs, l'effet de cette variable – est éclairante à ce sujet. Nous constatons ainsi qu'aux États-Unis, le niveau des discriminations en raison de la couleur de peau n'a pas baissé depuis 1989 (Quillian, 2017). Les candidats noirs ont toujours environ 25 % de chances en moins d'avoir une réponse positive après l'envoi de leur CV que les blancs. En France, la perte de chance est du même ordre (23 %) dans les grandes entreprises et n'a pas changé entre 2007 (Halde, 2008) et 2016 (Dares, 2016).

Les risques de discrimination lors des embauches sont toutefois particulièrement forts en France pour plusieurs raisons. Les CV français reçus et demandés par les recruteurs comportent beaucoup d'informations concernant les caractéristiques personnelles des candidats. Certes, en Asie, les CV sont encore plus indiscrets, livrant notamment des informations sur la religion ou l'état de santé, mais si l'on compare les pratiques françaises par exemple à celle des États-Unis, on note que, de longue date, la photo, l'âge, le sexe, la situation matrimoniale ou encore les loisirs n'y sont pas mentionnés. D'autre part, les recruteurs français utilisent peu, au cours de leur processus de sélection, de techniques impersonnelles et objectives de mesure des compétences (tests d'intelligence, de personnalité, d'intégrité ou professionnels). Ils utilisent surtout, après le tri des CV, les entretiens comme technique de sélection et il est évidemment impossible d'éviter que lors de ces entretiens de multiples biais nuisent à l'appréciation des compétences et conduisent à des discriminations. Enfin, la France est un cas unique au monde par le nombre de motifs, de critères de discrimination listés par le législateur. On dénombre au minimum 25 critères et, par exemple, le fait d'avoir introduit en 2001 l'apparence physique dans cette liste ne peut qu'exposer les employeurs français à des discriminations fréquentes sur ce critère puisque les photos sont présentes sur les CV (pour les cadres en particulier) et que les entretiens en face à face sont la norme. Les sondages menés à l'initiative du Défenseur des droits auprès des demandeurs d'emploi montrent que les critères de discrimination les plus souvent cités par ceux qui estimaient avoir été discriminés à l'embauche étaient l'âge, l'apparence, l'origine, le sexe puis le lieu d'habitation (*cf.* tableau 1)

Les stéréotypes dans le domaine de l'emploi

Les stéréotypes expliquent en partie la persistance des discriminations dans le domaine de l'emploi, en particulier lors des recrutements. Les stéréotypes quant aux qualités et défauts observés dans le domaine professionnel des groupes discriminés paraissent encore répandus. Les tests d'association implicite (*implicit-association test*, IAT) sont un des moyens de mesurer l'ampleur de ces stéréotypes (Greenwald, 1998). Nous avons élaboré depuis 2005 des tests adaptés au contexte de l'emploi pour les diffuser en France. Dans ces derniers, nous avons examiné dans quelle mesure les individus ayant une caractéristique susceptible de déclencher des discriminations, comme ceux ayant un prénom signalant une origine nationale maghrébine, se voyaient spontanément associer des traits positifs ou négatifs essentiels aux yeux des employeurs. Les termes positifs étaient : heureux, tolérant, honnête, intelligent, travailleur, serviable, astucieux, agréable, sérieux, méthodique. Les traits négatifs, quant à eux, étaient : ignorant, stupide, irréfléchi, égoïste, malhonnête, désagréable, vaniteux, inconscient, malheureux, peu fiable. S'agissant de l'origine maghrébine, le score IAT moyen est de 0,19 sur 1 742 passations, indiquant une association plus rapide entre des termes négatifs et un prénom à consonance maghrébine. Pour les visages d'hommes de couleur de peau noire, pour les mêmes termes, le score IAT moyen est de 0,11 pour 1 315 tests passés, révélant une association plus rapide des traits négatifs à une photo d'un homme noir. Pour les hommes en surpoids, le score IAT moyen est de 0,16 pour 834 passations, montrant en ce domaine également une vision négative des individus en excès de poids. Pour les seniors de sexe masculin, le score IAT moyen est de 0,14 pour 571 tests, pouvant expliquer une partie des discriminations à l'embauche. Enfin, pour les porteurs de prénoms signalant une origine sociale ouvrière (plutôt que cadre), le score IAT est de 0,3 pour 514 tests, montrant une perception négative des prénoms populaires. Dans un autre test que nous avons construit, portant sur l'association implicite entre le genre et le travail *versus* la famille, nous avons constaté un score IAT moyen de 0,36 sur 2 941 passations. Ce résultat montre une association plus forte entre les femmes et ce qui représente la famille (cuisine, enfants, mariage, maison, linge) plutôt que la vie professionnelle (salaire, entreprise, bureau, carrière, métier). La question de savoir si les tests IAT permettent de prédire la discrimination effective en emploi a été largement discutée (Oswald, 2013, et *a contrario*, Jones, 2017 ; Kurdi, 2018). Il est néanmoins certain que la perception négative, et souvent inconsciente, de l'employabilité des groupes discriminés (seniors, personnes obèses, personnes d'origine africaine, etc.) ne peut qu'influer sur le choix des recruteurs, en particulier lors d'un tri de CV opéré rapidement ou d'entretiens d'embauche. Les préjugés envers un candidat sont le résultat des stéréotypes concernant son groupe d'appartenance et le lien entre ces préjugés et les comportements discriminatoires dans le recrutement a été établi dans plusieurs méta-analyses, même si celui-ci n'est pas similaire selon les variables examinées (racisme, sexisme, âgisme) (Schütz, 1996 ; Jones, 2017).

Changer les représentations

Plusieurs stratégies ont été mises en place par les pouvoirs publics et les entreprises afin de réduire l'effet des stéréotypes à l'embauche. Certaines d'entre elles consistent à faire évoluer les représentations ou attitudes des recruteurs par des opérations de sensibilisation et de formation. La loi française a rendu obligatoire depuis janvier 2018 une formation des chargés de recrutement aux discriminations. Si certaines méta-analyses étrangères semblent démontrer l'efficacité de ces pratiques (Pettigrew, 2006 ; Lemmer, 2015 ; Zhou, 2018 ; Paluck, 2018), d'autres auteurs démontrent leurs limites (Noon, 2018). En France, les motifs de discrimination prévus par la législation s'élevant au nombre de 25, il paraît illusoire d'espérer faire évoluer les stéréotypes concernant les différents groupes concernés. Si le rappel du droit est évidemment nécessaire, on peut se demander si la sensibilisation aux biais inconscients est à même de modifier les comportements discriminatoires.

La discrimination positive et le renforcement des stéréotypes

La discrimination positive constitue un autre moyen mis en avant par les pouvoirs publics et les entreprises pour faire évoluer les stéréotypes. Elle est particulièrement pratiquée lors des embauches de cadres ou lors du choix des dirigeants. En France, des quotas en fonction du genre s'imposent ainsi pour les postes à responsabilité de la fonction publique ou pour les conseils d'administration dans le secteur privé. Au-delà de ces obligations, des pratiques de « promotion de la diversité » sont fréquentes mais sont sans base légale (la discrimination positive à l'initiative de l'employeur est illégale sauf si la loi l'organise dans le respect de la Constitution, ce qui est le cas pour les quotas fondés sur le sexe). Selon les directions des ressources humaines, la présence de dirigeants ou de managers appartenant à des groupes discriminés (femmes, minorités visibles par exemple) serait susceptible de faire évoluer les représentations. Ainsi, augmenter mécaniquement la part des femmes dans le management ne serait pas simplement un moyen de débloquer rapidement des carrières ou de rattraper les discriminations ayant existé mais permettrait également de fournir un modèle aux femmes et de lever l'*a priori* d'incompétence pesant sur ces dernières. Or, la littérature scientifique met en exergue une stigmatisation des bénéficiaires de ces politiques et un effet renforcé des stéréotypes, tels que l'incompétence ou la froideur, chez leurs collègues (Leslie, 2014). Quant aux bénéficiaires de ces pratiques, ils se sentent plus stressés et anxieux, moins compétents et sont conscients de la perception négative de leurs collègues. L'appréciation qu'ils portent sur leur performance est dégradée et leur performance mesurée est finalement diminuée. Loin de lutter contre les stéréotypes, les politiques de discrimination positive fondées sur le genre ou l'ethnie paraissent amener au résultat exactement inverse.

Le CV anonyme

En France, les entreprises privilégient la sensibilisation des recruteurs aux stéréotypes et la promotion de la diversité, comme évoqué précédemment, et très peu d'entre elles optent pour la mise en place d'un traitement anonyme des candidatures. Ces organisations choisissent ainsi de ne pas masquer les informations relatives aux caractéristiques personnelles et non productives des postulants susceptibles d'influencer le recruteur, telles que le patronyme ou le sexe, mais, au contraire, d'utiliser ces dernières pour favoriser une diversification des recrutements. Cette approche est cependant interdite par la législation française, qui n'autorise pas les entreprises à fonder leurs décisions de recrutement sur la base de critères de discrimination prohibés. Par ailleurs, l'accès à ces informations peut induire des comportements discriminants fondés sur les stéréotypes des recruteurs. Il peut également conduire ces derniers à écarter de manière discriminatoire certains postulants (femmes enceintes, candidats dont le lieu de résidence est éloigné du lieu de travail, etc.) pour des motifs sans lien avec ces stéréotypes. Le choix des recruteurs est alors dicté par les préférences des clients et des futurs collaborateurs ou par la volonté de minimiser certains risques comme la disponibilité du salarié ou sa ponctualité. Les discriminations à l'embauche peuvent ainsi être causées par les préférences des recruteurs ou par celles des clients. Cela ne change rien à l'illégalité de ces décisions, mais il est essentiel de distinguer ces deux préférences. Le CV anonyme a été spécifiquement mis en place pour lutter contre la discrimination et constitue le seul type de candidature actuellement disponible permettant d'éliminer tout accès aux informations qui ne renseignent pas sur les compétences du candidat. L'efficacité de cet outil a été démontrée dans plusieurs recherches internationales (Amadieu, 2014). Selon ces études, le CV anonyme permettrait de réduire considérablement les discriminations à l'embauche fondées sur le genre, l'âge ou encore l'origine dans de nombreux pays (Edin et Lagerström, 2006 ; Åslund et Nordström, 2012). La France a opté pour une autre politique en abrogeant en 2015 la loi relative au CV anonyme de 2006 qui n'avait du reste pas été mise en œuvre faute de décrets d'application. Il est cependant évident que si une décision d'embauche repose sur une évaluation des compétences d'un candidat et que le recruteur ignore ses caractéristiques personnelles, potentiellement génératrices de stéréotypes, comme son origine ou son apparence physique, il ne peut *de facto* pas exister de discrimination directe.

Tri automatique et algorithmes

Quels que soient les efforts pour faire évoluer les stéréotypes qui faussent les opérations de sélection, il s'avère que la meilleure solution pour que les recrutements soient de qualité est de traiter de manière « mécanique » les candidatures (utilisation de tests, tri automatique, algorithmes) en réduisant au maximum l'intervention des recruteurs (entretiens, liberté de choix au vu des informations disponibles). Ce constat a été fait pour la sélection à l'entrée des universités dans plusieurs méta-analyses (Kuncel, 2013 ; Kreiter, 2018) et dans le domaine de l'emploi (Li, 2018). L'utilisation de tests anonymes axés sur les compétences professionnelles permettrait ainsi de se focaliser sur les caractéristiques productives et non personnelles des postulants. De tels tests nécessitent cependant une définition rigoureuse de ce que recouvre la notion de compétence professionnelle. Quelques recherches récentes explorent également la possibilité que l'automatisation du tri de CV puisse réduire la discrimination durant le processus d'embauche (Chen *et al.*, 2018). Elles formulent l'hypothèse que ce procédé limiterait l'ampleur des phénomènes discriminatoires lors du recrutement car l'intelligence artificielle appliquée au simple tri des CV produirait des décisions plus objectives et rationnelles, dépourvues de biais liés aux stéréotypes. Tout dépend naturellement du type d'informations figurant dans les CV des candidats qui sont exploitées par l'algorithme : traiter par exemple les loisirs (sport), l'adresse ou le lieu d'obtention des diplômes peut poser problème. Le tri automatique des CV consiste à déterminer les caractéristiques productives nécessaires pour réussir dans un poste donné puis à établir une correspondance sémantique entre ces caractéristiques et celles mentionnées dans les CV. Les caractéristiques personnelles illicites (sexe, âge, origine, etc.) ne seraient alors pas prises en compte par les employeurs et elles ne doivent pas l'être. Nous avons produit une enquête statistique sur les liens entre automatisation des tris de candidatures et discrimination à l'embauche auprès de recruteurs français. Dans cette étude, le tri de CV automatique permet de supprimer les traitements discriminatoires fondés sur le genre, la situation familiale, l'âge, l'origine et l'apparence. En effet, les évaluateurs optant pour cette méthode n'ont pas trié les candidatures en fonction de ces critères contrairement aux recruteurs utilisant un tri de CV non automatisé (*cf.* tableau 2). Notre recherche révèle cependant une limite majeure de l'automatisation du tri de CV. Les évaluateurs de notre échantillon ont appliqué comme critère un type de discrimination prohibé – le lieu de résidence – car cette information était exploitée délibérément. Ils excluent donc définitivement les candidats ne répondant pas à ce critère, même si leurs compétences sont en adéquation avec le poste. La question de l'individu qui programme l'algorithme et son objectivité reste donc essentielle. Le tri de CV automatique ne peut diminuer la discrimination que si les employeurs ne cherchent pas à appliquer comme filtre des critères de discrimination. Des auteurs se sont attachés à décrire une autre limite de cette méthode. Selon eux, cette dernière conduirait à supprimer la discrimination directe mais non indirecte (Le Chen *et al.*, 2018). La discrimination indirecte apparaît quant à elle lorsqu'un critère, apparemment neutre, est susceptible d'entraîner un désavantage pour un groupe particulier. Un algorithme induit cette dernière forme de discrimination si les critères servant de filtre de sélection sont fortement corrélés aux groupes d'appartenance des candidats, même si ces groupes n'ont pas directement servi de filtre. Par exemple, le critère de la popularité du candidat sur les réseaux sociaux professionnels peut favoriser les candidats masculins, plus désirables sur le marché du travail (*Ibid.*). Cette méthode semble efficace pour lutter contre la discrimination, mais la production d'études scientifiques et une réflexion approfondie sur son fonctionnement semblent nécessaires. Certes, le tri automatique et les algorithmes ne sont pas exempts de biais puisque les variables exploitées peuvent être discriminantes de manière directe ou indirecte mais ils représentent un progrès important (Kleinberg, 2019). Lorsque la sélection est effectuée par un humain, les critères de choix sont une boîte noire alors que les critères utilisés par un dispositif automatique peuvent être connus et corrigés si nécessaire (*Ibid.*).

Si les recruteurs doivent théoriquement se centrer sur les caractéristiques productives détaillées dans les candidatures, un nombre conséquent de publications démontre qu'ils se forgent des impressions qui dépassent largement les compétences reportées dans les CV. Ces recherches concluent que les recruteurs analysent les qualités personnelles des candidats à travers des stéréotypes qui induisent des choix arbitraires et des comportements discriminatoires. Les stéréotypes sont ainsi une des explications du niveau important des discriminations observées à l'embauche. Peu de travaux cependant portent sur les solutions permettant de réduire les stéréotypes à l'origine de ces phénomènes discriminatoires. La littérature scientifique conclut que la discrimination positive, guère utilisable dans le contexte français pour des raisons juridiques, renforce les stéréotypes. La formation et la sensibilisation des recruteurs aux stéréotypes sont également d'une efficacité discutée pour lutter contre ces phénomènes. En revanche, le CV anonyme, qui supprime l'accès aux informations personnelles (sexe, photo, nom, etc.), apparaît comme une solution pertinente. Le traitement automatique des candidatures et l'utilisation d'algorithmes améliorent également l'appréciation objective des aptitudes et compétences. Ces différents outils restent cependant très peu utilisés dans les entreprises françaises. La mise en évidence du poids des stéréotypes et de l'ampleur des discriminations appelle cependant à une remise en cause profonde des techniques de recrutement actuelles.

RÉFÉRENCES BIBLIOGRAPHIQUES

AMADIEU, J.-F., « CV anonyme et prévention des discriminations », *Working Paper*, Prism-Cergors, juil. 2014.

AMADIEU, J.-F. et ROY, A., « Les incidences de l'automatisation du tri de candidatures sur le processus de recrutement », communication à la journée Transformation digitale, université Paris 1, sept. 2018.

ÅSLUND, O. et NORDSTRÖM SKANS, O., « Do Anonymous Job Application Procedures Level the Playing Field ? », *Industrial and Labor Relations Review*, vol. 65, n° 1, 2012, p. 82-107

COMMISSION EUROPÉENNE-SOFRES, « La discrimination dans l'Union européenne », *Eurobaromètre spécial*, n° 263, jan. 2007.

EDIN, P-A. et LAGERSTRÖM, J., « Blind Dates : Quasi-experimental Evidence on Discrimination », *IFAU Working Paper*, n° 4, 2006.

GREENWALD, A. G., MCGHEE, D. E. et SCHWARTZ, J. L. K., « Measuring Individual Differences in Implicit Cognition : The Implicit Association Test », *Journal of Personality and Social Psychology*, vol 74, n° 6, 1998, p. 1464-1480.

IFOP POUR LE DÉFENSEUR DES DROITS ET L'OIT, « 7e baromètre sur la perception des discriminations au travail », 1er janv. 2014. En ligne sur : <www.defenseurdesdroits.fr/fr/outils/7e-barometre-sur-la-perception-des-discriminations-au-travail>, page consultée le 5/3/2019.

IFOP POUR LE DÉFENSEUR DES DROITS ET L'OIT, « 8e baromètre sur la perception des discriminations dans l'emploi », 2 fév. 2015. En ligne sur : <www.defenseurdesdroits.fr/fr/etudes-et-recherches/2015/03/8e-barometre-de-la-perception-des-discriminations-dans-lemploi>, page consultée le 5/3/2019.

JONES, K. P., SABAT, I. E., KING, E. B., AHMAD, A., MCCAUSLAND, T. C. et CHEN, T., « Isms and Schisms : A Meta-analysis of the Prejudice-discrimination Relationship Across Racism, Sexism, and Ageism », *Journal of Organizational Behavior*, vol. 38, n° 7, 2017, p. 1076-1110.

KLEINBERG, J., LUDWIG, J., MULLAINATHAN, S. et SUNSTEIN, C. R., « Discrimination in the Age of Algorithms », *NBER Working Paper*, n° 25548, 5 fév. 2019.

KREITER, C., O'SHEA, M., BRUEN, C., MURPHY, P. et PAWLIKOWSKA, T., « A Meta-analytic Perspective on the Valid Use of Subjective Human Judgment to Make Medical School Admission Decisions », *Medical Education Online*, vol. 23, n° 1, 2018, p. 1522225.

KUNCEL, N. R., KLIEGER, D. M., CONNELLY, B. S. et ONES, D. S., « Mechanical Versus Clinical Data Combination in Selection and Admissions Decisions : A Meta-analysis », *Journal of Applied Psychology*, vol. 98, n° 6, 2013, p. 1060.

KURDI, B., SEITCHIK, A. E., AXT, J. R., CARROLL, T. J., KARAPETYAN, A., KAUSHIK, N. et BANAJI, M. R., « Relationship Between the Implicit Association Test and Intergroup Behavior : A Meta-analysis », *American psychologist*, 13 déc. 2018. Doi : 10.1037/amp0000364

CHEN, L., MA, R., HANNÁK, A. et WILSON, C., « Investigating the Impact of Gender on Rank in Resume Search Engines », *Proceedings of the 2018 CHI Conference on Human Factors in Computing Systems*, ACM, New York, Paper 651, 2018. En ligne sur : <personalization.ccs.neu.edu/static/pdf/chen-chi18.pdf>, page consultée le 5/3/2019.

LEMMER, G. et WAGNER, U., « Can We Really Reduce Ethnic Prejudice Outside the Lab ? A Meta-analysis of Direct and Indirect Contact Interventions », *European Journal of Social Psychology*, vol. 45, n° 2, 2015, p. 152-168.

LESLIE, L. M., MAYER, D. M. et KRAVITZ, D. A., « The Stigma of Affirmative Action : a Stereotyping-based Theory and Meta-analytic Test of the Consequences For Performance », *Academy of Management Journal*, vol. 57, n° 4, 2014, p. 964-989.

LI, D., HOFFMAN, M. et KAHN, L.B., « Discretion in Hiring », *The Quarterly Journal of Economics*, vol. 133, n° 2, 2018, p. 765-800.

NOON, M., « Pointless Diversity Training : Unconscious Bias, New Racism and Agency », *Work, employment and society*, vol. 32, n° 1, 2018, p. 198-209.

OSWALD, F. L., MITCHELL, G., BLANTON, H., JACCARD, J. et TETLOCK, P. E., « Predicting Ethnic and Racial Discrimination : A Meta-analysis of IAT Criterion Studies », *Journal of Personality and Social Psychology*, vol. 105, n° 2, 2013, p. 171-192.

PALUCK, E. L., GREEN, S. A. et GREEN, D. P., « The Contact Hypothesis Re-evaluated », *Behavioural Public Policy*, 2018. Doi : doi.org/10.1017/bpp.2018.25

QUILLIAN, L., PAGER, D., HEXEL, O. et MIDTBØEN, A. H., « Meta-analysis of Field Experiments Shows No Change in Racial

Discrimination in Hiring Over Time », *Proceedings of the National Academy of Sciences*, vol. 114, n° 41, 2017, p. 10870-10875.

Schmidt, F. L., Oh, I. S. et Shaffer, J. A., « The Validity and Utility of Selection Methods in Personnel Psychology : Practical and Theoretical Implications of 100 Years of Research Findings », Working Paper, oct. 2016.

Pettigrew, T. F. et Tropp, L. R., « A Meta-analytic Test of Intergroup Contact Theory », *Journal of Personality and Social Psychology*, vol. 90, n° 5, 2006, p. 751-783.

Schütz, H. et Six, B., « How Strong Is the Relationship Between Prejudice and Discrimination ? A Meta-analytic Answer », *International Journal of Intercultural Relations*, vol. 20, n° 3-4, 1996, p. 441-462.

Zhou, S., Page-Gould, E., Aron, A., Moyer, A. et Hewstone, M., « The Extended Contact Hypothesis : A Meta-Analysis on 20 Years of Research », *Personality and Social Psychology Review*, vol. 23, n° 2, 2018.

Tableau 1

Demandeurs d'emploi victimes de discrimination	Motifs
Âge	**35 %**
Apparence	**25 %**
Origine	**20 %**
Être un homme/une femme	**19 %**
Lieu d'habitation	**16 %**
Situation de famille	**12 %**
Handicap	**11 %**
Situation de pauvreté	**9 %**
Convictions religieuses	**6 %**
Orientation sexuelle	**4 %**
Opinions politiques	**2 %**
Activités syndicales	**2 %**
Situation de grossesse	**1 %**
Identité sexuelle, transsexualité	**1 %**

Source : Ifop pour le Défenseur des droits et l'OIT, 2015

Tableau 2

Critères d'évaluation en recrutement selon la méthode de recrutement utilisée (en %)

	Tri de CV automatisé	Tri de CV non automatisé
L'âge	0	32
L'apparence	0	41
L'origine	0	3
Le handicap	0	33
Le genre	0	12
La situation familiale	0	2
Le lieu de résidence	40	45
L'état de santé	0	27
L'expérience : durée	98	94
L'expérience : contenu	93	90
Les prétentions salariales	1	2
La maîtrise de l'anglais	15	10
Le niveau de formation	89	82
La filière de formation	85	80
La disponibilité immédiate	3	1
La présence de référence	9	0
Les compétences techniques	69	61

Hervé Marchal
Centre Georges Chevrier – université de Bourgogne

Jean-Marc Stébé
Laboratoire lorrain de sciences sociales – université de Lorraine

Des stéréotypes tenaces sur les banlieues et les zones périurbaines

***Revue* Hermès :** Quels sont selon vous les stéréotypes sur les banlieues et la périurbanité les plus tenaces depuis l'après-guerre ?

Hervé Marchal et Jean-Marc Stébé : La ville a toujours débordé de ses limites, et cela est d'autant plus vrai au XIXe siècle qu'avec la Révolution industrielle, les faubourgs se développent de façon importante. Cette diffusion de la ville bien au-delà de son périmètre historique s'est confirmée et accentuée après la Seconde Guerre mondiale. Ce que l'on appelle aujourd'hui les banlieues va alors prendre forme à travers la construction massive de grands ensembles d'habitation. Quant aux zones périurbaines, situées au-delà de la banlieue, elles amorceront leur développement au cours des décennies 1960-1970, notamment avec l'implantation de vastes lotissements de pavillons individuels et d'importants centres commerciaux.

Des stéréotypes s'imposeront au niveau des banlieues, et plus particulièrement sur les cités d'habitat social. En effet, les grands ensembles HLM (habitations à loyer modéré), du moins les plus déshérités, seront très vite perçus, dès les années 1970, comme des mondes clos parfaitement homogènes sur le plan social et culturel, des espaces relégués coupés des autres territoires urbains et de leurs dynamiques culturelles, politiques et sociales. Ils seront par ailleurs comparés à des territoires imperméabilisés à la mondialisation économique où régnerait une pauvreté absolue. Les cités HLM seront également assimilées à des zones de non-droit dans lesquelles le crime sous toutes ses formes s'imposerait. Aujourd'hui, le stéréotype des cités HLM identifiées à des ghettos est adossé au mythe de la banlieue, banlieue vue comme un territoire lointain, hors du jeu urbain, et comme une sorte de foyer actif d'où viendrait le mal. Mythe de la banlieue et stéréotype des cités-ghettos se renforcent l'un et l'autre à travers un processus de causalité circulaire qui engendre *in fine* l'image d'une entité territoriale mauvaise et menaçante, au point de générer un sentiment d'insécurité chez celles et ceux qui approchent réellement ou non ces espaces urbains (Duprez et Hedli, 1992).

Affirmer que les cités HLM se lisent à travers le mythe de « la banlieue » revient à dire que derrière le sigle HLM et la notion de « grands ensembles » se dessinent les contours d'une réalité déformée. C'est donc bien un mythe qui a pris forme, mythe qui, comme le précise Roland Barthes (1957), s'apparente à un « langage volé » dans le sens où il fait passer les cités-ghettos pour des espaces de vie qui existeraient depuis toujours comme s'il s'agissait d'essences naturelles par définition suprahumaines, alors qu'elles ne sont que le résultat d'une volonté politique.

Les zones périurbaines seront elles aussi l'objet de stéréotypes à partir du début des années 2000. À tel point qu'à travers les territoires périurbains, il est souvent fait le procès des choix politiques, des orientations sociétales et des modèles urbanistiques du XXe siècle. Preuve en est que les jugements de valeur et autres stéréotypes sur le périurbain sont légion. Ce dernier ne serait pas « moral » car il représenterait l'espace du repli sur soi, de l'égoïsme et de l'homogénéité sociale à travers notamment ses niches communales gentrifiées. Il serait en outre une dénaturation du monde rural avec l'arrivée des néo-ruraux dans des lotissements « sans âme ». Le périurbain incarnerait également un sous-espace urbain dépourvu de centralité et privé d'urbanité, autrement dit de diversité sociale, de relations sensibles et de représentations partagées. Il ne serait pas par ailleurs respectueux de l'environnement dans le sens où il consommerait l'espace en multipliant les infrastructures routières et en artificialisant toujours plus les espaces agricoles et naturels. De ce point de vue, le périurbain pèserait considérablement sur la facture carbone en obligeant les habitants à se déplacer quotidiennement. Il représenterait ainsi le comble de l'anti-développement soutenable et de l'anti-écologie. Il serait en outre monotone et terne au sens où il banaliserait les territoires qu'il annexe en y égrainant un bâti ordinaire et standardisé aux quatre coins de l'Hexagone. Le périurbain serait enfin l'expression manifeste de l'individualisme et du délitement du lien social.

Aux yeux du plus grand nombre, le périurbain aurait ainsi pour caractéristique de relever du quantitatif, du banal et du vulgaire tant au niveau de son architecture incarnée par la figure du pavillon qu'au niveau de ses paysages émaillés de lotissements et de ses aménagements structurés autour de ronds-points, de routes et autres rocades. D'aucuns y voient l'avènement d'une « France moche », en identifiant le périurbain à ses hangars commerciaux, à ses plateformes logistiques, à ses proliférations pavillonnaires et à ses longues entrées d'agglomérations saturées de panneaux publicitaires (*cf. Télérama*, n° 3335, 2010).

***Revue* Hermès :** Dans quelle mesure les stéréotypes reflètent-ils les fragmentations socio-urbaines (ou l'inverse), particulièrement au regard des expériences sensorielles qui ont retenu votre attention ?

Hervé Marchal et Jean-Marc Stébé : Dès la fin des années 1960, les grands ensembles des périphéries urbaines sont présentés comme des « univers concentrationnaires », où les barres et les tours agglomèrent des individus enfermés dans des « cages à lapins ». Quelque temps après, les lotissements pavillonnaires du périurbain tomberont à leur tour sous le coup des mêmes jugements et seront comparés à des « HLM horizontaux ».

Nous voyons combien les périphéries au sens large, entendons les banlieues et les zones périurbaines, sont regardées comme des lieux défigurant l'entrée des villes et plus généralement le paysage urbain du fait de leurs zones industrielles, de leurs nappes pavillonnaires ou de leurs grands ensembles HLM. Toutefois, ces derniers sont encore plus discrédités que tous les autres territoires. En effet, aux yeux de ceux qui les critiquent, les grands ensembles sont condamnables non seulement en raison de leur laideur apparente, mais aussi parce qu'ils constituent des zones d'immoralité et de dépravation, où la délinquance et la violence se donneraient libre cours. Ainsi apparaissent-ils comme des espaces sociaux dont les caractéristiques illustrent parfaitement la croyance selon laquelle le jugement esthétique est inséparable du jugement moral, étant donné que les choses laides et les choses mauvaises sont souvent associées. Cette alliance du disgracieux et du mal – qui peut également lier le beau au bon – ne date pas d'aujourd'hui. Déjà au XVIIIe siècle, Denis Diderot prétend dans son *Traité du beau* que « le vrai, le bon et le beau se tiennent de bien près ». La propension à lier le Bien et le Beau est somme toute quelque chose d'assez classique, si ce n'est que cette association a un prolongement regrettable : elle conduit souvent, en effet, à confondre l'ordre esthétique et celui de la morale, et donc à dévaloriser moralement des choses (ou des personnes) qui indisposent non pas parce qu'elles attentent réellement à la morale, mais parce qu'elles ne sont pas conformes à tel ou tel critère du Beau. On comprend mieux pourquoi les bâtiments des grands ensembles de banlieue en viennent, par leur architecture imposante et uniforme, à évoquer la prison, c'est-à-dire un lieu fermé sur lui-même : un ghetto. Les populations se retrouvent alors stigmatisées par leur habitat.

D'une façon générale, dans nos schémas mentaux les représentations stéréotypiques du dangereux et de l'hostile sont facilement associées au sale et au laid. Conséquemment, la délinquance ne se situerait que dans le monde de la saleté et de la laideur, la probité et l'honnêteté ne se trouvant que dans l'univers du propre et du beau. Dans cette logique, les grands ensembles de banlieue, regardés comme « moches » et « pourris », seraient consubstantiellement porteurs de malhonnêteté, d'insécurité et de délinquance. À l'opposé, les « beaux quartiers » du centre-ville, de style haussmannien par exemple, seront vus et pensés comme des espaces de probité et sans danger.

***Revue* Hermès :** De quelle manière les stéréotypes participent-ils au processus de ségrégation et de distinction sociale ?

Hervé Marchal et Jean-Marc Stébé : Les stéréotypes négatifs concernant les cités HLM des banlieues sont au centre des stratégies de distinction des catégories sociales qui ne résident pas dans les grands ensembles mais qui ne sont pas totalement sûres de pouvoir y échapper toute leur vie. Dans ce sens, la frange la plus vulnérable de la classe moyenne résidant dans les espaces les plus proches des cités d'habitat social, notamment au sein d'anciens lotissements pavillonnaires modestes, est celle qui utilise et entretient de façon exacerbée l'image des cités-ghettos afin de se démarquer des habitants des grands ensembles, de peur d'être assimilée à eux : les populations peu fortunées des lotissements souhaitent se tenir à bonne distance de ceux susceptibles de venir perturber leur « petit bonheur », sous-entendu ceux qui résident dans les tours et les barres à côté de chez eux, à commencer par les « jeunes ». Les habitants des pavillons tendent alors à se replier sur eux-mêmes et défendent ainsi un entre-soi que Jacques Donzelot (2004) appelle « protecteur », fait de barrières physiques et symboliques à l'encontre des cités d'habitat social. Parmi les barrières en question, figure bien évidemment le mythe des cités-ghettos (Stébé et Marchal, 2009) qui, sur un plan imaginaire, sert à faire de « l'autre » (le pauvre des HLM) une figure indésirable à éviter, jouant ainsi le rôle de « repoussoir ». Dans cette logique, s'ébauche un processus de mythification d'un « autre » qui vit dans un monde « sauvage » et « infréquentable » auquel on ne souhaite pas accéder et que l'on tient à bonne distance – celui des grands ensembles –, différent du monde « civilisé » et « fréquentable » des quartiers pavillonnaires.

***Revue* Hermès :** Les politiques ont-elles une responsabilité dans le maintien et la circulation de stéréotypes sur les habitants des banlieues ?

Hervé Marchal et Jean-Marc Stébé : Plus que les politiques en elles-mêmes, ce sont les acteurs politiques qui doivent retenir notre attention dans la mesure où ils utilisent les stéréotypes à l'endroit des banlieues HLM défavorisées pour motiver leurs choix politiques et fonder des programmes électoraux qui affichent de plus en plus une orientation sécuritaire, celle-ci étant justifiée moins à partir de la criminalité au sens large (nombre de vols, d'agressions, etc.) qu'à partir d'un sentiment diffus d'insécurité, sentiment renforcé par la prise en compte de la perception subjective des victimes, des rumeurs collectives, des infox et de certains discours médiatiques. Les clichés relatifs aux grands ensembles de logements sociaux font souvent florès sur la scène politique surtout au moment des campagnes électorales. Toute la rhétorique sécuritaire du monde politique développée depuis plus d'une vingtaine d'années s'appuie sur des stéréotypes négatifs renvoyant aux cités-ghettos ; ce faisant ceux-ci servent de caution à l'application de mesures plus répressives que préventives, non seulement dans les quartiers d'habitat social paupérisés, mais également dans l'ensemble des territoires urbains.

Les représentations sociales discréditantes des cités-ghettos sont à n'en pas douter aujourd'hui au centre de bien des rhétoriques politiques, institutionnelles et collectives au point de faire naître de nouveaux stéréotypes. Parmi ceux-ci figure celui relatif au quartier. En effet, l'utilisation par certains décideurs politiques des stéréotypes relatifs aux cités HLM paupérisées nourrit l'idéologie du « quartier », comme si celui-ci était une entité territoriale spécifique et homogène, comme si derrière le mot « quartier » se cachait une substance bien définie, cohérente. Or les sociologues urbains ont bien mis en évidence que ce territoire que l'on appelle quartier n'est pas forcément porteur de sens pour ceux qui y vivent. Contrairement à ce que laissent penser les discours politiques prenant comme échelle de base le quartier pour développer du local soi-disant plus authentique, plus « vrai » et davantage proche des préoccupations des citoyens, en opposition au global de la société mondialisée, le quartier n'est pas toujours un support identitaire adéquat pour le citadin d'aujourd'hui (Authier *et al.*, 2007 ; Marchal et Stébé, 2018a).

***Revue* Hermès :** En quoi certains stéréotypes peuvent-ils être « utiles » aux habitants de la banlieue ?

Hervé Marchal et Jean-Marc Stébé : Les stéréotypes sur les banlieues HLM ne sont pas seulement un support identificatoire pour les classes moyennes qui vivent à proximité des cités d'habitat social paupérisées, ils se trouvent également au centre des stratégies de construction de soi développées par les résidents des grands ensembles eux-mêmes. À partir de recherches ethnographiques menées au cœur des banlieues sensibles, Claire Calogirou (1989) ou Vincent Milliot (1995) montrent que, en dépit de l'image stigmatisée de celles-ci par les classes moyennes et certains médias, les habitants de ces banlieues ne s'ignorent nullement, ils tissent au contraire un réseau de surveillance étroit basé sur les rumeurs, les ragots, le « qu'en-dira-t-on », sur une sociabilité de l'honneur à l'opposé de l'anonymat avancé par le sens commun. À travers rumeurs, ragots et autres légendes, les locataires des logements sociaux cherchent à se distinguer et même à se démarquer de l'autre, plus pauvre, plus étranger que soi. Il s'agit pour ceux qui s'opposent aux stéréotypes convoqués ici de se tenir à l'écart des représentations avilissantes, et de faire comme si on n'appartenait pas à ce monde dégradé, dévalorisé et stigmatisé. Là s'opère un mécanisme bien décrit par les psychosociologues, celui de la construction de son moi à partir d'objets d'identification positive : les résidents pauvres des HLM se servent des images négatives pour rabaisser le voisin considéré comme infréquentable et construire ainsi une identité valorisante.

À bien y regarder, les stéréotypes sur les cités HLM de banlieue avec leur cortège d'images dégradantes sont tantôt intériorisés et tantôt rejetés par une grande partie de la population des grands ensembles. Il existe en effet tout un discours ambivalent, d'un côté teinté de dégoût de soi et de rejet de son quartier, et de l'autre organisé autour de la promotion de son lieu de vie et de la défense de son identité, et plus globalement autour d'une certaine nostalgie du passé s'appuyant sur des imaginaires mettant en scène un âge d'or de la cité fait d'harmonie sociale.

***Revue* Hermès :** Au regard de l'actualité, les gilets jaunes sont supposés prioritairement venir des zones enclavées, dont ceux de la périurbanité. Quels sont vos sentiments, votre analyse à ce sujet ?

Hervé Marchal et Jean-Marc Stébé : Lors de nos recherches sur le périurbain, nous avons notamment rencontré des habitants modestes qui ont fait le choix de réaliser leur rêve de vivre dans une maison, rêve qu'ils ont concrétisé à travers l'achat dans le périurbain éloigné d'un bien à rénover ou non. Dans les propos des personnes interviewées, des ambivalences sont apparues, révélant les limites d'une vie excentrée de la ville. Ce sentiment d'être isolé du mouvement de la ville est renforcé par la nécessité de recourir quotidiennement à la voiture étant donné l'éloignement des commerces et des services par rapport au lieu de vie familial. Qui plus est, ce sentiment d'isolement s'accompagne parfois d'une certaine lassitude devant des travaux qui n'en finissent pas. Lasses de voir leur maison toujours en chantier, les familles ont exprimé combien la fatigue pouvait être présente, fatigue consécutive au fait que « rien n'avance ». Au fil des semaines, le temps qui manque au quotidien parce qu'il faut emmener les enfants au club de sport ou à la répétition de musique, les week-ends trop courts pour faire les courses de la semaine et les économies impossibles à réaliser en raison du coût d'entretien élevé des voitures compromettent sérieusement l'avancée des travaux. D'où l'apparition progressive d'une lassitude, d'un découragement et d'un essoufflement consécutifs au fait de ne pas être en mesure d'aménager à sa guise la maison dans laquelle on s'est pourtant projeté. À n'en pas douter, des gilets jaunes sont issus de ces zones périurbaines éloignées et modestes.

Cela étant précisé, les recherches en sciences sociales ont montré que le périurbain ne se réduit pas à cette réalité. Il est à ce titre nécessaire de nuancer les visions caricaturales et stigmatisantes qui sont diffusées à son propos. Plus précisément, les recherches montrent combien les espaces périurbains sont des espaces ouverts en relation permanente et étroite tant avec les villes-centres qu'avec le monde rural, de sorte qu'opposer une France des métropoles à une France de la périphérie apparaît bien trop simpliste et réducteur (Marchal et Stébé, 2018b).

***Revue* Hermès :** Pourrait-on communiquer à l'aide de contre-stéréotypes pour rétablir des représentations plus réalistes des zones périurbaines, comme vous le soulignez dans votre « Que sais-je ? » sorti en août 2018 ? De quelles façons ?

Hervé Marchal et Jean-Marc Stébé : Parmi les contre-stéréotypes, comment ne pas souligner ici que les habitants du périurbain ne sont pas les plus pollueurs. En effet, des recherches montrent que si les périurbains se déplacent plus au cours de la semaine, notamment pour se rendre à leur travail, ils tendent en revanche à rester chez eux le week-end, désireux qu'ils sont de profiter de leur jardin et de leur barbecue (Bouleau et Mettetal, 2014). En d'autres termes, ils n'éprouvent pas le besoin de gagner une campagne vivifiante, de rechercher le calme, la verdure et le bon air dont ils jouissent déjà, contrairement aux habitants des centralités urbaines qui effectuent des déplacements plus importants les week-ends pour se rendre dans leur maison de campagne ou dans des lieux de villégiature. En outre, les habitants du périurbain tendent à se déplacer sur des distances de plus en plus courtes pour leurs achats et leurs activités de loisirs, et ce, compte tenu de la proximité de pôles urbains périphériques multifonctionnels situés désormais non loin de leur domicile. *In fine*, à partir du moment où l'on prend en compte la mobilité de week-end et les déplacements longue distance (supérieurs à 100 km), il ressort que les choses ne sont pas si simples qu'il n'y paraît. La mobilité des habitants des centres-villes – réalisée le week-end, souvent en voiture et parfois en avion – est nettement plus importante que celles des habitants des périphéries. C'est dire si ces observations font perdre à la densité les vertus dont on la pare trop souvent et remettent en cause les idées reçues sur les « périurbains pollueurs ».

(entretien réalisé par Anne Lehmans et Vincent Liquète)

RÉFÉRENCES BIBLIOGRAPHIQUES

AUTHIER, J.-Y. *et al.*, *Le Quartier*, Paris, La Découverte, 2007.

BARTHES, R., *Mythologies*, Paris, Seuil, 1957.

BOULEAU, M. et METTETAL, L., « Le quotidien des Franciliens à travers leurs déplacements : une multitude d'agendas », *IAUIF-Notes rapides*, n° 646, 2014.

CALOGIROU, C., *Sauver son honneur*, Paris, L'Harmattan, 1989.

DONZELOT, J., « La ville à trois vitesses : relégation, périurbanisation, gentrification », *Esprit*, n° 303, 2004, p. 14-39.

DUPREZ, D. et HEDLI, M., *Le Mal des banlieues*, Paris, L'Harmattan, 1992.

MARCHAL, H. et STÉBÉ, J.-M., *La Sociologie urbaine*, Paris, Presses universitaires de France, 2018a.

MARCHAL, H. et STÉBÉ, J.-M., *La France périurbaine*, Paris, Presses universitaires de France, 2018b.

MARCHAL, H. et STÉBÉ, J.-M., « Quand cités HLM paupérisées et jeunes sont enfermés dans le même mythe », *in* TURPIN, B. (dir.), *Discours et sémiotisation de l'espace*, Paris, L'Harmattan, 2012, p. 61-76.

MILLIOT, V., « Mon quartier, mon honneur », *Informations sociales*, n° 45, 1995, p. 38-44.

STÉBÉ, J.-M. et MARCHAL, H., *Mythologie des cités-ghettos*, Paris, Le Cavalier Bleu, 2009.

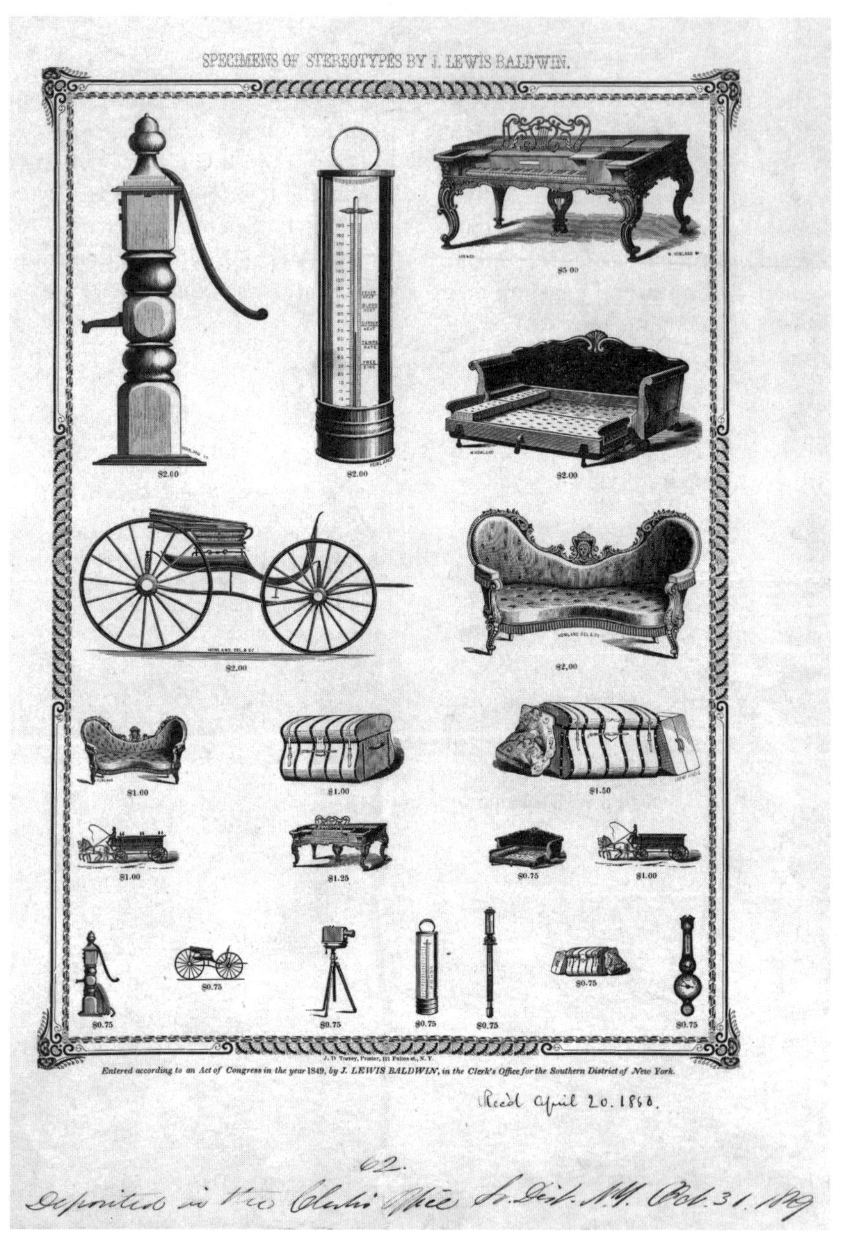

« Specimens of stereotypes ». Baldwin, J. Lewis, 31 oct. 1849.
Library of Congress Prints and Photographs Division, Washington, D.C.

Agathe Menetrier
Étienne Damome et Nadège Soubiale
Christian Lequesne
Agnès Giard
Franck Renucci
Peter Brown
Marinette Jeannerod
Roberto Chiachiri et Cilene Victor
Joseph Moukarzel
Paoline Ekambi
Sylvie Octobre

III. Stéréotypes contemporains

Agathe Menetrier
École normale supérieure
– Centre Maurice Halbwachs
Max Planck Institute for Social Anthropology
– Integration and Conflict
along the Upper Guinea Coast

Déchiffrer les stéréotypes de genre aux guichets de l'asile

C'était un de ces matins chauds de la saison des pluies à Dakar, où la journée commence enveloppée d'humidité. Nous, les cinq femmes du bureau, avions déjeuné autour du bureau de Marie, comme tous les matins à 8 heures. Après avoir lavé les assiettes sous le petit robinet de la cour, je suis entrée dans le bureau de Fatou, ma supérieure directe pendant mon stage. Elle faisait défiler son flux Facebook. « Regarde-le », me dit-elle en pointant son écran d'ordinateur, montrant l'image d'un jeune homme et d'une jeune femme. « Il y a plus LGBT que lui, tu ne crois pas ? Le HCR l'a réinstallé en tant que LGBT. Il est venu demander un statut ici, il a ensuite obtenu une situation stable au Canada et maintenant il a épousé une femme voilée ! Il a trompé le HCR, c'est sur Facebook. »

Cette scène date de septembre 2017, lorsque je conduisais mon terrain de recherche[1] sur l'accès à l'asile à Dakar de jeunes hommes et femmes persécutées dans des pays voisins du Sénégal à cause de leur orientation sexuelle. Fatou est employée d'une organisation non gouvernementale (ONG) sénégalaise qui travaille en tant que partenaire de mise en œuvre du Haut Commissariat aux réfugiés (HCR) au Sénégal. Son bureau est l'un des premiers guichets du système de l'asile sénégalais pour les personnes demandant l'asile à Dakar. Son commentaire scandalisé à la vue d'une photo postée sur Facebook par un des demandeurs d'asile homosexuels gambiens entre-temps reconnu comme réfugié par le HCR et réinstallé au Canada, dénote que la pose romantique de ce dernier avec une amie voilée entre en conflit avec la représentation que se fait Fatou d'une personne reconnue réfugiée pour son appartenance à un groupe spécifique : celui des lesbiennes, gays, bisexuels transsexuels et intersexes (LGBTI)[2]. Le commentaire de Fatou met en exergue ce qui nous intéresse dans cette étude : quels stéréotypes jalonnent la trajectoire d'asile des aspirants à la catégorie de « réfugié LGBT » et quels usages ces derniers en font-ils ? Nous nous pencherons notamment sur les réseaux sociaux comme outils d'apprentissage pour jongler avec des stéréotypes multiples et souvent contradictoires.

Comme le rappelle Brian Campbell dans un article paru en 2017, les sciences sociales ont tendance à considérer les stéréotypes comme des représentations fausses et souvent ethnocentriques que nous formulons à l'encontre d'« autres » culturels. C'est de ce postulat, qui trouve son origine chez Lippmann (2007 [1922]), que sont parties de nombreuses études sur le degré de teneur en vérité des stéréotypes (Oakes and Reynolds, 1997). À l'inverse, l'orientalisme d'Edward Said (1987) propose une approche axée sur le potentiel des stéréotypes, considérant ces derniers comme indicateurs essentiels de la production coloniale de savoir sur les populations colonisées. Une alternative à ces deux visions est apportée par une approche anthropologique interprétative. Comme l'explique Campbell (2017), il s'agit, dans la lignée de la thèse de Barth sur les frontières culturelles (1969), de voir les stéréotypes comme des essentialisations pragmatiques qui permettent l'établissement de frontières entre groupes et légitiment ainsi toutes sortes de pratiques, y compris de domination (Brown et Theodossopolous, 2004). Ce cadre permet de penser que les stéréotypes, en ce qu'ils sont une gestuelle rhétorique, peuvent être rejetés, réappropriés et remodelés (Herzfeld, 1982). Ce cadre analytique convient particulièrement à notre recherche qui, à la différence de la plupart des études portant sur l'expérience de personnes LGBTI face aux systèmes de l'asile dans les pays du Nord, suit des trajectoires d'asile dans un environnement où l'homosexualité est criminalisée, où, par conséquent, les stéréotypes de la population en dehors du système de l'asile doivent d'autant plus être pris en compte.

Au cours des trois dernières décennies, le Sénégal est devenu une terre d'asile pour de nombreux déplacés fuyant leur pays d'origine. À Dakar, dix-neuf nationalités d'origine sont représentées parmi ceux et celles qui constituent aujourd'hui la population « relevant de la compétence » du Haut Commissariat aux réfugiés de l'Organisation des Nations unies (HCR, 2017). À cette diversité de nationalités d'origine correspondent des durées d'établissement au Sénégal très variables : de 28 ans pour les premières familles mauritaniennes expulsées en 1989 du côté sénégalais de la frontière (Fresia, 2009) à quelques mois dans le cas de jeunes hommes gambiens persécutés pour leur homosexualité[3].

Concrètement, une personne qui souhaite demander l'asile au Sénégal doit se rendre au siège de la Commission nationale d'éligibilité à Dakar, dépendante du ministère des Affaires étrangères sénégalais. Une fois la demande d'asile déposée auprès de la Commission nationale d'éligibilité, un récépissé de demande d'asile sanctionne la démarche du requérant et officialise son entrée dans ce que l'on pourrait appeler le *réseau de l'asile*. Ici s'arrête le contact entre demandeurs d'asile et État sénégalais, bien que ce dernier reste théoriquement souverain en matière d'asile.

Les autres étapes dépendent du HCR qui, par son financement d'ONG sénégalaises agissant comme partenaires, supervise *de facto* le réseau de l'asile. Afin d'assurer les objectifs fixés par son mandat, le HCR a développé au cours des années un large réseau de « partenaires de mise en œuvre » plus ou moins contractuels. Dakar, avec un quartier entier dédié aux sièges d'organisations internationales et d'ONG internationales comme locales, facilite non seulement la constitution de tels réseaux mais aussi la diffusion, entre les agents chargés de coopérer, de pratiques bureaucratiques régulant l'aide.

L'accès aux guichets de ces organisations d'aide concentrés à Dakar rend la ville attractive pour les populations exilées au Sénégal. Les demandeurs d'asile et réfugiés que j'ai rencontrés à Dakar développent différentes stratégies d'établissement dans la ville, en fonction des demandes qu'ils souhaitent formuler et des acteurs du réseau de l'asile auxquels ils veulent les adresser. La fréquence à laquelle ils se rendent dans les bureaux des institutions définit leur choix d'établissement dans un quartier ou un autre, et rythme leur emploi du temps hebdomadaire.

La ville comme refuge

Mais l'établissement de réfugiés et demandeurs d'asile en espace urbain est une situation à laquelle les « outils de protection » du système international de l'asile ne sont pas adaptés (le HCR n'a que tout récemment officiellement réhabilité la ville comme lieu d'installation légitime pour les personnes déplacées ; *cf.* Koizumi et Hoffstaedter, 2015). Les populations réfugiées en milieux urbains ne bénéficient pas d'assistance au logement ni d'aide alimentaire. La plupart des démarches auprès des organisations d'aide se soldent, au mieux, par l'obtention d'informations et non de financements. En rendant des visites régulières aux guichets de ces organisations, les bénéficiaires cherchent à se rappeler au bon souvenir des *bureaucrates de l'humanitaire* (Menetrier, 2017a). Ils espèrent ainsi augmenter leurs chances de se voir sélectionnés pour un potentiel programme d'assistance (comme les activités génératrices de revenus [AGR], contestées mais toujours à l'agenda de l'aide aux réfugiés[4]) et que leur dossier « avance » vers la prochaine étape visée dans le processus d'asile.

Face à tant d'incertitude, les demandeurs d'asile et réfugiés ne peuvent pas orienter toute leur stratégie d'établissement dans la ville en fonction du système de l'asile. Le caractère cosmopolite de Dakar et son secteur de travail informel représentent d'autres facteurs d'attraction. Rejoignant le plus souvent des communautés de compatriotes venus s'installer à Dakar par d'autres biais que celui de l'asile, les demandeurs d'asile puisent dans des solidarités familiales, ethniques et parfois nationales pour subvenir à leurs besoins et à ceux de leur famille.

Demandeurs d'asile homosexuels

Pour une certaine population exilée à Dakar, cette stratégie de rapprochement familial ou communautaire s'avère particulièrement difficile. Penchons-nous sur le cas de jeunes demandeurs d'asile ayant fui leur pays d'origine suite à des persécutions liées à leur orientation sexuelle. Les premiers jeunes hommes et femmes sont arrivés en 2015 fuyant la Gambie de Yaya Jammeh, à l'époque très violent dans sa politique homophobe (Amnesty International, 2018). Ils viennent demander l'asile à Dakar, en espérant que le HCR les réinstalle dans un pays du Nord. Cette option est incertaine et le processus est long. Ils doivent donc en attendant vivre discrètement au Sénégal, où les « actes homosexuels » sont également criminalisés.

Les stéréotypes homophobes en circulation en Afrique

Le recours est de plus en plus fréquent, depuis 2008, à l'article 219(3) du Code pénal (Camara, 2007). Hérité de la colonisation française, il condamne les « actes impudiques et contre nature avec un individu de même sexe » (La France, 2016). Les dénonciations populaires qui précèdent les arrestations reposent sur des stéréotypes en circulation dans plusieurs pays d'Afrique. Comme Achile Mbembé l'illustre graphiquement (2006), une version puissante de l'homosexuel dans l'imaginaire africain est celle du phallocrate ultime, la pénétration anale représentant la forme sublime de soumission. La peur des puissants se mêle à la peur des pouvoirs occultes, des sociétés secrètes (Awondo *et al.*, 2013). Une autre version, plus souvent utilisée dans les discours homophobes au Sénégal, est l'image d'une population homosexuelle marginale, jeune, perdue, qui a succombé aux tentations d'une dégénérescence importée de l'Occident. Cette image se nourrit d'un appauvrissement des familles dans les villes africaines, affectant directement le statut des hommes comme pourvoyeurs de ressources (Mbembé, 2006, p. 3). Qu'ils s'inspirent de la première ou la seconde version, ces stéréotypes ont gagné en visibilité avec l'avènement de l'Internet mobile, surtout en ville où la connexion est plus rapide. Les scandales d'amants pris sur le fait sont relayés à la vitesse des clics sur les journaux en ligne, les vidéos de jeunes *goor-jigen*[5] déshabillés de force en pleine rue sont sur tous les murs Facebook et conversations WhatsApp (Menetrier, à paraître)[6].

Manier les stéréotypes pour accéder aux bons réseaux citadins

À leur arrivée à Dakar, les jeunes Gambiens peuvent difficilement faire appel à leur famille – qui s'étend souvent entre la Gambie et le Sénégal – sachant que dans la plupart des cas ce sont des membres de leur famille qui les ont violemment chassés de la Gambie après avoir découvert leur homosexualité. Ils cherchent plutôt à brouiller les pistes dans leur nouvelle ville, dont ils espèrent qu'elle ne sera qu'un transit avant un lieu plus distant où la belle vie pourra enfin commencer (Mar, 2005, p. 361). Ceux qui n'ont pas coupé toute communication avec leur famille font alors passer le message, par connaissances interposées, qu'ils sont partis à Dakar avec l'opportunité d'un travail. Les Gambiens les plus avertis des stéréotypes en circulation prennent soin d'habiter chez une connaissance hétérosexuelle, mariée et pieuse, qui par association pourra « laver » leur réputation.

Comme évoqué plus haut, les guichets de l'asile sont disséminés aux quatre coins de la ville, et très peu accessibles à celles et ceux qui ne connaîtraient ni leur emplacement, ni les horaires d'ouverture, ni les stéréotypes de leurs employés. Les jeunes venus de Gambie suite à la rumeur d'une réinstallation possible de « réfugiés LGBT » au départ de Dakar ne peuvent accéder à aucune de ces informations s'ils adaptent leur circulation urbaine – dans ce cas un isolement sédentaire chez une personne loin de tout soupçon d'homosexualité – essentiellement aux stéréotypes homophobes qui les ont poussés à fuir la Gambie.

Le réseau sur lequel ils vont se reposer pour accéder au système de l'asile est alors celui de leurs amis *queer*[7]. Faute de pouvoir circuler dans la ville en affichant une orientation sexuelle et/ou une identité de genre non conformes, c'est par les réseaux sociaux que ce réseau s'établit, entre Dakar, Banjul, ainsi que les villes d'Amérique du Nord et d'Europe dans lesquelles les premiers Gambiens ont déjà été réinstallés. À leur arrivée à Dakar, les jeunes Gambiens font donc circuler la nouvelle de leur venue parmi leur réseau virtuel d'amis *queer* sénégalais ou gambiens résidant actuellement dans la capitale.

Mais faire appel à des connaissances virtuelles implique d'avoir déjà créé et entretenu un profil sur ces-dits réseaux. Les jeunes Gambiens et Gambiennes *queer* qui réussissent rapidement à s'intégrer dans un réseau d'« anciens » Gambiens et de Sénégalais sont ceux et celles qui manient le mieux les stéréotypes de la présentation virtuelle de soi. Dans un pays où être soupçonné d'homosexualité peut avoir des conséquences mortelles, entretenir un profil Facebook *queer* est – nous nous concentrerons ici sur l'exemple des garçons – un fin maniement de stéréotypes gays et hétérosexuels. Il s'agit d'être visible et attractif pour ceux qui connaissent les codes (de langage, d'habillement, de poses photographiques) tout en restant invisible (en remplaçant les prénoms d'amants par des prénoms de femmes, en s'affichant en photo avec des amies et en exagérant les poses masculines) pour les veilleurs autoproclamés des mœurs hétérosexuelles.

Pour survivre à Dakar malgré l'absence d'aide directe des organisations du système de l'asile, les demandeurs d'asile homosexuels doivent trouver des sources de revenus. Nombre d'entre eux craignent les environnements très hétéronormés et masculins du travail informel journalier (à cause de leur apparence *queer*, de peur d'y être aperçus par des membres de leur famille). Certains des Gambiens – et Gambiennes – ont donc recours à la prostitution occasionnelle et au *mbaran*[8] avec des hommes. Les profils Facebook, mais aussi d'applications de rencontre[9], constituent une vitrine à travers laquelle une esthétique glamour homo-érotique, impossible à afficher dans les rues de Dakar, est mise en scène. En faisant circuler ces images ainsi que certaines informations sur leur statut et goût relationnels, les jeunes Gambiens que j'ai rencontrés réussissaient à se constituer un réseau de prétendants (pour la plupart sénégalais). Aller rendre visite à ces amants ou *flirts* aux quatre coins de la ville leur permet de circuler hors des appartements vétustes dans lesquels ils s'entassent. Ces escapades ne sont pas sans risque, mais elles sont accompagnées de l'espoir d'avantages matériel ou monétaire, à défaut d'idylle.

Manier les stéréotypes pour accéder à l'asile international

Par leurs réseaux – virtuels – de connaissances dakaroises ou établies à Dakar, les nouveaux-venus trouvent donc un endroit où déposer leurs sacs, où passer la nuit et apprendre à manier les stéréotypes homophobes et homoérotiques mais aussi un accès au savoir nécessaire pour entamer leur procédure d'asile.

Faute de connaître les critères qui permettent à certains d'accéder à la réinstallation vers un pays du Nord, les demandeurs d'asile en transit à Dakar imaginent ces critères. Encore une fois, les réseaux sociaux constituent un outil essentiel pour apprendre à circuler entre les guichets de l'asile. Par Facebook et WhatsApp, les nouveaux-venus gardent contact avec ceux qui sont passés par là au cours de leur trajectoire d'asile et ont été sélectionnés pour une réinstallation vers un pays du Nord. Ils entendent leurs récits de réussite et leurs conseils, et ainsi se forment les stéréotypes sur les critères de réinstallation pour réfugiés LGBT et sur les attentes des agents de l'asile (en somme, des stéréotypes sur leurs stéréotypes).

Au contraire de violences généralisées liées à un conflit politique ou à la persécution de tout un groupe ethnique, la persécution liée à l'orientation sexuelle n'est apparue dans les cours de justice qu'il y a environ deux décennies. Les juges des pays où les demandes d'asile sont faites interprètent celles-ci de façon inconsistante, ne sachant pas très bien comment interpréter le droit d'asile dans ces cas (Lawrance et Ruffer, 2015). De telles demandes d'asile, même si elles sont faites par des ressortissants de pays d'Afrique de l'Ouest dans lesquels des persécutions homophobes sont régulièrement documentées, impliquent qu'un tribunal apprécie l'orientation sexuelle d'une personne sur la base de ses expériences sexuelles et émotionnelles passées et présentes (Beneduce, 2015 ; Lawrance et Ruffer, 2015) et son besoin de protection sur la base de son récit et trajectoire de fuite (Berg et Millbank, 2009).

La procédure de réinstallation du HCR est indépendante des procédures d'asile nationales puisqu'elle a lieu dans la région d'origine des demandeurs ou dans leur premier pays d'asile. Toutefois, et parce que la réinstallation d'un individu est finalement décidée par le pays du Nord qui l'acceptera, les agents du HCR cherchent également à définir l'orientation sexuelle puis le besoin de protection du demandeur d'asile. Les questions posées dans les entretiens de détermination de statut de réfugié (puis de réinstallation) que les « anciens », à présent au Canada, rapportent aux « nouveaux » demandeurs d'asile gambiens en transit à Dakar portent donc souvent sur des détails de leur vie quotidienne, avant la fuite (sur la cellule familiale notamment), ainsi que sur leur vie quotidienne actuelle. Les enquêteurs espérant déceler la « véracité » de l'orientation sexuelle du demandeur, pour ne pas être « trompés » par un individu qui s'avérerait être un hétérosexuel avec des désirs de voyage, comme le craignait Fatou dans la vignette d'ouverture.

Or cette opposition entre homosexualité et hétérosexualité est un stéréotype qui ne prend que peu en compte l'histoire *queer* africaine. Nombreux sont les exemples précoloniaux à travers le continent de romances et sexualité non-binaires acceptées dans le quotidien social et parfois institutionnel (Muthien, 2013, p. 215-216). Une dichotomie entre hétérosexualité et homosexualité émane en grande partie de conceptions américano-européennes de la sexualité comme marqueur fondamental de l'identité (Foucault, 1976). En Afrique, cette dichotomie a été érigée en lois coloniales criminalisant l'homosexualité (Awondo *et al.*, 2013). Ces lois sont restées en place post-indépendance alors qu'elles ont été abrogées dans les anciennes puissances coloniales. Aujourd'hui elles nourrissent le stéréotype d'un continent africain intrinsèquement homophobe et de continents européen et nord-américain intrinsèquement tolérants (*Ibid.*).

Dans le milieu des demandeurs d'asile homosexuels gambiens, les agents de l'asile sont imaginés comme des bureaucrates omniscients qui ont le pouvoir d'enquêter aussi bien sur le passé que sur le quotidien des requérants dans les moindres détails. Les demandeurs doivent alors élaborer des stratégies narratives pour prouver leur homosexualité (Morgan, 2006) ou leur lesbianisme (Lewis, 2013 ; Bennett et Thomas, 2013 ; Jordan et Morrissey, 2013) et ont bien compris l'importance de l'authenticité et de la preuve (Berg et Millibank, 2009) dans la classification du mérite pratiquée par ces bureaucrates de l'humanitaire (Glasman, 2017).

NOTES

1. Rendu possible grâce au soutien matériel du Max Planck Institute for Social Anthropology.
2. Fatou s'en tient à l'acronyme LGBT.
3. Il n'existe pas encore de travail académique sur ce sujet, qui faisait pourtant l'objet d'une couverture médiatique importante du temps où Jammeh était au pouvoir en Gambie.
4. *Cf.* Menetrier, 2017b.
5. Terme wolof traduisible par « homme-femme » qui, au Sénégal et dans d'autres pays d'Afrique de l'Ouest, a muté d'une figure traditionnelle respectée au genre fluide à une insulte se référant aux hommes homosexuels. Voir Broqua, 2017.
6. Sur ce sujet, lire la fiction de Mohamed Mbougar Sarr (2018).
7. *Queer* est ici une appellation étique que j'utilise pour désigner des personnes dont l'identité de genre et/ou l'orientation sexuelle sont considérées comme déviantes par leur entourage. Les autres terminologies utilisées telles que « *Goor-jigen* », « homosexuel », « homosexuelle », « LGBT » sont les appellations émiques des divers acteurs à qui je donne la parole ici.
8. *Mbaran* est un terme wolof qui se réfère à des relations amoureuses et/ou sexuelles entretenues traditionnellement par des jeunes femmes avec des hommes plus âgés (voir Fouquet, 2011), en anglais on pourrait l'assimiler à la figure du *sugar daddy*.
9. Dont je préfère taire le nom pour ne pas attirer l'attention sur leur utilisation au Sénégal.

RÉFÉRENCES BIBLIOGRAPHIQUES

AMNESTY, *Gambia's Latest Anti-gay Bill*, en ligne sur : <www.amnesty.org.uk/gambia-anti-gay-bill>, page consultée le 15/03/2019.

AWONDO, P., GESCHIERE, P. et REID, G., « Homophobic Africa ? Toward A More Nuanced View », *African Studies Review*, vol. 55, n° 3, 2013, p. 145-168.

BARTH, F., *Ethnic Groups and Boundaries : the Social Organization of Culture Difference*, Londres, George Allen and Unwin, 1969.

BENEDUCE, R., « The Moral Economy of Lying : Subjectcraft, Narrative Capital, and Uncertainty in the Politics of Asylum », *Med Anthropol*, vol. 34, n° 6, 2015, p. 551-571.

BENNETT, C. et THOMAS, F., « Seeking Asylum in the UK : Lesbian Perspectives », *Forced Migration Review*, vol. 42, 2013, p. 25-28.

BERG, L. et MILLBANK, J., « Constructing the Personal Narratives of Lesbian, Gay and Bisexual Asylum Claimants », *Journal of Refugee Studies*, vol. 22, n° 2, 2009, p. 195-223.

BROQUA, C., « Góor-jigéen : la resignification négative d'une catégorie entre genre et sexualité (Sénégal) », *Socio. La nouvelle revue des sciences sociales*, n° 9, 2017, p. 163-183.

BROWN, K. et THEODOSSOPOULOS, D., « Others' Others : Talking About Stereotypes and Constructions of Otherness in Southeast Europe », *History and Anthropology*, vol. 15, n° 1, 2004, p. 1-22.

CAMARA, F.K., « Ce délit qui nous vient d'ailleurs : l'homosexualité dans le Code pénal du Sénégal », *Psychopathologie africaine*, vol. 34, n° 3, 2007, p. 317-342.

CAMPBELL, B., « The Gods of the Hunt : Stereotypes, Risk and National Identity in a Spanish Enclave in North Africa », *Anthropological Journal of European Cultures*, vol. 26, n° 2, 2017, p. 127-151.

FOUCAULT, M., *Histoire de la sexualité. Tome II : La volonté de savoir*, Paris Gallimard., 1976.

FOUQUET, T., *Filles de la nuit, aventurières de la cité : arts de la citadinité et désirs de l'Ailleurs à Dakar*, Paris, éditions de l'EHESS, 2011.

FRESIA, M., *Les Mauritaniens réfugiés au Sénégal : une anthropologie critique de l'asile et de l'aide humanitaire*, Paris, L'Harmattan, 2009.

GLASMAN, J., « Seeing Like a Refugee Agency : A Short History of UNHCR Classifications in Central Africa (1961–2015) », *Journal of Refugee Studies*, vol. 30, n° 2, 2017, p. 337-362.

HERZFELD, M., « The Etymology of Excuses : Aspects of Rhetorical Performance in Greece », *American Ethnologist*, vol. 9, n° 4, 1982, p. 644-663.

JORDAN, S. et MORRISSEY, C., « "On what grounds ?" LGBT Asylum Claims in Canada », *Forced Migration Review*, vol. 42, 2013, p. 13-15.

KOIZUMI, K. et HOFFSTAEDTER, G., *Urban Refugees : Challenges in Protection, Services and Policy*, New York, Routledge, 2015.

LA FRANCE, L., « The Politicization of Homosexuality in Senegal : Moral Panics and Political Competition in the Midst of Social Change », Major Research Paper, University of Ottawa, 23 mars 2016. En ligne sur : <ruor.uottawa.ca/bitstream/10393/34657/1/LAFRANCE%2c%20Lianne%2020161.pdf>, page consultée le 15/03/2018.

LAWRANCE, B.N. et RUFFER, G., *Adjudicating Refugee and Asylum Status*, Cambridge, Cambridge University Press, 2015.

LEWIS, R., « Deportable Subjects : Lesbians and Political Asylum », *Feminist Formations*, vol. 25, n° 2, 2013, p. 174-194.

LIPPMANN, W., *Public Opinion*, New York, Routledge, 2017.

MAR, P., « Unsettling Potentialities : Topographies of Hope in Transnational Migration », *Journal of Intercultural Studies*, vol. 26, n° 4, 2005, p. 361-378.

MBEMBE, A., « Le potentat sexuel : À propos de la fellation, de la sodomie et autres privautés postcoloniales », *Le Messager*, 13 fév. 2006,

MENETRIER, A., « In the Heart of the City : The Case of Long-Term Refugees in Dakar, Senegal », *IC-UGC* (en ligne), 23 mars 2017a. En ligne sur : <upperguineacoast.wordpress.com/2017/03/23/in-the-heart-of-the-city-the-case-of-long-term-refugees-in-dakar-senegal-by-agathe-menetrier/>, page consultée le 15/03/2019.

MENETRIER, A., « "It's a War Against Our Own Body" : Long-term Refugee Women React to the Withdrawal of Relief Organisations in Dakar, Senegal », *in* YURDAKUL, G., RÖMHILD, R., SCHWANHÄUSSER, A. et ZUR NIEDEN, B. (dir.), *Witnessing the Transition : Moments in the Long Summer of Migration*, Berlin, Berlin Institute for Empirical Integration and Migration Research, 2017b, p. 77-94.

MENETRIER, A., « "I'm Beyoncé, she's Rihanna" : enquêter en images avec de jeunes demandeurs d'asile homosexuels à Dakar, Sénégal », (à paraître).

MORGAN, D.A., « Not Gay Enough for the Government : Racial and Sexual Stereotype in Sexual Orientation Asylum Cases », *Law & Sexuality*, vol. 15, 2006, p. 135-161.

MUTHIEN, B., « Queerying Borders : an Afrikan Activist Perspective », *in* EKINE, S. et ABBAS, H. (dir.), *Queer African Reader*, Nairobi, Pambazuka Press, 2013.

OAKES, P.J. et REYNOLDS, K.J., « Asking the Accuracy Question : Is Measurement the Answer ? », *in* SPEARS, R., OAKES, P.J., ELLEMERS, N. et HASLAM, S.A. (dir.), *The Social Psychology of Stereotyping and Group Life.*, Malden, Blackwell Publishing, 1997, p. 51-71.

SAID, E.W., « The Essential Terrorist », Arab Studies Quarterly, vol. 9, n° 2, 1987, p. 195-203.

SARR, M.M., *De purs hommes*, Paris, Philippe Rey, 2018.

Rhétorique de la résilience et stéréotypie du pastoralisme sahélien : des discours onusiens aux contenus journalistiques

La diffusion de discours ethnicistes lors de conflits majeurs en Afrique fait l'objet de travaux spécifiques dans le champ des études médiatiques (Frère, 2010 ; Somerville, 2011). Les guerres constituent à l'évidence un terreau fertile pour l'éclosion et la propagation de clichés intergroupes des plus péjoratifs. En dehors de ces situations dramatiques, les préjugés peuvent aussi emprunter des modes d'expression langagière exempts de dépréciation explicite, mais dont les retombées peuvent tout de même fragiliser le pouvoir d'action des individus et des groupes concernés dans leur vie personnelle et sociale. Ceci est particulièrement visible dans les discours accompagnant l'aide au développement de l'élevage pastoral dans les pays de la Bande sahélienne et de la Corne de l'Afrique.

Depuis la fin des années 1990, les discours d'aide publique au développement (APD), dans le sillage de la révision des politiques d'ajustement structurel de l'Organisation des Nations unies, entretiennent ainsi des stéréotypes sur les populations bénéficiaires sans pour autant user d'un lexique ouvertement stigmatisant à leur endroit. Ces représentations tronquées ont trait à l'évaluation de leur vulnérabilité et de leur résilience face aux nouveaux défis environnementaux et économiques, telle qu'elle est désormais conçue par les bailleurs de fonds (Banque mondiale, Agence française de développement, organisations non gouvernementales, etc.) de l'aide publique au développement. Les éleveurs nomades du Sahel font ainsi partie des populations particulièrement concernées par la rhétorique de la résilience portée par les politiques de développement en Afrique. Si le paradigme de la résilience sert au mieux l'idéologie et les intérêts économiques néolibéraux de ses promoteurs onusiens (Quenault, 2017), la représentation essentiellement compassionnelle (Ancey, Pesche et Daviron, 2017) qu'il implique à l'endroit des pasteurs risque plutôt de marginaliser davantage encore ces derniers sur les plans politique et économique là où ils vivent et s'organisent.

La rhétorique de la résilience dans les politiques d'aide au développement et les programmes d'appui au pastoralisme

L'usage du vocable de résilience en politique, en économie et dans les sciences humaines et sociales n'est pas neutre sur un plan idéologique. Initialement utilisé en sciences des matériaux pour désigner la capacité de résistance d'objets physiques à des chocs, la simplicité définitionnelle apparente du terme a facilité sa diffusion dans ces domaines, pour renvoyer cette fois-ci à la capacité des organisations comme du psychisme humain à faire face aux contraintes de leur environnement. Sa diffusion rapide et profuse dans les sphères publique, politique et académique n'est pas étrangère aux représentations néolibérales de la société et de l'individu (Chandler et Reid, 2016). Dans le contexte global de désengagement financier des États, le développement paradigmatique de la résilience est concomitant de la mutation des représentations sociales et politiques de pauvreté et d'exclusion socioéconomique. Dans l'opinion commune comme des pouvoirs publics, ces risques sont de plus en plus appréhendés sous l'angle de la responsabilité individuelle au détriment des leurs origines politiques et structurelles.

Les discours et textes officiels émanant des grands bailleurs de fonds (Banque mondiale, Organisation de coopération et de développement économiques, etc.) de l'aide publique au développement portent également trace de ces processus cognitifs et idéologiques de minoration, voire d'occultation, des causes structurelles de la pauvreté des populations aidées (Quenault, 2017, p. 46). Les programmes politiques d'appui et de soutien au pastoralisme en Afrique financés par la Banque mondiale, à l'instar du Projet régional d'appui au pastoralisme au Sahel (Praps), n'échappent pas à cette tendance lourde de reconfiguration néolibérale de l'action publique (Ancey, Pesche et Daviron, 2017). Les organisations pastorales et les pasteurs, enjoints dans ce contexte à faire preuve de davantage de résilience, y sont corrélativement décrits comme vulnérables en raison de l'obsolescence de leurs modes de vie dans l'économie néolibérale de marché. Ces représentations essentialistes des pasteurs confirment plutôt une forme de méconnaissance du pastoralisme. Elles font fi de la réalité de l'écologie pastorale fondée sur la gestion commune des ressources et sur la mobilité stratégique des troupeaux. La résilience réelle des pasteurs, dans un environnement où la disponibilité des ressources naturelles est instable et imprévisible, tient justement à l'hétérogénéité de leurs stratégies d'adaptation. Or, les politiques de développement soutenues par la Banque mondiale fondent plutôt leur analyse de la résilience à l'aune « des catégories comme l'État, la propriété, la sédentarité », et échouent de ce fait à comprendre les dynamiques pastorales. Les systèmes d'information utilisés par les bailleurs de fonds pour anticiper et résoudre les crises pastorales au Sahel, fondés sur ces matrices vulnérabilité-résilience, sont donc biaisés en ce sens qu'ils s'appuient sur les raisonnements stratégiques du marché néolibéral, aveugles aux systèmes de production semi-autarciques du pastoralisme sahélien : « la marginalité pastorale tient non seulement aux limites des outils d'informations mais aussi à des habitudes cognitives et politiques chez tous les acteurs » (Ancey, 2016).

L'injonction à la modernisation est d'ailleurs de mise dans la communication officielle d'un organisme comme le Praps, où la résilience pastorale est explicitement affichée comme slogan militant en faveur d'une amélioration de l'accès aux marchés productifs des pasteurs et agropasteurs (la proximité, dans le texte, de la catégorie « agropasteurs » aux côtés de celle des « pasteurs » rappelle également ici que la modernisation pastorale nécessite la sédentarisation) :

> Le Projet régional d'appui au pastoralisme au Sahel, déployé dans six pays de la région, vise à élargir *l'accès des communautés pastorales aux marchés et à des biens productifs*[1] et à les aider à mieux gérer les crises. Améliorer l'accès à des moyens et services de production essentiels et aux marchés *pour les pasteurs et agro-pasteurs* dans des zones transfrontalières sélectionnées et le long des axes de transhumance dans les six pays sahéliens, et améliorer la capacité de ces pays à répondre à temps et de façon efficace en cas de crises pastorales ou d'urgences.
> Notre logo, c'est le dromadaire ! Notre ambition, c'est *la quête d'un pastoralisme résilient ! Notre slogan milite pour une résilience des communautés pastorales*[2] !

Le relais médiatique (journalistique) des représentations de la vulnérabilité et de la résilience pastorales au Sahel

Les discours de la presse subsaharienne francophone[3] font assez facilement écho à cette rhétorique de la résilience pastorale (Damome et Soubiale, 2018). Cette dernière prend le plus souvent la forme du *reporting* journalistique sur les projets des organismes d'aide au développement et d'appui au pastoralisme, comme l'illustrent ces deux extraits d'articles en ligne datés de 2015 et 2016 :

> Sans être exhaustif, je note avec fierté, le rôle accru du Cilss[4] dans la mobilisation des ressources pour la mise en œuvre de nombreux projets et programmes pour *renforcer la résilience des populations vulnérables*[5] de nos États. Il s'agit notamment : Du projet d'appui au pastoralisme au Sahel, issu de la déclaration de Nouakchott d'octobre 2013, dont l'objectif est de sécuriser les modes d'existence et les moyens de production des populations pastorales, et *d'accroître de manière substantielle le produit brut des activités d'élevage* au cours des cinq prochaines années avec le soutien financier de la Banque mondiale
> (discours de SEM le président de la République du Tchad, président en exercice du Cilss à l'ouverture de la XVIIe conférence des chefs d'État et de gouvernement des États membres du Cilss, 16 avril 2015, *Tchadinfo*, presse en ligne).

> Les participants ont souhaité la *bonne gouvernance* des espaces et infrastructures, des aménagements pastoraux, *l'accès aux marchés et la modernisation des chaînes de valeur*, la sauvegarde et l'amélioration du pouvoir économique des femmes et des jeunes, des ménages pastoraux, le *renforcement de la résilience des populations pastorales* face aux changements climatiques, la forte croissance démographique, la facilitation de la mobilité du cheptel et de la transhumance transfrontalière.
> (« Pastoralisme en Afrique de l'Ouest et du Centre : les cadres en conclave à Bamako », 15 janvier 2016, *Bamada.net*, presse en ligne).

Les déclarations des représentants d'organismes officiels d'appui au pastoralisme, relayées par la presse subsaharienne, n'excluent pas à l'occasion la reconnaissance de la valeur adaptative du pastoralisme, notamment grâce à la mobilité des troupeaux. L'enthousiasme de ces déclarations est néanmoins vite tempéré par le rappel de la caducité de ces modes de vie traditionnels. En témoigne cet extrait d'un article d'un journal privé malien qui rapporte les propos du directeur général de l'Institut du Sahel et du directeur de la Banque mondiale au Mali, invités le 13 novembre 2014 au lancement de l'atelier du Praps :

> Le système d'élevage qui se pratique au Sahel, le pastoralisme, est le mode le plus apte à valoriser les ressources naturelles dans les zones où il s'exerce, car reposant sur la mobilité des troupeaux et des hommes, ainsi que sur l'exploitation de larges espaces de fourrage. Ce système pastoral a réussi à survivre aux sécheresses, parce que les éleveurs y ont développé des mécanismes d'atténuation et d'adaptation aux conséquences des aléas à travers la gestion des risques (vivriers, fourrages, sanitaires, environnementaux, ceux liés à l'eau, etc.). Nonobstant ces mécanismes désormais rodés, force est de constater que des situations de risques ont, avec le temps, engendré des crises alimentaires et nutritionnelles, dont les principales victimes sont les enfants et les femmes.

(« Praps : le développement du pastoralisme n'est pas à négliger », *Le flambeau,* 18 novembre 2014)[6].

En conclusion

Au nom du credo néolibéral de la résilience, les politiques d'aide au développement entretiennent des représentations partiellement biaisées des populations pastorales, dont il ne faut pas sous-estimer les conséquences potentiellement délétères sur l'avenir de ces cultures traditionnelles adaptées depuis des générations à un environnement incertain. La relégation des pasteurs au rang de groupes vulnérables dont il faut renforcer la résilience dans le sens de la logique des marchés nous éclaire surtout sur la cécité intellectuelle des grands bailleurs de fonds à l'égard des systèmes productifs et des modes de vie non conformes à l'économie néolibérale de marché. Certains chercheurs spécialisés sur le pastoralisme sahélien fustigent d'ailleurs l'amateurisme conceptuel et empirique des tenants académiques et politiques de ces visions strictement économicistes ; la diversification des stratégies organisationnelles d'adaptation des éleveurs nomades à leur environnement instable ne pouvant être ignorée (Camara, 2013).

Au terme de cette courte réflexion sur le paradigme néolibéral de la résilience, et ce qu'il charrie de préjugés à l'endroit des groupes humains qu'il ne peut totalement enserrer dans ses filets rhétoriques, nous concluons sur ces quelques lignes empruntées à la conclusion de l'ouvrage de Chandler et Reid (2016, p. 184) :

> L'image libérale d'un humain dégradé, incapable d'agir et de créer du sens, est une vraie chimère. Les régimes libéraux déploient tant d'efforts à imaginer la nécessité et la possibilité d'un sujet néolibéral vulnérable, résilient et capable d'adaptation, alors qu'en réalité le monde réel est un monde humain, plein de politique, d'orgueil, de créativité, d'action, d'imagination et de transformation potentielle. Le libéralisme imagine la possibilité d'un monde où les humains seraient dépouillés de leur imagination et mèneraient une vie simplement adaptative. Mais la réalité est que la vie ne se déroule pas ainsi, nulle part et pour personne[7].

Étienne Damome
Nadège Soubiale
Université Bordeaux Montaigne – EA 4426 Mica

NOTES

1. C'est nous qui soulignons les éléments relevant de la rhétorique de la résilience pastorale dans cet extrait de la communication en ligne du Praps.
2. Texte de présentation sur le site : <praps.cilss.int/index.php/2016/08/12/ameliorer-les-conditions-de-vie-des-communautes-pastorales/>, page consultée le 22/02/2019.
3. Le corpus ici référencé est constitué de 504 articles datés de 2000 à 2017, issus de la presse publique, privée et en ligne des six pays francophones d'Afrique de l'Ouest : Burkina Faso, Mali, Mauritanie, Niger, Sénégal et Tchad.
4. Comité interministériel de lutte contre la sécheresse au Sahel.
5. C'est nous qui soulignons les éléments relevant de la conception dominante du marché dans la rhétorique de la résilience dans ces deux extraits.
6. Repris en ligne sur : <malijet.com/la_societe_malienne_aujourdhui/116401-praps-le-développement-du-pastoralisme-n'est-pas-à-négliger.html>, page consultée le 22/02/2019.
7. C'est nous qui traduisons. Texte original : « The liberal image of the human, degraded and incapable of action and meaning creation, is the real chimera. Liberal regimes put so much effort into imagining the necessity and possibility of the neoliberal subject, equipped with vulnerability, resilience and adaptive

capacity because in reality the real world is a human one, replete with politics, hubris, creativity, action, imagination, and transformative potential. Liberalism imagines the possibility of a world where humans are stripped of their imaginations, and led to live merely adaptive lives. But the reality is that life is not led that way, anywhere, by anyone. »

RÉFÉRENCES BIBLIOGRAPHIQUES

ANCEY, V., « Comment se construit l'invisibilité des populations pastorales au Sahel : l'expérience de la crise alimentaire de 2005 au Niger », *Cahiers Agricultures*, n° 25, 2016, p. 55003.

ANCEY, V., PESCHE, D. et DAVIRON, B., « Résilience et développement : complément, substitut ou palliatif ? Le cas du pastoralisme au Sahel, » *Revue internationale des études du développement*, vol. 231, n° 3, 2017, p. 57-89.

CAMARA, A.-D., *Le Rapport au changement en société pastorale. Le cas des éleveurs du Ferlot et de Colonnat*, thèse en sociologie, université de Bourgogne, 2013.

CHANDLER, D. et REID, J., *The Neoliberal Subject. Resilience, Adaptation and Vulnerability*, Londres/New York, Rowman & Littlefield, 2016.

DAMOME, E. et SOUBIALE, N., « Imaginaires médiatiques de la résilience pastorale en Afrique subsaharienne », *Communiquer*, n° 23, 2018, p. 1-20.

FRÈRE, M.S., *Élections et médias en Afrique centrale. Voie des urnes, voix de la paix ?*, Paris, Karthala, 2010.

QUENAULT, B., « Résilience et aide internationale : rhétorique discursive ou véritable réforme ? », *Mondes en développement*, vol. 180, n° 4, 2017, p. 35-52.

SOMERVILLE, K., « Violences et discours radiophoniques de haine au Kenya. Problèmes de définition et d'identification », *Afrique contemporaine,* vol. 240, n° 4, 2011, p. 125-140.

Christian Lequesne
CERI, Sciences Po

L'Europe des stéréotypes

***Revue* Hermès :** Quel lien faites-vous entre les stéréotypes et les idéologies dans le champ de la politique européenne et internationale ?

Christian Lequesne : Il faut distinguer nettement idéologie et stéréotype. Une idéologie est un système prédéfini d'idées lié à notre histoire personnelle, à notre socialisation. Elle est une structure qui nous permet d'analyser la réalité sociale. Le stéréotype est une généralisation excessive de notre représentation de ce qui nous est extérieur, que ce soit des personnes ou des pratiques. Il y a un point commun entre idéologie et stéréotype, c'est l'ancrage dans une structure, qui a comme particularité de durer et de résister au changement. Dans le champ de la politique européenne, les stéréotypes restent souvent nationaux, parce que ce qui représente le groupe extérieur – l'exogroupe – appartient encore aux autres nations. Les idéologies, quant à elles, ne portent pas nécessairement sur des croyances ayant une référence nationale. Mais parfois les stéréotypes et les idéologies se recoupent. Ainsi, l'analogie selon laquelle le néolibéralisme serait anglo-saxon alors que l'étatisme serait purement français est fréquente. Bien sûr, une analyse sociologique montre que c'est rarement aussi simple, mais ce type de représentations est présent. Il alimente le débat public et les prises de décision.

***Revue* Hermès :** L'Union européenne fonctionne-t-elle avec des représentations réciproques stéréotypées ou au contraire a-t-elle permis de lutter contre les stéréotypes pour faire émerger des représentations réalistes et partagées de ce qu'est l'Europe dans sa diversité aujourd'hui ?

Christian Lequesne : L'expérience de la construction européenne depuis soixante ans n'a pas du tout effacé les stéréotypes nationaux. Ces derniers sont ancrés dans des structures mentales et culturelles. On les trouve exprimés régulièrement : les Français arrogants, les Italiens sympathiques, les Espagnols fougueux, les Allemands sérieux, etc. Comme toujours, il s'agit d'une généralisation de ce que l'on croit être des attitudes sociales. Ces généralisations excessives sont rarement construites en dehors de la réalité sociale ; elles font appel à l'observation des modes de sociabilité qui diffèrent en Europe. Par exemple, en Allemagne ou en République tchèque, la politesse est liée à la retenue à l'égard de ceux qu'on ne connaît pas, d'où le stéréotype de l'Allemand ou du Tchèque distant. En Italie, la sociabilité passe davantage par le contact informel, y compris avec celui qu'on ne connaît pas ; d'où l'image de l'Italien sympathique. Les formes culturelles de la politesse sont essentielles pour l'entrée en contact avec l'exogène. Les diplomates, qui sont des médiateurs professionnels attentifs aux codes culturels, le savent très bien. Le non-respect des formes culturelles de la politesse peut donner naissance à des perceptions négatives qui réactivent immédiatement les stéréotypes nationaux. Je pense à un conseiller culturel français en Allemagne, dont les retards systématiques réactivaient chez les interlocuteurs allemands le stéréotype du Français arrogant.

En règle générale, nous vivons en Europe avec ces stéréotypes. Ce qui a changé avec la construction européenne, c'est qu'ils n'alimentent plus une rhétorique de nature guerrière ; ils sont présents, mais dans un contexte où la violence nationaliste a été rationalisée. L'ouverture des frontières permet en outre à ceux qui ont la chance d'être mobiles – ce qui est le cas de plus en plus de personnes – de comparer et de faire tomber le stéréotype à travers l'expérience de l'altérité. L'élève français qui passe trois mois dans une famille en Allemagne grâce à l'Office franco-allemand pour la jeunesse, le couple de Français qui rend visite à leur enfant qui s'est marié au Portugal, les adhérents des comités de jumelage des villes vivent des expériences qui les amènent à constater une convergence des modes de vie. C'est le fameux « ils ne sont pas si différents de nous ! » que l'on entend à leur retour de voyage. Dans le fond, le meilleur antidote aux stéréotypes est l'expérience de la mobilité. Cela crée d'ailleurs un nouveau clivage dans les sociétés européennes, car tout le monde n'a pas les moyens de faire ces expériences de mobilité. On observe dans les sondages une différence nette entre ceux qui expérimentent socialement l'ouverture des frontières nationales et les autres : souvent les premiers sont beaucoup plus prompts à soutenir l'idée d'une Europe politique.

***Revue* Hermès :** On assiste ces derniers mois à une montée des populismes en Europe. Cette tendance renforce-t-elle les stéréotypes au sein de l'Europe ? Existe-t-il des partis politiques en Europe qui ont construit leur discours politique autour de stéréotypes ? En avez-vous des exemples ?

***Christian Lequesne* :** Pour commencer, il faut préciser que pour les sciences sociales, le terme de populisme ne va pas de soi. La seule définition sur laquelle on peut s'accorder est celle d'un système de croyances qui vise à opposer un peuple qui serait réputé pur à des élites qui ne le représenteraient plus, voire qui le trahiraient par leurs comportements dévoyés. Dans les populismes d'extrême droite, la conception du peuple « pur » est exclusive, répondant souvent à une définition ethnique. Dans les populismes d'extrême gauche, la définition du peuple est beaucoup plus inclusive : ce sont les travailleurs contre ceux qui les exploitent, les pauvres contre les nantis, mais il est rare qu'on ait recours à une définition ethnique du peuple. Cette nuance est importante, car elle permet de distinguer plusieurs formes de populisme, même si tous ont un registre discursif et pratique commun qui est l'opposition entre élite et peuple. Certains populismes, mais pas tous, utilisent de manière instrumentale les stéréotypes nationaux. En France, Jean-Luc Mélenchon dans son livre *Le Hareng de Bismarck, le poison allemand* (Paris, Plon, 2015) utilise une rhétorique qui fait volontairement appel à la brutalité allemande. Il utilise les images du national-socialisme et de la Seconde Guerre mondiale pour affirmer que l'Allemagne est une puissance hégémonique qui veut encore contrôler le sort politique de l'Europe. Dans ce livre, il est fait référence aux « gros balourds », à la « schlague », aux « têtes de brutes ». Là, on cherche à toucher le public français en empruntant aux films sur l'Europe nazie, dans lesquels on a tous vu des soldats allemands casqués qui hurlent. Si vous prenez maintenant le parti d'extrême droite allemand Alternative für Deutschland, créé en 2013, celui-ci utilise pour sa part une représentation totalement stéréotypée de l'Europe du Sud, et notamment de la Grèce. Il décrit ce pays comme celui d'un peuple de paresseux, qui profitent du soleil en se tournant les pouces pendant que les honnêtes travailleurs allemands triment et épargnent. Le message est bien entendu qu'il n'est pas question de payer un euro au budget de l'Union européenne pour aider ces sudistes fainéants. Là aussi, l'utilisation d'un stéréotype national correspond à une stratégie politique, qui est le rejet de l'Europe politique. J'ajoute que les partis populistes, par essence, combattent le politiquement correct des partis traditionnels. Ils forcent donc le trait en utilisant le stéréotype pour se démarquer des élites libérales qui, estiment-ils, trahissent le peuple en ne disant pas les choses vraies.

***Revue* Hermès :** La presse renforce-t-elle les stéréotypes en Europe ? Quel rôle joue Internet, et plus particulièrement les réseaux socio-numériques, dans les représentations réciproques ?

Christian Lequesne : Bien sûr, la presse renforce les stéréotypes. Lors de la crise de la dette grecque, la presse populaire allemande (comme *Bild*) était pleine de caricatures sur la paresse des Grecs. D'une manière tout aussi stéréotypée, la presse grecque montrait Angela Merkel ou son ministre des Finances Wolfgang Schäuble avec des casques à pointe ou le costume de Bismarck. On notera au passage combien l'utilisation de la Seconde Guerre mondiale reste présente dans la contestation de l'Union européenne, parce que l'essence même de la construction européenne a été de faire oublier la guerre.

Internet et les réseaux socio-numériques renforcent les stéréotypes, parce que le style de communication qui nécessite de réagir de façon très rapide est une invitation à caricaturer des postures générales. Twitter incarne au plus haut point ces tendances en raison de la nécessité d'être percutant en 280 signes. Les posts des « gilets jaunes » sur Facebook montrent une violence verbale très caractéristique. On est frappé notamment par la vulgarité du vocabulaire employé, le président de la République devenant rapidement dans les messages le « blaireau », le « petit con ». C'est le degré zéro de la civilité, mais c'est une réalité sociale.

***Revue* Hermès :** Dans *Ethnographie du Quai d'Orsay. Les pratiques des diplomates français* (2017), vous vous êtes intéressé aux diplomates français, à leurs pratiques et à leurs représentations, à travers la notion de « carte mentale ». Pourriez-vous nous expliquer ce que vous entendez par « carte mentale » des diplomates ? Ce concept vous a-t-il permis de repérer des représentations stéréotypées chez eux ? Peut-on en faire une typologie ? Dans quelle mesure ces représentations ont-elles une influence sur les pratiques diplomatiques ? Sur les politiques ?

Christian Lequesne : J'emprunte la notion de carte mentale à Alan Henrikson[1], un politiste américain qui y a eu recours pour analyser la politique étrangère américaine. Il la définit comme une structure de l'esprit par laquelle une personne acquiert et stocke des représentations du monde qu'elle va mobiliser pour son action. Cette notion m'a été utile pour montrer que les diplomates français, et plus largement les acteurs de la politique étrangère, ne sont pas mus par la seule rationalité qui consiste à résoudre des problèmes, mais agissent aussi en fonction de conceptions préétablies de ce qu'est une « bonne » politique étrangère de la France. Comme l'idéologie, la carte mentale est le résultat de la socialisation mais aussi de perception du débat politique autour de la politique étrangère. En utilisant ce concept, je me démarque de l'individualisme méthodologique. Je postule qu'il existe des groupes constitués autour de représentations partagées. Dans l'histoire récente du Quai d'Orsay, deux groupes me semblent se distinguer du point de vue des représentations. Le premier croit en la représentation de l'indépendance et du rang, et le second en celle de l'occidentalisme. Les partisans de l'indépendance et du rang sont ces diplomates qui pensent que la « bonne » politique étrangère de la France doit être portée par la défense de la langue française, une relation privilégiée avec l'Afrique de l'Ouest et une certaine méfiance à l'égard des États-Unis. Ceux-ci pensent la politique étrangère de la France moins par rapport à la notion d'adaptation que celle de préservation d'un héritage. Les partisans de l'occidentalisme, au contraire, voient dans la « bonne » politique étrangère de la France des valeurs partagées avec les États-Unis et les autres pays européens, croient dans l'efficacité de l'outil militaire, et redoutent la prolifération nucléaire ou le débordement des armes nucléaires par les pays non occidentaux. Ils pensent moins la politique étrangère de la France à partir de l'héritage qu'à partir de ce qu'ils appellent l'adaptation aux nouvelles conditions du monde. Mais il faut faire attention avec la notion de carte mentale et ne pas penser qu'elle suffit à expliquer les décisions de politique étrangère. La carte mentale est un élément idéel, mais il est toujours confronté à un élément rationnel, la décision. C'est une nuance que certains diplomates qui ont lu mon livre ont eu du mal à saisir. Les discussions les plus controversées que j'ai eues autour d'*Ethnographie du Quai d'Orsay* ont concerné cette question. J'avais parfois face à moi soit des positivistes qui ne croient pas au rôle des représentations, soit des idéalistes qui s'imaginent que les cartes mentales permettent d'expliquer à elles seules la politique étrangère.

***Revue* Hermès :** Au-delà des frontières européennes, à l'échelle internationale, est-ce que les représentations de l'Europe et/ou de l'Européen ont évolué ?

Christian Lequesne : L'Europe politique apparaît beaucoup plus unifiée à l'extérieur qu'à l'intérieur, parce qu'à l'extérieur, on saisit moins la diversité des nations dans sa subtilité, alors que pour nous les Européens, c'est d'abord ce que nous voyons. Cela explique que dans le débat sur le Brexit par exemple, les presses américaine, chinoise ou japonaise décrivent le processus comme un élément de désintégration beaucoup plus fort que ne le font les Européens eux-mêmes. Ensuite, l'Europe est perçue à l'extérieur essentiellement comme une puissance civile normative et économique, et non comme une puissance militaire. Les néo-conservateurs américains, au début des années 2000, avaient même élaboré un discours pour dire que l'Europe ne saurait être qualifiée de puissance, parce que pour eux la puissance continue à faire référence aux attributs militaires. Il y a des passages intéressants à relire chez certains penseurs américains comme Robert Kagan, qui déclarait il y a quelques années que si l'Europe parlait autant de l'état de droit et de droits de l'homme, c'est parce qu'elle était privée des vrais instruments de la puissance qui sont ceux de la coercition militaire.

***Revue* Hermès :** A-t-on besoin de stéréotypes pour continuer de construire l'image et l'identité européennes et pour renforcer une communication politique efficace ?

Christian Lequesne : Il existe des travaux sur la diplomatie publique, ou la création des images de nations – le *nation branding* – qui montrent que les politiques publiques visant à créer ces images cherchent au maximum à mobiliser des stéréotypes positifs. Dans la diplomatie publique française, on aura recours à la cuisine et aux arts de la table ; en Suède, on utilisera la nature et les grands espaces. La difficulté de l'Union européenne est qu'elle ne peut pas mobiliser un stéréotype positif européen, car il n'existe pas de stéréotype « transverse » de l'Europe, distinct des nations qui la composent. Il est plus difficile de recourir au stéréotype pour l'Union européenne que pour ses États membres. Si l'Union veut construire une diplomatie publique, elle doit se concentrer sur le récit plus que sur l'image. Bien que les récits partagés ne soient pas nombreux non plus, le seul récit légitime reste celui de la paix. On pourrait objecter qu'il a atteint ses limites, parce qu'il a été élaboré en réaction à la Seconde Guerre mondiale et que la plupart des Européens considèrent cet événement tragique comme lointain. Ce n'est pas faux, mais la construction d'un récit sur la paix pour légitimer l'Europe peut ne pas faire référence uniquement à la Seconde Guerre mondiale. Il peut exister par opposition aux conflits dans le reste du monde. Des formes nouvelles de violence, comme le terrorisme, délégitiment bien entendu le récit sur la paix. Il en va de même des populismes qui utilisent la théorie des complots extérieurs comme registre discursif.

Les stéréotypes sont assez stables dans la construction européenne. Certains ont toutefois émergé plus récemment, comme celui du travailleur de l'Europe centrale et orientale (le « plombier polonais »), qui alimente le dumping social dans les pays d'Europe de l'Ouest, les envahirait en acceptant de travailler à n'importe quelle condition au détriment des travailleurs nationaux. C'est Philippe de Villiers, dans un entretien au *Figaro* de 2005, qui a évoqué le premier la figure du « plombier polonais » dans le contexte du référendum français sur la ratification de la Constitution européenne, dont le résultat fut négatif. En France, ce thème de l'étranger vecteur du dumping social ne laisse pas l'extrême gauche insensible et, de ce fait, rend moins certain le constat selon lequel seule l'extrême droite rejetterait les étrangers. Il y a une ambiguïté grandissante de l'extrême gauche française à l'égard du travailleur migrant dans le contexte de l'Union européenne.

(entretien réalisé par Vincent Liquète et Anne Lehmans)

NOTE

1. Henriksen, A. K., « The Geographical Mental Maps of American Foreign Policy Makers », *International Political Science Review*, n° 4, 1980, p. 495-530.

PRINCIPAUX OUVRAGES DE CHRISTIAN LEQUESNE

Paris-Bruxelles. Comment se fait la politique européenne de la France, Paris, Presses de Sciences Po, 1993.

L'Europe Bleue. À quoi sert une politique communautaire de la pêche ?, Paris, Presses de Sciences Po, 2001.

La Politique européenne de la France. Accepter le changement d'échelle, Paris, Presses de Sciences Po, 2008.

The Member States of the European Union (avec Simon Bulmer, dir.), Oxford, Oxford University Press, 2013.

Ethnographie du Quai d'Orsay. Les pratiques des diplomates français, Paris, CNRS éditions, 2017.

La Politique étrangère. Approches disciplinaires (avec Hugo Meijer, dir.), Montréal, Presses de l'université de Montréal, 2018.

Le stéréotype de la femme-objet au Japon. Jouer à la poupée, jouer au mâle raté

En 1977, dans *L'Arrangement des sexes*, le sociologue Erving Goffman formule l'hypothèse que, dans chaque société, les relations homme-femme sont codifiées de manière à maintenir un ordre social, généralement asymétrique*. Les « stéréotypes de sexes » – qu'il assimile à des « croyances relatives à la masculinité ou à la féminité » – sont « en étroite interaction avec le comportement de genre », affirme-t-il en s'appuyant sur l'analyse de toutes sortes de pratiques (rituels de séduction, galanterie, toilettes séparées, socialisation différenciée des enfants) dont il dénonce le présupposé : que l'homme (fort) doit protéger la femme (fragile), y compris des souris et des araignées. Aussi indéniables qu'elles soient, les différences biologiques ne justifient absolument pas ces pratiques qu'Erving Goffman désigne comme des « arrangements ». Partant de ce constat, le sociologue insiste sur leur caractère historique. Ainsi qu'il le souligne, ceux-ci sont contingents, composites et peuvent même se faire les miroirs de résistances aux normes. Les stéréotypes de sexes sont de fait révélateurs des transformations qui traversent la société et des courants contradictoires qui l'agitent. Entre les mains de certains acteurs, ces stéréotypes peuvent même devenir des outils au service d'un brouillage de l'ordre genré, ainsi qu'en témoigne par exemple le cas singulier des *love dolls*.

Les *love dolls* (*rabu dôru*) sont issues d'une production artisanale de niche dont une dizaine de compagnies se partagent le marché au Japon. Ces poupées réalistes – fabriquées grandeur nature pour servir de partenaires sentimentales et/ou sexuelles – présentent la caractéristique d'avoir l'air puéril ou imbécile, au choix. En apparence, ces poupées reproduisent des stéréotypes de genre négatifs, ceux de la femme faible, intellectuellement déficiente, dont les seules qualités se résument aux mensurations : elles ont des formes avantageuses, le regard vide et elles ne parlent pas. La fonction même des poupées dérange : il n'y a, *a priori*, aucune raison de penser que les poupées soient autre chose que des potiches en silicone, favorisant dans l'imaginaire la mainmise des hommes sur le corps et sur le destin des femmes. Comme par un fait exprès, les utilisateurs se désignent d'ailleurs volontiers comme « propriétaires » des poupées (*mochi-nushi*), quand ce n'est pas « managers » (*kanrishoku*), « tuteurs » (*kateikyôshi*), « grands frères » (*o-nii-san*) ou « responsables » (*kanrinin*), suivant une terminologie qui associe explicitement la poupée à un objet passif ou à un être incapable qu'il s'agit d'éduquer et d'encadrer.

Faut-il y voir une forme de misogynie ? On serait tenté de le croire, et cela d'autant plus lorsqu'on se penche sur le discours des firmes, notamment celui d'Orient Industry, la compagnie pionnière : créée en 1977 par Tsuchiya Hideo, un ancien gérant de sex-shop, c'est Orient Industry qui met au point l'image des poupées comme personnes irresponsables maintenues sous tutelle. Pour parler d'elles, Tsuchiya Hideo utilise le mot *musume* (ma fille) : « Chacune d'entre elles est ma fille [*musume*]. Lorsqu'une poupée quitte mon entreprise, c'est comme si je la confiais à quelqu'un afin qu'il prenne soin d'elle. » Il utilise aussi parfois le terme « enfant mis en nourrice » (*satogo*) pour insister sur l'idée selon laquelle les poupées ne sont pas vendues mais « confiées » aux bons soins d'un homme aimant. Le client qui épouse ou adopte une *love doll* a d'ailleurs le droit de la rebaptiser, suivant un usage maintenant périmé qui voit la femme changer de prénom lorsqu'elle se marie. Comme par un fait exprès, « lorsqu'Orient Industry reçoit une commande et fait un envoi, cela est appelé "mariage" [*yomeiri*]. » Passant de l'autorité de son père « biologique » à celle du « père donneur de nom » qui est en même temps son époux, la poupée reste donc une mineure. Suivant le même système de métaphore, lorsque son *époux* ne veut plus d'elle, il peut la renvoyer chez son *géniteur*, c'est-à-dire à l'usine d'Orient Industry : le renvoi est nommé « retour à la maison natale » *(sato-gaeri)*.

Ce discours paternaliste met évidemment mal à l'aise. Le design même des poupées dérange : leur corps reste ébauché et leur visage exprime une forme d'ahurissement. Pourquoi cet air stupide ? Il serait tentant d'en déduire que les fabricants visent une clientèle d'hommes cherchant à réaffirmer leur virilité au contact d'une belle idiote. Mais la réalité, bien sûr, est plus complexe. Ainsi que le révèle une enquête de terrain menée pendant trois ans, entre 2012 et 2015, chez les principaux producteurs de poupées au Japon – Orient Industry, 4Woods, Level D et Trottla –, les poupées sont volontairement mises au point comme des créatures indigentes suivant le principe du conformisme parodique. L'expression « conformisme parodique » est inventée en 2002 par le sociologue Alessandro Gomarasca au moment où, au Japon, le mouvement vestimentaire des Lolita (décliné en sweet lolita, gothic lolita, pink lolita, etc.) pousse des milliers de jeunes femmes à se déguiser en poupées. Dans un livre intitulé *Poupées, robots*, Gomarasca (2002) résume ainsi le phénomène : « Plus le discours des hommes leur renvoie l'image d'être irresponsables, plus elles fétichisent à l'extrême leur personnalité infantile. » Dans le même livre, la chercheuse Sharon Kinsella confirme : les adolescentes surjouent la « vierge » (*shôjo*), dit-elle, afin de renvoyer en miroir l'image que la société a d'elles. Cette caricature de la féminité leur permet de mettre à distance, sur un mode ironique, les injonctions auxquelles elles sont tenues.

Un détournement des valeurs dominantes

Il est très révélateur que les *love dolls* soient devenues populaires à cette même époque, comme si les hommes aussi opéraient un détournement des valeurs dominantes par le biais de poupées vendues sous les traits de femmes immatures. Faire couple avec de tels objets n'a en effet rien d'anodin. Le stigmate frappe lourdement ces individus qui, non sans impertinence, affirment préférer des « vierges synthétiques » (*jinzô otome*) aux « femmes de chair crue » (*namami no josei*). Ils veulent jouer, disent-ils. Sous-entendu : jouer plutôt qu'imiter leurs parents, en fondant un foyer. Ce discours est souvent mal compris. Les médias, notamment, ont tendance à le prendre au premier degré. Dans la presse, les hommes qui « jouent à la poupée » – activité non conforme à leur « sexe » – sont accusés d'être des « herbivores » (*sôshoku*), immatures et faibles : des mauviettes dénuées de virilité. L'achat d'une poupée est donc à double tranchant : si, d'un côté, elle peut permettre au propriétaire de renforcer son identité masculine en exhibant sa femme-trophée, d'un autre côté elle l'expose au rejet, au dénigrement et aux moqueries. Ce qui amène la question suivante : serait-il possible que la poupée soit formatée à l'image d'une jolie cruche non pas pour reproduire des normes de genre mais pour les questionner ?

Lorsqu'il joue à la poupée, l'homme certainement ne renvoie pas l'image du prédateur mais bien plutôt celle du loser. S'il faut en croire les fabricants, l'aspect immature des *love dolls* contribue à renforcer cette impression par effet-miroir : « Elles sont incomplètes », m'explique-t-on, ce qui les rend d'autant plus attirantes, car « les hommes qui aiment les poupées veulent quelque chose à leur image. » Ils se voient comme des exclus. Ainsi que l'explique Kodama, ingénieur à Orient Industry : « Les poupées sont charmantes [*kawaii*], c'est-à-dire qu'elles font un peu pitié. » Il s'agit, insiste-t-il, de les rendre pathétiques : plus elles auront l'air mièvre (vulnérable) et bête (lacunaire), plus elles susciteront l'idée de l'échec. Il peut sembler étrange que les propriétaires désirent faire couple avec de si pitoyables créatures mais cette mise en scène n'est jamais dénuée d'une part de dérision : lorsqu'ils s'affichent comme mâles ratés, aux côtés d'une poupée spécifiquement conçue pour évoquer la carence, ces hommes ne font jamais que renvoyer à la société l'opinion méprisante qu'elle a d'eux. Le fait que la *love doll* soit un stéréotype de femme-objet participe pleinement de leur stratégie.

Singulièrement retorse, cette stratégie consiste à mimer le modèle standard de la réussite (homme responsable, beauté écervelée) dans le cadre d'un jeu qui tourne en ridicule les valeurs sur lesquelles la société fonde son organisation. Au regard des normes, un homme, un vrai, doit prouver sa valeur en exhibant sa ravissante épouse. Se jouant de ces codes avec un plaisir malin, les « propriétaires » s'amusent volontiers à reproduire avec leur poupée les rapports sociaux de sexe, attribuant à leur *love doll* – si possible innocente, inexpérimentée, éthérée ou hébétée au choix – des rôles de jouvencelle ou de mijaurée parfaitement clichés. Le fait qu'elle soit si puérile suscite un sentiment de consternation. Le fait qu'il s'agisse d'une poupée accentue encore la dimension navrante du scénario. Sa nature même de contrefaçon éclaire les scripts sous un jour nouveau : tout semble faux. L'effet de décalage qu'elle induit met en lumière l'aspect artificiel des conventions sociales liées à l'ordre hétéronormé. On le voit donc bien à travers cet exemple : reproduire les stéréotypes dévalorisants du féminin (passivité, faiblesse, dépendance) peut très bien participer d'une stratégie subversive. Ambivalente et ambiguë, cette forme de résistance reste limitée bien sûr, puisqu'elle maintient la femme dans les limites symboliques de son assignation de genre. Le sabotage du système n'en est pas moins, pernicieusement, efficace.

Agnès Giard
Laboratoire Sophiapol – université de Paris Nanterre
Projet européen EMTECH – Freie Universität

RÉFÉRENCES BIBLIOGRAPHIQUES

GIARD, A., *Un Désir d'humain, les love doll au Japon*, Paris, Les Belles Lettres, 2016.

GOFFMAN, E., *L'Arrangement des sexes*, Paris, La Dispute, coll. « Le genre du monde », 2002 (1977).

GOMARASCA, A. (dir.), *Poupées, robots, la culture pop japonaise*, Paris, Autrement, 2002,

* Ce travail a été réalisé dans le cadre d'une recherche postdoctorale à Freie Universität Berlin, au sein du projet européen EMTECH dirigé par Elena Giannoulis.

Stéréotypes et algorithmes, entre croyances et certitudes

Le naturel d'un visage dessiné par une intelligence artificielle[1], une voix synthétique[2], la relation à un robot et la création artistique[3] semblent tellement humains. Connaîtrait-on « la formule », celle de la communication humaine ? Serait-elle écrite par des algorithmes ? Évidemment, on repère très vite que l'énonciation singulière que chaque sujet invente dans ses particularismes et accidents disparaît au profit de formes apprises pour la voix artificielle ; que l'émotion ou l'empathie, expressions du corps, ne sont que des simulations pour des robots ou agents artificiels sans chair (Tisseron, 2010) ; que la création artificielle n'est pas celle d'un humain ; que la reconnaissance faciale ne repérera jamais ce qu'un visage a d'irréductible[4]. On ne dénoncera jamais assez que ces dispositifs *simulent*, qu'ils se régulent à partir de nos comportements, qu'on les prend de plus en plus comme modèles dans nos relations aux autres, pensant ainsi éviter la complexité de la relation humaine. Dès lors, ce qu'entérine l'idéologie technique est la connaissance de *la formule*, de l'expression de la communication qui surmonte le ratage de la relation, en écartant l'incommunication (Wolton). La relation humaine devient objectivable. Le premier tableau *Edmond de Belamy* (collectif Obvious, 2018) produit par une intelligence artificielle et vendu aux enchères chez Christies[5] le montre bien : il est signé par la formule « $\min G \max D\ V(D, G) = E_{x\square pdata(x)} [\log D(x)] + Ez\square pz(z) [\log (1 - D(G(z)))]$ ». Une *vérité* apparaît, celle des algorithmes. Elle fait que la *croyance*, nécessaire à la communication humaine, cède sa place à la *certitude* : comme nous allons le voir, la figure du *stéréotype* qui repose sur la croyance est une figure de résistance à l'éducation algorithmique de nos comportements.

Les études qui dénoncent les biais algorithmiques abordent le concept de stéréotype en dénonçant les biais raciaux ou sexistes[6]. Malgré leur intérêt, elles n'empêchent pas ces algorithmes de toujours fasciner davantage et de développer une relation autre à *la vérité*. Les algorithmes faisant boucle avec nos comportements, tout en estompant nos doutes, jouent sur des certitudes pour se parer de vérité. De très nombreux écrits abordent le « faux », le *fake ;* les conseils d'éthique fleurissent, l'*Algorithmic Justice League* est fondée. Or, la certitude n'est pas la croyance : dans toute croyance se loge un impossible à dire le « tout » qui ne peut pas être représenté, d'où la demande dont la réponse n'est pas sûre. Pour la communication, cet impossible est ce qu'exprime pour l'humain, être structurellement inachevé à la naissance, l'attrait du visage de l'autre, de sa voix, mais aussi des livres, des œuvres artistiques, des paysages. Le stéréotype permet d'entrevoir cet insaisissable. L'articulation entre stéréotypes et croyances s'établit par le fait que les instances de représentations reposent sur des systèmes de croyances et non de certitudes. Le stéréotype repose sur un impossible rassemblé, compacté, saisi. Il suppose un savoir « troué » qui relance le mouvement de ce qui fait énigme. Ainsi : « Les stéréotypes balisent les cadres d'interprétation du monde et des relations sociales, ont des effets sur la circulation et la modification des savoirs, en passant par des vecteurs d'imaginaires et d'idéologies politiques » (Lehmans, 2018).

La croyance est traditionnellement articulée à la fonction paternelle qui a pour but de nous protéger. Elle repose sur une demande dont *la réponse est incertaine*. Au XXIe siècle, on cherche à se passer du père. Voici un exemple d'un nouveau genre qui s'opposerait au père traditionnel : le « *parennial* ». Plutôt que d'essayer d'être un père, il cherche le mode d'emploi d'une éducation réussie. Il serait « cet individu qui, face au caractère faillible de l'expertise humaine, préfère se plonger dans la chaleur rassurante du liquide techno-amniotique, peaufinant les détails d'une éducation algorithmique qui serait la synthèse optimisée de toutes les pratiques existantes » (Santolaria, 2018). Ainsi, Internet *répond à tout* : il n'est pas supposé savoir : il sait. Il prétend avoir *la formule* pour qu'enfin le symbolique, celui de la machine, puisse recouvrir tout le réel. L'objet de consommation couvre tout manque avant même qu'il ne se manifeste. Sur un moteur de recherche, tapez une demande qui vous semble « cohérente », vous aurez toujours une réponse. Simultanément, de nombreuses notifications proposent tout et n'importe quoi avant même que vous en ayez fait la demande. « Tout » est possible. Mais, le « tout » n'a pas de « trou ». D'où la valeur inestimable de l'équivoque et de l'ambiguïté, du malentendu et du quiproquo d'une parole, qui creusent un écart là où la saturation numérique promet et promeut la jouissance en bouchant tout manque présent ou à venir par l'objet à consommer. Que l'on songe au titre de Michel Blay, *Penser ou cliquer ?*

Cathy O'Neil désigne par « armes de destruction mathématique » ces modèles qui constituent « par principe d'impénétrables boîtes noires » visant souvent les plus vulnérables avec des objets de consommation : « la vulnérabilité vaut de l'or ». Ces modèles sont bien souvent le reflet de l'idéologie de leurs concepteurs ; les résultats séduisent encore et toujours. Avec *l'alètheia* algorithmique (Sadin, 2018), le stéréotype calculé enferme les mêmes dans des bulles informationnelles. Il servira essentiellement à *prédire* quel individu calculé *coïncide* aux critères dans des secteurs très variés : santé, justice, emploi, assurance, etc. La confiance est de plus en plus accordée aux algorithmes. La prédiction repose sur une certitude, celle d'avoir réponse à tout. Effet Pygmalion ou prophéties autoréalisatrices (Demailly, 2008), les algorithmes prédictifs véhiculent un effet de vérité par anticipation. O'Neil parle de boucle de rétroaction néfaste[7]. Dès lors, la contingence est écartée : faire appel à un algorithme prédictif pour anticiper une situation à éviter ou maîtriser des comportements manifeste que l'algorithme prédictif « s'insère dans une activité sociale [...] comme mode de gouvernance des comportements » (Reigeluth, 2018).

L'algorithme ne comprend pas. Il n'y a pas de signification pour lui. Ses mots ne sont que calculs, qui ne peuvent entrer dans des processus de dialectisation. Pour remplacer cette signification manquante, il faut que cette certitude qu'il calcule devienne celle des autres. Alexandra Saemmer (2018) résiste activement contre ceux dont « la démarche est de fixer le sens ». Face à une normalisation du langage par les algorithmes, elle pointe justement « ces éléments de langage préfabriqués qui cadrent l'expression ». Une vérité apparaît, sans signifier, sans référence, sans croyance, celle « des marqueurs culturels calculés » qui deviennent, par exemple, des stéréotypes de genre permettant de créer des identités vraies dans un monde de *fake*[8]. Il existe une discontinuité entre *croyance* et *certitude*. L'oublier pour gommer incompréhension d'un algorithme et projections anthropomorphiques sur des objets artificiels qui ne font que simuler, c'est établir une continuité entre croyance et certitude, c'est donner au stéréotype l'étiquette d'une vérité calculée.

Franck Renucci
Université de Toulon

NOTES

1. Thispersondoesnotexist propose des visages de personnes qui n'existent pas générés par une architecture GAN (*Generative adversarial networks)* : <www.thispersondoesnotexist.com/>.
2. Exemples : CandyVoice et Lyrebird ont développé une technologie d'imitation vocale : <candyvoice.com/> ; <lyrebird.ai/products>.
3. À l'écoute de « La Méthode scientifique », sur France Culture (28 nov. 2018), émission animée par Nicolas Martin, on découvre qu'en 2018, un tableau produit par l'IA a été vendu aux enchères et qu'un premier roman écrit par une IA publié : <www.franceculture.fr/emissions/la-methode-scientifique/la-methode-scientifique-du-mercredi-28-novembre-2018>, page consultée le 01/04/2019.
4. L'INA propose un entretien avec Emmanuel Levinas à propos du thème du *visage* faisant référence à *Totalité et infini. Essai sur l'extériorité* (1961) : <www.ina.fr/audio/PHD98009200/le-visage-audio.html>, page consultée le 01/04/2019.
5. *Cf.* <www.christies.com/lotfinder/Lot/edmond-de-belamy-from-la-famille-6166184-details.aspx>, page consultée le 01/04/2019.
6. *Cf.* <gendershades.org/overview.html>, page consultée le 01/04/2019. À l'origine de cette étude, Joy Buolamwini, chercheuse au MIT et fondatrice de l'*Algorithmic Justice League* (https://www.ajlunited.org/), un collectif qui dénonce les biais des algorithmes. En novembre 2016, elle avait expliqué que les logiciels de reconnaissance faciale identifiaient beaucoup plus facilement ses amis blancs que son propre visage de femme noire (<www.ted.com/talks/joy_buolamwini_how_i_m_fighting_bias_in_algorithms?language=fr>, page consultée le 01/04/2019).
7. Cathy O'Neil explique ainsi l'attribution d'une peine par des modèles : « les modèles utilisés pour déterminer les peines dressent le profil d'un individu en fonction de sa situation personnelle, encourageant de fait la perpétuation de l'environnement qui justifie leurs hypothèses de départ. Cette boucle destructrice se répète indéfiniment, rendant le modèle de plus en plus injuste. »
8. Avec Theodor W. Adorno, *Minima Moralia Réflexions sur la vie* mutilés, cité par Gori, 2016 : « L'objectivité dans les relations entre les hommes, qui fait place nette de toute enjolivure idéologique, est déjà devenue elle-même une idéologie qui nous invite à traiter les hommes comme des choses. »

Peter Brown
Université de la Polynésie française
Australian National University

George Soros : l'énigme des stéréotypes

L'homme aux stéréotypes multiples : le stéréotype des stéréotypes

En janvier 2019, lors du Sommet économique mondial de Davos, George Soros met en garde le public contre le danger que représenterait actuellement la Chine qui, selon lui, conjugue perfectionnement du système informatique et autoritarisme croissant du régime politique : « le plus grand ennemi de la société ouverte » (Soros, 2019). Ce discours suscite une réaction d'approbation chez certains[1] et d'indignation chez d'autres, notamment de la part de la presse… russe. Les autorités (chinoises), quant à elles, ont été plus « mesurées », ou dédaigneuses, estimant que ce discours était tout simplement « dénué de sens » (*South China Morning Post*, 2019). Soros a l'habitude d'être l'objet de telles appréciations contradictoires.

En effet, depuis de nombreuses années, Soros – ennemi avéré tantôt de la gauche tantôt de la droite, à l'occasion des deux à la fois – est pris à parti par des dénonciations en tous genres, souvent à travers des images stéréotypées : vautour, menace, diable, gauchiste, spéculateur outrancier qui se permet de critiquer le capitalisme pour le sauver, force occulte, traître à son pays natal, mauvais juif, sale juif, nazi, ennemi d'Israël ; en revanche, il est salué par d'autres comme Robin des Bois, mécène, philanthrope, philosophe, prophète (Story, 2008). Comment expliquer ces multiples jugements antithétiques, qui ont cours depuis bien avant l'avènement des *fake news* mais qui semblent être de plus en plus audibles, de plus en plus répandus à travers le monde et qui dépassent certains clivages traditionnels ?

Dans cet article, nous passerons en revue quelques-unes des caractérisations, notamment négatives, dont le financier-philanthrope a été l'objet. À ce sujet, si c'est moins le personnage lui-même qui nous intéresse que sa situation en tant que figure « névralgique » du monde contemporain, il n'en est pas moins utile de dresser un bref portrait de l'homme. Cela nous permettra de porter un regard sur des questions qui concernent un individu et qui dépassent l'individu.

Lorsqu'il s'agit de stéréotypes aussi variés et contradictoires, voire diamétralement opposés, que ceux qu'on trouve véhiculés à l'égard de Soros, c'est la notion même de stéréotype qui est en jeu – et non seulement parce que ceux qui lui prêtent ces traits sont dans des camps opposés (gauche-droite, juifs-antisémites, démocrates libéraux-non libéraux, monde occidental-non occidental), mais aussi et surtout parce que ces images contradictoires se constituent *au sein même* de ces camps respectifs et parfois chez la même personne. En effet, le cas Soros défie l'image qu'on peut avoir des stéréotypes, dans la mesure où ceux-ci auraient pour fonction de caractériser *d'une manière particulière* des individus tout en marquant leur adhérence présumée à un groupe dont les membres sont censés avoir des traits en commun. C'est cette généralisation qui permettrait la discrimination, où des termes faussement descriptifs camouflent un jugement soit positif, soit (souvent) négatif.

Nous allons donc essayer de cerner cet état des choses dans le but de comprendre les enjeux classiques et modernes liés à l'usage des stéréotypes, ainsi que le fonctionnement de la communication politique et citoyenne aujourd'hui. Nous conclurons en évoquant deux cas dans le domaine de l'éducation qui concernent les activités tant financières que philanthropiques du magnat : le Collegium Budapest (Institute for Advanced Study) et l'Université d'Europe centrale (Central European University, CEU)[2].

Qui est George Soros ?

George Soros est né à Budapest en 1930, à l'époque où, suite au traité de Trianon (1920), la Hongrie avait perdu les deux tiers de son territoire – y compris la Transylvanie, transférée vers la Roumanie. Il grandit dans un milieu aisé de la capitale hongroise, où la population juive est largement assimilée[3], cosmopolite[4] et souvent peu croyante. Cela dit, Soros définit sa situation familiale et son éducation comme étant quelque peu l'exception par rapport à la norme de l'époque : certes « bourgeoise » mais « peu conventionnelle[5] ». Pour construire l'image d'un univers familial non stéréotypé, Soros établit un parallèle entre la trajectoire de son père et la sienne. Les deux réussissent dans les affaires – le fils évidemment plus que le père – tout en affichant une certaine distance intellectuelle, voire morale, vis-à-vis de ce milieu et son objectif présumé : faire de l'argent.

Dans son propre récit autobiographique, Soros fils dit que son père Tivadar aurait connu l'épisode central de sa vie – la révolution russe – lorsqu'il était prisonnier de guerre en Sibérie pendant la Première Guerre mondiale. Il faut croire que ce n'est pas tant la dimension politique de cette révolution qui l'aurait marqué que les aléas de l'histoire auxquels il était sujet : en tentant de s'évader de prison, il a non seulement encouru des risques qui auraient pu lui coûter la vie, mais la réussite même de son exploit aurait ralenti son retour en Hongrie, en ce sens que peu de temps après son évasion pleine de péripéties dangereuses à travers la Russie, les bolchéviques avaient libéré le camp et rapatrié les prisonniers. Suite à cette expérience, il aurait renoncé à toute ambition autre que de jouir de la vie avec sa famille, l'argent ne comptant plus en tant que valeur. Or, l'histoire va confirmer et démentir cette conception du monde.

Soros fils a presque 14 ans lorsque l'Allemagne nazie « envahit » la Hongrie en 1944, et même si la famille réussit à survivre, cette menace de mort qui pèse sur elle constitue l'événement marquant de sa vie. Là encore, c'est la vie du père qui nous permet d'en comprendre le contexte et la signification. Dans son livre intitulé *Mascarade*, Tivadar Soros raconte comment il fabriquait de faux papiers d'identité pour sa famille et d'autres juifs pendant la période de « l'occupation » allemande. La méthode de cet homme d'affaires qui se serait peu intéressé aux affaires est révélatrice : aux « clients » riches, il demandait jusqu'au maximum de ce que le marché pouvait supporter ; aux désespérés pauvres, il ne demandait rien. « Je me sentais juste un peu responsable de tout le monde. » Pour Soros père et fils, chaque jour de cette période exceptionnelle était un pari dont l'enjeu était la vie et la mort : « sans risques, il n'y a pas de vie[6]. »

Leur cas défie le stéréotype du juif hongrois transporté vers les camps, ainsi que son revers budapestois, confiné dans un ghetto. George Soros circule dans la société, mais en se faisant passer pour le filleul d'un haut fonctionnaire dont l'une des fonctions était d'inventorier et de confisquer les biens des juifs. Histoire un peu à la Modiano – autre stéréotype atypique –, à ceci près qu'il s'agirait de fausses apparences plus que de vraies ambiguïtés.

Stéréotypes de société « ouverte » et « close »

Mais après avoir échappé à un totalitarisme, le nazisme, George Soros se trouve dans une Hongrie d'après-guerre qui passe à un autre totalitarisme, le communisme. Image peut-être un peu stéréotypée, vu que Soros quitte la Hongrie en 1947. Quoi qu'il en soit, il part pour Londres à 17 ans et s'inscrit à la London School of Economics (LSE), où il fait la connaissance d'un autre ressortissant d'Europe centrale, dont les ancêtres étaient juifs : Karl Popper, qui deviendra son père spirituel. Ce philosophe viennois avait passé la guerre en Nouvelle-Zélande à rédiger ce qui deviendra le livre *Open Society and its Enemies*. Soros est séduit par sa philosophie et réussit à avoir Popper comme moniteur (*tutor* personnel) pendant toute la dernière année de son diplôme à la LSE.

En l'honneur de son maître, dont il épouse largement la vision philosophique et politique, George Soros, devenu entre-temps banquier new-yorkais, crée en 1979 l'Open Society Foundation. Selon le portrait qu'il dresse de lui-même, Soros a choisi cette carrière par défaut, lui qui voulait être philosophe : dans un premier temps, on ne prenait pas ses idées au sérieux ; ensuite, il s'est rendu compte un jour que lui-même ne comprenait rien à ce qu'il avait mis sur le papier. Ce philosophe manqué décide alors de faire de l'argent, quitte à revenir plus tard dans le monde intellectuel. On peut penser qu'il s'agit d'une image un peu idéalisée – stéréotypée – d'un certain parcours classique. Mais ce qui est moins stéréotypé, c'est que Soros a toujours cru agir en philosophe : le monde de la finance n'échapperait pas à la vision d'un système « ouvert » où le risque constituerait un élément essentiel ; en conséquence de quoi l'action de l'individu, y compris ce qu'il signale comme action éventuelle, aurait le potentiel d'être un facteur important de l'évolution du cours des choses, en un mouvement que Soros désigne comme celui de « réflexivité ».

« The man who broke the Bank of England » : le capitaliste sans merci

La figure de George Soros reçoit une vraie notoriété internationale pour la première fois le 16 septembre 1992 lorsqu'il spécule contre la livre sterling, pariant 10 milliards de livres – toute sa fortune estimée à 7 milliards assortie d'un prêt de 3 milliards – pour faire un bénéfice d'un milliard de dollars en l'espace de 24 heures. Ce jour, baptisé *Black Wednesday*, voit la livre dévaluée et l'Angleterre obligée de se retirer du mécanisme de taux de change européen[7]. L'image se forme alors du « loup de Wall Street », manipulateur cynique de la mondialisation, enfermé dans une tour d'ivoire des temps modernes qui fait tomber des gouvernements, déchire sans vergogne le tissu des sociétés et ruine des vies entières au moyen de quelques clics sur le clavier de son ordinateur, image du capitalisme sauvage et impitoyable qui réduit toute forme d'échange en échange commercial en réifiant les relations humaines et en faisant abstraction de l'impact sur les êtres humains.

Cette image destructrice stéréotypée de Soros est récurrente, faisant son apparition à plusieurs reprises lors de « crises » financières, politiques et sociales (1992, 1998, 2008, 2015). Ainsi, la BBC l'appelle en 1998 « the man who broke the Bank of England » (BBC News, 1998). Ce double jeu de mots en dit long sur l'image stéréotypée de l'homme-spéculateur : d'une part, la phrase « *broke the bank of England* » signifie qu'il a « cassé la Banque d'Angleterre », et d'autre part le mot *broke*, comme adjectif, signifie « fauché » ; le sens global signifierait donc que Soros a détruit l'Angleterre et appauvri ses citoyens tout en s'enrichissant sur leur dos, le profit partant d'ailleurs à l'étranger (New York), tout comme la fuite de devises anglaises en dehors du pays que Soros aurait personnellement provoquée.

Le Socialist Workers Party (trotskyste) anglais renchérit sur ces descriptions en employant l'image de *vulture* (vautour) dans le cadre de sa critique de Soros : oiseau de la mort, donc, mais à la différence de l'oiseau réel, celui de l'image stéréotypée devient oiseau de proie responsable de « meurtre » (*killing*) et non plus seulement l'oiseau qui se nourrit du cadavre des autres[8]. Plus au « centre gauche », *The Independent* évoque « *the big, bad wolf of international finance, the Wall Street raider who made a billion dollars when he broke the Bank of England in 1992* » (Fay, 1998), alors que le *Daily Mail* (droite) évoque l'image de quelqu'un de mutilateur, dont l'action aurait contribué à « estropier (*cripple*) le système financier britannique » (*Daily Mail*, 2015).

Dans tous ces cas de figure, on met en circulation le mythe de l'individu incarnant le bien ou le mal, en une sorte de jeu de David contre Goliath, confirmant l'image du spéculateur comme l'outsider du monde de la finance, mais en inversant les rôles stéréotypés, faisant comme si le juif David était le géant face à l'État affaibli, face au système capitaliste mis à mal[9], face au peuple démuni qui en subit les conséquences. Cela étant, David peut se transformer facilement en un autre stéréotype juif, celui de Shylock, ce *Marchand de Venise* usurier, exigeant sa somme de chair coûte que coûte…

Dans le même article de la BBC cité plus haut, l'organe par excellence de la voix d'Angleterre s'étonne que Soros, six ans après avoir fait fortune en spéculant furieusement sur le cours des devises grâce à l'assouplissement de la réglementation, vienne parler – ce maître des *hedge funds* qui profite royalement de la libération des contraintes – devant le Parlement du Royaume-Uni au sujet « des dangers des marchés libres non réglementés » (BBC News, 1998). Et Soros lui-même assume l'impact qu'il a eu sur l'économie britannique : en Robin des Bois, il transfère ses bénéfices vers les « nouvelles démocraties » pauvres de l'Europe de l'Est dont les pays occidentaux auraient dû, à ses yeux, mieux s'occuper.

Le capitalisme menacé par Soros

Mais aux yeux de la presse des affaires, il y a « pire » : en 2012, lors du mouvement de protestation Occupy Wall Street qui s'insurge contre les abus du monde de la finance, Soros exprime sa « compréhension » des manifestants et laisse entendre qu'il soutient leur mouvement. Dans une conférence prononcée à l'Université d'Europe centrale, institution qu'il a fondée, l'homme qui a fait sa fortune en jouant sur les marchés renaît comme philosophe et critique pour faire le constat que les marchés dérapent sans avoir la capacité de s'autocorriger, d'où la nécessité de prôner une politique qui renforcerait le pouvoir des instances de réglementation – sans que cela signifie, chez ce fils spirituel de Popper, confier plus de pouvoir aux autorités politiques, encore moins à l'État, dont il faut se méfier des abus éventuels (Soros, 2010).

Soros se voit alors caractérisé doublement comme menace : d'une part, en tant que représentant outrancier du capitalisme, et d'autre part comme danger pour le capitalisme, qui fomente des troubles à l'aide de son argent de spéculateur : l'édition américaine du journal anglais le *Daily Mail* (classé à droite) dénonce la manière dont Soros, toujours présumé manipulateur, mais désormais qualifié de « libéral », c'est-à-dire « activiste », joue dans les coulisses en finançant des protestations. L'article emploie un langage qui, vu le contexte géographique – le Sud des États-Unis (Ferguson, Missouri) – peut rappeler le *civil rights movement* des années 1960 avec ses protestations et ses contre-protestations. Selon le journal, Soros se complaît donc à financer des « groupes professionnels » venus de l'extérieur par bus affrétés depuis la côte Nord-Est – New York (fief des barons de la bourse) et Washington (siège du « gouvernement » et selon un certain stéréotype ennemi du peuple) – pour susciter des tensions, voire pour précipiter des actes de violence en s'appropriant des dossiers qui seraient d'ordre purement local, les transformant en un « point chaud national » (*national flashpoint*) (*Daily Mail*, 2015).

Se servir de sous-entendus destinés à rappeler des histoires, d'ailleurs contestées, d'autres temps et d'autres lieux crée une ambiance où un stéréotype peut en cacher un autre. Ainsi, l'idée selon laquelle Soros attise le mécontentement – car le stéréotype sert d'outil dans la construction d'une théorie du complot – permet la diabolisation de l'individu concerné, quel que soit le thème en question. Le conglomérat médiatique Fox News promeut ce genre d'image de Soros depuis quelques années. Un exemple parmi d'autres : Bill O'Reilly, l'une des grandes stars de cette chaîne, accuse Soros de faire partie de la gauche caviar (« *socialist billionaire* »), voire d'être carrément « gauchiste » (« *uber leftist* ») (Real Clear Politics, 2015). Le milieu politique s'en mêle aussi : en mars 2018, plusieurs sénateurs américains demandent au secrétaire d'État Rex Tillerson d'examiner les organisations soutenues par Soros, au cas où elles recevraient également des fonds du gouvernement américain… Sans surprise voit le jour aux États-Unis la théorie selon laquelle Soros tente une sorte de putsch dans la vie politique du pays. Rien moins que le *Wall Street Journal*, bible du monde de la finance, publie un article déclarant que Soros a financé les protestations anti-Kavanaugh, après que Donald Trump a nommé ce juge très contesté à la Cour suprême (Nomani, 2018). Plus, le même journal suggère que Soros serait (indirectement) impliqué dans des activités de harcèlement (« *stalking* ») contre certains députés – et cela dans leurs bureaux mêmes (*Ibid.*)[10].

Des États-Unis à l'Europe centrale : même combat, mêmes stéréotypes anti-Soros

Ces accusations de la part des hommes politiques et des médias aux États-Unis ont leur écho, en plus audible, dans certains pays de l'ex-Europe de l'Est : la Roumanie, la Slovaquie et surtout la Hongrie, pays natal de Soros. En Roumanie, pendant l'hiver 2017, au milieu de protestations à Bucarest contre une loi destinée à décriminaliser la corruption, loi que le Parlement avait fait passer en catimini, un reporter de télévision accuse Soros d'avoir payé jusqu'à 500 000 personnes – et jusqu'aux chiens – pour participer aux manifestations de rue les plus importantes depuis la chute du régime Ceausescu en 1989. En dénonçant Soros comme quelqu'un qui incarne « le mal », le chef du parti au pouvoir véhicule le stéréotype roumain à l'égard des Hongrois, à savoir que le milliardaire n'est pas fiable parce qu'il est justement… hongrois (*Digi 24*, 2017). Soros aurait également été personnellement responsable d'avoir instruit des étudiants en matière de droits des LGBTQ ; de même qu'en Slovaquie, autre pays autrefois sous le joug de l'empire austro-hongrois et où il reste une minorité hongroise importante, le financier aurait manipulé des adolescents qui protestaient contre la corruption (Tankin, 2017).

Mitteleuropa comme stéréotype et diversité de la temporalité ?

George Soros s'intéresse de près à l'Europe centrale-orientale, d'où il est originaire et où il investit depuis les années 1980. Ce n'est pas la première ou la seule région du monde où agit l'Open Society Fondation, car dès sa création en 1979 cette fondation avait octroyé des bourses aux étudiants noirs Sud-Africains, à l'époque du régime d'apartheid. Mais la chute du mur de Berlin a accéléré ses activités dans l'ex-Europe de l'Est, l'amenant à soutenir des individus et des organismes susceptibles, à ses yeux, de contribuer au développement de la société civile post-communiste. Soros, plus riche que jamais, voit un moment historique, au potentiel « révolutionnaire [...] c'était comme les sept jours de la Création ou les quatre minutes du Big Bang » (Rieff, 1994) ! Est-ce le fils de Budapest qui pense réaliser le rêve stéréotypé de la Mitteleuropa où la Hongrie aurait enfin sa place propre, qui lui fait tenir des propos aussi exagérés, aussi naïfs ?

Alors que dans les années 1980, Soros avait fourni des photocopieuses, etc., pour appuyer des publications *samizdat*, il promeut après 1989 des échanges entre l'Europe de l'Ouest et de l'Est, notamment en créant l'Université d'Europe centrale, d'abord à Prague (1991) et ensuite à Budapest (1993). Il finance plusieurs générations d'étudiants de l'ex-Europe de l'Est qui partent faire des études dans des universités prestigieuses en Europe occidentale, dont le jeune Viktor Orbán, qui a pu ainsi passer une année à l'université d'Oxford grâce à la fondation Soros. Le nom donné à l'université que Soros a fondée – l'Université d'Europe centrale – n'est sans doute pas simplement une étiquette géographique, mais évoque la *Mitteleuropa,* stéréotype d'une tout autre époque : cosmopolite, laïque, internationaliste.

Or si Soros prétend appliquer la théorie de Popper dans ses transactions financières tout comme dans sa conception de la société civile, sa conception de la temporalité semble être très différente par rapport à ces deux domaines. Le stéréotype du financier qui fait des fortunes en un clin d'œil en jouant sur la roulette de la Bourse est déjoué par son approche de la temporalité, en tant que mécène qui joue sur le temps long. Ainsi, l'Open Society Foundation, dont l'investissement s'élèverait à quelque douze milliards de dollars (*cf.* <www.georgesoros.com>), affiche le but de « soutenir des causes perdues pour suffisamment longtemps » (Rieff, 1994) – ce qui n'est pas tout à fait vrai, témoin son retrait de l'Afrique du Sud, investissement jugé « trop précoce ». Mais Soros n'hésite pas pour autant à s'investir dans des « causes », comme l'Université d'Europe centrale, où il ne compte pas faire de « bénéfice », du moins pécuniaire.

Au contraire, il s'agit d'une université américaine privée qui est fondée sur le principe d'un investissement à perte mais qui apportera un enrichissement en termes de capital humain et de construction de la société civile, du moins une certaine idée de cette société, au moment où les universités publiques se transforment en entreprises/corporations et où l'État se retire en les appauvrissant (en témoigne le cas de la Hongrie : dès 2014, le gouvernement Orbán introduit une nouvelle loi qui enlève le contrôle du budget universitaire des mains des universités pour le confier aux nouveaux chanceliers/présidents nommés directement par le gouvernement).

Mécène comme bête noire

Pourtant, inévitablement, Soros devient la bête noire du gouvernement hongrois, assimilé à un activiste étranger qui soutiendrait des organisations qui critiquent la politique du pays, et notamment par rapport à la question de l'immigration. Le financier est accusé d'ingérence dans les affaires internes du pays : le Premier ministre Viktor Orbán le traite même de « traître » (Gergely, 2017). En 2017, Orbán, qui se targue de promouvoir la « démocratie illibérale », fait passer une loi dont l'effet serait de limiter radicalement les opérations de la Central Europe University à Budapest, qui ne serait plus accréditée pour décerner des diplômes sur le sol hongrois (Janier, 2017).

Si dans certains pays de cette Europe centrale-orientale, on se méfie de Soros parce qu'il est trop hongrois, en faisant jouer de vieux stéréotypes culturels et nationalistes, en Hongrie le gouvernement le rejette parce qu'il ne l'est pas suffisamment. C'est justement sa dimension internationale qui gêne et qui serait responsable de ses machinations, par exemple sa façon de faire tourner « la machine de Bruxelles[11] ». À cet égard, le Premier ministre hongrois emploie un stéréotype de l'Union européenne pour s'en servir comme bouc émissaire : organisme extérieur, sans âme, bureaucratique et pourtant s'arrogeant un rôle politique, qui ne tient pas compte des populations ou des spécificités locales, mais qui prétend faire la loi en matière de liberté de la presse, de l'indépendance des juges, et d'autres aspects de la vie de la Hongrie. Et cela sans parler de la question épineuse des réfugiés, à majorité musulmane, dans un pays devenu officiellement « chrétien » suite au changement de Constitution en 2011. Dans une interview accordée à la radio publique Kossuth en octobre 2017, Orbán affirme que le financier « George Soros a acheté des gens et des organisations, et Bruxelles est sous son influence[12] ».

Antisémitisme classique/ antisémitisme juif

Dans le même temps, le gouvernement hongrois organise une « consultation » qui demande au peuple hongrois de dire ce qu'il pense du supposé « plan Soros », qu'il détaille en plusieurs points concernant notamment les recommandations attribuées à celui-ci au sujet des réfugiés – sans jamais proprement citer Soros ou même le « consulter ». La campagne de propagande du gouvernement n'hésite pas à véhiculer des stéréotypes relatifs aux juifs, y compris des photos plus ou moins truquées où Soros, au faciès « juif », essaie de manipuler des personnes-marionnettes. Ces photos installées à de très nombreux arrêts de bus comportent le message : « ne le laissons pas avoir le dernier mot[13] ».

Des représentations juives stéréotypées font converger diverses forces. Si dans un premier temps l'ambassadeur d'Israël dénonce cette campagne qui « évoque des souvenirs tristes et sème la haine et la peur », faisant référence de manière implicite au rôle joué par la Hongrie dans la déportation de centaines de milliers de juifs pendant la Seconde Guerre mondiale, quelques heures plus tard le ministère israélien des Affaires étrangères rectifie le tir en affirmant que Soros est en effet une cible légitime de critique, car celui-ci « mine sans cesse les gouvernements israéliens qui sont démocratiquement élus ». Le porte-parole du ministère va plus loin en disant que les organisations soutenues par Soros « injurient l'État d'Israël et essaient de lui dénier le droit de se défendre » (Baker, 2017).

Ce n'est pas tout, car un dessin intitulé « La chaîne alimentaire », réalisé par Nair Netanyahu, fils du Premier ministre Benjamin Netanyahu, dépeint Soros qui tient à la main une canne à la pêche avec la planète Terre attachée au hameçon comme appât. Il fait partie d'une série de pêcheurs – hommes politiques et bureaucrates israéliens engagés dans des enquêtes anti-corruption contre Benjamin Netanyahu – qui se relaient pour capter les gros poissons. Fait significatif, Soros est le seul étranger et c'est lui qui lance la série, « la chaîne de la nourriture » (Hacohen, 2019). Voilà qui a de quoi surprendre : le fils du Premier ministre israélien qui dépeint Soros comme l'étranger néfaste responsable d'une conspiration contre les élus du peuple juif.

Autre rectification rapide, celle de Donald Trump : après avoir critiqué la campagne hongroise anti-Soros, le président américain estime que le financier soutient trop ses adversaires politiques. L'avocat du président, Rudy Giuliani, ancien maire de New York, fait suivre un tweet qui dénonce Soros comme « l'anti-Christ » (Friedman, 2018). Et le fils du président, Donald Trump Junior, quant à lui, focalise un certain nombre de ses tweets sur la figure de Soros, qu'il appelle « un nazi » qui serait en train de fomenter des complots.

En 2018, tout un programme du gouvernement hongrois, en mode pré- et post-électoral, a été basé sur la campagne « Stop Soros ». Dans la foulée de sa victoire sans appel aux élections, le gouvernement de Viktor Orbán enchaîne sur les menaces de mettre fin à l'implantation de la CEU à Budapest, en tout cas sous la forme qu'elle avait connue jusque-là. À la fin de l'année, l'université annonce qu'elle « s'installe » à Vienne dans des locaux que Soros a achetés – l'ancien hôpital Otto Wagner, véritable icône de la ville qui reçoit son nom d'après l'architecte qui l'a réalisé dans le style Sécession de la fin du XIXe siècle.

On peut penser qu'un parallèle s'établit à quelques années d'écart dans le monde de l'enseignement supérieur et de la recherche à Budapest qui concerne les autorités hongroises, George Soros, l'immobilier et des stéréotypes. Car le sort dorénavant réservé à la CEU a été celui, quelques années plus tôt, du Collegium Budapest. En 2011, ce membre du réseau européen des Institutes for Advanced Study est obligé de fermer, suite à un bras de fer entre ses partenaires en Europe de l'Ouest et le gouvernement hongrois de Viktor Orbán. Celui-ci ne voulait pas soutenir cette institution européenne créée en 1992/1993 – quasiment en même temps que la CEU – sur des fonds en provenance de l'Europe occidentale pour encourager les sciences sociales à réfléchir sur le nouvel état des choses et à contribuer à la construction de la société civile en cours. Après moult tergiversations, sur fond de stéréotypes quant à l'ingérence des étrangers donneurs de leçons, et la méfiance des bailleurs de fonds et d'autres donateurs en Europe occidentale à l'égard de la Hongrie, c'est George Soros qui intervient pour sauver le Collegium Budapest en l'intégrant à la Central European University de l'autre côté du Danube – en contrepartie de quoi il reçoit, « gratis », le beau bâtiment Raoul Wallenberg construit en 1999 pour accueillir les chercheurs étrangers, et dont la valeur est estimée à quelque 5 millions d'euros à l'époque (montant qui serait du double aujourd'hui).

Cette opération se fait en même temps que la Central European University rachète tout un quartier de la ville de Pest, près du Danube, pour agrandir ses locaux et – à son insu ? – le transformer en un quartier de la mondialisation stéréotypée où prédomine la langue anglaise, au point qu'elle passe « naturellement » pour la langue du quartier. Or, en 2018 c'est au tour de la CEU de « s'exporter » en faisant un coup immobilier à Vienne pour continuer à promouvoir sa vision de l'Open Society…

Lors du 25e anniversaire de la CEU en 2016, le pro-recteur Liviu Matei a dit à George Soros, au sujet de l'avenir de cette université : « De toutes les institutions que vous avez créées, la CEU est la mieux placée pour continuer votre legs intellectuel dans le domaine des sciences sociales pour s'occuper des questions touchant la société ouverte et la démocratie. » Dans son discours, Soros, après avoir fait part de sa reconnaissance envers le personnel enseignant et les étudiants pour leur dévouement et leur « engagement », a évoqué son « principe de faillibilité » en rappelant que « la réalité que crée la pensée n'est pas la réalité qu'elle cherche à créer – elle regorge de conséquences imprévues et non voulues. À cause de ces conséquences imprévues, la réflexivité est un outil très dangereux si l'on veut façonner la réalité ». Voilà peut-être un propos, à double tranchant, qui veut échapper aux stéréotypes par les temps qui courent.

NOTES

1. Le *Financial Times* de Londres venait de nommer Soros sa « personnalité de l'année ».
2. Nous avons été témoin de ces deux contextes : en tant que Senior Fellow du Collegium Budapest dans sa dernière année

d'existence (2011) et en tant que chercheur invité (Department of Gender Studies) à la Central European University dans la dernière année (2018) de l'existence de celle-ci sous sa forme historique avant son « transfert » forcé vers Vienne suite aux actions du gouvernement hongrois.

3. C'est le père de George Soros, Tivadar, né Schwartz, qui adoptera le nom de Soros, qui signifie « le suivant » en hongrois tout en constituant un palindrome.
4. Tivadar Soros a rédigé ses mémoires, *Masquerade*, en esperanto, langue internationale que le jeune George aurait également apprise.
5. George Soros, conférence à la CEU, 2009.
6. Nous devons ce résumé de l'œuvre de Soros père à *The Economist* (2019). Soros en évoque les aspects principaux dans son discours de Davos, le 24 janvier 2019 (Soros, 2019).
7. Soros avait été qualifié d'« investisseur de l'année » en 1981 par le magazine *Institutional Investor*, mais il s'agissait du domaine des « spécialistes », qui n'attirait pas l'attention du grand public, voire du monde politique. Soros était alors un financier parmi des milliers d'autres qui profitaient du capitalisme de moins en moins réglementé.
8. Là encore, ce qui est le propre des stéréotypes, sens propre et sens figuré se confondent, cette confusion faisant le jeu de la critique car introduisant l'exagération qui ne s'annonce pas comme telle : « *to make a killing* » au sens figuré signifiant « faire un coup » en termes d'argent (Delaney, 2015).
9. Or, comme David Rieff, journaliste du *Guardian*, le montre, d'autres gros investisseurs institutionnels, comme Citibank, ont agi de manière semblable sans que cela ne donne lieu à un tapage médiatique (*The Guardian*, 16 janv. 1994).
10. Il est à noter que le terme « *stalker* » est plus usuellement utilisé de nos jours pour parler des agressions sexuelles, voire du *modus operandi* des violeurs ou des pédophiles. Mais dans le cas en question ce ne sont pas des individus qui le font mais des « groupes organisés par… Soros ».
11. Voir le site officiel du Premier ministre hongrois, Viktor Orbán, le 6 octobre 2017. Notre traduction de la version en langue anglaise accessible sur : <www.kormany.hu/en/the-prime-minister/news/brussels-is-implementing-the-soros-plan>, page consultée le 14/02/2019.
12. *Ibid.*
13. La légende est plus percutante que cela en fait, en ce sens qu'il s'agit ne pas le laisser « rire » en dernier, se moquer de nous, texte qui va de pair avec le faciès de Soros présenté sur la photo. En mars 2019, des panneaux installés aux arrêts d'autobus de Budapest font figurer George Soros derrière Jean-Claude Juncker, les deux hommes en train de rire, avec la légende : « Vous aussi, vous avez le droit de savoir ce que fabrique Bruxelles ». Peu de temps après, Fidesz, le parti de Viktor Orbán, a été suspendu du PPE européen…

RÉFÉRENCES BIBLIOGRAPHIQUES

BAKER, L., « Israel Backs Hungary, Says Financier Soros is a Threat », Reuters, 10 juil. 2017. En ligne sur : <uk.reuters.com/article/uk-israel-hungary-soros/israel-backs-hungary-says-financier-soros-is-a-threat-idUKKBN19V1IY>, page consultée le 14/02/2019.

BBC News, « The Man Who Broke the Bank of England », 6 déc. 1998. En ligne sur : <news.bbc.co.uk/2/hi/business/229012.stm>, page consultée le 14/02/2019

COASTON, J., « George Soros is not a Nazi, explained », *Vox*, 11 juin 2018. En ligne sur : <www.vox.com/2018/6/11/17405784/george-soros-not-a-nazi-trump>, page consultée le 14/02/2019.

Daily Mail, « Billionaire George Soros Spent $33 MILLION Bankrolling Ferguson Demonstrators to Create "Echo Chamber" and Drive National Protests », 17 janv. 2015. En ligne sur : <www.dailymail.co.uk/news/article-2913625/Billionaire-George-Soros-spent-33MILLION-bankrolling-Ferguson-demonstrators-create-echo-chamber-drive-national-protests.html>, page consultée le 14/02/2019.

DELANEY, P., « Nama Fire Sales. Vultures Make a Killing », Socialist Party, 2 mars 2015. En ligne sur : <socialistparty.ie/2015/03/nama-fire-sale-vultures-make-a-killing/>, page consultée le 14/02/2019.

Digi 24, « Dragnea : Totul pleacă de la Soros, de la răul pe care vrea să-l facă României », 9 juil. 2017. En ligne sur : <www.digi24.ro/stiri/actualitate/politica/dragnea-totul-pleaca-de-la-soros-de-la-raul-pe-care-vrea-sa-l-faca-romaniei-757651>, page consultée le 14/02/2019.

Fay, S., « Profile. George Soros : God of All he Surveys », *The Independent*, 18 mai 1998. En ligne sur : <www.independent.co.uk/voices/profile-george-soros-god-of-all-he-surveys-1158748.html>, page consultée le 14/02/2019.

Friedman, G., « Rudy Giuliani shares tweet calling George Soros "anti-Christ" », *The Times of Israel*, 8 oct. 2018. En ligne sur : <www.timesofisrael.com/rudy-giuliani-shares-tweet-calling-george-soros-anti-christ/>, page consultée le 14/02/2019.

Gergely, A., « Hungary's Orban Sets Soros as Main Campaign Theme, Origo Says », Bloomberg, 14 sept. 2017. En ligne sur : <www.bloomberg.com/news/articles/2017-09-14/hungary-s-orban-sets-soros-as-main-campaign-theme-origo-says>, page consultée le 14/02/2019.

Hacohen, H., « Netanyahu's Son Sparks Outrage After Posting Antisemitic-Themed Meme », *Jerusalem Post*, 25 janv. 2019. En ligne sur : <www.jpost.com/Israel-News/Netanyahus-son-lashes-out-via-internet-again-504620>, page consultée le 14/02/2019.

Janier, A., « Hongrie : l'"université Soros" dans le viseur du régime Orban », *Le Monde*, 7 avr. 2017. En ligne sur : <www.lemonde.fr/europe/article/2017/04/07/hongrie-l-universite-soros-dans-le-viseur-du-regime-orban_5107292_3214.html>, page consultée le 14/02/2019.

Nomani, A. Q., « George Soros's March on Washington », *Wall Street Journal*, 7 oct. 2018. En ligne sur : <www.wsj.com/articles/george-soross-march-on-washington-1538951025>, page consultée le 14/02/2019.

Real Clear Politics, « Bill O'Reilly Blames Shadow Puppet Master Socialist Billionaire George Soros for "Political Strife" in USA and EU », 19 mars 2015. En ligne sur : <www.realclearpolitics.com/video/2015/03/19/bill_oreilly_blames_shadow_puppet_master socialist billionaire george soros for political strife in usa.html>, page consultée le 14/02/2019

Soros, G., « George Soros Lecture Series : Financial Markets », Budapest, Central European University, 11 octobre 2010. En ligne sur : <www.youtube.com/watch?v=RHSEEJDKJho>, page consultée le 14/02/2019.

Soros, G., « Remarks delivered at the World Economic Forum », Davos, 24 janv. 2019. En ligne sur : <www.georgesoros.com/2019/01/24/remarks-delivered-at-the-world-economic-forum-2/>, page consultée le 13/02/2019.

South China Morning Post, « China Says Criticism of Xi Jinping by George Soros is "Meaningless" », 25 janv. 2019. En ligne sur : <www.scmp.com/news/china/diplomacy/article/2183690/china-says-criticism-xi-jinping-george-soros-meaningless>, page consultée le 13/02/2019.

Story, L. « The Face of a Prophet », *The New York Times*, 11 avr. 2008. En ligne sur : <www.nytimes.com/2008/04/11/business/11soros.html>, page consultée le 13/02/2019.

Tankin, E., « Who's Afraid of George Soros ? How an Octogenarian Businessman Became the Bogeyman of Europe », *Foreign Policy*, 10 oct. 2017.

The Economist, « Public Enemy Number 1 George Soros runs the gauntlet », 17 mai 2017 (édition nord-américaine). En ligne sur : <www.economist.com/united-states/2017/05/18/george-soros-runs-the-gauntlet>, page consultée le 13/02/2019.

Marinette Jeannerod
Critique d'art

Les stéréotypes mis à mal sur la Toile

S'il y a bien une chose qu'on ne peut pas reprocher à Internet, c'est d'empêcher les imaginaires de se faire et se défaire. Lorsque le stéréotype est abordé dans les médias traditionnels comme les journaux et la télévision, c'est souvent pour parler de discriminations. À l'heure du durcissement des débats politiques en Europe et aux États-Unis sur les inégalités sociales, il est intéressant de se demander si le processus de stéréotypage persiste dans les contenus produits en marge des traditionnels flux communicationnels médiatiques, dans des lieux où les citoyens ont la possibilité théorique d'agir sur les informations, dans les méandres de l'Internet participatif.

L'aube des années 2000 fut marquée par le Web 2.0 et les débuts du libre-échange de données avec les logiciels libres, les initiatives Open Source et les réseaux peer-to-peer. Dans ce contexte apparurent les premiers forums de discussion qui ont fédéré les internautes autour de sujets hétérogènes. Parmi ces forums, les *imageboards* se distinguent. Les *imageboards* pionniers tels que 2channel et Futaba Channel furent créés au Japon respectivement en 1999 et 2001, et proposaient aux internautes de poster des messages sans création de compte utilisateur attaché à une adresse mail, ce qui a encouragé les discussions anonymes – d'où le surnom « Anon » donné par défaut à tous les utilisateurs[1]. Cette particularité fit des *imageboards* un lieu où s'échangent des informations d'opinion en passant par des partages d'objets tels que des images, des textes, des vidéos ou des hyperliens. Rapidement, ce sont les *imageboards* anglophones 4chan (2004) et Reddit (2006) qui furent plébiscités par les utilisateurs du monde entier, avec plusieurs millions de messages par jour. Suite à plusieurs événements liés au hacking[2], les *imageboards* sont aujourd'hui assez populaires, bien qu'ils demeurent des lieux où les codes de langage et d'humour restent ésotériques pour le simple « visiteur ». En outre, les contenus produits par les usagers sont caractéristiques des mutations des sociétés dans l'instantanéité de la circulation des informations et dans certains questionnements qui en découlent, lesquels sont retransmis avec, évidemment, toute la distance cynique qu'autorise le fait d'être derrière un écran.

Dans quelle mesure le processus de stéréotypage est-il impliqué dans la production de contenus spécifiques aux *imageboards* ? À travers quelques exemples éloquents, nous allons voir comment les représentations sociales qui transitent peuvent agir sur les imaginaires que les internautes contribuent volontairement à perpétuer en se jouant avec désinvolture de l'ambivalence des stéréotypes.

Stéréotypes, mèmes et *imageboards*

La particularité des *imageboards* est d'encourager l'échange d'objets numériques. Lorsque ces objets s'imposent comme incontournables et se propagent, ils sont appelés mèmes. Hors du contexte d'Internet, les mèmes correspondent à des objets culturels aux signifiants textuels, visuels ou sonores tels que, par exemple, des figures emblématiques ou des airs populaires (comme des jingles), des slogans, des vêtements, des notions ou des comportements. Ces signifiants ont, à l'instar de tout objet culturel, une portée allégorique qui contribue à formuler une représentation du réel en fonction des dimensions référentielles, symboliques et contextuelles dans lesquels ils s'inscrivent. Dans un espace qui les stimule, ces objets sont reproduits sous une forme et portée significatives transformées par la subjectivité de la personne ; ils sont porteurs d'imaginaires. Reproduits de façon récurrente, ils peuvent donc paraître se « répliquer ». La circulation des mèmes comme éléments culturels a été pensée et théorisée sous le nom de « mémétique », comme une approche évolutionniste des codes culturels au travers du tissu social. C'est dans son ouvrage *Le gène égoïste* (1976) que Richard Dawkins émet l'hypothèse selon laquelle l'évolution de la culture se verrait, à l'image de l'évolution génétique, muter de façon dynamique – variation et sélection – par la réplication d'objets culturels qu'il appela mèmes, un terme tiré du grec ancien *mimeme* et qu'il établit en homophonie et par analogie avec les gènes. Ces analogies, bien qu'elles soient encore aujourd'hui contestées, eurent le mérite d'initier des études hybrides dans le champ de recherche en sciences sociales, en particulier anglo-saxonne, sur les pratiques culturelles. Nous retiendrons ici le fait que cette notion a imprégné les conceptions contemporaines de l'information sur Internet en nommant mèmes ces informations « autoréplicatives » et en les intégrant dans le langage courant.

Pour comprendre les mécanismes de transmission des mèmes, il faut se pencher à la fois sur leur structure formelle et sur les imaginaires qu'ils révèlent par la mise en relation des univers de discours, des systèmes de valeurs, des pratiques sociales, et des contextes socioculturels dans lesquels ils sont produits. Sur les *imageboards*, les mèmes prennent forme par les actions successives d'emprunt, de réinterprétation et de réécriture d'objets visuels, textuels ou sonores appelés *templates*. Sommairement, le *template* est le support de base, la matière première, la substance qui possède des caractéristiques qui lui permettent d'être réadapté. Avant même d'y voir un potentiel procès cognitif, on peut observer que le *template* sur lequel se structure le mème possède toutes les caractéristiques du stéréotype, lequel est lié dans ses origines à l'idée de reproduction manufacturée. En effet, le terme de stéréotypie (proche historiquement de celui du « cliché » reproductible en photographie) désignait au XIXe siècle une opération d'imprimerie qui consistait à fondre des caractères de plomb typographique les uns avec les autres, de façon à produire des blocs réutilisables. Formant des phrases utilisées de façon récurrente par les auteurs dont les textes étaient imprimés, ces blocs permettaient aux imprimeurs de voir leur tâche facilitée. Il s'agit donc, à l'époque, avant même sa portée figurative, d'une opération bien formelle et manuelle de copie d'un objet reproduit par imitation d'un auteur à l'autre. Le *template* est souvent une image « prête à l'emploi » dont les caractéristiques sémantiques sont déjà posées (personnages, composition, cadre discursif, etc.) et sur laquelle il suffit d'appliquer des mots, dessins ou photographies pour lui donner un nouveau sens. Le processus de stéréotypie, auparavant manuel, devient informatique dans la production des mèmes sur Internet, mais conserve toutes ses propriétés de reproduction à l'infini.

L'exemple du mème « Racists on 4chan »

Nous proposons ici d'aborder deux mèmes anglophones[3] : l'un ancien, datant d'une période où l'*imageboard* 4chan était encore un espace clos réservé aux « initiés » et ne débordait que très peu dans la « vie réelle », et un autre, très récent, résultant des secousses politiques et médiatiques du gouvernement Trump aux États-Unis. De ces deux mèmes, on peut dégager des grands schèmes de l'usage des stéréotypes dans leur forme et leur réception.

Pour commencer, l'exemple éloquent d'un ancien mème datant de novembre 2010, communément appelé « Racists on 4chan » et également connu sous le nom de « Niggerwalks ». Il s'agit d'une courte bande dessinée qui parodie les contradictions dans la façon dont un individu blanc qui adopte des opinions personnelles peuplées de préjugés racistes interagit avec un individu noir *in real life* (IRL[4]), et les commentaires injurieux qu'il va proférer sur 4chan à la suite de cette rencontre.

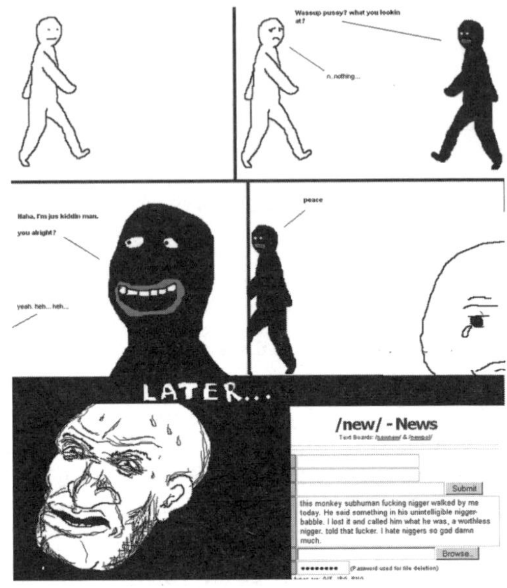

Mème « Racists on 4chan », publié anonymement sur l'imageboard « /new/ » du site <www.4chan.org>, novembre 2010.

La première image de ce mème montre un personnage de type caucasien (« personnage blanc ») en train de marcher. Sur la seconde, il croise un « personnage noir » de type africain-américain. Dans la seconde case de la bande dessinée, le personnage noir apostrophe le personnage blanc – « Wassup pussy[5] ? » – et lui demande ce qu'il regarde. Le personnage blanc détourne les yeux et lui répond timidement. Dans la case suivante, le personnage noir lui dit qu'il plaisantait en l'interpellant ainsi, et lui demande comment il va. Le personnage blanc, hors-champ bégaie et semble rire, gêné. Le personnage noir s'éloigne en lui souhaitant « peace ». Le personnage blanc apparaît au coin de l'image avec une petite larme à l'œil, symbolisant son ego mis à mal. L'encart suivant indique « Later » : le personnage blanc, très énervé et bouffi d'orgueil, poste un message raciste sur 4chan, qui pourrait se traduire ainsi : « Ce singe sous-humain, un putain de nègre m'a suivi aujourd'hui. Il m'a dit quelque chose dans son jargon inintelligible. Quand il est parti je l'ai remis à sa place, je lui ai dit à cet enfoiré qu'il était un sale nègre. Je déteste les nègres, bon sang. »

Ce mème croise plusieurs énoncés. Le premier, le plus évident, est celui qui prend forme entre les deux personnages, dans un univers de discours de « relation à l'Autre ». Dans cet espace, l'imaginaire du personnage blanc interagit avec les conditions situationnelles de la communication dans lesquelles il se trouve ; il est perturbé par le fait que le personnage noir ouvre la discussion. L'imaginaire qui l'empêche de s'« affirmer » est issu d'une représentation sociale évidente. En effet, ce mème apparaît dans le contexte social qui précède les soulèvements sociaux contre les violences policières à l'encontre des Noirs aux États-Unis[6], mais il est révélateur d'un imaginaire qui était déjà bien installé dans les esprits car très médiatisé : un Noir qui marche dans la rue représente une « menace[7] ». Le personnage noir est bien conscient de cet imaginaire puisqu'il y est confronté quotidiennement, et cette façon d'interpeller le personnage blanc est intentionnelle, soit pour provoquer la gêne, soit pour « tester » ce dernier dans ses réactions. Le second énoncé de ce mème se place entre le lecteur et la portée signifiante de la représentation physique du personnage noir. Le dessin représente les corps des deux personnages avec des couleurs uniformes ; le personnage blanc est très blanc et le personnage noir est très noir. Toutefois, du corps du personnage noir, seuls se démarquent les yeux, les lèvres très rouges et les dents. Cette représentation des Noirs est issue d'un long héritage des caricatures dépréciatives dans les représentations populaires, dont le personnage de Jim Crow est le triste représentant d'une longue tradition « humoristique » des *Blackfaces*[8] bien connue aux États-Unis. L'équivalent européen étant la bande dessinée franco-belge, qui pendant des décennies, tout comme les *Blackfaces*, stigmatisa les personnages noirs tant par l'aspect physique – les traits du visage clownesques – que par les attitudes de paresseux, voleur, naïf ou comique. En termes de symbolique raciale, cette façon de représenter les populations noires perdura jusqu'aux années 1960, marquant la fin de la ségrégation raciale aux États-Unis et le début des indépendances des colonies européennes. Or, d'une case à l'autre, ce mème passe d'un imaginaire du Noir agressif à celui du Noir nigaud, deux de ces stéréotypes les plus courants. Dans ces représentations populaires qui ont marqué les imaginaires, les Noirs parlent également en « petit nègre » ou en anglais « écorché ». Dans le cas de notre mème, le personnage blanc reproche au Noir de lui avoir parlé dans un « jargon inintelligible ». Cela semble désigner pour lui l'« African-American Vernacular English », plus communément appelé « Ebonic », qui correspond à un ensemble de caractéristiques linguistiques propres aux communautés africaines-américaines qui se différencie de l'anglais « standard » par une grammaire et une morphologie spécifiques, et qui se rapproche de l'accent non-rhotique du Sud des États-Unis. Toutefois, cet accent ne transparaît ici que par quelques rares signifiants textuels ; l'abréviation de « kidding » en « kiddin' », ou encore « You alright ? » en ôtant le verbe, ce qui laisse entendre que ce qu'il dit reste très compréhensible. Empruntés aux rappeurs africains-américains, ces codes d'écriture sont très souvent utilisés par des utilisateurs des *imageboards* pour paraître *street credibles*[9], par exemple remplacer le banal « you all » par « y'all ». Le fait que le personnage blanc – qui est justement habitué à 4chan et donc à ces habitudes langagières – qualifie cet accent d'« inintelligible » produit le paradoxe amusant de cette situation interdiscursive. C'est ce qui constitue ici le troisième énoncé de ce mème ; le ridicule de la situation mis en exergue par le parallèle entre la réaction du personnage blanc face au personnage noir et le message anonyme, très hostile à son encontre. Par extension, c'est un énoncé qui replace également ce personnage au sein de la communauté 4chan. En effet, il s'agit là d'un clin d'œil aux habitués des *imageboards* – et donc, aux lecteurs de ce mème – puisque le personnage blanc incarne le stéréotype de l'*edgelord* énervé. Le terme *edgelord* désigne une personne dont les propos sont volontairement fermés à tous types d'opinions contraires, qu'elles soient de l'ordre de l'empirique ou de la critique. Ses propos sont

Template du mème « Racists on 4chan », publié par l'internaute « Demian » sur le site web <www.knowyourmeme.com>, 2011.

Template du mème « Racists on 4chan », publié par l'internaute « Demian » sur le site web <www.knowyourmeme.com>, 2011.

souvent basés sur une opinion personnelle trop généralisante (par exemple, en s'appropriant le jugement de la doxa, ou des explications savantes et irréfutables du monde) pour justifier des idéaux essentialistes. On dit de ces propos qu'ils sont *edgy*, c'est-à-dire fermés, non pas parce que ces internautes sont convaincus de la véracité de leurs propos, mais parce qu'ils refusent de prendre en compte toute opinion contraire, même argumentée. Le domaine de prédilection des *edgelords* est l'appel au politiquement incorrect. Ils se dressent contre toute forme de morale ou d'idéaux progressistes que représentent les mouvements pour les droits civiques et de gauche en général (dénonciations des discriminations raciales, de sexes et de genres, écologie, véganisme, etc.) en les considérant comme des doctrines de la bien-pensance[10]. Leurs messages sont donc volontairement provocants et surviennent de manière inopinée. S'y ajoute une pauvreté de raisonnements qui leur impute la réputation d'individus frustrés se réfugiant derrière des messages venimeux. C'est pourquoi ce message laissé par le personnage blanc dans le mème « Racists on 4chan » est amusant pour les internautes habitués à ce genre d'interactions haineuses ; il consiste en un archétype de propos appelé *copypasta*[11]. À la manière d'un copier/coller (*copy/paste* en anglais), ces messages sont récurrents dans leurs forme et contexte d'apparition.

Le mème « Niggerwalks » tel qu'on l'a vu peut être facilement compris à sa première lecture puisqu'il s'agit d'un OC (*Original Content*) : un mème « original » n'ayant pas encore connu de réadaptations, et qui sert donc de *template* sur lequel peuvent se développer d'autres mèmes. En effet, si « Niggerwalks » portait initialement sur la rencontre entre Blancs et Noirs, ses réadaptations ont mis en scène d'autres rivalités interethniques ou interculturelles entre hommes et femmes, Européens et Américains, ou encore entre Israéliens et Palestiniens. Le *template* pose donc le cadre sémantique, sur lequel les strates de signifiants s'ajoutent à chaque itération : on peut dire par là qu'ils sont « encodés » et, au fil de plusieurs réinterprétations, la réception peut devenir complexe. Dans son essai *Encoding/Decoding* (1980), Stuart Hall décrit le processus de communication comme « une structure produite et entretenue par l'articulation de moments liés entre eux, mais distincts » (Hall, 1980, p. 29) L'étape de la production/circulation d'une information destinée à être communiquée « demande un ensemble de rapports sociaux de production : l'organisation et la combinaison de pratiques au sein des appareils médiatiques », ce qu'il nomme « véhicules symboliques » (*Idem*). Les appareils médiatiques sont ici les *imageboards*, dans lesquels agissent les mèmes, un type d'informations organisées et combinées. En 1999, Susan Blackmore écrit des mèmes qu'ils sont produits par une succession d'instructions précises décomposées, analysées et synthétisées pour être reproduites facilement, qu'ils soient utiles ou non (Blackmore, 1999). Les mèmes, agissant comme des « véhicules symboliques », sont donc issus d'une sélection d'informations susceptibles d'être reproduites. Or, on l'a vu, le stéréotype est un schème qui agit de la même manière ; il simplifie un objet ou une idée pour atteindre le but recherché, l'imitation sociale. À l'époque de la stéréotypie, Gabriel Tarde mettait l'accent sur l'efficacité des clichés verbaux et textuels, car le langage serait « le grand véhicule de toutes les imitations » (Tarde, 1890). Or, c'est aussi là ce que soutient Hall lorsqu'il affirme que la forme discursive est la plus à même de « faire circuler le produit, de même que sa distribution auprès de différents publics. » Les mèmes des *imageboards*, comme toute forme de communication ou de langage, sont compris lorsque des codes de discours sont mis en œuvre. Dans notre exemple « Niggerwalks », ce sont les personnages et leurs interactions qui font la syntaxe de ce mème, qui forment les règles du « langage ». Toutes les itérations du processus mémétique encodent par ces « signes-véhicules » de façon humoristique le *template* de base. La part d'humour d'un mème se trouve donc dans la pertinence de l'encodage du *template*, mais aussi dans la compréhension de cette pertinence.

Reconnaissance par les codes

En effet, lorsque le *memer* (*meme maker*) est conscient des différentes étapes par lesquelles est passé le *template* depuis son apparition, il est capable de comprendre les codes qui sont à l'origine du méta-humour d'un mème. La reproduction dépend de la logique des « transitions d'une forme à l'autre » dans le processus de communication selon Hall. On comprend donc ce langage lorsqu'on détient toutes les clés pour le traduire, c'est ce qui permet l'adhésion à l'idée qui y est exprimée. Les représentations collectives figées ont habituellement un rôle important dans la cohésion d'un groupe ; adhérer aux idées véhiculées par un stéréotype permet d'affirmer son appartenance à ce groupe et aux idées qui l'identifient socialement. Ici, les *imageboards* tiennent lieu d'appareil médiatique mais également de groupe social ; toutefois, les opinions politiques de leurs membres y sont extrêmement divergentes.

Comprendre les codes des mèmes ne signifie pas forcément adhérer aux stéréotypes qu'ils expriment, mais adhérer au groupe qui les utilise. C'est ce qui est reproché aux *edgelords* par les usagers des *imageboards* : adhérer aux stéréotypes qu'ils diffusent sans prendre de distance avec ceux-ci, les utiliser dans un premier degré « trop simpliste ». Le fait de mettre à distance les stéréotypes en les utilisant sans forcément y adhérer vient rompre l'habituelle dualité des stéréotypes que définit Amossy comme « bivalence constitutive » : « tantôt schème réducteur qu'on s'attache à dénoncer, tantôt élément positif dont on analyse les fonctions constructives et la productivité » (Amossy et Herschberg Pierrot, 2005, p. 52) La suppression de cette bivalence place donc tout visiteur extérieur à ce groupe face à l'ambiguïté des opinions exprimées dans les mèmes, car il est difficile de savoir s'il s'agit de premier degré ou de critique sociale. Ce principe d'adhésion explique d'une part l'impénétrabilité des *imageboards* et, d'autre part, la difficulté de distinguer si les stéréotypes sont assumés comme opinions personnelles ou utilisés de façon à susciter des opinions divergentes (par simple provocation ou pour en déconstruire les idées reçues).

Anti-mème « Do you know why I stopped you ? »,
adaptation anonyme d'une image originaire
du site web WikiHow,
« How to Act when the Police Pull You Over (USA) », s.d.

Des courants stylistiques se distinguent, et font des mèmes une discipline qui joue de strates complexes de signifiants. L'un de ces courants, les anti-mèmes, pousse l'exercice d'encodage des *templates* dans ses extrêmes : il consiste à produire un mème d'un humour absurde en le dépouillant de toutes les strates significatives qui en faisaient la source humoristique, de telle sorte que le *template* redevient insignifiant. Le stéréotype est utilisé ici pour sa simplification « au pied de la lettre », sans aucune arrière-pensée ni opinion exprimée. Cette pratique subtile de forme et de production renverse le processus mémétique et nécessite une bonne connaissance des itérations qu'a subies le *template*. Mais si les anti-mèmes sont volontairement non oppressifs et neutres politiquement, certains autres courants tout aussi fermés peuvent être plus complexes à cerner dans leurs degrés d'adhésion aux stéréotypes qu'ils utilisent, notamment lorsque l'impact social de ces représentations entre en jeu. Prenons l'exemple du mème NPC Wojak.

L'exemple du mème « NPC Wojak »

Le NPC Wojak est un mème d'opinion, apparu dans le contexte des échanges de messages *edgy* sur 4chan, prenant racine à l'intersection entre l'imaginaire geek lié aux jeux vidéo et la culture scientifique en psychologie. En octobre 2011, une étude en psychologie intitulée « Not Everyone Conducts Inner Speech » fut publiée sur le site de la revue *Psychology Today* par R. T. Hurlburt, tentant de démontrer que de nombreux individus n'ont pas l'habitude de se « parler » dans un monologue intérieur qui permet une autocritique. Que cette étude soit fondée ou non, ce qui nous intéresse ici se trouve dans l'appropriation par les internautes de 4chan d'un discours considéré comme scientifique – et donc tenant du « savoir savant » – pour justifier les imaginaires d'un stéréotype – tenant du « savoir de sens commun » – souvent essentialisant. S'appuyant sur cet article, un internaute lança l'idée qu'une partie des individus seraient dépourvus de libre-arbitre et tributaires des mouvements de groupe, à l'image du *Non-Player Character* (NPC). Dans les jeux vidéo, un NPC est un personnage dirigé par ordinateur dont la seule fonction est de « meubler » le monde du jeu, dont les discours sont programmés pour orienter le joueur dans sa quête. C'est en septembre 2018 que l'idée suscita un réel intérêt de la part des internautes de 4chan, à une période sensible de fractures sociales et de controverses causées par la politique de Donald Trump, et accélérées par les élections de mi-mandat américain. Un personnage fut créé pour incarner le concept, le NPC Wojac, au visage inexpressif et au corps gris et neutre. Les internautes pro-Trump et *alt-right*[12], ont rapidement fait du NPC Wojak une critique de la gauche libérale américaine, reprochant à ses représentants souvent nommés *Social Justice Warriors*[13] leur incapacité à l'objectivité sur ce qui les entoure, et accusant leurs slogans d'être simplistes – « Fuck Trump ! Ban guns ! » ou « Diversity is our strength[14] » – sur le mode de programmations robotiques qui formateraient la « masse » et imposeraient une « dictature de la bien-pensance ». Il est amusant de constater que, ce qui est reproché aux progressistes, représentés par le NPC Wojak, consiste justement à user de « phrases toutes faites » reproduites sans pensée critique, car c'est là le premier reproche qui a été fait au cliché par les intellectuels de la fin du XIXe et du début du XXe siècles, et qui alimentait les débats de l'époque[15]. Les romanciers condamnaient la simplification de la production de certains auteurs, symptomatique selon eux de « la trivialité du commun, [de] la bêtise du nombre, [de] la force envahissante de l'opinion » (Amossy et Herschberg Pierrot, 2005, p. 11). Ici, la « masse » désigne ceux qui s'opposent à la politique de Donald Trump. Or ce dernier a vraisemblablement été élu par la majorité des grands électeurs américains, ce qui signifie que les pro-Trump font partie de ce qui est considéré comme la « majorité » citoyenne représentée politiquement. De la part de cette majorité, l'idée d'une « force envahissante de l'opinion » progressiste qui imposerait ses préceptes a quelque chose d'ironique.

À travers la figure du NPC Wojak, cette représentation sociale de la « masse » fait appel à l'image du Golem, humanoïde artificiel programmé pour écouter ; en l'occurrence ici, servir des discours médiatiques qui insistent sur les inégalités sociales, les désastres écologiques ou encore les problématiques migratoires. Cette représentation péjorative des discours des médias est assez ambivalente car elle s'applique à la droite comme à la gauche des imaginaires politiques. Dans le cas des pro-Trump, les médias sont vus comme porteurs d'une doctrine de la bien-pensance qui veut formater les esprits en produisant des *fake news*. Pour les internautes progressistes, l'imaginaire lié aux médias n'est pas plus glorieux, bien que certains fassent une distinction entre les « bons » et les « mauvais » médias (Moscovici, 1998). Le même NPC Wojak fut dénoncé par de nombreux internautes de gauche comme étant « déshumanisant » et « fasciste » sur les réseaux sociaux, ce qui ne fit que renforcer les imaginaires moutonniers construisant le stéréotype du NPC Wojak. En effet, c'est lorsque les internautes s'alarment du manque de « responsabilité » avec laquelle de nombreux *memers* manipulent les stéréotypes qu'il leur est reproché d'imposer leur conception du « bon » ou du « mauvais » stéréotype.

Même « NPC Wojak », publié anonymement sur l'*imageboard* « /pol/ » du site <www.4chan.org>, octobre 2018.

En outre, tous les usagers des *imageboards* s'accordent à dénoncer la *mainstreamization*. En effet, lorsqu'un même tombe dans le *mainstream* (c'est-à-dire quand il est sorti des cercles de discussion des *imageboards* et entre dans l'univers de discours des médias populaires), il devient obsolète[16]. C'est là l'extension du principe d'adhésion au groupe. Cette appartenance permet de se valoriser par

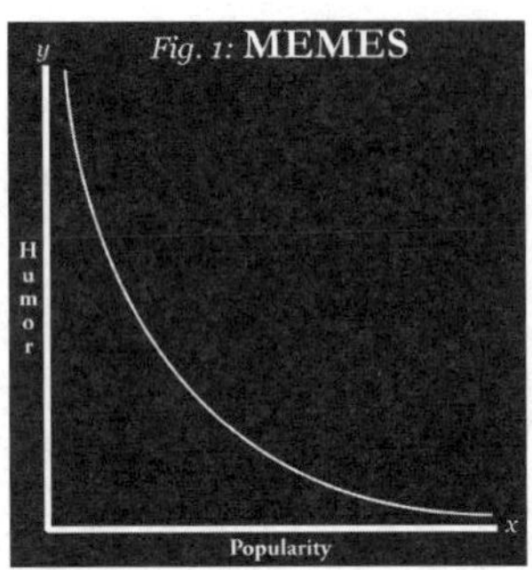

« Meme elitism », création anonyme publiée sur la page « meme » du site <encyclopediadramatica.rs/Meme>, avril 2011.

rapport à ceux qui ne « connaissent » pas les codes qui permettent de traduire le « langage » des véhicules symboliques fédérateurs de ce groupe. Si les codes viennent à se faire connaître par ceux que l'on avait exclus (ici, les médias *mainstreams*), ceux-ci ne peuvent plus être efficaces comme éléments d'appartenance. Ils sont donc rejetés. Ce mème fit couler beaucoup d'encre en très peu de temps sur les réseaux sociaux *mainstream* ; dès lors, NPC Wojak a disparu des cercles de discussions et plus aucun message sur 4chan n'y fait référence.

Compte tenu du fait que les usagers des *imageboards* ne se fédèrent pas autour de l'adhésion aux stéréotypes qu'ils utilisent, ils ne prennent pas en compte leur degré de nocivité ou d'utilité au sein d'une société. Ce détachement par rapport à la portée signifiante des stéréotypes peut sembler inconvenant et impertinent, et c'est bien là l'effet recherché. Face à ce nihilisme assumé, on est en droit de se demander si les plus influençables, ou ceux qui ne maîtrisent pas les outils culturels de la critique sociale, ne risquent pas de se laisser envahir par la désillusion politique et un désintérêt pour les questions de société. Toutefois, ne l'oublions pas, les stéréotypes ont de tout temps été vecteurs d'identités et d'opinions. Même le plus désabusé des internautes refuse de devenir un NPC, et pour cela il est prêt à jeter des « pavés dans la mare » d'Internet, à se heurter à son clavier, non pas pour défendre les stéréotypes qu'il bouscule, mais pour défendre le pouvoir indéniable des mèmes, ce champ d'expression qui alimente activement les imaginaires et qui ne connaît pas encore d'équivalent.

NOTES

1. Le collectif informel de cyberactivistes Anonymous est issu de cette conception de l'anonymat portée par les *imageboards* Futaba Channel puis 4chan.
2. On retiendra ici le fameux coup de maître des utilisateurs de 4chan en 2009 pour ériger Christopher Poole, surnommé « moot », le créateur de leur *imageboard* de prédilection, au premier rang du Top 100 des personnalités les plus influentes du monde par le *Times Magazine*, tout en modifiant le nombre de vote des nominés de façon à classer leurs noms pour créer l'acrostiche « marblecake also the game » en référence au nom du canal de discussion qu'utilisaient les hackers lors du « Project Chanology ». Le « Project Chanology », que nous retenons également ici comme l'un des événements qui ont fait parler de 4chan dans les médias traditionnels aux États-Unis, est le nom d'une série d'actions de protestation organisées par le collectif Anonymous en février 2008 à l'encontre des pratiques de l'Église de scientologie, et notamment en réponse aux tentatives de la secte visant à supprimer d'Internet la vidéo d'une interview de l'acteur scientologue Tom Cruise.
3. Ces deux exemples sont produits dans un contexte sociopolitique propre à l'Amérique du Nord, mais ils sont également partagés par des internautes latino-américains, européens, asiatiques, africains et océaniens. Les communautés de *memers* du monde sont très à l'écoute des tribulations américaines, et même lorsque ceux-ci s'expriment dans leur langue dans les groupes de discussion plus « nationaux », ils adoptent unanimement les codes de langage des mèmes anglophones. Souvent, les situations que soulèvent les mèmes dépassent le frontières d'un pays, peuvent

être facilement transposées avec des contextes que connaissent d'autres internautes dans le monde : c'est ce qui explique l'emploi du terme « anglophones » et non pas « américains ».

4. L'expression « In Real Life » est ici utilisée pour appuyer l'idée que les personnages fictifs blanc et noir incarnent des humains dans la vie réelle. Bien évidemment, cet échange ne se déroule pas vraiment « in real life », puisque les personnages sont fictifs et enfermés dans les cases du mème. Ce mème est donc une projection de ce que serait cet échange.
5. « Qu'est-ce qu'il y a, gonzesse ? »
6. Notamment avec le mouvement #BlackLivesMatter lancé en 2013 à la suite des meurtres d'Africains-Américains par la police et qui, par extension, lutte contre le racisme systémique aux États-Unis.
7. On pourra consulter les moteurs de recherche à propos du mème « BBQ Becky » qui est emblématique de cet imaginaire, et tristement très drôle.
8. Le *Blackface* était une pratique consistant pour des Blancs à se couvrir le visage de maquillage noir et les lèvres d'un rouge vif débordant, dans le but de tourner en ridicule les Africains et/ou Africains-Américains dans le cadre de *reality shows* ou de pièces de théâtre.
9. Obtenir une *street credibility* consiste à avoir une attitude, un phrasé, un style vestimentaire, des connaissances et parfois même des aptitudes reconnus par ses pairs dans les contre-cultures urbaines, ce qui confère le respect.
10. La « bien-pensance » se rapproche du « politiquement correct ». Ce terme est lui aussi employé exclusivement de façon péjorative pour désigner un courant de pensée conformiste et moraliste.
11. Le groupe *Neurchi de Memes* est l'un des représentants des communautés de *memers* francophones. Comme les francophones usent eux-aussi du langage de la mémétique anglophone, il est intéressant de donner ici leur définition du *copypasta*, car je ne saurais pouvoir en donner une meilleure. Voilà ce qu'ils en disent dans le *Wiki Neurchi* : « Les *copypasta* sont des commentaires mémorables par leur longueur, leur verve, leur exaltation et malheureusement bien souvent leur stupidité. [...] ils sont ensuite réutilisables à loisir par les *Neurchi* dans des situations plus ou moins pertinentes, le plus souvent pour amuser leurs semblables ou bien pour en confondre d'autres qui croiraient que ce message vient d'être écrit. »
12. *L'alt-right*, abréviation d'*alternative right*, désigne une partie radicale de l'extrême droite américaine qui défend les idées d'une suprématie blanche, du sexisme, du conspirationnisme, de l'antisémitisme et qui s'oppose à l'immigration.
13. Le *Social Justice Warrior* est, sur les *imageboards*, le stéréotype du bien-pensant qu'incarnent les personnes qui s'offusquent de l'utilisation des stéréotypes sans essayer de comprendre les intentions de ceux qui en usent. Ils ne voient que trop souvent dans le stéréotype – pour reprendre les termes d'Amossy – un « schème réducteur qu'il faut s'attacher à dénoncer ».
14. Des milliers de faux comptes Twitter furent créés par des internautes *alt-right* portant comme avatar le NPC Wojak et scandant des slogans de ce type. Ces comptes ayant servi à divulguer de fausses informations sur les élections de mi-mandat américain en novembre 2018 auprès de l'électorat de gauche, ils ont rapidement été supprimés par Twitter.
15. Ruth Amossy et Anne Herschberg Pierrot, dans leur ouvrage *Stéréotypes et clichés : langue, discours, société* (2005), donnent l'exemple du *Dictionnaire des idées reçues* de Gustave Flaubert qu'il écrivit à partir de 1850 et dans lequel il tournait en dérision de nombreux clichés tirés des discours de ses contemporains.
16. C'est pour cela que les mèmes abordés dans cet article sont dorénavant devenus obsolètes ; le simple fait de les avoir analysés ici les a rendu inopérants.

RÉFÉRENCES BIBLIOGRAPHIQUES

AMOSSY, R. et HERSCHBERG PIERROT, A., *Stéréotypes et clichés : langue, discours, société*, Paris, Armand Colin, coll. « 128 », 2005 [1997].

BLACKMORE, S., *The Meme Machine*, Oxford, Oxford University Press. 1999.

CHARAUDEAU, P., « Les stéréotypes, c'est bien. Les imaginaires, c'est mieux », *in* BOYER, H. (dir.), *Stéréotypage, stéréotypes : fonctionnements ordinaires et mises en scène*, Paris, L'Harmattan, 2007.

CHARAUDEAU, P., « La situation de communication comme lieu de conditionnement du surgissement interdiscursif », *Tranel*, n° 44, 2006, p. 27-38.

CRAS, P., *Archétypes, caricatures et stéréotypes noirs du cinéma d'animation américain du XXe siècle (1907-1975)*, thèse de doctorat, Paris, Sorbonne Paris Cité, 2016.

Étudiants de Masters CMW et NUMI, *Étude de la mèmosphère de God Emperor Trump, Contenu, réception, diffusion, Sprint opérationnel*, site des masters en sciences sociales de l'université Paris-Est Marne-la-Vallée [en ligne], 2017. En ligne sur : <www.lesmondes-numeriques.net>, page consultée le 15/03/2019.

GOLDSTEIN, J., « Alt-Right Gathering Exults in Trump Election With Nazi-Era Salute », *The New York Times*, 20 nov. 2016. En ligne sur : <www.nytimes.com/2016/11/21/us/alt-right-salutes-donald-trump.html>, page consultée le 15/03/2019.

HALL, S., « Codage/décodage » [1980], *Réseaux*, n° 68, 1994, p. 27-39.

KNOBEL, M. et LANKSHEAR, C., *A New Literacies Sampler*, New York, Peter Lang, 2007.

LEYENS, J.-P., YZERBYT, V. et SCHADRON, G., *Stéréotypes et cognition sociale*, Bruxelles, Mardaga, 1996 [1994].

MIRINGOFF, L. M., CARVALHO, B. L. et GRIFFITH, M. E., *PBS NewsHour/Marist Poll, Summary of National Survey Findings*, New York, Marist College Institute for Public Opinion, sept. 2015.

MOSCOVICI, S., « Comment voit-on le monde ? Représentations sociales et réalité », propos recueillis par Jacques Lecomte, *Sciences humaines*, juil. 1998. En ligne sur : <www.scienceshumaines.com/comment-voit-on-le-monde-representations-sociales-et-realite_fr_11718.html>, page consultée le 15/03/2019.

RUSSEL, T. H., « Not Everyone Conducts Inner Speech, Inner Speech Is Frequent But Not For Everyone », *Psychology Today* [en ligne], 26 oct. 2011. En ligne sur : <www.psychologytoday.com/us/blog/pristine-inner-experience/201110/not-everyone-conducts-inner-speech>, page consultée le 15/03/2019.

TARDE, G. de., *Les Lois de l'imitation sociale*, Genève, Ratkine Reprints, 1979 [1890].

Sitographie :

www.4chan.org
www.reddit.com
www.knowyourmeme.com

La représentation de l'immigré vénézuélien et le populisme de droite au Brésil

La migration vénézuélienne et le populisme de droite au Brésil

La représentation médiatique des conséquences et des ramifications des migrations forcées dues aux catastrophes naturelles, au changement climatique, aux conflits armés, aux guerres civiles et à l'instabilité économique et politique, contribue à façonner un stéréotype des migrants et des réfugiés et à diffuser un discours populiste et nationaliste. Son analyse fait écho aux apports de la théorie sociale contemporaine, en particulier chez Giddens, Lash et Beck (2012) et Bauman (2016 ; 2017), dont l'héritage propose des explications à l'apathie ou, selon les mots de Bauman (2017), à la « panique morale » qui retarde la construction d'une politique humanitaire à l'échelle planétaire (Morin, 2011).

Cet article propose une réflexion sur la manière dont la perception d'une partie de population brésilienne concernant la migration vénézuélienne pourrait coïncider avec la base du populisme de droite au Brésil, étayée par des discours nationalistes.

Le Brésil accueille 10 100 personnes déjà reconnues légalement comme réfugiées. Cependant, seules 5 100 conservent le statut de réfugié actif. En ce qui concerne les demandes de reconnaissance, sur les 3,1 millions de demandes accumulées en 2017, le Brésil en a reçu 126 100, dont 74,1 sont en cours de traitement. Les principales nationalités d'origine des demandeurs sont le Venezuela (33 %), Haïti (14 %), le Sénégal (13 %), la Syrie, l'Angola (7 %), Cuba et le Bangladesh (6 %) (Conare, 2018). De 2010 à 2017, les demandes de statut de refugiés présentées par des Vénézuéliens ont augmenté de manière exponentielle, passant de 4 en 2010 à 17 865 en 2017 (*Ibid.*).

L'utilisation des termes de « réfugié » et « migrant » comme synonymes a été une caractéristique des gouvernements populistes de droite pour diffuser l'image d'un gouvernement attaché à la question des réfugiés, puisque le pays est signataire de la Convention de Genève de 1951, et ainsi camoufler la réalité.

Moins de 20 jours après la destitution de la présidente Dilma Rousseff, le président Michel Temer a mentionné, lors de son allocution devant la 71e Assemblée générale des Nations Unies en septembre 2016 à la réunion de haut niveau sur les grands mouvements de réfugiés et de migrants, que le nombre de réfugiés dans le pays s'élevait à 95 000 (ONU, 2016), une estimation éloignée des chiffres réels. Cela est dû au fait que le président a gonflé les statistiques avec les 85 000 immigrants haïtiens vivant dans le pays, munis d'un visa humanitaire, à la suite du tremblement de terre de 2010.

Selon Laubenthal et Weiffen (2018), les principales stratégies du populisme de droite consistent à « briser les tabous dans le discours, faire des provocations calculées, faire fi des règles formelles et informelles et des insultes personnelles ; appels émotionnels, exagérations et alarmisme ; théories du complot, utilisation de généralisations rigides, distinction entre "nous" et "eux", simplifications ; et demande de solutions radicales ». Ces stratégies corroborent les trois caractéristiques du populisme de droite : l'anti-élitisme, l'anti pluralisme et la construction de l'image de l'ennemi. Weiffen (2018) attire toutefois l'attention sur la frontière ténue entre le populisme et l'extrémisme. « Certaines positions populistes s'inscrivent dans les libertés démocratiques, mais quand il y a une dévaluation des minorités et des immigrants, quand il y a un appel à la violence, le discours est clairement traversé par l'extrémisme. »

Dans le contexte de la migration vénézuélienne, la distinction entre « nous » et « eux » favorise la vague nationaliste qui, à son tour, est également présente dans la perception des Brésiliens qui perçoivent le « Vénézuélien » comme une menace. Entre le 25 janvier et le 8 mars 2018, l'Organisation internationale pour les migrations (OIM) a mené 3 516 entretiens dans deux municipalités de l'État de Roraima : 2 420 à Boa Vista et 1 096 à Pacaraima. Sur ce total, 97 % étaient vénézuéliens et les 3 % restants étaient colombiens, chiliens ou péruviens (OIM, 2018). Sur les 3 516 répondants, 67 % ont quitté le pays pour des raisons économiques et de travail, 22 % à cause du manque d'accès à la nourriture et aux services médicaux, 7 % de l'insécurité et de la violence et 1 % de la persécution. Face à la question de savoir ce qui se passerait s'ils rentraient chez eux, 42 % ont déclaré qu'ils mourraient de faim et 32 % qu'ils seraient confrontés au chômage (*Ibid.*).

Parmi les diverses données recueillies par l'enquête, certaines aident à déterminer le niveau de discrimination et de violation des droits de l'homme auquel les migrants sont exposés. L'accès à l'éducation, par exemple, est entravé par le manque de documentation, raison invoquée par 31 % des répondants. 37 % de la population interrogée ne prend pas trois repas par jour. Et 28 % ont déclaré avoir subi une forme de violence sur le territoire brésilien, telle que la violence verbale (81 %), physique (16 %) et sexuelle (2 %) (*Ibid.*).

Avec l'afflux massif d'immigrés vénézuéliens, la solidarité attendue dans les scénarios de crise humanitaire a cédé le pas aux préjugés, dont on peut constater les effets dans l'analyse des 82 rapports et dans l'enquête de surveillance des médias sociaux numériques FGV / DAAP.

La panique morale (Bauman, 2017) générée par la venue des Vénézuéliens est présente dans la perception d'une partie des Brésiliens, dans la couverture de la presse et dans les discours populistes de droite, renforçant les stéréotypes et prolongeant les souffrances des migrants et des réfugiés.

La perception et le stéréotype du migrant vénézuélien

Pour l'analyse du stéréotype des Vénézuéliens, nous avons utilisé deux journaux : *Folha de S. Paulo*, le journal ayant le plus grand tirage du pays, et *Folha de Boa Vista*, principal média de la capitale de l'État de Roraima, porte d'arrivée des immigrés.

Quatre-vingt-deux articles ont été recueillis dans la version en ligne des deux journaux, dont 22 dans *Folha de S. Paulo* et 60 dans *Folha de Boa Vista*, du 1er janvier au 18 avril 2018. L'analyse sémiotique de ces articles a révélé des tendances aux préjugés. La plupart, sinon la totalité, des appels utilisent le terme « Vénézuélien » de manière à suggérer un seul groupe de personnes – un terme toujours absent – dans une homogénéisation qui ne prend pas en compte leurs singularités en tant qu'êtres humains. Ce ne sont pas les Vénézuéliens, mais les Vénézuéliens comme de simples objets, utilisant des stéréotypes et des concepts créés par la fragilité économique, financière et politique que traverse le Venezuela.

Désormais, les Vénézuéliens deviennent en général le signe de ceux qui posent problème, qui perturbent la paix et la sécurité locales, qui enlèvent les emplois des Brésiliens et qui constituent des obstacles pour les entités gouvernementales brésiliennes. Ce sont les représentations du « eux ». Ils sont rarement perçus comme un peuple qui recherche de meilleures conditions de vie, un avenir prometteur et qui assure son existence même avec un minimum de dignité.

Les textes, tant par le choix des citations et des interviews que par leur élaboration et leur édition, introduisent des valeurs qui, directement ou indirectement, représentent le désir ardent d'une partie de la population locale. On entend ici que les producteurs de ces textes se nourrissent, dans une certaine mesure, d'éléments capturés dans les discours les plus divers. Il convient également de rappeler qu'il est bien entendu impossible de séparer les discours et le texte journalistique du contexte dans lequel ils sont insérés.

Voyons donc quelques appels qui peuvent illustrer cette analyse :

> Les manifestants protestent contre les Vénézuéliens et demandent aux autorités de surveiller la frontière.

Le « contre » porte une accusation symbolique qui concentre les préjugés de la population locale, son intention étant d'éliminer la menace posée par les Vénézuéliens, sans se soucier des droits de l'homme. La demande d'inspection aux frontières fait référence à la fermeture et au déni de solidarité humanitaire, en violation des dispositions de la convention de 1951, du protocole de 1967 et de la déclaration de Carthagène de 1984.

> Les Vénézuéliens utilisent les abris comme cachette, déclare le commandant de la Police militaire.

Les abris sont destinés à la protection, mais dans ce contexte, le mot « cacher » fait référence à l'idée de banditisme, car le texte indique que les Vénézuéliens, toujours considérés comme un groupe homogène, commettent des crimes contre la communauté locale. En citant une autorité, l'appel devient plus crédible lorsqu'il semble répondre aux souhaits de la population locale, la plus troublée par la présence d'immigrés vénézuéliens et donc plus susceptible de développer des préjugés à leur encontre.

> La mairie n'a pas l'intention de sortir les Vénézuéliens de la place.

Le verbe « sortir » est utilisé ici, au lieu de déplacer, réorganiser. Il est réificateur.

> L'armée achève le deuxième envoi d'immigrants vénézuéliens.

L'appel utilise le verbe envoyer avec la référence à un traitement déshumanisé des immigrants vénézuéliens, comme s'il s'agissait d'un objet.

De l'analyse sémiotique des 82 rapports et de la réflexion sur certains appels, nous notons que la situation des migrants vénézuéliens fait référence à l'affaiblissement du modèle de développement stricto sensu appliqué par les organisations politiques et sociales modernes et à l'urgence de leur réinvention (Giddens, Lash et Beck, 2012).

La figure de l'individu, dont la transformation au fil du temps a déplacé son rôle dans la sphère publique vers la sphère de l'intimité (Bauman, 2001 ; Elias, 1994), est présente dans la représentation des résidents locaux et leur rejet des immigrés vénézuéliens. C'est cet individu qui retardera une politique humanitaire à l'échelle mondiale (Morin, 2011), à la faveur de la panique morale (Bauman, 2017) visible dans la couverture de presse.

Dans les médias sociaux numériques, les discours de haine et de rejet de l'arrivée d'immigrants vénézuéliens chevauchent ceux de solidarité et de bienvenue. C'est l'observation de l'enquête de suivi réalisée par le FGV / DAAP qui a rassemblé, entre janvier et février 2018,

58 900 articles sur la migration : 2 000 articles de blogs, 5 800 de sites d'actualités et 51 000 tweets.

Parmi les différentes questions liées à la migration vénézuélienne, les discussions autour de la loi sur la migration de 2017 ont généré 1 400 publications, principalement des groupes opposés aux immigrants, associant l'accueil des immigrants à une politique socialiste (FGV / DAAP, 2018).

La perception du Brésilien par rapport aux immigrants est très éloignée de la réalité, comme le montre l'étude *Les Dangers de la perception* 2018, réalisée dans 37 pays par l'institut Ipsos. Pour les Brésiliens, les immigrés correspondent à 30 % de la population du pays, contre un nombre réel de 0,4 % (Ipsos, 2018).

Cette distorsion favorise l'utilisation de ressources manipulatrices, à la fois par les médias et par la classe politique. Moins la population est informée et critique dans la vitrine des médias sociaux, plus le populisme, avec ses stratégies linguistiques et idéologiques, trouve un terrain fertile pour propager, renforcer et perpétuer ses idéaux nationalistes qui séparent le « nous » du « eux ».

La perception déformée du Brésilien vis-à-vis de la migration vénézuélienne, ainsi que la création d'un « Autre » et la couverture stéréotypés de la presse brésilienne font du populisme de droite au Brésil non un désastre soudain, mais une tragédie sociale, culturelle et politique construite en silence.

Prof. Dr. Roberto Chiachiri
Prof. Dr. Cilene Victor
Universidade Metodista de São Paulo

RÉFÉRENCES BIBLIOGRAPHIQUES

Bauman, Z. et Mauro, E., *Babel - Entre a incerteza e a esperança*, Rio de Janeiro, Zahar, 2016.

Bauman, Z., *Modernidade líquida*, Rio de Janeiro, Zahar, 2001.

Bauman, Z., *Estranhos à nossa porta*, Rio de Janeiro, Zahar, 2017.

Conare-SNJ [Coordenação-Geral do Comitê Nacional para os Refugiados], *Refúgio no Brasil em 2017*, Brasilia, Ministério da Justiça, 2018. Disponible en ligne sur : <goo.gl/uhtUJT>, page consultée le 18/02/2019.

Elias, N., *O processo civilizador : Uma história dos costumes*, Rio de Janeiro, Zahar, 1994.

FGV-DAAP, *Análise de redes sobre imigrantes venezuelanos aponta para o desafio migratório em Roraima*, São Paulo, FGV-DAAP, 2018. Disponible en ligne sur : <bit.ly/2W28uJo>, page consultée le 19/02/2019.

Giddens, A., Lash, S. et Beck, U., *Modernização reflexiva : política, tradição e estética na ordem social moderna*, São Paulo, Editora Unesp, 2012.

Ipsos Mori, *Os perigos da percepção 2017*, São Paulo, Ipsos, 2018. Disponible en ligne sur : <bit.ly/2RRbCs9>, page consultée le 19/02/2019.

Laubenthal, B. et Weiffen, B., *Uma reflexão sobre o ideário da extrema direita do passado e de agora*, São Paulo, IEA/USP, 2018. Disponible en ligne sur : <bit.ly/2MgWyih>, page consultée le 19/02/2019.

Morin, E., *Rumo ao abismo ? Ensaio sobre o destino da humanidade*, Rio de Janeiro, Bertrand Brasil, 2011.

OIM [Organisation internationale pour les migrations], *Matriz de Monitoramento de Deslocamento*, Brasilia, Organização Internacional para as Migrações, 2018. Disponible en ligne sur : <goo.gl/42PMbj>, page consultée le 19/02/2019.

ONU [Organisation des Nations unies], Brazil - President Addresses General Debate, 71st Session, 2016 Disponible en ligne sur : <bit.ly/2RUDzzh>, page consultée le 19/02/2019.

Joseph Moukarzel
Cremac

Les stéréotypes, « avatars » indispensables dans la presse satirique

Les stéréotypes sont considérés dans la communication traditionnelle comme des duplications à l'infini d'un même objet (Seurrat, 2010, p. 109), des simplifications exagérées (Perrefort, 1996, p 40), des généralisations qui uniformisent et catégorisent (Leyens, Paladino et Demoulin, 1999), des répétitions qui finissent par se figer (Charaudeau, 2007), irréelles en ce sens qu'elles représentent une déformation de la réalité (*Ibid.*)… Cela n'est pas aussi évident dans le dessin de presse car s'il est vrai que les stéréotypes restent des raccourcis, simplificateurs et parfois simplistes, ils sont indispensables quand il s'agit de caricatures, et ne sont aucunement rigides ou répétitifs parce qu'ils se transforment selon les aléas et peuvent prendre des postures différentes en fonction de la situation et du message qu'ils sont censés transmettre. Et c'est justement « en raison de leur force simplificatrice et réductrice, qu'ils jouent un rôle sémantique important dans les échanges » (Perrefort, 1996, p. 140). Nous pouvons alors parler de stéréotypage ou « techniques qui associent aux catégories évoquées, des activités, ou […] des scénarios socioculturels collectifs » (*Ibid.*, p. 142).

Les stéréotypes dans la caricature sont tout simplement un moyen de représentation iconographique d'un groupe humain bien défini dans l'espace et le temps – et en général qui se reconnaît comme tel – ou la personnalisation d'un objet tout aussi réel, mais non vivant, comme un État, un système politique, une idéologie, un phénomène naturel ou fantasmagorique, etc. Dans les deux cas, il est difficilement concevable de les dessiner sans prendre pour base un cliché socioculturel ou sociopolitique qui les définit, ou du moins les illustre communément sur la base de trois variables essentielles : représentations sociales, représentations médiatiques, et comportements sociaux (Seurrat, 2010, p. 107). Il faut par ailleurs ajouter à ces indices socioculturels des dimensions socioéconomiques et politico-historiques qui influent indéniablement sur la représentation de « l'autre » et donc sur la forme du stéréotype dont on l'affuble – ou sa mise en situation – sur fond de contentieux réciproques. Cette image n'est donc pas immuable et peut changer en fonction du temps, d'un vécu, ou des conditions particulières qui modifient sa représentation. Dans ce cas, nous pouvons parler de stéréotypes modulables ou évolutifs. Modulables parce qu'ils se métamorphosent en fonction du signifié, et évolutifs par la transformation de leur signifiant.

Cette « modulabilité » doublée d'une matérialisation imagière dans un objet ou un personnage, nous amène à considérer hypothétiquement que le stéréotype dans le dessin de presse, ou la caricature, peut être assimilé dans le jargon contemporain lié au numérique à un « avatar », dans le sens d'un « Personnage virtuel que l'utilisateur d'un ordinateur choisit pour le représenter graphiquement » (*Le Larousse*). C'est par le biais de cette représentation virtuelle de l'autre, dans la peau duquel un individu ou un groupe se projette volontairement ou est projeté spontanément, que « la communication s'établit souvent entre ces représentants artificiellement construits des personnes, sorte d'avatars issus des représentations que chacun élabore de l'autre » (Le Jamtel, 2012). Reste à savoir si cette manifestation ou image de l'autre est indéniablement discriminatoire.

Variations autour d'Uncle Sam

Pour illustrer cet essai, nous allons prendre comme cas d'étude la représentation iconique à la fois d'un pays, d'un peuple et d'un système politique, à savoir les États-Unis d'Amérique : une « nation-continent » qui s'est propulsée au sommet du monde contemporain, devenant l'épicentre économique, politique, technologique et communicationnel du globe. À la fois juges et partie, justiciers, les États-Unis sont perçus de façon controversée par les nations du monde selon la communauté des intérêts ou les inimitiés réciproques, sentiments qui sont variables et deviennent parfois antinomiques en fonction de la situation ou des événements. D'où l'intérêt de cet exemple précis, qui ne peut être représenté que par un stéréotype ou un avatar.

Les États-Unis sont toujours représentés dans de nombreux pays, dont le Liban, par le stéréotype de l'oncle Sam, ou Uncle Sam, appellation remontant au début du XIXe siècle inspirée par la légende de Sam Wilson, fournisseur officiel de viande lors de la guerre entre les États-Unis et l'Angleterre, et qui marquait les tonneaux d'approvisionnement de l'armée de son nom suivi de US. Au-delà de la légende, la première apparition d'Uncle Sam dans la presse remonte à 1813 et va s'ancrer dans la mémoire collective américaine, puis mondiale. Cette appellation est d'autant plus caractérisante et représentative de la nation que ses initiales, « US », ramènent à United States. Mais la personnification d'une entité par une figure humaine a subi beaucoup de variations avant de se fixer dans la très célèbre affiche de la campagne de mobilisation militaire lors de la Première Guerre mondiale (dessin 1). Dans cette affiche, Uncle Sam prend un air très sévère pour marquer l'importance et l'urgence de la cause. Il pointe du doigt l'observateur et lui dit « Je te veux » (dans le sens de : j'ai besoin de toi), et c'est le « Je » qui marque la différence et en fait l'avatar de la nation.

Dessin 1 : Uncle Sam.

Ce qui nous intéresse particulièrement dans ce cas, c'est qu'Uncle Sam est un pur produit de la communication et projette l'image d'une personne humaine : un sexagénaire aux cheveux blancs tombant sur les épaules, à la longue barbichette, et portant un haut-de-forme serti d'étoiles qui rappelle le drapeau américain. Le personnage en question a des traits qui évoquent le président Abraham Lincoln, père et héros de la nation. Cela, ajouté au fait que ce stéréotype est né et s'est développé durant deux grandes guerres, en fait un symbole de la puissance des États-Unis. De plus, aux « préjugés de l'ordre affectif » (Seurrat, 2010, p. 112) s'ajoutent des signes qui combinent l'idée d'un oncle bienveillant et l'image d'un président adulé. L'intérêt est d'autant plus grand que cet avatar a été inventé par les Américains eux-mêmes ; par conséquent ils le reconnaissent – ou l'ont conçu – comme étant une incarnation de leur nation, une représentation de leur « être ». Le reprendre pour symboliser les États-Unis ne relève donc pas du péjoratif, ou du discriminatoire, dans l'absolu. Cela dit, vu que le signifiant revêt une forme humaine, il est fort possible que le signifié relève de la critique, voire de l'outrage selon le message qu'il porte ou la symbolique dont il est affublé. Pour le montrer, nous avons choisi des dessins publiés par un hebdomadaire satirique libanais, le *Addabbour* (créé en 1922), partant du principe que le Liban, un pays entre deux mondes (Orient et Occident), n'avait aucun contentieux historique avec les États-Unis avant la guerre mondiale – et donc, malgré sa politique éditoriale antinazie, était neutre quant à l'intervention américaine en Europe durant les deux guerres mondiales. De plus, pour trouver des messages clairs et significatifs qui nous permettent d'observer les aspects iconiques et symboliques, nous avons choisi des périodes qui ont compté à la fois dans l'histoire des États-Unis et du monde, induisant des changements géopolitiques majeurs : la Seconde Guerre mondiale et l'attaque du 11 septembre 2001.

Le dessin n° 2, daté du 2 octobre 1941, deux mois avant l'attaque japonaise sur Pearl Harbor, aborde le rapport controversé entre les États-Unis et le Japon. Uncle Sam est en redingote aux couleurs du drapeau américain, assis en tailleur, le cigare à la main, subjugué par une Japonaise sous forme de nymphe – ou Geisha – qui joue la séduction tout en préparant le sabre pour lui trancher la tête. Indépendamment de l'analyse pertinente de l'auteur, qui voit clairement le danger imminent sous forme de guet-apens, l'avatar d'Uncle Sam est le même que celui de l'affiche éditée quelques décennies plus tôt par les autorités américaines lors de la Première Guerre mondiale, à la différence près qu'il porte des lunettes, signe qui lie le signifiant au président américain de l'époque Theodore Roosevelt. Le personnage est perçu comme innocent, voire candide, et ne se rend pas compte du danger qui le guette, alors que l'avatar japonais est une « geisha » perfide.

Dessin 2 : *Addabbour*, couverture du n° 881, 2 nov. 1941. « Uncle Sam subjugué par une Geisha ».

Dessin 3 : *Addabbour*, couverture du n° 943, 1er mars 1943.
« Uncle Sam en duel avec Hitler et Mussolini ».

Dessin 4 : *Addabbour*, couverture du n° 1325,
14 septembre 2001.
« Uncle Sam, géant aux pieds d'argile ».

Dans le dessin n° 3, datant du 1er mars 1943, Uncle Sam est toujours représenté par le même avatar que celui de l'affiche de la Première Guerre mondiale, mais la mise en situation est totalement différente : il n'est plus en redingote mais en vêtements de compétition sportive – plus précisément en boxeur – portant le fameux haut-de-forme aux couleurs du drapeau américain. La scène se situe dans le désert tunisien, il est représenté comme un géant bien campé sur des jambes musclées, alors qu'Hitler et Mussolini ne lui arrivent pas au genou. L'homme est combatif et affiche un sourire narquois qui laisse dire qu'il maîtrise totalement la situation et qu'il est en phase de terrasser ses deux adversaires.

Dans le dessin n° 4, daté du 14 septembre 2001, trois jours après l'attaque terroriste du 11 septembre qui a détruit les Twin Towers de New York, l'avatar est toujours le même personnage, qui n'a pas changé avec le temps. Il prend pour cette situation à la fois l'image d'un champion bien musclé et celle d'un géant, mais cette fois c'est le « géant aux pieds d'argile » qui peut s'écrouler à tout moment, comme les tours. Uncle Sam, qui porte toujours le haut-de-forme, n'est pas aussi élégant que d'habitude et prend un faux air de puissance. On peut sentir à la fois de l'inquiétude et de l'incertitude dans ses yeux.

Métamorphoses de l'avatar

Ces trois caricatures expriment bien la métamorphose de l'avatar en fonction de la situation dans laquelle il se trouve et du message que le dessinateur ou le média veulent transmettre. Si le visage du personnage reste le même, à quelques détails près, son caractère et son comportement changent dans chacun des trois dessins. Au début de la guerre mondiale, il est perçu comme un homme bon et candide au point d'être décapité sans le savoir ; vers la fin de la guerre, c'est un champion aguerri ; et quelques décennies plus tard, le champion n'est plus si puissant, c'est un colosse fragile et apeuré. Pourtant la situation des États-Unis n'a entre-temps pas changé à l'échelle globale : c'est toujours la plus grande puissance du monde. Ce qui a changé, c'est le rapport à cette puissance sur la base de contentieux socio-politiques, socioculturels et économiques. Entre l'image 3 et l'image 4, les fluctuations dans la perception des États-Unis au Liban sont énormes et varient en fonction des interventions de Washington dans la politique régionale, l'avènement d'Israël, les guerres et migrations souvent imputées au géant américain, des appétences économiques et stratégiques liées au pétrole, de la subdivision du monde lors de la guerre froide, etc. Toutes ces variables ont changé drastiquement l'image des États-Unis au sein des populations à travers le monde : parfois adulé, souvent haï et accusé de tous les maux, l'avatar qui reflète ce pays tout-puissant a été simultanément dessiné comme un dieu rédempteur et un diable dévastateur dont on brûle les effigies sur les places publiques. Faut-il pour autant considérer que l'utilisation de cet avatar est en elle-même discriminatoire ?

Ordinairement, le stéréotype, ou l'avatar, dessiné dévalorise nécessairement le représenté ou les symbolisés puisqu'il en fige certains signes distinctifs « ancrés dans une conscience collective et liés à une représentation collective de l'environnement social » (Berting, 2001, p. 43) aux dépens d'autres, et ce ne sont pas nécessairement les signes les plus valorisants. Tout comme pour la caricature, ce sont les exagérations des traits principaux ou des idées reçues qui sont mises en relief ; cela diminue inévitablement et ne plaît souvent pas au concerné, qui ne les a pas forcément créés ou acceptés – contrairement à Uncle Sam. Il est vrai que certains stéréotypes d'un type ou d'un groupe humain utilisés dans le dessin de presse ont une consonance ségrégationniste, comme la représentation des juifs par un nez crochu et affublés d'un chapeau rond, ou l'arabe barbu qui aborde le même nez et habillé en nomade. Le Japonais, lui, n'a pas de nez crochu mais un bandeau sur la tête et brandit un sabre, la Japonaise est résumée par une geisha, le Chinois aborde toujours un sourire béat et souvent une toque de mandarin, l'Allemand un short-salopette, le Français un béret, l'Anglais un chapeau melon et un parapluie, la Hollandaise est potelée et porte une toque et des sabots de bois, l'Algérien a les cheveux noirs bouclés, il est mal rasé et porte une casquette. Ces attributions, souvent gratuites, ne reflètent pas une réalité mais appartiennent à « une banalité agissante certes, mais parfois terriblement efficace de l'opinion, toujours commune et, à ce titre, nécessaire pour que ce monde soit lui-même commun » (Chevé, 2001, p. 202). D'autres représentations qui relèvent du stéréotype, sont elles liées à l'environnement, par exemple : l'Australien est un kangourou, l'Arabe est un chameau, l'Amérindien a une plume plantée dans la tête, etc. Autant de signes distinctifs qui ne le sont pas, mais ne veulent pas nécessairement dire que leur utilisation relève du racisme ou du ségrégationnisme ; ce sont des « attributs physiques et vestimentaires qui conduisent à une catégorisation de la personne comme représentante prototypique [...] ils sont indispensables pour la reconstruction des processus d'intercompréhension » (Perrefort, 1996, p. 141). C'est la situation dans laquelle est mis cet avatar qui prend des tournures discriminatoires en fonction du message porté, car « la construction d'une image matérielle a été pensée comme une manière de prolonger la capacité de l'esprit. L'image matérielle viendrait donner consistance à l'image mentale qui serait elle-même la trace d'une réalité qui n'est plus » (Tisseron, 2012) ou qui n'a jamais été et relève des fantasmes ou « d'un imaginaire social à dimensions variables » (Charaudeau, 2007). C'est par l'intentionnalité d'une contextualisation, ou scénarisation, qu'il y a construction de sens dans la caricature, et c'est là qu'il faut chercher les frontières entre critique et discrimination.

La limite entre critique et discrimination ou outrage est en fait relative. La grande polémique autour des « caricatures du prophète » a permis aux extrémistes, dans certains pays dont le Liban, de mettre en accusation le dessin de presse à chaque fois que cela le permet, profitant de la polysémie de l'image pour réinterpréter vicieusement le message et accuser le dessinateur ou le média de comploter ou de diffamer, ce qui le met en danger. Dans ce cadre, les stéréotypes communément et anciennement utilisés seraient peut-être un des moyens possibles pour contourner ces allégations fallacieuses. Mais cela ne suffit pas, car le message ne se limite pas à la configuration de l'avatar mais aussi et surtout à sa mise en contexte dans le dessin !

« Ce ne sont donc pas les stéréotypes qu'il faut condamner mais leur utilisation pour juger ou dévaloriser autrui » (Leyens, Paladino et Demoulin, 1999). En définitive, dans la caricature, les stéréotypes sont des médiations sans lesquelles la communication se complexifie et « aucune identité ne se construit ni ne se conçoit » (Chevé, 2001, p. 202). Ce sont les conceptions issues d'un imaginaire collectif et émanant de la diversité humaine ; des « marqueurs d'identité et d'altérité » (Perrefort, 1996, p. 141) en quelque sorte. Tant qu'il y aura un « Moi » et un « Autre », il y aura des stéréotypes, et ce n'est qu'avec l'avènement d'une globalisation « uniformisante » que les avatars actuels disparaîtront et deviendront des reliques historiques. À ce moment-là, l'humain sera représenté partout de la même manière, et peut-être pas sous une forme humaine. Ce sera alors, comme pour l'architecture, la fin de la spécificité des lieux et des peuples et la genèse de l'homme universel stéréotypé.

RÉFÉRENCES BIBLIOGRAPHIQUES

Berting, J., « Identités collectives et image de l'autre », *Hermès*, n° 30, 2001, p. 41-58.

Charaudeau, P., « Les stéréotypes, c'est bien. Les imaginaires, c'est mieux », *in* Boyer, H. (dir.), *Stéréotypage, stéréotypes : fonctionnements ordinaires et mises en scène*, Paris, L'Harmattan, 2007. En ligne sur : <www.patrick-charaudeau.com/Les-stereotypes-c-est-bien-Les.html>, page consultée le 14/03/2019.

Chevé, D., « Les stéréotypes, entre opinion et posture critique », *Hermès,* n° 30, 2001, p. 201-206

Garambois, M., « Chut ! Faire taire les stéréotypes ? Métiers en révolution », *BBF* [en ligne], n° 13, 2017. En ligne sur : <bbf.enssib.fr/consulter/bbf-2017-13-0128-018>, page consultée le 14/03/2019.

Le Jamtel, C., « Psychologie de l'avatar avatar de la psychologie ? », *Le journal des psychologues,* n° 301, 2012, p. 20-24.

Leyens, J.-P., Paladino, P. M. et Demoulin, S., « Peut-on vivre sans stéréotypes sur autrui ? », *Sciences humaines*, 1999, p. 26-29.

Oesch-Serra, C. et Py, B., « Dynamique des représentations dans des situations de migration. Étude de quelques stéréotypes », *Bulletin CILA*, n° 57, 1993, p. 71-83.

Perrefort, M., « Formes et fonctions du stéréotype dans des interactions en situations de contact », *Acquisition et interaction en langue étrangère*, n° 7, 1996, p. 139-154. En ligne sur : <journals.openedition.org/aile/4917>, page consultée le 14/03/2019.

Seurrat, A., « Déconstruire les stéréotypes pour "lutter contre les discriminations" ? », *Communication et langages*, n° 165, 2010, p. 107-118.

Tisseron, S., *Rêver, fantasmer, virtualiser,* Paris, Dunod, coll. « Psychismes », 2012.

Paoline Ekambi
Sportail Community
Ancienne basketteuse professionnelle

« Faire évoluer les mentalités dans le sport »

***Revue* Hermès :** Quand on parle de stéréotypes dans les sports collectifs, qu'est-ce que cela évoque pour vous ? Avez-vous noté des évolutions des représentations au cours de votre carrière ?

Paoline Ekambi : Les stéréotypes, ce sont des idées reçues et les clichés sur, par exemple, le soi-disant manque de féminité des sportives dans les années 1980. Cela a beaucoup évolué, les sportives soignent de plus en plus leur image et se la réapproprient avec les réseaux sociaux. Elles deviennent presque des icônes de mode. Dans ma génération, la basketteuse était nécessairement une grande complexée, une homosexuelle, un garçon manqué. En revanche, on avait tendance à « sexualiser » la sportive par le passé, et cela évolue très lentement. Dans la médiatisation des compétitions internationales, on voit une différence de traitement de la performance entre les sportifs et les sportives. Les journalistes sexualisent davantage la sportive en touchant finalement à son intégrité physique dans les descriptions qui sont faites (elle est sexy, elle est jolie, etc.). Il faudrait plus de journalistes femmes pour qu'on puisse arriver à un traitement égalitaire centré uniquement sur la performance, les valeurs du sport et les « success stories », qui sont l'essence même du sport, et non sur le physique des sportives. On ne met pas assez en valeur la performance et la différence du jeu, l'engagement, les sacrifices et l'état d'esprit des sportives par rapport à leurs homologues masculins. Cela commence à changer et en intégrant plus de journalistes femmes dans les médias et en diffusant plus de compétitions féminines à la télévision, tout peut se rééquilibrer.

***Revue* Hermès :** On voit les taux d'audience évoluer pour les sports collectifs féminins, dans la coupe du monde de football féminin par exemple. Et ce sont des hommes qui regardent le sport féminin, pas seulement les femmes.

Paoline Ekambi : Le public demande à voir le sport pratiqué par les femmes, parce qu'il correspond à une autre culture. Les femmes véhiculent beaucoup plus de valeurs et procurent plus d'émotions, elles ont plus de passion, de cohésion entre elles, jouent moins sur la théâtralisation que les hommes, elles montrent beaucoup plus de plaisir à jouer ensemble et sont très engagées physiquement, et parfois bien plus performantes que leurs homoloques masculins. Pourtant les sportives sont dans l'ensemble bien moins médiatisées et rémunérées que les hommes, même si ce n'est pas l'argent qui dénature tout. En 2014, le Conseil supérieur de l'audiovisuel, le ministère des Sports et le Comité olympique ont mené une action sur les questions d'équité et de médiatisation du sport féminin, en lançant les « 24 heures du sport féminin » dans les médias, avec Laura Flessel comme marraine, un événement annuel qui porte désormais le nom de « Sport féminin toujours ». Les parts d'audience du sport féminin ont évolué depuis cette initiative, parce qu'il y a un public. Ce n'est donc pas le public qui pose problème, c'est le sexisme et le machisme dans le traitement médiatique du sport et aussi dans la gouvernance. Le sport est gouverné à 90 % par des hommes, comme dans les médias. À mon époque, dans les années 1980, pour que les femmes soient plus médiatisées et mieux rémunérées, on leur demandait d'être plus « sexy », dans un contexte de domination par les hommes. Mais il est inutile de rendre les hommes responsables, c'est l'éducation qui est en jeu. Le sport mis en place dans l'après-guerre par le général de Gaulle concernait surtout les hommes, il reposait sur des valeurs de virilité, de combativité, de discipline, les femmes n'y avaient pas vraiment leur place : elles devaient être certes obéissantes et esthétiques mais leur place était surtout à la maison. Pierre de Coubertin était misogyne, c'est surtout grâce à une femme peu connue, Alice Milliat – nageuse, hockeyeuse, rameuse, qui a été au début du xxe siècle l'apôtre du sport « pour et par » les femmes, et considérée comme l'une des principales forces inspiratrices du développement du sport féminin apparu durant la Première Guerre mondiale –, que les femmes ont pu participer aux jeux Olympiques.

***Revue* Hermès :** La pratique sportive quotidienne semble renforcer certains stéréotypes, quand le sport devient moyen de communication, par exemple autour de l'homosexualité. Qu'en pensez-vous ?

***Paoline Ekambi* :** On peut parler des Gay games. Il y a une omerta sur l'homosexualité masculine dans le sport, véritable tabou, alors que pour les femmes, on a longtemps considéré que l'homosexualité des sportives n'était pas un problème. Chez les hommes, certains ont fait leur « coming out », mais beaucoup ne parlent pas, parce qu'ils subissent les pressions des marques, de leurs sponsors, qui jouent un rôle important. Comme à une certaine époque pour les stars masculines à Hollywood, où l'homosexualité était taboue.

Ensuite un autre stéréotype qui évolue est celui de la compétence des femmes pour entraîner des équipes, notamment masculines. On a l'exemple de Corinne Diacre pour le football. On peut se demander en quoi le genre aurait à voir avec la compétence dans ce domaine, pour entraîner ou arbitrer. En NBA, qui est intéressante pour observer l'évolution des mentalités, une des franchises – les San Antonio Spurs – a intégré la première femme dans son staff technique. Bientôt, c'est une femme qui sera à la tête d'une équipe masculine. Pourquoi une femme manager ne serait-elle pas compétente ? On voit de plus en plus de femmes entraîner, mais peu dans les équipes masculines. Et on voit encore beaucoup d'hommes entraîner les femmes. Quand j'étais jeune, il y avait un certain nombre de femmes qui entraînaient dans les équipes féminines de basket, parce qu'à l'époque c'était un problème pour les hommes d'entraîner des femmes, car moins bien payé et bien moins valorisant. Depuis que le sport féminin se structure, se professionnalise, connaît une exposition médiatique grandissante, il devient plus intéressant pour les marques, qui comprennent que ce marché émergent a un fort potentiel de développement, là où celui du sport masculin est saturé. Le marché fait évoluer les stéréotypes : il faut vendre aux femmes, à la diversité, qui représentent des marchés de niche. Les entraîneurs masculins ont aussi commencé à prendre les places des femmes dans le sport féminin. En basket, il y a seulement deux femmes qui entraînent aujourd'hui les équipes de femmes dans les championnats d'élite. Ce serait bien que ce soit des binômes mixtes qui entraînent, parce que la complémentarité des profils, la mixité, et la diversité sont source de richesse. L'entre-soi, la consanguinité favorisent la cooptation, il y a encore trop peu d'ouverture sociale parmi les dirigeants du sport, il y a très peu de mixité et très peu de diversité dans les staffs techniques, médicaux, et dirigeants, alors qu'il y en a sur les terrains. Il n'y a qu'une présidente de fédération, en escrime, encore trop peu de femmes directrices techniques nationales. La Fifa a une secrétaire générale africaine, c'est une révolution, donc une évolution. Plus on monte dans la gouvernance du sport et moins on voit de femmes et de diversité. Il faudrait un référent de la diversité et de la mixité au sein des fédérations sportives et des ligues professionnelles.

***Revue* Hermès :** Le sport pour tous évolue-t-il ?

Paoline Ekambi : Oui, il n'y a jamais eu autant de pratiquants – même s'il y a encore des problèmes parmi les jeunes dans certains quartiers, et si le sport a été structuré pour les garçons pendant longtemps. Les filles ont du mal à trouver leur place. Les stéréotypes sont sans doute plus ancrés encore dans certains quartiers. Il y a beaucoup de nos jeunes concitoyens dont les parents sont issus de cultures à forte tradition patriarcale, avec des effets sur la pratique du sport tout particulièrement, chez les jeunes filles. Il y a un vrai travail de sensibilisation à mener auprès des parents, dans les écoles aussi. Avec Paris 2024, des ambassadeurs champions olympiques font la tournée des écoles pour communiquer sur l'importance du sport pour tous. Le sport est un vecteur d'inclusion, d'émancipation, d'autonomisation, de développement personnel, de bien-être. Mais l'offre du sport actuelle laisse peu de place aux filles, sur les terrains de plein air par exemple.

***Revue* Hermès :** Existe-t-il une différence entre la France et d'autres pays autour de cette question des stéréotypes ?

Paoline Ekambi : Dans d'autres pays, c'est parfois pire, le sport étant le miroir de la société. En France, on voit une évolution, y compris dans la pratique. Le stéréotype du sportif « tout dans les muscles, rien dans la tête » a évolué. On a pendant longtemps favorisé et valorisé l'élitisme axé sur les arts et la culture, peu ouvert à la diversité, en délaissant le sport, qui est pourtant un vrai vecteur de valeurs d'inclusion sociale. Cette idée reçue a bien changé. Aujourd'hui on sait que les sportifs de haut niveau développent des compétences hors du commun très recherchées par les professionnels du monde de l'entreprise, que le sport a des bienfaits sur la santé et que c'est un facteur de bien-être. Les Américains sont plus en avance sur ces questions, comme les pays du nord de l'Europe. Le sport est un moyen d'avancer vers une société plus juste, plus équitable, plus humaine et bienveillante.

***Revue* Hermès :** On voit encore circuler des stéréotypes racistes sur les terrains de sport, notamment de football. Qu'en pensez-vous ?

Paoline Ekambi : Les fédérations, les associations sportives, les clubs professionnels ne s'impliquent pas assez pour éradiquer le racisme des enceintes sportives. Il faut sanctionner durement et sans aucune tolérance les dérives racistes. C'est quand même le devoir des institutionnels du sport de protéger plus efficacement les athlètes, d'exclure définitivement des stades les personnes qui tiennent des propos racistes. Dans le basket, on ne voit pas trop ce type de dérive, qui serait rapidement sanctionnée. Le football est vraiment le sport le plus touché.

***Revue* Hermès :** Certains sports sont-ils plus que les autres porteurs de diversité ?

Paoline Ekambi : Certains sports sont marqués par des stéréotypes racistes, qui se recoupent avec des formes d'élitisme social : la natation était censée ne pas concerner les Noirs à une époque à cause d'une morphologie soi-disant peu adaptée. Certains sports, très coûteux et élitistes, ne sont pas accessibles à la diversité comme le golf, l'équitation, le patinage artistique, entre autres. D'autres, comme le tennis, se sont ouverts depuis longtemps à la diversité et ont fait un travail de démocratisation avec des actions menées dans les quartiers défavorisés pour dénicher de nouveaux talents. Les politiques d'ouverture sont donc essentielles pour faire bouger les stéréotypes. Il y a encore des clichés qui persistent comme ceux des jeunes des quartiers défavorisés qui s'orienteraient davantage vers certains sports comme le football, ou encore les sports de combat, mais il faut savoir que ce sont les seuls sports accessibles pour eux, contrairement à l'aviron, la gymnastique etc. Les stéréotypes sont humains, ce n'est pas une question de culture, c'est partagé par tout le monde.

***Revue* Hermès :** Est-ce que les stéréotypes peuvent être positifs ?

Paoline Ekambi : Je m'appuie sur des stéréotypes pour rire et me moquer. L'éducation non genrée est essentielle ; dans mon cas, enfant, je n'ai pas été positionnée comme une fille dans ma famille, cela m'a permis de voir des aberrations. La première fois que j'ai fréquenté un univers féminin, c'était à l'Insep, et j'ai découvert le monde des filles qui n'était pas le mien, celui des garçons non plus d'ailleurs. Je me suis construite entre ces deux mondes, sans entrer dans des comportements stéréotypés du fait de mon éducation ; j'aimais jouer avec les garçons, je me battais aussi tout comme eux, et en même temps j'adorais le maquillage et la mode. Il faut vraiment faire attention à cela. Je n'ai aucun présupposé genré, je me sens bien dans les deux mondes, je n'essaie jamais de jouer d'un côté ou de l'autre, de la séduction ou de la force. Il faut s'assumer et se concentrer sur ses forces et non sur ses points faibles, mais une femme est obligée de se projeter par rapport aux stéréotypes de ses interlocuteurs, dans les entretiens d'embauche par exemple. Les médias continuent de véhiculer des stéréotypes genrés très forts. L'éducation nationale a tendance à focaliser sur les points faibles et sur les difficultés. En France on surprotège les enfants, et ce faisant on les bride, on interdit. Aux États-Unis, on laisse les enfants tenter des expériences, on les encourage. Il faut changer notre regard sur l'éducation, éviter de genrer, permettre aux enfants de s'épanouir sans redouter les expériences même douloureuses.

***Revue* Hermès :** Dans vos activités associatives, que faites-vous pour lutter contre les stéréotypes ?

Paoline Ekambi : Je pars toujours de mon histoire personnelle, de mon expérience dans mon engagement dans l'équité entre les hommes et les femmes par exemple. J'aime transmettre et partager mon expérience avec les autres, mais je ne suis pas une militante. Je suis très engagée aussi contre toutes formes de violences envers les enfants, dont les abus sexuels, je considère qu'il est de notre devoir à tous de protéger les enfants, je suis moi-même une survivante de l'inceste. Le sport m'a permis de me reconstruire et de développer une forte capacité de résilience, tout comme mon passé douloureux. Dans le sport, il y a aussi des abus sexuels. C'est important que les hommes parlent aussi de ces questions, leur parole sensibilise plus le public que celle des femmes, parce que les tabous sont plus forts sur les garçons. Je m'engage là où j'ai une expérience et je sais que je peux partager. Je suis en train d'écrire sur mon histoire et le rôle du sport dans ma reconstruction. Je soutiens un programme, « Start to Talk », mis en place par le Conseil européen pour briser le silence sur les abus sexuels dans le monde du sport et donner la parole aux victimes. Le sport est le seul domaine où on a très peu fait campagne sur #MeToo. Dans la formation des entraîneurs, il faudrait leur apprendre à détecter les problèmes, être aussi attentifs aux recrutements de bénévoles.

En ce qui concerne la condition des femmes et des hommes, il est important de continuer à travailler sur l'égalité, l'équité dans la société, dans le monde de l'entreprise. Je suis également membre du Collectif Égal Sport pour la parité femmes/hommes ou encore membre de RED For Executive Women. J'interviens dans les entreprises et les écoles sur le thème du leadership féminin, du dépassement de soi, etc. Les jeunes filles ont besoin de références, de modèles, pour prendre confiance en elles. Il faut que garçons et filles soient ensemble sur ces questions d'égalité en général. Les sportifs femmes/hommes ont une approche similaire de la performance, ils partagent et véhiculent les mêmes valeurs universelles, c'est donc important de les faire intervenir dans les entreprises, à l'école et dans les associations : ils ont un rôle majeur à jouer.

***Revue* Hermès :** Quel est le rôle des réseaux sociaux ?

Paoline Ekambi : Quand j'ai lancé ma start-up, j'ai commencé à utiliser les réseaux sociaux. Il faut y raconter une histoire et pas seulement parler de son produit. Un dirigeant doit aussi montrer qui il est authentique à travers ses actions, il doit être en phase avec les valeurs et les messages qu'il véhicule. Mon parcours, mes expériences et mes valeurs sont importants dans mon positionnement sur les réseaux sociaux. Mais je suis observatrice. Les réseaux sociaux permettent aussi de dénicher, de découvrir des discours stéréotypiques, violents, haineux. Je suis d'aileurs une des signataires de Respect Zone qui lutte contre les cyber-violences et qui développe des outils innovants de protection. Les réseaux sociaux peuvent être un facteur de cohésion, d'ouverture vers le monde. Ils font peur, parce qu'ils donnent une visibilité sur un monde qui finalement est assez violent et inéquitable. Mais ce n'est pas le monde qui a changé, notre champ d'ouverture s'est étendu au monde, et on s'aperçoit que tout n'est pas mieux ailleurs que chez nous. Les réseaux sociaux offrent une visibilité sur les problèmes de notre monde, donc permettent une prise de conscience collective pour faire bouger les lignes et offrir un monde meilleur, plus juste, plus équitable, bienveillant et plus humain aux futures générations. C'est donc intéressant. C'est aussi un formidable outil de promotion pour des sportifs issus de sports peu médiatiques, et pour des entreprises. Avec notre start-up Sportail community, nous avons nous-mêmes utilisé les réseaux sociaux pour développer notre communauté et notre notoriété.

***Revue* Hermès :** Les stéréotypes sont-ils liés aux générations ?

Paoline Ekambi : Les jeunes ont changé et le monde change très vite, mais le fait d'avoir été sportive de haut niveau inspire le respect, sans parler comme des « vieux cons ». Je suis membre du Club des internationaux de basket qui crée du lien intergénérationnel. C'est important d'être avec les plus jeunes qui ont besoin des conseils et du soutien de leurs aînés, tout comme nous les anciens aimons transmettre et partager nos expériences sous forme de passation d'un héritage à perpétuer.

Pour conclure sur les stéréotypes autour du sport, il faut penser à ces dimensions communicationnelles. Les médias insistent uniquement sur les performances et n'évoquent pas assez les sacrifices qui mènent à ces performances, ni les valeurs, les expériences, notamment dans les interviews où on retrouve toujours les mêmes questions. Dans une équipe, tout ne se joue pas uniquement sur la performance mais sur les relations entre des personnes, des équilibres. On a vu une évolution de la connaissance fine du sport, dans ses valeurs, dans ses dimensions collectives, grâce à des prises de parole de sportifs qui font bouger les stéréotypes et les représentations. Les journalistes sportifs ont une responsabilité dans des représentations figées et simplistes de la performance. Enfin, je n'aime pas la position victimaire au sujet des discriminations. Il y aura toujours des gens haineux et des discriminations, dans tous les milieux. On ne peut pas construire le monde là-dessus, il faut dépasser toutes ces représentations, faire voler en éclats les stéréotypes, dans l'éducation, le sport, la mode, dans la société en général.

(entretien réalisé par Vincent Liquète et Anne Lehmans)

Sylvie Octobre
DEPS – ministère de la Culture

Pratiques culturelles des jeunes et stéréotypes

***Revue* Hermès** : Vos recherches sur les pratiques culturelles des jeunes partent toujours d'une démarche d'enquête quantitative complétée d'entretiens. Pouvez-vous expliquer comment vous cherchez à définir et qualifier des représentations quand vous construisez vos enquêtes ?

Sylvie Octobre : Les jeunes générations sont affublées de noms étranges : *digital natives*, génération C (comme communicante), Y (comme « why » mais aussi comme l'image des écouteurs plantés dans les oreilles et du fil qui relie au lecteur portable) ou Z, et désormais Alpha (dénomination qui exprime bien à la fois la fascination et la peur qu'elles provoquent). Au-delà de ce que l'énumération alphabétique suggère de manque de structuration et d'assise intellectuelle de ces dénominations, on peut relever que les comportements culturels (communiquer, créer, etc.), les dispositifs technologiques (le numérique) et les valeurs qui y sont supposément attachées (collaboratif, horizontalité, intelligence collective, voire démocratie) sont structurants dans ces représentations vernaculaires sur les jeunes.

Ces dénominations récentes, qui fonctionnent bien souvent comme des slogans marketing, nuisent souvent, par leurs effets de réifications, à l'analyse circonstanciée et sociologiquement située des rapports des enfants et des jeunes à la culture, sous le double aspect des transformations de la participation culturelle (consommations, pratiques, usages, fréquentations) et de la contribution des ressources culturelles ainsi produites à la construction de soi au fil de l'avancée en âge. De par leurs usages des réseaux et leurs modes de fonctionnement culturel contributif, les jeunes seraient ainsi peu enclins à obéir à l'autorité mais naturellement collaboratifs, ils seraient naturellement plus communicants mais leur attention serait dispersée, ils seraient hyper informés et férus de fonctionnement démocratique mais hyper crédules et rétifs au principe de représentation, ils seraient originaux et entreprenants mais intolérants à l'autorité, ils seraient créatifs mais indifférents aux questions de propriété intellectuelle, etc. Il suffit d'ouvrir les journaux pour voir abonder les stéréotypes de cette nature, qui essaiment depuis le champ culturel vers le monde du travail (ces caractéristiques rendraient ces générations difficiles à manager) comme celui de la politique (leurs formes d'engagement, réversibles et ponctuelles, notamment sur les réseaux, mettraient à mal les linéaments du fonctionnement de la démocratie représentative). Le changement n'est pas marginal si l'on compare ces générations à leurs prédécesseures, qui portaient le nom d'événements politiques (guerre du Vietnam, guerre d'Algérie, etc.), de crise économique (chocs pétroliers, crises des *subprimes*, etc.), de mouvements sociaux (*flower power*, mai 1968, etc.) ou d'épidémie (sida).

Pour lever les fausses évidences que ces dénominations masquent, il faut rendre visibles les conditions de formation des dispositions culturelles depuis les plus jeunes âges jusqu'à la fin de la jeunesse : ouvrir la « boîte noire » de l'habitus, interroger les transmissions et leurs modalités, les modes « d'éducation buissonnière » selon le joli mot d'Anne Barrère, qui prennent leur origine dans les médias et les technocultures, considérer la somme des savoirs minuscules qui les composent et leur articulation avec les intentions et/ou attendus éducatifs de la famille et de l'école, et documenter précisément la place et les conditions de possibilité de l'*agency*, souvent désignée sous le terme d'autonomie culturelle, au fil du grandissement. Ceci suppose de rendre sa place à l'enfance[1] : les *childhood studies* sont récentes en France comparativement aux champs scientifiques anglo-saxons, puisqu'elles ne se structurent qu'au tournant des années 2000, et leur articulation avec les *youth studies*, mieux installées dans le champ scientifique, reste encore à construire. Ce manque d'articulation a longtemps reconduit un manque d'intérêt sociologique pour les âges les plus jeunes, laissés à la psychologie d'une part et à une focalisation sur la sortie de la jeunesse et la transition vers l'âge adulte de l'autre.

Dans ce contexte, les travaux que j'ai menés avaient pour ambition de contribuer à une vision longitudinale de l'avancée en âge, qui puisse faire dialoguer sociologie de l'enfance, de la jeunesse et de la culture, du genre et des inégalités, mais aussi de la globalisation (avec le numérique, la globalisation de la culture et les mobilités croissantes des populations).

Cette approche a donné lieu à des travaux quantitatifs, qui ont contribué d'une part à sortir l'enfance de l'invisibilité statistique dans laquelle elle était plongée, invisibilité qui faisait écho à une conception de l'enfance subordonnée à celle de la famille, dont la structuration du champ scientifique porte la trace ; d'autre part, à documenter certaines des transformations des rapports des jeunes à la culture en régime technoculturel globalisé[2].

La première grande enquête, *Les Loisirs culturels des 6-14 ans*, était un sondage portant sur un échantillon représentatif national, qui ambitionnait de compléter la grande enquête *Pratiques culturelles des Français* (qui porte sur les 15 ans et plus) en interrogeant les pratiques culturelles de l'enfance et de l'adolescence à la croisée des influences des parents, de l'école et des copains. La deuxième enquête, *L'Enfance des loisirs*, consistait en un suivi de panel d'enfants, interrogés tous les deux ans de la fin de l'enfance à la grande adolescence (de 11 ans à 17 ans) et permettait de suivre de manière longitudinale les carrières de consommateurs culturels, leurs logiques et leurs bifurcations. La troisième enquête, *Le Cosmopolitisme esthético-culturel des jeunes*, portait sur les effets de la globalisation de la culture sur la composition des répertoires culturels des jeunes de 18 à 29 ans, sur les choix de modalités de consommation, ainsi que sur la contribution des consommations, pratiques et usages culturels au façonnage d'une approche cosmopolite du monde[3]. Enfin, une participation à la cohorte de naissance ELFE[4] permet de suivre les conditions de la socialisation culturelle depuis la naissance et a pour le moment rendu disponibles des informations sur les climats de socialisation familial durant les trois premières années de la vie de l'enfant : ces données démontrent l'existence de variations sociales et genrées très importante des conditions de socialisation précoce.

Cette approche a également donné lieu à des travaux qualitatifs, collectifs le plus souvent, notamment sur la question de la formation des différences de genre dans les rapports à la culture, qui permettent de montrer comment se tisse l'écheveau des représentations sociales et comment sont reconduites les partitions éducatives qui mènent à la reproduction des stéréotypes de genre[5].

***Revue* Hermès :** Quels sont les traits stéréotypiques des représentations de la jeunesse que l'on peut questionner grâce aux enquêtes aujourd'hui ?

Sylvie Octobre : Ces travaux permettent de discuter la validité de certains stéréotypes. Il en va d'abord ainsi de l'enfance, considérée longtemps comme une période d'inculcation ou d'imprégnation, sorte de pâte à modeler sur laquelle la famille et l'école viendraient successivement poser leurs marques, qui plus est de manière convergente, en faveur de la reproduction des hiérarchies culturelles légitimes. Plusieurs mutations doivent être prises en compte. D'abord, les parents des enfants d'aujourd'hui sont déjà entrés de plain-pied dans les cultures médiatiques et les valeurs et hiérarchies qu'ils transmettent ne sont plus forcément en conjonction avec celles de l'école, y compris dans les milieux les mieux dotés. Ensuite, les influences « classiques » de la famille et de l'école sont concurrencées ou complétées par celle des pairs, qui a crû en importance depuis les premiers travaux de S. Hall sur les cultures juvéniles, et qui est médiée et amplifiée par le régime technoculturel. En effet, celui-ci ajoute à la puissance des stéréotypes des médias la puissance des capacités communicationnelles ou créatives des réseaux. Enfin, l'*agency* de l'enfant se saisit de plus en plus dans la culturalisation de l'avancée en âge : le premier smartphone, la première sortie au cinéma, etc. ont des pouvoirs instituants forts dans le groupe des pairs et pour soi-même, ils deviennent des rites de première fois qui scandent le grandissement dans une société qui érige le consumérisme en mesure de l'identité.

Il en va ainsi aussi de l'expression *digital natives*. Les enquêtes montrent qu'elle confond concomitance et usage, puis usage et maîtrise. Si aujourd'hui la plupart des études s'accordent sur la familiarité des enfants et des jeunes avec un environnement de plus en plus numérisé, avec lequel ils sont nés et ont grandi (effet de concomitance), on doit souligner que certains jeunes ne sont en effet pas tant « natifs » que « naïfs » tant certains sont dépourvus des compétences liées au numérique. On peut ainsi distinguer plusieurs types de fractures numériques au sein même des enfants et des jeunes : la fracture de l'accès (en résorption), la fracture des usages, la fracture des réinvestissements (passer des usages ludiques à ceux liés aux exigences de la vie sociale) et la fracture des capacités réflexives et des compétences critiques (particulièrement sollicités dans l'immense machine à mélanger information et bruit des réseaux sociaux), etc.

Il en va également ainsi des regards portés sur la globalisation de la culture qui génère des craintes de perte de souveraineté, de baisse de niveau et de réduction de la diversité (les trois étant implicitement liés) justifiant des politiques défensives déjà anciennes. Les jeunes font ainsi partie des premières générations qui sont plongées dans un monde culturellement réellement multipolaire : ils peuvent désormais accéder à des productions des industries culturelles d'aires géographiques qui n'obéissent pas uniquement aux traces historiques des colonisations et des aires d'influences issues de la Seconde Guerre mondiale. La ferveur récente pour les produits culturels asiatiques (mangas, manhwas, séries, K-pop et J-pop), nord-européens (séries et polar) mais aussi indiens ou africains (Bollywood et Nollywood) se comprend dans ce contexte. Ce cosmopolitisme esthético-culturel prend sa source à la fois dans l'élévation moyenne du niveau de formation des jeunes et dans l'accroissement de leur mobilité, dans la part importante de populations jeunes issues de l'immigration, qui peuvent trouver dans les chaînes de télévision, les musiques issues de leur pays d'origine, etc. une réassurance culturelle réelle ou fantasmée, mais il bénéficie évidemment beaucoup de l'effet accélérateur de la généralisation des réseaux et de la puissance des industries culturelles numériques mondiales, devenues maîtresses dans l'art de l'hybridation des références culturelles. Ce cosmopolitisme défie les lois habituelles de la stratification des pratiques culturelles saisie uniquement en termes de capitaux culturels, fait apparaître l'importance des aspirations, inégalement distribuées, des jeunes à entrer en lien avec le monde global, et propose des leviers nouveaux d'éducation pour une citoyenneté culturelle pensée dans le cadre de la globalisation. Ceci invite donc à travailler sur les inégales distributions des appétences culturelles de manière renouvelée.

Les travaux portant sur le genre ont quant à eux permis de mettre en évidence plusieurs niveaux de stéréotypes : ceux qui portent sur les rôles parentaux des mères et des pères, ceux qui portent sur les enfants (filles et garçons) et ceux qui portent sur les objets, pratiques et contenus culturels (féminins ou masculins). Ces divers niveaux s'imbriquent de manière différente selon les milieux sociaux et différemment également à chaque âge de la vie (l'adolescence étant un moment de rigidification de ces stéréotypes, au moment même où la question de l'identité de sexe est centrale). Et l'observation longitudinale des différenciations de genre indique de surcroît qu'il s'agit d'opposition mobile dans le temps : ce que les uns aiment à certains âges sera ce que d'autres aimeront plus tard, les systèmes d'oppositions de goûts continuant à différencier les filles et les garçons de chaque milieu social même si les répertoires de goûts, eux, se déplacent.

De manière générale, les analyses font état d'une fragmentation des enfances et des jeunesses en archipels de comportements et de goûts, que l'on considère les répertoires culturels de manière transversale ou longitudinale. Cela rend les généralisations de plus en plus délicates et l'usage de stéréotypes de plus en plus éloigné de la réalité qu'ils sont censés décrire. Par ailleurs, trop souvent les comportements technoculturels des jeunes générations font l'objet de commentaires qui prétendent que certains comportements « nouveaux » leur sont spécifiques, comme s'ils n'affectaient pas les générations plus âgées : des continuités pourtant s'observent, notamment dans la baisse de la lecture, dans la transformation du rapport à l'information ainsi que dans la complexification des demandes formulées à l'égard des institutions.

***Revue* Hermès :** Selon vous, quelles variables influencent le plus profondément la circulation de représentations stéréotypées ?

***Sylvie Octobre* :** Les représentations qui circulent sur l'enfance et la jeunesse servent en général un discours sur les équilibres généraux de la société et la place des différentes générations dans le renouvellement de l'ordre social. C'est pour cette raison que les jeunes sont souvent vus comme une classe dangereuse, c'est-à-dire soupçonnée de ne pas vouloir prendre sa place (ou plutôt la place qui lui est assignée) dans la succession des générations. Chaque génération peut être accusée de solder à mauvais compte les legs culturels de celles qui les ont précédées, surtout si ces dernières se sont vécues comme profondément engagées, comme c'est le cas des générations des années de la seconde moitié du XXe siècle. Les jeunes auraient tout perdu – et se seraient perdus – avec les jeux vidéo, puis avec Internet. Des discours déploratoires, voire déclinistes, abondent, qui s'insurgent contre la perte de valeur, de qualité culturelle, voire de sens moral.

Les paniques morales sont légion : les loisirs culturels sont un espace électif souvent accusé d'être propice aux addictions (en matière de jeux vidéo par exemple) ou aux pathologies (l'exposition aux écrans qui affecte le fonctionnement neurologique, l'isolement du *geek* qui affecte le fonctionnement social, etc.). Au-delà de ce que ces paniques disent de celles et ceux qui les énoncent, elles signalent une interrogation face aux nouvelles jeunesses et à la façon dont elles sont socialisées. Ces paniques morales sont, comme toujours, paradoxales. D'un côté, les pratiques, consommations, usages, goûts et autoproductions culturels, considérés comme un espace d'autonomie, sont sommés de réaliser l'individu à ses propres yeux, et le caractère « actif » des technologies numériques est supposé révéler les aptitudes « authentiques » et revivifier la démocratie culturelle (voire la démocratie tout court). De l'autre, la montée en puissance de la notion de risque – risque de harcèlement, risque d'exposition à des contenus et interlocuteurs inadéquats, risque des *fake news*, risque du brouillage médiatique – a pour corollaire la volonté de sécuriser les espaces juvéniles et de contrôler les technocultures et leurs usages, jugés potentiellement dangereux, et s'accompagne d'un discours déploratif sur l'innocence perdue de l'enfance. David Buckingham avait d'ailleurs voulu mettre en évidence cette aporie des regards sur l'enfance en intitulant l'un de ses livres *After the Death of Childhood*, malheureusement traduit en français par *La fin de l'enfance*, ce qui constitue un contresens par rapport à l'intention de l'auteur, mais est tout à fait significatif du débat en jeu.

(entretien réalisé par Anne Lehmans)

NOTES

1. L'enfance est considérée ici dans son acception légale, celle notamment de la convention internationale des droits de l'enfant, comme la période allant de 0 à 18 ans. La jeunesse désigne en général la période qui va de 18 à 29 ans.
2. S. Octobre, *Les Technocultures juvéniles : du culturel au politique*, Paris, L'Harmattan, 2018.
3. Les résultats de ces enquêtes ont été publiés dans les ouvrages suivants : S. Octobre, *Les Loisirs culturels des 6-14 ans*, Paris, ministère de la Culture et de la Communication, 2004 ; S. Octobre, C. Detrez, P. Mercklé et N. Berthomier, *L'Enfance des loisirs. Trajectoires communes et parcours individuels de la fin de l'enfance à la grande adolescence*, Paris, ministère de la Culture et de la Communication, 2010 ; V. Cicchelli et S. Octobre, *L'Amateur cosmopolite. Goûts et imaginaires culturels juvéniles à l'ère de la globalisation*, Paris, ministère de la Culture/Presses de Sciences Po, 2017.
4. ELFE (Étude longitudinale française depuis l'enfance) est la première étude longitudinale française consacrée au suivi des enfants, de la naissance à l'âge adulte. Elle a été créée à titre pilote en 2007 (elle concernait alors 500 familles) et en vraie grandeur en France métropolitaine en 2011 : elle concerne alors 18 000 enfants représentatifs des naissances de l'année. Son originalité tient au fait qu'elle aborde de multiples aspects de la vie de l'enfant, notamment sous l'angle des sciences sociales, de la santé et de l'environnement. L'enquête est réalisée en français, arabe, turc ou anglais, langues qui sont le plus souvent parlées par les mères étrangères accouchant en France. Voir <www.elfe-france.fr>.
5. Voir par exemple S. Octobre (dir.) *Question de genre, questions de culture,* Paris, ministère de la Culture et de la Communication, 2014.

Coordination, Michel Durampart

Diagonales

Estelle Dumas-Mallet
Thierry Paquot

Estelle Dumas-Mallet
Institut des maladies neurodégénératives – CNRS UMR 5293
Centre Émile Durkheim – CNRS UMR 5116

Regard des journalistes scientifiques sur l'actualité de la recherche biomédicale

L'information scientifique proposée par les médias, et plus particulièrement la presse écrite, est pour partie basée sur la couverture des publications scientifiques. Si la presse propose de nombreux formats d'information scientifique, allant des brèves aux dossiers, les publications scientifiques constituent la matière première de l'« actualité » scientifique et sont souvent des sujets dont la couverture est relativement homogène (Dumas-Mallet *et al.*, 2017 ; 2018).

L'ambition de cet article est d'étudier la façon dont les journalistes scientifiques traitent de l'actualité scientifique, les sources qu'ils utilisent et leur influence. En effet, des analyses ont montré que les articles publiés dans les revues prestigieuses, tout comme ceux accompagnés de communiqués de presse, étaient favorisés par les médias (Bartlett *et al.*, 2002 ; de Semir *et al.*, 1998). Ces communiqués de presse ont tendance à décrire les résultats de manière exagérément favorable, et omettent bien souvent les limitations ainsi que les éléments de contexte (Sumner *et al.*, 2014 ; 2016 ; Woloshin *et al.*, 2002). Ces observations suggèrent que les services de communication jouent un rôle influent dans la sélection de l'information scientifique par les médias, d'une part, et qu'ils contribuent au sensationnalisme d'autre part. Pour autant, une telle influence cadre mal avec les idéaux d'indépendance et d'investigation prônés par les journalistes eux-mêmes (Hartz *et al.*, 1997). Afin d'éclairer cette ambivalence et cet apparent conflit avec les normes journalistiques, nous avons réalisé une série de 21 entretiens approfondis avec des journalistes scientifiques. Les résultats de notre enquête seront développés en quatre temps : le premier s'intéresse aux caractéristiques sociales des journalistes scientifiques ; le deuxième aux choix des sujets ; le troisième aux relations avec les sources ; enfin, le dernier développe des questions réflexives sur l'activité scientifique et l'opinion des journalistes sur cette activité.

Les journalistes scientifiques : formation et position salariale

Les entretiens ont été réalisés auprès de 21 journalistes (3 Anglais et 18 Français), entre avril 2015 et février 2017. Tous étaient des journalistes expérimentés puisqu'ils couvraient les sciences depuis 11 ans en moyenne (de 6 mois à 24 ans d'expérience). L'échantillon inclut 14 journalistes salariés et 7 journalistes pigistes. Ils travaillent tous pour la presse écrite (en ligne ou non), hormis un qui travaille pour la télévision. Les deux tiers (14 journalistes) écrivent principalement pour la presse spécialisée (e.g. *Sciences et Vie, Psychologie, New Scientist*), les 7 autres pour des journaux généralistes (e.g. *The Daily Mail, Le Monde, La Croix, The Times*).

Les périodicités des journaux pour lesquels ces journalistes travaillent varient : certains sont des mensuels, d'autres des hebdomadaires et d'autres des quotidiens. Les pigistes travaillent, pour la plupart, selon plusieurs périodicités. Le degré d'enquête auquel pourra se livrer le journaliste dépend non seulement du temps dont il disposera pour rédiger son article, mais aussi de la ligne éditoriale de l'employeur. Les entretiens ont ainsi révélé que les exigences des journalistes étaient différentes si celui-ci travaillait pour *La Recherche* ou pour le magazine *Ça m'intéresse*. Ces observations sont en accord avec la théorie du *gatekeeping* (Shoemaker *et al.*, 1996) : aux contraintes liées aux pratiques et routines de travail des journalistes s'ajoutent celles imposées par les entreprises de communication pour lesquelles ils travaillent.

Les journalistes interrogés couvrent en général plusieurs domaines des sciences, mais avec une prépondérance pour les sciences biomédicales et la santé (37 %). Puis viennent la biologie (22,5 %) et les sujets de sciences humaines ou de « société » (22,5 %). L'écologie et les sciences environnementales ne représentent que 12 % des sujets couverts. Les découvertes en astronomie et en physique sont très peu commentées. Au total, près de 60 % des sujets couverts par ces journalistes concernent la biologie et les sciences biomédicales. En effet, ces sujets constituent aisément des « nouvelles » – au sens journalistique – compte tenu de leur intérêt potentiel direct pour les lecteurs. Le public est ainsi informé régulièrement des dernières découvertes et avancées en termes de traitement, d'identification de facteurs de risque ou encore de l'état des connaissances concernant la biologie du cancer.

La formation professionnelle des journalistes interviewés est hétérogène. Cinq ont suivi une formation en sciences uniquement (e.g. physique, biologie, génétique) et quatre sont issus d'une école de journalisme. Cinq journalistes ont la double casquette : ils sont diplômés en sciences et en journalisme. Enfin, sept journalistes ne sont diplômés ni en sciences ni en journalisme (e.g. études de marketing, langue). Aucun n'a considéré comme un problème le fait de ne pas avoir de formation en sciences pour traiter un sujet. Certains sujets étaient « plus compliqués » et « techniques » que d'autres, mais cette constatation était faite autant par des journalistes avec une formation scientifique que sans. Ces observations sont similaires à celles rapportées dans la littérature (Tristani-Potteaux, 1997). Il n'y a pas de consensus sur la nécessité ou non de détenir un diplôme scientifique puisque, aux yeux des journalistes généralistes, ce qui importe ce sont les qualités journalistiques de curiosité et d'investigation. Elles sont considérées comme primordiales pour expliquer clairement les sujets complexes à des publics profanes (Marchetti, 2002). Les avis sont cependant partagés selon que l'on interroge des journalistes scientifiques avec une formation en sciences ou non. Les premiers considèrent que leur formation leur permettra d'être moins déférents vis-à-vis des sciences et des résultats scientifiques, qu'ils poseront des questions plus pertinentes. Les seconds pensent que cette spécialisation peut, au contraire, être un frein à leur esprit critique (Nelkin, 1995).

Le choix des sujets traités : le poids des sources routinisées

Les journalistes scientifiques, dans leur travail quotidien, utilisent un certain nombre de routines qui leur permettent de faire face aux pressions, notamment temporelles, liées à leur activité. Ainsi, la majorité (19 journalistes) suit quotidiennement les articles de presse des titres concurrents et étrangers (*The New York Times*, *The Guardian*). Ils suivent également les communiqués de presse des revues scientifiques et des institutions, ainsi que les sommaires des revues les plus prestigieuses. Ils indiquent pour autant qu'ils sont « bombardés » par ces communiqués de presse et que, finalement, ceux-ci sont peu intéressants. L'enquête montre également que ces journalistes attachent une attention toute particulière au recoupage des informations et à la diversification des sources. « C'est toujours pareil, on recoupe. On ne prend jamais une seule source. »

Cependant, dans certaines conditions, ils jugent le recours aux communiqués de presse des revues scientifiques acceptable puisqu'« un article scientifique publié dans un journal validé par les pairs, suivant le processus habituel, ça apporte du poids, ça veut dire que ce n'est pas juste un excentrique qui présente ses résultats ». D'autre part, dans les conditions actuelles où il est impératif de traiter un grand nombre de sujets, de ne pas « rater » un sujet couvert par un concurrent, la recopie des communiqués de presse est tolérable : « parce que je vais pouvoir écrire ce papier en une heure, j'aurai beaucoup plus de temps pour des trucs beaucoup plus intéressants, où je pourrai vraiment expliquer, et faire un travail d'enquête ».

Ces observations soulignent les contradictions dans la pratique des journalistes scientifiques : ils déclarent que « le principe du boulot, c'est vérifier ses sources et donc savoir, voilà, si c'est vraiment pertinent de parler de cette recherche-là à tel moment », mais reconnaissent que les contraintes de temps peuvent les obliger à utiliser les communiqués de presse tels quels : « je signe AFP ou AP ou avec agence ». Ces observations sont similaires à celles de Renaud Crespin et Benjamin Ferron qui montrent que, dans le cas de la « pollution de l'air intérieur », la plupart des articles sur le sujet ne sont pas signés « comme si le sujet n'était pas destiné à se faire un nom » (Crespin *et al.*, 2016, p. 158). Pour autant, aux yeux des journalistes interviewés, cette pratique ne porte pas à préjudice puisque « ces gros papiers qui sortent, bien sûr examinés et validés par les pairs, ils présentent des résultats vraiment robustes et fiables ».

Une autre routine, elle aussi largement partagée, s'attache à la définition de ce qui fait d'un sujet une nouvelle au sens journalistique. Les journalistes interrogés désignent quatre critères principaux : la pertinence du sujet pour le lecteur, les sujets qui le font rêver et/ou le surprennent, ceux qui portent à controverse et enfin, bien sûr, ceux qui décrivent des observations inédites : « Ce qui compte c'est : est-ce que c'est assez nouveau, assez surprenant, est-ce que c'est assez intéressant scientifiquement parlant. »

Au total et bien qu'ils s'en défendent, les journalistes sont confrontés dans leur activité à des choix qui leur sont plus ou moins imposés par le système de publication scientifique. Les revues scientifiques prestigieuses sont « suivies » par les journalistes et elles proposent des communiqués de presse, bien souvent rédigés par des personnes formées dans des écoles de journalisme. Ces communiqués de presse sont donc écrits dans un style qui convient aux journalistes scientifiques et sont repris tels quels (Autzen, 2014). Cette situation est exacerbée par le crédit de fiabilité que les journalistes portent aux revues prestigieuses et par les relations qu'ils entretiennent avec leurs sources. Les journalistes enquêtés ne s'interrogent pas sur la validité des études publiées dans ces revues. La couverture des résultats de ces publications ne présente pas, pour eux, d'enjeu significatif. Elles restent des sources fiables d'informations puisque celles-ci ont été validées par les pairs. Ceci indique, chez ces journalistes, une confusion sur le rôle du *peer-review* : si celui-ci permet de valider les méthodes utilisées et l'accord entre les résultats et les conclusions, il ne présage en rien de la validité des résultats à l'issue de leur réplication.

La relation aux auteurs scientifiques : des sources rarement mises en question

Si les journalistes interviewés lisent rarement les publications scientifiques qu'ils couvrent dans leur intégralité et se contentent souvent du résumé, ils sont cependant unanimes sur un point : ils interrogent toujours un des auteurs de l'étude. Ceci leur permet d'apporter un contexte à l'étude qu'ils couvrent et de donner « un léger vernis scientifique ». Ils développent donc et entretiennent des relations de confiance avec les scientifiques qu'ils ont interrogés. Ils leur demandent leur opinion sur la validité ou la qualité d'une publication qu'ils ont l'intention de couvrir. Les 21 journalistes interviewés sont tous satisfaits de leurs interactions avec les chercheurs, qu'ils trouvent ouverts et enthousiastes à l'idée de vulgariser. Ils les décrivent comme des personnes humbles et prudentes dans leur discours, « soucieuses de ne pas donner de faux espoirs ». Cette proximité avec leurs sources, déjà soulignée dans la littérature (Nelkin, 1995), se manifeste également dans leur attitude vis-à-vis des relectures de leurs articles. En général, et pour un grand nombre de rubriques, les journalistes sont fermement opposés à la relecture de leurs papiers par leurs sources (Hartz *et al.*, 1997). Cependant, la majorité des journalistes interviewés (19) accepte la relecture du texte et/ou des citations : « la science c'est différent, parce que, en général, un entretien entre un journaliste et un scientifique, c'est une exploration, c'est une ouverture d'esprit, ce n'est pas une confrontation ». Ils indiquent que ces relectures leur permettent d'éviter des écueils ou des contresens. D'autre part, ils jugent important de faire valider les citations : « à partir du moment où moi j'ouvre les guillemets, c'est censé être vraiment ce qu'ils disent ». Cette proximité à l'égard des scientifiques est illustrée par cette citation d'un journaliste : « le boulot d'un journaliste scientifique, c'est de refléter ce que le chercheur pense et dit, ce n'est vraiment pas de le pousser à tenir des propos exagérés ». Ceci suggère fortement que les journalistes scientifiques ne sont pas des « journalistes comme les autres » – contrairement à ce que suggérait Françoise Tristani-Potteaux (1997). Ce point de différence se lit notamment dans leurs rapports à leurs sources qui constituent « une relation de connivence plus que de contrôle » (Sicard, 1997, p. 152).

Recherche scientifique et réflexibilité des journalistes sur leur activité

La production de connaissances scientifiques – notamment dans le domaine biomédical – est un processus cumulatif qui part d'observations initiales incertaines mais stimulantes vers un consensus après réplication des résultats. Les résultats initiaux sur une nouvelle question de recherche sont donc sujets à caution. En effet, plusieurs études ont montré qu'un grand nombre de résultats initiaux n'était pas confirmé par les études ultérieures (Begley *et al.*, 2012 ; Ioannidis *et al.*, 2001 ; Dumas-Mallet *et al.*, 2016). Ces problèmes de reproductibilité de la recherche biomédicale sont largement évoqués dans la littérature spécialisée (e.g. Ioannidis, 2005), mais il semble que ces problèmes et leurs causes soient encore relativement méconnus de la presse. Les journalistes ont donc été interviewés sur ce sujet : « à votre avis, dans le domaine de la recherche biomédicale, quelle est la proportion de découvertes initiales qui ont été soit réfutées soit fortement atténuées par les études ultérieures sur la même question ? ». L'enquête révèle que près de la moitié des journalistes scientifiques de notre échantillon confondent « reproductibilité des résultats » avec « rétractation » ou « fraude ». En d'autres termes, ils n'ont pas conscience que les résultats publiés et soumis au *peer-review* ne sont pas tous confirmés par la suite sans que pour autant il y ait eu fraude ou tricherie de la part des auteurs. Curieusement, la formation scientifique des journalistes (deux d'entre eux ont un doctorat en sciences) n'influence pas leur réponse. Les journalistes qui connaissent les problèmes de reproductibilité proposent des taux de reproductibilité en accord avec ceux proposés dans la littérature. En revanche, ils considèrent tous qu'il serait primordial de faire le suivi des invalidations tout en reconnaissant qu'il leur serait difficile de convaincre leurs rédacteurs en chef : « je vois bien que mes chefs aimeraient mieux que je dise qu'on va guérir les gens [à propos de la maladie d'Alzheimer] demain sans jamais dire après-demain qu'on s'était planté et qu'on n'allait pas les guérir de sitôt ».

Ces journalistes, même s'ils déplorent le sensationnalisme et les exagérations qui accompagnent les articles sur les découvertes scientifiques, reconnaissent qu'ils n'ont pas beaucoup de possibilités pour modifier cet état de fait. Il faut pouvoir captiver le lecteur et donc donner l'information principale le plus clairement et succinctement possible : « comme il faut tout résumer sur une info, vous catapultez le résultat et évidemment, vous ne négligez pas donc d'employer des adjectifs en disant merveilleux, extraordinaire, réussi et tout ça. C'est terrible ça. […] C'est là qu'on a tendance aussi à embellir la chose. » Ils regrettent aussi le sensationnalisme associé à certains titres, mais indiquent qu'ils n'en sont pas responsables car le titre est en général choisi par leurs rédacteurs en chef : « C'est [le choix du titre] assez peu négociable et ça donne parfois des choses punchy, percutantes, et ça donne parfois des choses qui me font limite honte. » En résumé, ils mettent en cause l'organisation de l'activité journalistique – tournée vers la quantité et le sensationnel plutôt que vers la qualité et la fiabilité – et l'absence de conséquences négatives si l'information présentée est ultérieurement invalidée : « Le défaut de ma corporation, c'est qu'elle ne se remet pas en cause et qu'elle veut être la première partout. Elle veut du scoop, elle veut du neuf et elle n'a pas de mémoire. »

Communication ou information ?

L'enquête révèle l'ambivalence des journalistes face aux publications scientifiques. Tous les journalistes insistent sur l'importance de recouper les informations et indiquent volontiers qu'ils ne font pas confiance aux communiqués de presse des institutions scientifiques ou aux dépêches d'agence[1]. D'autre part, la majorité d'entre eux connaît les problèmes de reproductibilité des études scientifiques. Pourtant, ils utilisent les communiqués de presse et oublient leurs réserves notamment quand les contraintes temporelles sont trop fortes. Ils légitiment cette pratique par le fait que ces communiqués sont issus de revues scientifiques prestigieuses soumises à des processus de sélection rigoureux et évalués par les pairs. Cependant, ces revues sont sensibles à l'intérêt que leur portent les médias et cette inclinaison peut influencer la sélection des études publiées (Franzen, 2012). De plus, les résultats publiés par ces revues ne sont pas plus reproductibles que ceux publiés par d'autres revues moins prestigieuses (Dumas-Mallet *et al.*, 2016). Ainsi, une grande partie de l'information scientifique sur les avancées de la recherche biomédicale est largement influencée par les services de communication et décrit certes des résultats nouveaux, mais en attente de confirmation par la communauté scientifique (Dumas-Mallet *et al.*, 2017 ; 2018). Les journalistes interviewés couvrent de tels sujets, puisque ce sont des résultats nouveaux et indiquent que leur travail sert à nuancer ces informations : « très souvent, enfin, ça c'est la base du journalisme scientifique, c'est que… euh… quand on voit quelque chose d'intéressant, on conclut en disant "si ces résultats se confirment". Donc… oui, c'est le rôle du journaliste scientifique d'avoir ce recul et de mettre des bémols. » Malheureusement, les demandes des rédacteurs en chef et les attentes qu'ils prêtent au public contribuent à limiter ces réserves et font que parfois « le public est dupé en fait, il a une mauvaise information. Donc il est désinformé ».

La production de communiqués de presse à destination des journalistes (scientifiques ou non) par les revues scientifiques et institutions scientifiques révèle leur engagement dans la communication et la promotion de leurs activités. Cette orientation vers les médias, décrite comme la *médialisation* des sciences (Weingart, 1998), suggère une incorporation de logiques médiatiques dans la communication scientifique à des fins de légitimation. Ces efforts de communication semblent efficaces puisque les publications accompagnées d'un communiqué de presse sont bien plus souvent reprises et que les communiqués sont parfois recopiés tels quels (Autzen, 2014). La place déterminante des communiqués de presse est aussi renforcée par la détérioration des conditions de travail des journalistes scientifiques (Bauer *et al.*, 2013 ; Williams *et al.*, 2010) : les rubriques sciences se sont raréfiées et avec elles le nombre de journalistes scientifiques. Ces journalistes ont donc de plus en plus de sujets à couvrir dans des temps plus courts et ils s'appuient fréquemment sur les informations disponibles sur le Web (Granado, 2011).

Ainsi, dans le contexte où l'information biomédicale « suit » l'actualité des publications scientifiques, les journalistes scientifiques interviewés semblent être plus souvent des relais d'information que des investigateurs critiques. Comme le montre cette enquête, c'est un ensemble de facteurs concomitants qui explicite ces pratiques : un contexte économique difficile pour les médias et donc le journalisme scientifique, une efficacité des sources (institutions et revues scientifiques) dans leurs stratégies de communication et la méconnaissance, de la part de certains journalistes, de la façon dont les connaissances sont produites. S'il importe à l'avenir d'approfondir l'analyse de l'influence de l'expertise scientifique des journalistes sur leurs pratiques et leurs routines, analyse que nous n'avons pu qu'amorcer ici, il ne fait pas de doute que le contexte contemporain incite les journalistes à communiquer plutôt qu'à informer. Comme l'indiquaient Jean-Marie Charon et Arnaud Mercier, « le plus notable n'est pas l'emprise des journalistes [sur le processus de création de l'information] mais au contraire leur situation croissante de dépossession, face à la prégnance des logiques de communication et des logiques économiques » (Charon, 2003, p. 24).

NOTE

1. Les communiqués de presse des revues scientifiques semblent être un peu mieux considérés.

RÉFÉRENCES BIBLIOGRAPHIQUES

AUTZEN, C., « Press Releases, the New Trend in Science Communication », *Journal of Science Communication*, vol. 13, n° 3, 2014.

BARTLETT, C., STERNE, J. et EGGER, M., « What is Newsworthy ? Longitudinal Study of the Reporting of Medical Research in Two British Newspapers », *BMJ*, vol. 325, n° 7355, 2002, p. 81-84.

BAUER, M. *et al.*, « Global Science Journalism Report : Working Conditions and Practices, Professional Ethos and Future Expectations », *Science and Development Network*, Londres, LSE Research, 2013.

BEGLEY, C.G. et ELLIS, L.M., « Drug Development : Raise Standards for Preclinical Cancer Research », *Nature*, vol. 483, n° 7391, 2012, p. 531-533.

Charon, J.-M., « Le journalisme d'investigation et la recherche d'une nouvelle légitimité », *Hermès*, n° 35, 2003, p. 137-144.

Crespin, R. et Ferron, B., « Un scandale à la recherche de son public : La construction médiatique du problème de la "pollution de l'air intérieur" en France (1995-2015) », *Politiques de communication*, vol. 7, n° 2, 2016, p. 151-181.

de Semir, V., Ribas, C. et Revuelta, G., « Press Releases of Science Journal Articles and Subsequent Newspaper Stories on the Same Topic », *JAMA*, vol. 280, n° 3, 1998, p. 294-295.

Dumas-Mallet, E. *et al.*, « Replication Validity of Initial Association Studies : A Comparison between Psychiatry, Neurology and Four Somatic Diseases », *PloS One*, vol. 11, n° 6, 2016, e0158064.

Dumas-Mallet, E. *et al.*, « Poor Replication Validity of Biomedical Association Studies Reported by Newspapers », *PloS One*, vol. 12, n° 2, 2017, e0172650.

Dumas-Mallet, E. *et al.*, « Scientific Uncertainty in the Press : How Newspapers Describe Initial Biomedical Findings », *Science Communication*, vol. 40, n° 1, 2018, p. 124-141.

Franzen, M., « Exploring the Impact of Science Communication on Scientific Knowledge Production : An Introduction », *in* Franzen, M., Weingart, P. et Rodder, S. (dir.), *The Sciences' Media Connection. Public Communication and its Repercussions*, Berlin, Springer, 2012, p. 3-14.

Granado, A., « Slaves to Journals, Serfs to the Web : The Use of the Internet in Newsgathering Among European Science Journalists », *Journalism*, vol. 12, n° 7, 2011, p. 794-813.

Hartz, J. et Chappell, R., *Worlds Apart : How the Distance Between Science and Journalism Threatens America's Future*, Nashville, First Amendment Center, 1997.

Ioannidis, J.P. *et al.*, « Replication Validity of Genetic Association Studies », *Nature Genetics*, vol. 29, n° 3, 2001, p. 306-309.

Ioannidis, J.P., « Why Most Published Research Findings Are False », *PLoS Medicine*, vol. 2, n° 8, 2005, e124.

Marchetti, D., « Les sous-champs spécialisés du journalisme », *Réseaux*, n° 111, 2002, p. 22-55.

Nelkin, D., *Selling Science : How the Press Covers Science and Technology*, New York, W.H. Freeman and Company, 1995.

Shoemaker, P. J. et Reese, S. D., *Mediating the Message : Theories of Influences on Mass Media Content*, New York, Longman, 1996 [2e éd.].

Sicard, M., « Pratiques journalistiques et enjeux de la communication scientifique et technique », *Hermès*, n° 21, 1997, p. 149-155.

Sumner, P. *et al.*, « Exaggerations and Caveats in Press Releases and Health-Related Science News », *PloS One*, vol. 11, n° 12, 2016, e0168217.

Sumner, P. *et al.*, « The Association Between Exaggeration in Health Related Science News and Academic Press Releases : Retrospective Observational Study », *BMJ*, n° 349, 2014, g7015.

Tristani-Potteaux, F., *Les Journalistes scientifiques, médiateurs des saviors*, Paris, Economica, 1997.

Weingart, P., « Science and the Media », *Research Policy*, vol. 27, n° 8, 1998, p. 869-879.

Williams, A. *et al.*, *Mapping the Field : Specialist Science News Journalism in the UK National Media*, Cardiff, Cardiff University, 2010.

Woloshin, S. et Schwartz, L.M., « Press Releases : Translating Research Into News », *JAMA*, vol. 287, n° 21, 2002, p. 2856-2858.

Thierry Paquot
Philosophe

Merci ou de la gratitude

Dorénavant, la plupart de nos concitoyens sont branchés, c'est dire qu'ils ne sont plus vraiment présents à leur environnement physique immédiat. Aussi ne disent-ils plus « merci ! » lorsque vous leur tenez ouverte la porte du métropolitain ou que la boulangère leur tend la baguette commandée d'un simple signe de tête. Bientôt, seuls les snobs ou la vieille garde useront de ce terme devenu aux oreilles du quidam totalement désuet. Ce rituel ordinaire – il s'agit bien d'un rituel de sociabilité banale – est en voie de disparition. Un vague clignement des yeux semble suffisant à celles et ceux qui, bien qu'accaparés par leur portable, veulent quand même manifester un peu de mansuétude à autrui. Ne me sentant pas particulièrement à cheval sur l'étiquette, héritée d'une culture aristocratique datée, mon étonnement face à l'effacement quasi programmé du merci ne relève pas d'un sentiment réactionnaire de classe (« tout fout le camp ! ») ou d'un âge vénérable (c'était mieux avant !) mais plutôt d'un regret qu'une forme communicationnelle populaire (c'est-à-dire générale, commune à chacun) disparaisse, alors même qu'elle était gratuite et ignorait justement les âges, les sexes et les statuts sociaux. Enfant, je n'hésitais pas à dire « merci » alors que rebelle à l'ordre parental en général, je pouvais ne pas saluer un adulte non apprécié… Les « merci », « après vous », « pardon », « s'il vous plaît » n'écorchent pas ma bouche et c'est avec plaisir que je les prononce en articulant bien leurs syllabes. Pour moi, ces mots sont l'amorce d'une conversation, qui peut-être n'aura pas lieu. De la même façon que l'échange du regard pour Emmanuel Levinas correspond à la promesse d'une rencontre. Dans le cas de la célèbre *passante* de Charles Baudelaire, le regard échangé ne s'est pas transformé en rendez-vous… et plus si affinité, comme l'espérait le poète.

Règles de politesse

Comme la grande ville, de fait, est cosmopolite, je me demande si « merci » existe dans toutes les langues ? Auquel cas, son absence ne pourrait être taxée d'impolitesse. S'agit-il d'un mot assurant notre humanité la plus élémentaire, celle de la reconnaissance et de la gratitude, partagée par tous les humains ? Préparant mes déplacements à l'étranger, je m'informe toujours de quelques mots ou formules de politesse en langue locale pour montrer ma bonne volonté à honorer celles et ceux qui m'accueillent ou que je vais simplement croiser. Ainsi, ma mémoire a-t-elle emmagasiné au fil du temps : *thanks* et *thank you* pour l'anglais, *Danke* pour l'allemand, *grazie* en italien, *gracias* en espagnol, *obrigado* en portugais, *dziekuje* en polonais (qu'on prononce « djincouyé » ou quelque chose d'approchant), *spasibo* en russe, *shukraan* en arabe, *asante* en swahili ou encore *Dhan'yavàda* en marathi… Quant au chinois ou au japonais, ces langues disposent, m'a-t-on dit, de plusieurs mots selon les situations, la hiérarchie sociale, le statut familial, le genre, l'âge, etc. Par exemple, *arigato* en japonais courant correspond à « merci » ; on peut être plus précieux en disant *arigatogozaimashita* ; les jeunes sous l'influence de l'anglais disent *sankyû* et la personne gênée par votre aide *sumilassèn*. Ces termes traduisent-ils précisément le « merci » que nous utilisons de plus en plus parcimonieusement ? Chaque langue possède ses finesses et subtilités langagières, mais lorsque toute une population arabe dit *shukraan* aussi bien en s'asseyant dans le taxi collectif, acceptant un verre de thé à la menthe qu'après une explication pour trouver une adresse, l'on peut considérer que ce mot est équivalent au « merci » des francophones.

« Merci » vient du latin *mercedem*, accusatif de *merces*, qui signifie « salaire », « solde », « intérêt », et correspond à la rémunération d'une action, comme une « faveur » accordée à un épargnant par exemple. Le vocabulaire chrétien en fait un synonyme de « grâce », de « bienveillance », de « miséricorde ». Significations qu'on retrouve dans l'expression « sans merci », qui veut dire « sans pitié ». Selon le *Dictionnaire historique de la langue française* dirigé par Alain Rey (Le Robert, 1992), l'interjection « merci » est repérée au XIIe siècle et marque bien ce qu'on appelle dorénavant un « remerciement », mot qui n'apparaît qu'au XIVe siècle. Signe de reconnaissance pour un service rendu « merci » ironiquement s'emploie pour son contraire lorsqu'on dit un rien agacé « je peux lui dire merci », sous-entendu « il peut toujours attendre mes louanges après un tel coup tordu ! » « Miséricorde », du latin *misericordia*, « compassion, pitié », relève du registre religieux : il désigne, à la fois, toujours selon le *Dictionnaire historique de la langue française*, « la petite saillie sous une stalle qui permet de s'appuyer quand le siège est relevé » et le repas moins frugal que d'habitude reçu par les Chartreux une fois par semaine. C'est aussi le nom de la dague que le soldat brandit à l'ennemi pour qu'il lui demande miséricorde avant de le tuer, d'où l'expression « coup de grâce ». N'oublions pas non plus que le mot grec *eucharistia* veut dire « remercier » Dieu et dans le Coran, plusieurs sourates invitent le croyant à la gratitude, telle la 14 : « Si vous êtes reconnaissants, je multiplierai pour vous mes bienfaits ».

La chose sans le mot

L'anthropologue finlandais Edward Westermarck (1862-1939), dans sa somme, *L'origine et le développement des idées morales* (traduction française en deux tomes, Payot, 1929), consacre quelques pages à la politesse et à la gratitude. « Dans bien des langages, observe-t-il, il n'y a pas de terme pour exprimer ce que nous entendons par gratitude, ni de phrases correspondant à notre "Je vous remercie" » (t.2, p. 151). Plus loin, il précise que « de l'absence de mot qui traduirait un sentiment, il ne faut pas inférer l'absence de celui-ci » (t.2, p. 154). Il mentionne G.M. Sproat qui, dans *Scenes and Studies of Savage Life* (1866), note que les « Aht n'ont aucun mot, il est vrai, qui signifie gratitude : mais il ne faut pas y voir nécessairement dans l'insuffisance de langage une insuffisance de cœur. L'Indien qui, devant un bienfait, dit, les yeux brillants, que "son cœur est bon" pour son bienfaiteur, exprime peut-être aussi bien sa gratitude que l'Anglais qui dit *Thank you.* » Il relève dans les récits des navigateurs, missionnaires, naturalistes et ethnologues de la fin du XIXe siècle et du début du XXe de nombreuses descriptions d'attitudes qui manifestent un « remerciement » sans que l'on puisse trouver dans la langue de ces autochtones un mot équivalent au nôtre. La plupart de ses informateurs considèrent ces signes de reconnaissance, parfois différés dans le temps, comme un contre-don répondant à un don, comme les Botocudos, les Toupis, les Navajos, les Sioux, les Esquimaux, les Toungouzes, les Veddahs, les Alfouras de Halmahera, les Bataks de Sumatra, les Dayaks de Bornéo, etc. Les Motous de Nouvelle-Guinée peuvent apprécier la bonté et disposent d'un terme pour dire « merci » alors que les Tahitiens n'en ont pas, ce qui n'exclut pas un geste de gratitude. Là aussi les anecdotes s'accumulent, qui nourrissent les chapitres qu'Edward Westermarck dédie à l'altruisme, à la dette de sang, à l'hospitalité, à la charité et à la générosité. Il recense d'innombrables modalités d'hospitalité de par le monde et à travers l'histoire. Il constate que la plupart des peuples accordent une aide aux plus démunis, aux malades et aux vieilles personnes. Dans le *Mahabharata,* on peut lire cette sentence : « Celui qui donne de plein gré à manger au voyageur lassé qu'il n'a jamais vu auparavant, celui-là gagne un grand mérite. » (t.1, p. 575) D'après l'*Hitopadésa*, « un hôte résume en soi toutes les divinités » (t.1, p. 580). Il s'aperçoit que « l'hospitalité va s'affaiblissant avec le progrès des sociétés. Dans les derniers jours de la Grèce et de Rome, elle n'était plus que le souvenir d'elle-même » (t.1, p. 592). Il conclut son chapitre, particulièrement bien documenté, par ces mots qu'on pourrait entendre à présent à la radio : « Les raisons de ce déclin se discernent aisément. À mesure que se multiplient les relations entre groupes et entre pays, l'hospitalité devient un intolérable fardeau, qui ne tarde pas à rendre inutile l'établissement d'hôtelleries. On s'habitue à voir les étrangers, et ainsi disparaît le mystère qui entoure le voyageur solitaire dans une région isolée, sans grande communication avec le reste du monde. Enfin, les relations multipliées donnent naissance à des lois qui dispensent l'étranger de la protection des individus, en le plaçant sous la protection de l'État. » (t.1, p. 592) Ainsi l'hospitalité spontanée, « naturelle », se rétrécit et devient une affaire de droit et non plus de coutumes. Le « merci » ne suit-il pas le même chemin ? Faudra-t-il pénaliser celles et ceux qui prononcent ce mot ? Doit-on en faire l'objet d'un référendum ? Bref, la politesse jadis élémentaire et généralisée devient une exception. Pourtant derrière ce mot tout simple se construit et se renforce une sociabilité partagée. Le supprimer fragilise tout l'édifice social qui privilégie alors une urbanité discriminante et sélective. Je ne suis poli qu'avec mes « proches » et encore ! Le SMS et l'échange quasi instantané de mails ne s'embarrassent pas de formules de politesse ; elles sont éventuellement sous-entendues. Le point commun aux « idées morales » qu'étudie Edward Westermarck se nomme « émotion », c'est elle qu'il traque d'une ethnie à une autre sur la longue durée : peut-être qu'elle ne fait plus corps avec nos sentiments et nos façons de communiquer ?

Un don qui fait du bien

La politesse relève de la communication, celle-ci établit le contact et l'entretient. D'où l'importance de la salutation comme entrée en matière. Dire « bonjour » signifie vouloir se lier avec la personne que vous saluez, même pour un bref laps de temps. Ce premier pas vers l'autre une fois effectué permet d'engager la conversation. Le « merci » peut clore un échange, tout en ménageant une possible suite. Ces « formules de politesse » fonctionnent comme des rites laïcs qui conditionnent les interrelations entre les humains. Cela n'a pas échappé aux artistes qui, lors des remises de prix (Oscar, Molière, César, etc.) par « les professionnels de la profession », en rajoutent des tonnes et énumèrent des remerciements à n'en plus finir. Il est vrai que ces cérémonies doivent conforter l'image que le cinéma, le théâtre ou le monde de la musique sont des « familles » ! La superstition joue peut-être aussi un rôle dans ce débordement d'affect en direct, la comédienne ou le comédien se dit : « N'hésitons pas sur les mercis, ils peuvent nous ouvrir des portes ». Robert Emmons, psychologue nord-américain, auteur d'un ouvrage sur ce mot et ses manifestations, lui accorde une grande place dans la guérison et plus généralement le mieux-être et « le développement personnel ». Il cite de nombreuses études, effectuées sur des patients atteints de pathologies graves, qui observent que ceux qui remercient l'équipe soignante, guérissent mieux. Il note que « la pensée reconnaissante favorise la jouissance des situations positives » (p. 75) et de se référer à G.K. Chesterton qui écrit : « Toutes les bonnes choses paraissent encore meilleures quand on les voit comme des cadeaux. » (p. 76). Et quand on reçoit un cadeau on remercie… Robert Emmons n'hésite pas à conclure que « plus une personne est reconnaissante, moins elle est déprimée » – et de conforter ce point de vue avec diverses études psychologiques sur la dépression qui se trouve contrecarrée par la volonté de s'en sortir en misant sur la gratitude envers ses proches qui « positivent ». Il mentionne également l'ouvrage d'Arlie Hochschild, *The Second Shift* (1989), qui constate que le « dysfonctionnement » au sein d'un couple provient souvent de l'absence de gratitude de l'un envers l'autre et réciproquement. S'il ne trouve pas d'expressions faciales à la gratitude, comme pour la plupart des émotions (colère, bonheur, peur, surprise, dégoût, tristesse et mépris), suivant en cela les études de Paul Ekman sur le Japon, l'Europe, les États-Unis et aussi la Papouasie-Nouvelle Guinée, il établit une corrélation entre elle et le rythme cardiaque. « À mesure que nous ressentons des émotions, explique-t-il, comme la colère, la frustration, l'angoisse et l'insécurité, notre rythme cardiaque devient incohérent, irrégulier, entravant la communication entre le cœur et le cerveau. » Alors que lorsque « nous ressentons profondément des émotions comme l'amour, la bienveillance, l'appréciation et la compassion, le cœur produit des rythmes plus cohérents, réguliers, qui augmentent la communication entre cœur et cerveau. » (p. 131) Par ailleurs, lors d'un quelconque échange entre deux personnes, leurs rythmes cardiaques interfèrent, « le signal électromagnétique engendré par le cœur de l'une peut influencer le rythme cérébral de l'autre » (p. 159), ainsi que le constatent diverses études psychophysiologiques rapportées par l'auteur. L'accueil de ce livre par la presse féminine française (*Marie-Claire*, *Cosmopolitan*, *Psychologies*, etc.) est enthousiaste, chaque compte rendu explique en quoi la gratitude (le fait de remercier) vous maintient en forme et plus encore contribue à votre résilience… « Plus j'étudie la gratitude, confie Robert Emmons, plus j'en viens à penser qu'un certain contraste ou une privation est parfois nécessaire pour éprouver un sentiment profond, authentique, de gratitude envers l'existence. On apprécie vraiment un été doux après un hiver rigoureux, un repas gastronomique après un jeûne, des retrouvailles après une période de séparation. » Il transforme la gratitude – code et rite – en un *art de vivre* en bonne santé physique et mentale, ce qui me paraît excessif.

Les échelles de la gratitude

Dire « merci » ne suffit certainement pas pour être en accord avec soi et autrui ! Georg Simmel consacre quelques pages à la gratitude dans *Sociologie* (p. 577 et s.) à la suite de sa brève étude de la fidélité, c'est dire qu'il associe ces deux situations sociales. Pour lui, la gratitude appartient au domaine économico-juridique qui impose un « va-et-vient des contributions et rétributions et garantit cette action réciproque sans laquelle il n'y aurait ni équilibre ni cohésion dans la société. » La monnaie quantifie les interactions entre les humains et ainsi attribue au don d'un cadeau, par exemple, la valeur du contre-don que le receveur se doit de faire au donateur. La gratitude apparaît alors comme « le résidu subjectif de l'acte de recevoir ou de donner. » Elle possède une dimension morale qui assure à la relation entre humains, quels que soient les motifs qui y président, la possibilité d'une continuité, d'un suivi, sachant que tout échange s'avère inégal, car les deux « éléments » échangés ne sont pas véritablement équivalents. La gratitude compense en partie cette différence, consciemment ou non. Elle agit parfois comme une subordination : je me sens redevable à cette personne qui m'a rendu service et mon « merci » ne suffit pas à m'exonérer de ma dépendance. Georg Simmel écrit : « On peut dire qu'au niveau le plus profond, ce remerciement ne consiste pas à répondre au don par un autre, mais à avoir conscience qu'on ne pourrait y répondre, qu'il y a là quelque chose que l'âme du récipiendaire transpose comme en un certain état durable envers l'autre, qui fait parvenir à la conscience le pressentiment de l'infinité intérieure d'une relation qui ne peut être pleinement épuisée ou réalisée par aucune manifestation ou activité qui en reste à la finitude. » C'est pourquoi certaines personnes n'apprécient guère les cadeaux qui les enferment dans des circuits de réciprocité et entravent ainsi leur indépendance : « je ne dois rien à personne » se disent-elles pour maintenir entière leur liberté individuelle. Depuis peu, les opérateurs du numérique, comme Gmail, par exemple, proposent des réponses toutes faites et adaptées aux mails reçus précédemment, avec notamment une gamme de « Merci », « Merci beaucoup », qui est automatique et s'ajuste à vos destinataires en usant du « cher collègue », « maman » ou encore « mon amour » !

Pourquoi ce bref papier sur le « merci », comme une invitation à mener une recherche plus conséquente ? Pour au moins trois raisons : 1/ la politesse codée évolue et se transforme au point de s'estomper dorénavant et à l'échelle planétaire de notre « univers » interconnecté, les machines-prothèses que nous utilisons (et qui nous utilisent) disent « merci » à notre place, un merci froid et convenu qui ne ressemble en rien à cette gratitude expressive et chargée d'affection ; 2/ ce petit mot participait à la communication entre humains et réglait les échanges, non sans quelques malentendus, tout en unifiant « la » société, du moins pour un temps et en assurant à chacun-e une ouverture vers autrui ; 3/ cette formule relationnelle en disparaissant fait-elle surgir un autre mode communicationnel ordinaire qui conférerait à la moindre esquisse de rencontre une pérennité possible ? Je vous remercie de m'avoir lu.

LECTURES

Bergson, H., « La politesse » (1885 et 1892), *Mélanges*, Paris, Presses universitaires de France, 1972.

Emmons, R., *Merci ! Quand la gratitude change nos vies*, Paris, Belfond, 2008 (réédition, Paris, Pocket, 2010).

Lacroix, M., *De la Politesse. Essai sur la littérature du savoir-vivre*, Paris, Julliard, 1990.

Leach, E.R., « La ritualisation chez l'homme par rapport à son développement culturel et social », *in* Huxley, J. (dir.), *Le Comportement rituel chez l'homme et l'animal*, Paris, Gallimard, 1971, p. 241-248.

Levinas, E., *Totalité et infini. Essai sur l'extériorité* [1971], Paris, Le Livre de Poche, 1994.

Montandon, A. (dir.), *Dictionnaire raisonné de la politesse et du savoir-vivre du Moyen Âge à nos jours*, Paris, Seuil, 1995.

Pernot, C., *La Politesse et sa philosophie*, Paris, Presses universitaires de France, 1996.

Simmel, G., *Sociologie. Études sur les formes de la socialisation* [1908], Paris, Presses universitaires de France, 1999.

Rouvillois, F., *Histoire de la politesse de 1789 à nos jours*, Paris, Flammarion, 2006.

Valade, B., « Aux origines de la science des mœurs : les enseignement de la civilité », *L'Année sociologique*, n° 43, 1993, p. 29-53.

Westermark, E., *L'Origine et le développement des idées morales*, deux tomes, Paris, Payot, 1928.

Coordination, Brigitte Chapelain

Lectures

Marc VERNET, *Ainsi naquit Hollywood. Avant l'âge d'or, les ambitions de la Triangle et des premiers studios*, Paris, Armand Colin, 2018, 272 p.

Prenant place entre le cinéma des premiers temps (1895-1907) et la période classique qui débute dans les années 1920, l'histoire de la Triangle et des premières implantations de studios sur la côte ouest des États-Unis se situe à une période charnière et peu étudiée de l'histoire du cinéma. Une période mouvementée et méconnue, ponctuée de nombreuses alliances, créations et fusions de sociétés, durant laquelle les principaux acteurs se livrent une concurrence acharnée pour s'imposer sur le marché national et international. C'est à une plongée dans cette *terra incognita,* cet « Atlantide du cinéma américain » pour reprendre ses propres termes, que nous convie Marc Vernet dans cet ouvrage. Comme l'indique le titre, son ambition n'est pas simplement d'établir une monographie de la Triangle, société phare de la période, mais bien d'ouvrir une réflexion plus large, de proposer une histoire globale de l'industrie cinématographique américaine et des prémices d'Hollywood au prisme de l'histoire complexe et tourmentée de cette société. Si une telle ambition peut sembler démesurée dans un ouvrage de moins de 300 pages, il faut préciser que l'auteur s'appuie sur le travail réalisé par une équipe de chercheurs et d'archivistes dans le cadre d'un programme de recherche sur la société Triangle, soutenu par l'agence nationale de la recherche. Associant quatre universités (Paris 1, Paris 3, Paris 7, Montpellier 3), une équipe du CNRS (Arias) et deux cinémathèques (la Cinémathèque française et l'Institut Jean Vigo), ce programme de recherche de trois ans a permis un travail en profondeur sur les très riches fonds d'archives de la Triangle des deux côtés de l'Atlantique. Ce travail d'équipe sur des fonds variés, et pour certains inédits, a permis de mettre en évidence le rôle central de la Triangle dans les grandes manœuvres qui se jouent dans le cinéma américain durant cette période charnière, aussi bien dans le domaine de la production que de la distribution ou de l'exploitation. Grâce à un examen critique approfondi de la documentation exhumée dans le cadre de ce programme de recherche, Marc Vernet offre au lecteur une brillante synthèse de l'histoire de la Triangle et au-delà, une passionnante immersion dans l'industrie cinématographique américaine de la fin des années 1910.

L'ouvrage se structure en quatre chapitres chronologiques qui abordent différentes thématiques et retracent de façon claire et didactique les grandes étapes de l'histoire de la Triangle.

Faisant le point sur l'état de l'historiographie et détaillant la démarche scientifique adoptée (objectifs, sources, méthode), l'introduction illustre cette capacité de l'auteur à embrasser dans un même mouvement l'histoire générale du cinéma américain et l'histoire singulière de la Triangle ; à concilier le souci du détail avec une réflexion ample, une mise en perspective large de son sujet qui fait toute la singularité et la richesse de ce livre. La présentation détaillée des documents d'archive jusque dans leur matérialité (couleur ou format du papier, traces de notes manuscrites gommées, traces de feu ou d'eau, etc.) traduit certes l'œil expert d'un chercheur qui fut pendant près de quinze ans directeur de la Bibliothèque du film, mais elle est avant tout révélatrice d'une démarche scientifique qui considère chaque source, chaque document d'archive comme une porte d'entrée singulière et digne d'intérêt sur une réalité complexe. En évoquant les archives manquantes (contrats d'acteurs, versions intermédiaires des *continuity script*, etc.), en retraçant le cheminement matériel des archives depuis leur production jusqu'à leur mise à disposition par la Cinémathèque française ou en questionnant sa propre démarche scientifique, Marc Vernet nous invite, au-delà d'Hollywood et de la Triangle, à une passionnante réflexion sur le métier d'historien.

Le premier chapitre, consacré à « La formation des firmes », se présente comme une sorte de prologue, une réflexion liminaire à l'histoire de la Triangle. Sans apporter d'éléments informatifs réellement nouveaux, il propose néanmoins une synthèse claire et précise du fonctionnement de l'industrie cinématographique américaine du début des années 1910 et permet de replacer la naissance de la Triangle dans un contexte plus large. L'intérêt principal de cette synthèse est d'articuler l'histoire de la production avec une analyse du système de distribution et d'exploitation propre au territoire américain. Ce tableau général permet également à l'auteur de proposer une réflexion sémantique sur le terme même de studio. Qu'entend-on en 1910 par studio ? Quelle réalité se cache derrière ce vocable en matière d'infrastructures techniques, de personnels, de pratiques de tournages ? Mais l'aspect le plus intéressant de ce premier chapitre est sans conteste la dimension géographique donnée à l'analyse de l'industrie cinématographique américaine de la période. Revenant en détail sur l'ancrage territorial des premiers studios implantés dans un triangle Boston-Chicago-Philadelphie, Marc Vernet analyse les avantages et les inconvénients de ces localisations et propose une véritable géohistoire des premières implantations de la côte ouest. En étudiant les liens entretenus par les sociétés de production avec leur environnement économique, culturel, paysager et climatique, il offre une vision fine et nuancée des dynamiques spatiales à l'œuvre dans l'industrie cinématographique américaine des années 1910 et du rôle réel des infrastructures de la côte ouest dans l'organisation globale de la production. Il revient ainsi sur l'idée reçue selon laquelle le développement d'Hollywood serait postérieur à celui des studios de la côte est. En effet, l'image d'Épinal d'une grande transhumance des forces vives du cinéma américain d'est en ouest, abandonnant subitement la grisaille du New Jersey pour le soleil de la Californie, ne résiste pas à l'analyse détaillée de l'histoire des différents studios. Marc Vernet démontre bien que les infrastructures continuent de se développer sur la côte est simultanément aux premières implantations californiennes, ces dernières n'étant considérées dans un premier temps que comme des structures d'appoint pour des tournages en extérieur de quelques semaines, le cœur de l'industrie cinématographique américaine restant sur la côte est.

Avec le deuxième chapitre (le plus long et le plus riche des quatre que compte l'ouvrage), un nouvel acteur entre en jeu : la Triangle. L'auteur retrace de manière détaillée les conditions de la naissance de ce qui n'est au départ qu'une société de distribution ayant un contrat d'exclusivité avec deux maisons de production dont dépendent trois prestigieux labels dirigés par David W. Griffith (Fine Arts), Thomas Ince (Kay Bee) et Mack Sennett (Keystone). S'appuyant sur les archives inédites du fonds de la Cinémathèque française, Marc Vernet revient sur quelques idées reçues, affine la chronologie des faits, présente ses principaux animateurs et analyse son organisation interne. Au-delà de la description – parfois un peu touffue – d'une chronologie et d'un organigramme complexe, ce chapitre est surtout l'occasion d'observer le fonctionnement et les évolutions de l'industrie cinématographique américaine du milieu des années 1910, dont la Triangle constitue une formidable caisse de résonnance. À travers l'analyse détaillée du fonctionnement interne de la société, de ses ambitions économiques et artistiques, mais également de ses liens avec la concurrence ou des films réalisés (la dernière partie du chapitre est entièrement consacrée à l'analyse détaillée des films produits entre novembre et décembre 1915), ce deuxième chapitre pointe déjà les faiblesses du dispositif (difficultés financières, tensions internes et concurrence entre les réalisateurs-superviseurs vedettes que sont Ince, Griffith et Sennett). Il met également en évidence le fait que la Triangle préfigure les évolutions futures du système hollywoodien vers une centralisation accrue des fonctions au sein du studio et une indépendance croissante des stars.

Le troisième chapitre se concentre sur l'année 1916, année charnière pour l'histoire de la Triangle, en montrant les avancées et les signes de faiblesse que connaît alors la société. Évoquant pêle-mêle les investissements d'Ince dans les studios de Culver City, le lancement d'une nouvelle star nommée Douglas Fairbanks ou les tentatives de déstabilisation de la Triangle par ses concurrents, en passant par l'analyse de l'usage des grands espaces ou de la couleur dans les films tournés sur la côte ouest, ce troisième chapitre fourmille d'analyses passionnantes, au risque parfois de perdre le fil directeur de l'ouvrage. C'est le cas notamment dans le développement sur les films *Civilization* et *Intolerance* réalisés en 1915-1916 par Ince et Griffith. Si l'analyse détaillée de la mise en œuvre de ces deux superproductions réalisées et distribuées en dehors de la Triangle est tout à fait intéressante, elle semble s'éloigner quelque peu de la problématique centrale de l'ouvrage.

Le quatrième et dernier chapitre, intitulé « Une seconde vie (1917-1919) ? », revient en détail sur les années de sursis de la Triangle dans un contexte national et international très différent, marqué notamment par l'entrée en guerre des États-Unis en 1917. Marc Vernet y analyse avec précision l'évolution de l'organigramme et le jeu complexe de chaises musicales qui marque ces années 1917-1919 pour tenter de donner un nouveau souffle à la société après le départ des principaux fondateurs et des trois superviseurs vedettes : Griffith, Ince et Sennett en mars et juin 1917. De nouvelles personnalités font alors leur apparition comme le réalisateur Frank Borzage, ou le *General Manager* Harry O. Davis (débauché de Universal), recruté pour tenter de mettre en place un fonctionnement plus centralisé de la firme, qui préfigure le *studio system* des années 1920. Une fois encore, Vernet s'attache avec justesse à mettre en perspective cette évolution et les difficultés de la Triangle avec l'évolution générale de l'industrie cinématographique américaine. Ce chapitre lui permet d'évoquer le rôle de plus en plus important des exploitants regroupés au sein de la First National, l'autonomie croissante des réalisateurs et acteurs vedettes à l'image de Chaplin, Pickford ou Fairbanks et la mise en place d'un *star producer unit system*, mais également la constitution de ce que l'auteur appelle la Paramount 2 – société intégrée verticalement et horizontalement qui absorbe un à un les acquis de la Triangle en difficulté (stars, studios, outils de distribution, etc.). La fin du chapitre décrit, à la façon d'un *cliffhanger*, les réussites artistiques et les innovations techniques des derniers mois de la Triangle, avant d'évoquer plus rapidement la chute finale et d'énumérer les causes internes et externes de cette faillite annoncée.

Grâce à une construction rigoureuse, un chapitrage clair, des illustrations nombreuses et un appareil critique pertinent (les chronologies de la Triangle et des implantations de studios sur les côtes ouest et est sont un support précieux à la lecture), *Ainsi naquit Hollywood* a vocation à jouer le rôle d'un « livre-outil », d'un ouvrage de référence pour les étudiants comme pour les chercheurs.

Une des grandes qualités du livre est de parvenir à effectuer une coupe transversale dans l'histoire du cinéma américain, en analysant sur une période très courte les mutations d'une industrie aux nombreuses ramifications sans privilégier une seule approche (économique, technique ou esthétique), mais en envisageant le phénomène dans sa globalité et sa complexité. En interrogeant sans cesse les liens entre les différentes branches de cette industrie (production, distribution, exploitation) et en articulant l'histoire de la Triangle avec celle des autres studios, Marc Vernet parvient à replacer cette histoire de la naissance d'Hollywood dans un contexte historique plus large et à en restituer la complexité et les subtilités. En effet, le système des studios n'est pas appréhendé ici – comme c'est bien souvent le cas – comme une bulle autonome, mais comme une composante de la culture, de la société et de l'économie américaine. En multipliant les sources et en variant les échelles d'analyse, le livre embrasse dans un même mouvement l'histoire technique, économique, géographique, esthétique et culturelle du cinéma américain des années 1915-1919. Cette approche large et globalisante, si elle permet d'éviter les simplifications abusives, n'est pas sans poser quelques difficultés. Tenir les deux extrémités du spectre (de l'analyse d'un plan à l'histoire générale des États-Unis) ou relier des éléments aussi épars que la *persona* de Fairbanks, les bilans financiers de la Triangle ou les installations techniques des studios de Culver City n'est pas toujours aisé. Mais si le lecteur se perd parfois dans la chronologie des multiples fusions, absorptions, créations et rachats de firmes, Marc Vernet parvient par la clarté de son écriture et son sens de la formule à synthétiser son propos et à rendre cette description des mécanismes économiques utile à la compréhension des dynamiques globales. Par ailleurs, le sentiment de confusion qui saisit parfois le lecteur à la lecture de certains passages sur la complexité du système de distribution des films ou sur les manœuvres financières au sein de la Triangle reflète bien le climat d'ébullition de ces années 1910 et la concurrence acharnée à laquelle se livrent les grandes sociétés cinématographiques pour asseoir leur domination sur le marché américain et imposer un nouveau modèle d'organisation. On pourra certes regretter l'absence en annexe d'un inventaire des principales sociétés évoquées dans l'ouvrage, ou encore celle d'une carte de localisation des studios pour étoffer l'analyse passionnante de la géographie des espaces de tournages, mais ces quelques limites n'enlèvent rien aux qualités remarquables d'un livre qui reste dans son ensemble d'une grande clarté et constitue une mine d'informations précieuses. Au-delà de son intérêt scientifique évident, l'ouvrage offre enfin un vrai plaisir de lecture. Marc Vernet navigue avec aisance dans cet univers des pionniers de la côte ouest et parvient à nous communiquer son enthousiasme et sa passion, grâce à un style clair, enlevé, souvent drôle et percutant. En retraçant avec minutie l'histoire de la Triangle et des premiers studios, *Ainsi naquit Hollywood* vient ainsi combler un manque en éclairant de manière passionnante cette préhistoire du *studio system* qui renouvelle notre regard sur le cinéma américain des années 1910.

Morgan Lefeuvre
Université Rennes 2
Courriel : <morganlefeuvre@yahoo.fr>

James C. SCOTT, *Homo domesticus. Une histoire profonde des premiers États*, traduit de l'américain par Marc Saint-Upéry, préface de Jean-Paul Demoule, Paris, La Découverte, 2019, 302 p.

Rarement un ouvrage savant chahute autant les connaissances, considérées comme acquises, de son lecteur. Anthropologue et politiste, anarchiste, professeur émérite à Yale, James C. Scott, né en 1936, a publié de nombreuses études, dont plusieurs ont été traduites en français : *La Domination et les arts de résistance* (Amsterdam, 2009), *Zomia ou l'art de ne pas être gouverné* (Seuil, 2013) et *Petit Éloge de l'anarchisme* (Lux, 2013). Son sujet est essentiel : la naissance des sociétés organisées sous l'autorité d'un État. Pour le dire autrement, quand, pourquoi et par qui un État se constitue-t-il, se maintient-il, se renforce-t-il ou périclite et meurt ? Traditionnellement, et je caricature volontiers, l'on admet qu'avec l'apparition de l'agriculture (il y a environ 12 000 ans), les nomades se sédentarisent et créent des villages, dont certaines deviennent des villes où se concentrent les pouvoirs religieux, guerriers et marchands. C'est le surplus agricole qui entretient ces trois « catégories sociales » urbaines qui, à leur tour, font vivre des artisans, des valets, des fonctionnaires, etc. Le marché participe aussi de la constitution des villes, lieu d'échanges qui consolident et développent la division sociale du travail. L'État résulte de la concentration d'humains et de leurs activités en un lieu – il surgit de l'urbanisation. Mais cette concentration démographique accroît les risques de contamination lors de pandémies et fragilise les conditions mêmes de sa reproduction. Bref, les villes, puis l'État, naissent sans la garantie d'une pérennité illimitée… Or, James C. Scott qui mobilise toute une littérature spécialisée (archéologie, histoire environnementale, géohistoire des maladies, agronomie, anthropologie, etc.) remet en cause ce beau récit – pourtant si « logique » – et démontre que des sédentaires peuvent redevenir nomades, que les deux cohabitent durant plusieurs millénaires, que l'agriculture (ou domestication de certaines espèces animales et végétales) ne va pas de soi et exige la maîtrise de l'eau, que le chasseur-cueilleur « travaille » (?) quelques heures par jour pour se nourrir, qu'il atteint rapidement une sorte d'état d'abondance, qu'il bivouaque au gré des ressources naturelles (?) locales qu'il n'épuise pas n'importe comment, veillant à une certaine harmonie avec son environnement auquel il appartient et demeure en assez « bonne santé » (selon nos critères actuels)… James C. Scott inscrit son enquête dans l'anthropocène (« qui entend désigner une nouvelle ère géologique au cours de laquelle l'activité humaine a affecté de façon décisive l'écologie et l'atmosphère de la planète », p. 18), qu'il date de l'utilisation du feu et non pas de la « Révolution industrielle » (XVIIIe siècle) ou de la bombe atomique (1945). Il distingue un anthropocène « faible » qui débute il y a 400 000 ans (bien avant *l'homo sapiens*) et un « fort » qui commence avec l'agriculture, il y a environ 12 000 ans. L'agriculture, qui réclame de l'eau, se manifeste d'abord près des fleuves, et ce dans chaque continent, avec la particularité de privilégier la culture d'une ou plusieurs céréales (riz, blé, orge, maïs, sorgho, millet) qui exige le travail régulier de paysans attachés à une terre, ce qui va faciliter la mise en place de l'État. « Je l'ai déjà dit, précise l'auteur, la domestication des plantes et des animaux n'était pas strictement nécessaire à la sédentarisation, mais elle a créé les conditions d'un niveau de concentration sans précédent des aliments de la population, en particulier dans les milieux agroécologiques les plus favorables : riches plaines alluviales, sols de loess et rives des lacs et des cours d'eau. » (p. 34) Il questionne la notion de « domestication » et inverse l'habituelle présentation des choses : pour lui, c'est le chien ou la vache qui domestiquent l'homme, de même pour la céréale qui réclame l'attention continue de l'agriculteur. « La domestication des plantes, explique-t-il, telle qu'elle s'exprime par excellence à travers l'agriculture sédentaire nous a rendus prisonniers d'un ensemble annuel de routines qui façonnent notre labeur, nos modes d'habitations, notre structure sociale, l'environnement bâti de la *domus* et une grande partie de notre vie rituelle. Du défrichement (par le feu, la charrue ou la herse) aux semailles en passant par le désherbage, l'arrosage et la vigilance constante accordée à la maturation, le cultivar dominant organise l'essentiel de notre calendrier. » (p. 105) Il indique que cette domestication des céréales s'accompagne de la présence des commensaux (moineaux, souris, punaises, tiques, etc.) et d'un nouveau régime alimentaire ayant ses propres pathologies, d'où de nouvelles formes organisationnelles des soins et des croyances (amulettes, prières, pèlerinage, etc.) et de réglementations collectives (comme la pratique systématique de la « quarantaine »). Toute concentration humaine, aujourd'hui encore, favorise la transmission de maladies… La thèse principale du livre est la suivante : pas d'État sans production de céréales. « Je crois que la clé du lien entre l'État et les céréales, constate l'auteur, c'est le fait que seules ces dernières peuvent servir de base à l'impôt, de par leur visibilité, leur divisibilité, leur "évaluabilité", leur "stockabilité", leur transportabilité et leur "rationabilité". Des cultures comme les légumineuses, les tubercules et d'autres plantes sources d'amidon possèdent certaines de ces qualités adaptées aux exigences de l'État, mais aucune ne les possède toutes. Afin d'apprécier les avantages uniques des céréales, il faut se mettre à la place d'un collecteur d'impôts de l'Antiquité, qui privilégiait avant tout la facilité et l'efficacité de l'appropriation de l'excédent. » (p. 146) Ces États sont urbains et entourent les villes de remparts pour éviter que les habitants ne s'enfuient, refusant un asservissement contraignant. Les archéologues remarquent que les femmes, en particulier, sont raptées ou capturées lors des guerres et rassemblées dans des ateliers textiles où elles s'épuisent au travail, mangent mal et meurent jeunes, après plusieurs grossesses. À Uruk, un atelier d'État emploie 9 000 femmes ! Les Cités-États connaissent une forte natalité, alors que les femmes nomades régulent les naissances à cause de leurs déplacements. Une corrélation s'impose entre accroissement de la population et généralisation de la forme État : la population mondiale d'il y a 10 000 ans avant notre ère est comprise entre 2 et 4 millions, les 5 millions sont atteints en 5000, et les 50 millions en 1000 avant J.-C. L'on compte environ 170 millions de Terriens en l'an 0, 275 millions en l'an 1000, 500 millions en 1500, un milliard en 1800, 1,5 milliard de Terriens en 1930 et près de 8 milliards à présent ! Deux autres « faits historiques » sont reconsidérés par l'auteur, l'écriture et l'esclavage. « À l'origine, remarque l'auteur, ni en Chine ni en Mésopotamie l'écriture ne fut conçue comme un moyen de représenter le langage » (p. 162) Pour lui l'écriture sert d'abord à compter. Il précise : « Les premières tablettes administratives d'Uruk vers 3300-3100 avant notre ère, sont des listes, des listes et encore des listes, principalement de céréales, de main-d'œuvre et de taxes. Les thèmes traités par les tablettes qui nous sont parvenues sont, par ordre de fréquence, l'orge (en tant que ration et objet de taxation), les prisonniers de guerre et les esclaves mâles et femelles. » (p. 159) Quant à l'esclavage, il est constitutif et des villes importantes et des États. Il note que les Athéniens ignoraient certainement que les carrières, mines, forêts (pour les galères) ne fonctionnaient que grâce à l'apport d'une population servile. Les déportations de populations et leur implantation forcée résultent des guerres, mais aussi des États soucieux de profiter d'une main-d'œuvre soumise. James C. Scott signale un ouvrage d'Adam Hochschild qui calcule qu'en 1800, de notre ère, « près des trois quarts de la population pouvaient être considérés comme asservis » (p. 173). Cela nous oblige à relativiser l'adage cité par d'innombrables urbanophiles : « L'air de la ville rend libre ». Il s'agit d'un adage allemand du XVe siècle qui n'a de sens qu'après le second servage à l'œuvre après les grandes pestes, guerres et famines de cette époque, en Occident. Auparavant, les villes possédaient leur marché aux esclaves… Ce serait un anachronisme que d'appliquer cet adage pour les villes de Mésopotamie ou pour celles qui naissent en Occident un peu plus tardivement. Cette urbanisation/étatisation repose également sur la déforestation massive et la salinisation excessive – aussi ce que nous nommons « civilisation » n'est autre qu'un écocide (p. 210). James C. Scott montre aussi qu'en face de ces États, qui peuvent rapidement disparaître, règne le mode hétérogène des « barbares ». L'histoire de l'humanité devient l'histoire de leurs rivalités, guerres et velléités de contrôler la production et la distribution des céréales et celles des esclaves. Les barbares devinrent les mercenaires des États ou bien formèrent des États corroborant ainsi le proverbe chinois : « on peut conquérir un royaume à cheval, mais il faut en descendre pour le gouverner » (p. 263).

Voilà une livre décoiffant qui a le grand mérite de réexaminer l'apport des archéologues et préhistoriens, non pas pour le rejeter, mais le reconsidérer à l'aune de la géohistoire de l'anthropocène, c'est-à-dire en tenant compte des effets et méfaits sur la « nature » des activités humaines. Ce contre-récit, allégrement écrit, combine judicieusement l'écologie, la démographie, les techniques, l'économie, la santé, les croyances, pour mieux comprendre ce qu'est l'État, qui dorénavant domine notre horizon politique.

Thierry Paquot
Courriel : <th.paquot@wanadoo.fr>

Michel Matly, *La Fonction de la bande dessinée*, Clermont-Ferrand, Presses universitaires Blaise Pascal, coll. « Communication et civilisation », 2018, 219 p.

Ce livre, construit à partir du cadre théorique d'une thèse consacrée à la représentation de la guerre civile espagnole en BD, est ambitieux. Il veut « démontrer que le montré porte l'essentiel de la transmission sémantique et engage le principal des mécanismes narratifs de la bande dessinée, parce qu'il permet à son créateur de tirer parti avec la meilleure économie possible de sa multimodalité afin d'assurer l'efficacité et la pertinence de sa communication » (p. 199). Cette construction théorique qui se réclame de la sociopoétique et du constructivisme se présente sous la forme de 11 chapitres, courts mais denses, qui se divisent en trois parties. La première, qui couvre les quatre premiers chapitres, traite de la représentation et de sa transmission : elle définit l'œuvre comme « une machine à communiquer du sens et le sens comme un composite de signification, d'émotion et d'engagement » (p. 17). La deuxième partie rassemble les cinq chapitres suivants. Elle s'intéresse à la spécificité du médium BD. La troisième partie, composée des chapitres dix et onze, se veut plus opérationnelle. Elle vise « à tirer les conséquences des propositions théoriques et à fournir des éléments complémentaires de méthode à l'analyste de la bande dessinée, applicable à un corpus de grande taille aussi bien qu'à une œuvre particulière » (p. 18).

Cet ouvrage est passionnant. Cependant, il agace le chercheur en communication, car si son objet est la problématique sont communicationnels – les phrases citées le démontrent –, son traitement ignore très largement les recherches en communication. Trois exemples : le terme « machine à communiquer » aurait mérité que l'auteur s'intéresse aux définitions du terme média et aurait justifié une lecture des travaux sur l'intermédialité. De même, de nombreuses BD ne sont pas des numéros uniques (*one shot*), mais des albums inscrits dans une série. Du coup, le cadre théorique aurait gagné à s'enrichir des réflexions des collègues travaillant sur la sérialité. Enfin, si des auteurs comme P. Marion ou E. Maigret sont bien cités (une fois), d'autres comme B. Berthou ou P. Robert ne le sont pas. Chose surprenante puisque ce dernier a publié – chez le même éditeur ! – un ouvrage intitulé *De l'incommunication au miroir de la BD* (2017). Or, l'apport théorique de P. Robert aurait permis M. Matly de nuancer certains propos sur la transmission du sens et lui aurait ouvert des pistes fécondes sur l'étude du son ou du décor. Mais ne boudons pas notre plaisir, cet oubli des recherches en communication est très largement compensé par l'élaboration d'une construction théorique remarquable.

L'auteur n'a pas suivi un cursus en SHS, mais vient des sciences de la nature, ce qui lui permet de proposer une approche ouverte, non dogmatique, assemblant en une construction solide des briques théoriques prises dans des univers qui dialoguent peu. Rafraîchissant et efficace. D'autant plus efficace que l'écriture, simple et nette, se met totalement au service de l'ambition intellectuelle de l'auteur. Or, cette dernière – c'est suffisamment rare pour être souligné – est grande. Il s'agit de fonder une nouvelle approche de la BD. De fournir aux futurs chercheurs ce qui lui a manqué dans son travail de thèse : un cadre théorique et méthodologique pour analyser une œuvre ou un ensemble d'œuvres relavant du neuvième art. Ce cadre théorique s'appuie sur des travaux de disciplines trop peu utilisées en sciences de l'information et de la communication comme la psychologie cognitive (pour étudier les rapports texte/image) ou la psychologie sociale (pour définir la BD comme une représentation d'une représentation). Il permet également de faire des propositions fortes qui, justement parce qu'elles sont critiquables, c'est-à-dire argumentées sur un ensemble de travaux commentés, sont des points d'ancrage pour un débat scientifique permettant de mieux saisir l'objet. Parmi ces propositions invitant à un débat académique enrichissant citons : la primauté de l'image sur le texte : « l'image est la première à imposer son sens au lecteur, constitue le cadre de référence sémantique dans lequel le texte ne viendra qu'éventuellement s'insérer ensuite pour le préciser ou le modifier » (p. 138) ; l'insuffisance des théories sémiologiques pour mettre à jour les spécificités du média BD : « …les propositions de la théorie sur les aspects sémantiques de la bande dessinée nous apportent plus de similitudes que de différences entre le média et les autres modes de communication » (p. 155), la nécessité d'abandonner une analyse structurale au profit d'une approche fonctionnaliste : « Il s'agit d'explorer non la structure mais la fonction du média, et donc de privilégier ce qu'on appellera une analyse fonctionnelle de la bande dessinée, dans la mesure où elle se rapporte à un exercice sur son contenu » (p. 160) ; la mise en valeur de la discontinuité entre les vignettes : « La discontinuité de la bande dessinée n'est pas sa contrainte, mais au contraire sa force et d'une certaine façon sa supériorité » (p. 165), etc.

Si l'ouvrage propose donc une élaboration théorique qui invite à une saine controverse scientifique, il a également le mérite de proposer des éléments méthodologiques qui peuvent nourrir utilement la réflexion des chercheurs en sciences sociales. Tout d'abord, il propose, dans le chapitre 10, une méthode permettant de tester, de falsifier au sens de Popper, le cadre théorique si patiemment et brillamment construit au cours des neuf chapitres précédents. La démarche est courageuse, peu courante et mériterait d'être généralisée à toutes les constructions intellectuelles portant sur les médias. Ensuite, il souligne, avec à-propos, la nécessité pour l'analyste de sortir de la fascination pour les chefs-d'œuvre : « qu'elles soient indiscutablement médiocres ou au contraire reconnues comme des chefs-d'œuvre, toutes les bandes dessinées présentent un intérêt équivalent, celles d'être le témoin d'une origine et d'un temps » (p. 192). De même, il met en lumière la difficulté de tout travail historique sur un phénomène jugé mineur : oubli dans la mémoire collective de la plupart des auteurs et de leurs œuvres, difficultés matérielles à rassembler un corpus qui ne bénéficie pas d'un travail préalable de recensement (les histoires courtes publiées dans des magazines pas forcément centrés sur la BD par exemple), etc. Enfin, il souligne la nécessité de dépasser la neutralité axiologique par un effort de réflexivité : « Loin de s'effacer devant l'œuvre et son auteur, devant le sujet dont il traite, il [le chercheur] doit au contraire s'inclure et s'efforcer de percevoir ce qui le sépare de l'auteur, ce qui l'éloigne aussi des lecteurs contemporains de l'œuvre, ce qui un jour l'éloignera aussi de ceux qui décrypteront ces propres travaux » (p. 196).

Ce livre, on l'aura compris, est un ouvrage à lire absolument. Par tous ceux qui aiment la bande dessinée bien évidemment, mais aussi et surtout par tous ceux qui, loin des conformismes, attendent ce que ne produisent plus guère les travaux de thèse : une pensée qui donne à penser.

Éric Dacheux
Université Blaise Pascal
Courriel : <eric.dacheux@uca.fr>

Vincent BERTHET, *L'Erreur est humaine. Aux frontières de la rationalité*, Paris, CNRS éditions, 2018, 224 p.

Vous croyez appliquer un raisonnement rationnel à chaque fois que vous êtes amenés à prendre une décision qui compte dans votre vie ? Il n'en est rien : toutes les décisions, même quand elles sont basées sur un raisonnement, répondent aussi à des affects, des émotions, des sensations. Vous pensez alors que ces sentiments qui influencent vos décisions ne tiennent qu'au hasard de la vie et de vos agissements ? Et bien détrompez-vous, car tout aléatoires qu'ils vous apparaissent, vos comportements ont une grande part de prédictibilité. Alors vous en conclurez sans doute que votre cerveau arrive à assimiler correctement le hasard. Nouvelle désillusion, votre organe cognitif n'est pas du tout préparé à saisir ce qu'est l'aléatoire : tout au contraire, comme il est une véritable machine à produire du sens, il va trouver des relations là où il n'y en a pas.

Rationalité, sentiment et hasard se combinent dans toute décision que nous prenons sans pour autant que nous soyons équipés pour y distinguer clairement la part de chacun. Face à de telles déconvenues, il n'y a qu'une seule solution : lire *L'erreur est humaine*, de Vincent Berthet !

En effet, ce livre participe utilement et intelligemment à nous faire comprendre le lien qui existe entre jugements, décisions et biais cognitifs. Pour cela, il explore et décortique de façon très pédagogique l'influence de la cognition et du comportement sur les décisions de l'individu. Se plaçant volontairement dans une approche à mi-chemin entre la psychologie cognitive et l'économie, Vincent Berthet puise dans les résultats expérimentaux, notamment ceux de D. Kahneman et A. Tversky, pour présenter des situations simples et reproductibles, faisant intervenir des valeurs de gains ou de pertes, et mesurer ainsi l'analyse que nous faisons du risque.

Le livre débute sur la notion de décision rationnelle, longtemps idéalisée par les économistes, et puis saute dans les apports des sciences de la cognition pour révéler en quoi notre rationalité est toute limitée. S'il vous en prend de vouloir comparer les prix et qualités des différentes doudounes avant de vous lancer dans les préparatifs de vos vacances d'hiver, votre analyse rationnelle va très vite se confronter au grand nombre de magasins dans votre ville et de sites web à consulter. Après une analyse minutieuse des propositions de deux ou trois revendeurs, vous serez vite saturés et foncerez sur la première promotion du quatrième magasin : vous aurez alors atteint les limites de votre rationalité !

Même pour des achats importants, comme une voiture ou une maison, ce sera la même chose. En revanche, si vous devez ensuite expliquer à vos amis les circonstances d'un tel choix, votre cerveau fera fi de cette part d'irrationalité et constituera de toutes pièces une explication argumentée et valorisante, mettant en avant votre sagacité. Vous finirez même par croire en votre propre explication.

Kahneman a obtenu un prix « Nobel » d'économie en 2002 pour ses études sur les jugements dans l'incertitude (Tversky était décédé en 1996). Ses travaux sont à la base de la finance comportementale. La riche idée de Kahneman est de présenter notre jugement comme la résultante d'un « Système 1 », tout à la fois intuitif, rapide et à moindre coût, et d'un « Système 2 » lent, énergivore et rationnel. Nous sommes ainsi sans arrêt en train d'équilibrer nos impressions et nos réflexions. Nous alternons entre des processus contrôlés et des processus automatiques. Les premiers proviennent de jugements, sont explicites et verbalisables ; ils répondent à un fonctionnement délibéré. Les autres relèvent de nos impressions, sont directement et immédiatement corrélés à nos perceptions et se font sans effort ; ils répondent à des processus assimilables à des fonctionnements sécurisés.

On apprend également dans *L'erreur est humaine* que l'esprit humain est en incapacité d'accepter le hasard pour ce qu'il est. Chacun d'entre nous a des difficultés pour apprécier les probabilités autrement qu'à travers son propre vécu. Nous raisonnons plus facilement sur des effectifs que sur des proportions et nous avons du mal à comprendre ce qui constitue les « faux positifs » ou les « faux négatifs » dans un test, médical par exemple. Pour couronner le tout, on associe trop facilement l'explication du passé avec la prédiction de l'avenir : il nous semble crédible que quelqu'un qui pose un regard éclairé sur l'histoire sera plus à même de fournir une clairvoyance du futur. D'ailleurs les experts qui analysent les crises passées ou les phénomènes auxquels personne ne s'attendait, sont les mêmes qui se risquent à des augures. Pourtant, du fait du hasard, il y a un « effet plafond » dans la prédiction, et ce plafond est vite atteint ! De par notre inclinaison à la narration en toutes circonstances, nous participons tous à la production de croyances beaucoup plus souvent qu'à celle de connaissances.

Passant tour à tour en revue la rationalité parfaite, le cerveau « storyteller », le risque décisionnel, les heuristiques, et tout ce qui s'invite dans la composition des biais cognitifs, Vincent Berthet en vient à présenter la rationalité limitée dans notre monde moderne non pas comme une tare mais comme un élément de notre quotidien dont il faut tenir compte : « Si notre jugement est en proie à des égarements cognitifs, n'oublions jamais qu'un organisme façonné par des millions d'années d'évolution ne peut être foncièrement "biaisé". En fait, nos erreurs de décision résultent moins de biais cognitifs que du décalage entre nos propriétés cognitives et celles de l'environnement moderne dans lequel nous évoluons. »

Benoit Le Blanc
ENSC
Courriel : <benoit.leblanc@ensc.fr>

Coordination, Bernard Valade

Hommages

À Marceline Loridan-Ivens
à David Lowenthal
à Marcel Roncayolo

Matricule 78 750, la fille de Birkenau[1]...

« Moi je ne reviendrai pas, toi tu es jeune, peut-être tu reviendras. » Salomon Rozenberg avait vu juste, sa fille Marceline Rozenberg, plus tard Loridan-Ivens, alors âgée de seize ans, est bien revenue des camps de la mort (Auschwitz-Birkenau, Bergen-Belsen, Ragun, Theresienstadt) ; tout comme Simone Veil (Auschwitz-Birkenau, Bobrek et Bergen-Belsen) rencontrée à Birkenau, devenue son amie, à laquelle elle restera très liée malgré des chemins de vie et des positions politiques différents. Le temps d'un autre temps, si loin et pourtant si proche, le temps qui, comme l'écrit Jankelevitch, « émousse toutes les choses, le temps, qui travaille à l'usure du chagrin comme il travaille à l'érosion des montagnes, le temps qui favorise le pardon et l'oubli, le temps qui console, le temps liquidateur et cicatrisateur n'atténue en rien la colossale hécatombe : au contraire il ne cesse d'en aviver l'horreur[2]. »

L'adolescence fauchée

« Rouquine, juive, gauchère, étrangère » comme elle aimait à se définir, Marceline Rozenberg est née de parents juifs polonais immigrés en France. Son père, à qui elle voue un profond et tendre amour filial, devient un petit industriel fabricant de textile jacquard ; sa mère, commerçante, vend des vêtements. Troisième enfant d'une fratrie de cinq, elle est la première à avoir vu le jour en France. Lorsque la guerre éclate, la famille habite à Épinal. L'exode que l'adolescente vit un peu comme une aventure mène les Rozenberg jusqu'à Bollène dans le Vaucluse. Rebelle, Marceline fait plusieurs établissements scolaires ; en 1942, elle est cachée, puis revient chez elle. Son frère et sa sœur aînés s'engagent dans la résistance. Le 28 février 1943, elle est arrêtée avec son père sur dénonciation par la Gestapo et la milice française. Après un séjour à la prison des grandes Baumettes à Marseille, elle se retrouve à Drancy qui, avec le recul, lui paraîtra être un paradis en comparaison de tout ce qu'elle subira par la suite. Puis c'est le silence des gens, qu'elle n'oubliera jamais, montant dans les camions en route pour la gare de Bobigny, *via* le voyage à Pitchipoï[3].

La petite prairie aux bouleaux[4]

À son arrivée à Auschwitz-Birkenau, elle échappe à la première sélection. Elle ment sur son âge, ce qui la sauve une deuxième fois. Matricule 78 750… Dans le bloc 9 du Lager A, elle fait la connaissance de Simone Veil, qui occupe avec sa mère et sa sœur la koya en face de la sienne. Leur amitié survivra aux camps. Marceline Loridan retrouvera par hasard sa « jumelle contradictoire[5] » dans les rues de Paris après la guerre.

Marceline est jeune, mais elle a du culot et elle essaie de comprendre l'organisation et le fonctionnement du camp. Les violences, le travail, l'appel debout, le froid, la faim, les odeurs et la hantise constante des sélections[6] n'ont pas raison d'elle : « Ce qui me guidait le plus c'était de tenir cinq minutes de plus que les autres[7]. » Elle exécute toutes sortes de travaux : charrier des pierres, porter des rails, trier des vêtements, creuser des galeries et des fosses. Sa « mémoire empêchée[8] » oubliera longtemps que ces fosses de l'été 1944, à côté des chambres à gaz, servaient à brûler les cadavres des Hongrois pour pallier l'insuffisance des crématoires devant le flot incessant des arrivées. Non croyante, elle jeûne à Kippour pour l'honneur. Au bout de six mois, elle rencontre son père, se serre contre lui et s'évanouit sous les coups donnés par un Allemand. Lorsqu'elle revient à elle, son père lui a laissé une tomate et un oignon[9]. Plus tard, elle recevra un billet de lui dont elle oubliera à jamais le texte. Elle ne le reverra plus.

« À Birkenau je voyais les bouleaux, mais décharnés. Il n'y avait pas de feuilles. Il n'y avait pas d'oiseaux, ils s'étaient tous enfuis. Parfois quelques corbeaux. Mais ils ne croassaient pas […] Il n'y avait pas d'herbe non plus, que de la boue. Tout était piétiné. Ces arbres décharnés nous ressemblaient[10]. » Elle goûte la solidarité et entre les multiples souffrances, de courts intervalles de sensations de bonheur. « Nous venons d'ailleurs, d'un autre monde[11] », dit-elle en évoquant ses camarades déportées. « Moi j'ai toujours un camp dans la tête[12]. »

Le silence

Le retour fut périlleux : délivrée par les Russes, ayant rejoint les Américains, elle revient à Paris comme elle en était partie, dans un wagon à bestiaux. La mort de son père crée un chaos dans sa famille. Son oncle résistant lui conseille dès son arrivée de ne rien dire et confier de l'enfer qu'elle vient de vivre : « Ne raconte rien, ils ne comprennent rien[13]. »

Elle se taira donc, comme elle gardera secrètes ses phobies venues des camps dont une vie entière n'aura pas raison : « J'étais prisonnière de moi-même. J'étais dans l'impossibilité de communiquer avec les autres. Prisonnière de ma propre tête. » À plusieurs occasions, elle rappelle le silence, pour elle douloureux, qui, à l'issue du conflit mondial, a recouvert le génocide juif comme une chape de plomb, rejoignant en cela les constats de Pierre Daix[14], d'Adolphe Steg[15], de Simone Veil, ce refoulement généralisé sur la Shoah dont parle Bettelheim, soutenu par les travaux d'Annette Wievorka et Serge Klarsfeld[16].

Ce n'est qu'en 2012 que l'ouvrage de François Azouvi contredit la thèse traditionnelle du traumatisme suivi du refoulement et du retour ultérieur du refoulé, pour proposer au contraire l'existence, dès l'après-guerre, d'une mémoire du génocide toujours et graduellement entretenue « par une imprégnation progressive de l'opinion, puis de l'espace public, enfin de l'action publique[17] ». « Le vrai déporté, c'était le résistant. Le juif était une victime civile, rien du tout[18]. » Cette « lecture politique[19] » que les responsables institutionnels et gouvernementaux incitent à faire révolte Marceline.

Alors commence pour la rescapée de Birkenau « Ma vie balagan[20] », titre qu'elle donnera plus tard à un de ses ouvrages autobiographiques : « Je vivais dans le désordre.

Non seulement dans le désordre du monde, mais aussi dans le désordre de moi-même. Une forme de découverte empirique, une spontanéité tous azimuts, non contrôlée. L'affect dominait tout. Il a fallu beaucoup de temps pour que je me trouve[21]. »

Renonçant à l'école et à l'université, elle apprend la stéréotypie et la dactylographie. Après un bref premier mariage, elle fréquente et habite le quartier Saint-Germain. Passionnée de lecture et de cinéma, elle essaie de rattraper ses retards dans le domaine culturel. Elle fréquente une faune de jeunes, intellectuels, artistes, vit une existence de bistrots et se plonge dans l'effervescence intellectuelle et sociale des années 1950 au cœur de Paris. Elle travaille comme ronéotypeuse, tape des manuscrits pour Roland Barthes et Jean Wiener. Elle entre au PC et en ressort six mois après. Porteuse de valises, elle s'engage pour la cause algérienne. Interrogée huit heures durant rue des Saussaies, elle se retire de son réseau. Elle travaille en free-lance pour des enquêtes et pour l'émission de télévision « Nous les jeunes ».

En retrouvant sa correspondance de cette époque, elle constate qu'il n'y est jamais question de sa déportation. Dans des papiers personnels, elle avait écrit : « À quoi bon en rendre compte ! Non décidément je n'écrirai pas… Il ne faut pas, il faut continuer[22]. » Elle prolonge son silence.

Le cinéma

Ce n'est pas par l'écriture, ou la parole publique, que Marceline Loridan va rompre son silence sur sa déportation. C'est par le cinéma, et plus spécialement dans un documentaire de cinéma-vérité.

Avec l'évolution du matériel technique plus léger et la prise de son synchro, le besoin de transformer les rigidités du documentaire classique, le cinéma-vérité, plus tard appelé cinéma du réel, pénètre en France après les États-Unis et le Canada. « Le cinéma ne peut-il pas être un des moyens de briser cette membrane qui nous isole les uns des autres, dans le métro ou dans la rue, dans l'escalier de l'immeuble ? La recherche du nouveau cinéma-vérité est du même coup celle d'un cinéma de la fraternité[23] », interroge Edgar Morin à la veille du tournage de *Chroniques d'un été*[24], qui reçoit le prix de la critique internationale au Festival de Cannes (1961). Jean Rouch, ingénieur des Ponts et chaussées reconverti dans le film ethnographique, et le sociologue du cinéma choisissent d'interroger différentes catégories de Français, plutôt jeunes, sur leur perception et leur jugement sur leur propre vie. Pas de scénario, beaucoup d'improvisations. Des questions comme « Êtes-vous heureux ? », « Comment vis-tu ? », « Comment te débrouilles-tu avec la vie ? » sont les conducteurs de ce documentaire d'un nouveau genre. À l'heure de la décolonisation, un étudiant noir, questionné par Edgar Morin, apprend la signification du matricule visible à l'écran sur l'avant-bras de Marceline dont c'est le premier témoignage, en public, sur sa déportation. Deux plans d'ensemble désormais célèbres montrent sa silhouette déambuler sur la place de la Concorde, puis entrer dans les anciennes halles de Paris en évoquant son père, leur déportation et le vide irremplaçable qu'il a laissé.

En 1962, Marceline part en Algérie avec Jean-Pierre Sergent[25] filmer l'indépendance : « L'idée […] était de montrer dans les premiers jours un pays qui se reconstruit, qui cherche ses voies[26]. » Elle avouera plus tard, en le regrettant, n'avoir pas monté dans ce documentaire les scènes de lynchage et de luttes de pouvoir par excès d'anticolonialisme ! *Algérie année zéro,* bien qu'interdit en France pendant sept ans ainsi qu'en Algérie, remporte le grand prix du Festival international de Leipzig en 1965.

Aux côtés du Hollandais volant[27]

Marceline Loridan rencontre Joris Ivens, de trente ans son aîné, à l'avant-première d'un documentaire réalisé par celui-ci, *À Valparaiso*, en 1963.

Admirateur de Dziga Vertov, de Flaherty et d'Eisenstein, fidèle aux principes d'un renouvellement esthétique et créatif du cinéma développé dans le manifeste de la Filmliga d'Amsterdam, Joris Ivens est aussi un réalisateur voyageur et engagé ; il parcourt le monde pour filmer les luttes sociales et politiques et les espoirs des peuples engagés dans des processus révolutionnaires. Dans ses images aux cadres très aériens et aux plans inventifs, onirisme et réalisme se mélangent. *Terre d'Espagne*, filmé au début de la guerre d'Espagne, sort en 1937 avec un commentaire écrit et dit par Hemingway. En 1938, il tourne en Russie *Le Chant des héros* à la gloire des ouvriers des Hauts Fourneaux de Magnitogorsk. Mais Ivens filme aussi les villes et les éléments. Il s'est fait remarquer en 1929 en consacrant un film à la pluie, *La Pluie*, tourné à Amsterdam. *Pour le Mistral*, court métrage de 1965, est récompensé au Festival de Venise. *La Seine a rencontré Paris*, inspiré par un poème de Prévert, obtient la palme d'or du court-métrage au Festival de Cannes en 1968.

À Valparaiso marque une nouvelle étape dans la vie de Marceline. Non seulement elle rencontre le compagnon de sa vie en la personne de Joris Ivens : « Ce n'étaient pas le nombre de ses années qui me rassuraient mais ce qu'il en avait fait, un long chemin, une tranchée de promeneur sensible qui a pu s'égarer, se tromper, mais qui savait ce qu'il cherchait. J'étais une fille perdue, Joris m'a donné des axes[28]. » Mais elle va se consacrer au cinéma pour de très nombreuses années. Elle fait couple et fait œuvre. La production originale du tandem Loridan-Ivens marque une étape dans l'histoire du cinéma. Celle qui dit s'être fait sa culture cinématographique à la cinémathèque devient une grande documentariste.

En 1967 sort *Loin du Vietnam*[29], la réponse de certains réalisateurs connus[30] s'interrogeant sur la façon dont à l'époque on peut filmer le Vietnam : « *Loin du Vietnam* échappe à tout manichéisme et rend compte de la complexité de la situation en nous laissant une marge d'interprétation[31]. » Chris Marker assure le montage des sketches très divers de ce collectif qui traduisent la gamme large de « la capacité du cinéma à embaumer le réel[32]. » Si les images de Joris Ivens sont très remarquées, c'est qu'elles ont été tournées dans un petit village du Vietnam du Nord réuni lors de la représentation théâtrale d'une petite saynète intitulée *Monsieur Johnson pleure* !

17e parallèle sort en 1968. Le couple Ivens s'est installé pendant deux mois, avec le feu vert d'Hô Chi Minh, dans le district de Vinh-Linh sur le 17e parallèle qui marque la ligne de démarcation entre le Vietnam du Nord et celui du Sud. Le tournage est rude : ils se terrent et vivent dans les boyaux et les galeries creusés par la population pour se préserver des bombardements. Marceline a convaincu Joris, souvent méfiant sur les avancées de la technique, de filmer en 16 mm et en son synchrone ; elle travaille particulièrement le son, voulant « restituer tout le nuancier des bruits de la guerre, c'est au son que la population estimait la puissance des bombes et où elles allaient tomber[33] ». Jean-Louis Bory[34] ne s'y trompe pas : « Monstrueux ou admirable ? On ne sait plus. Le 17e parallèle n'est pas un film de guerre, c'est un film sur des paysans obligés à la guerre. Document d'une extrême importance, le film trace le portrait de la guerre moderne : celle, déconcertante, qui permet à un petit pays de résister à l'extraordinaire effort militaire du plus puissant pays du monde, parce que c'est le peuple qui s'y bat pour sa vie et sa liberté. »

Comment Yukong déplaça les montagnes[35], la série de douze films qu'Ivens et Loridan tournent en Chine pendant dix ans, sort en 1976 et reste à l'affiche pendant six mois en faisant 300 000 entrées. Chou En-lai leur accorde un laissez-passer qui leur permet de circuler dans le pays. Partis des questions que les Français de l'époque se posent sur la Chine, ils interrogent ses habitants issus de régions diverses et de contextes sociaux variés : ouvriers, paysans, jeunes, intellectuels, citadins, artistes sont ainsi filmés. « Si les deux cinéastes regardent la Chine révolutionnaire avec les yeux de Rodrigue pour Chimène », l'ensemble reste culturellement intéressant à deux niveaux : un témoignage de la population chinoise dont on ne peut mesurer, hélas, le degré de liberté d'expression, et l'angle de vision de deux documentaristes encore habités par le mythe de la révolution. Antonioni tourne en 1972, durant huit semaines, un documentaire, *La Chine, Chung Kuo,* dans plusieurs villes chinoises, dont Pékin. Ce documentaire sera qualifié dans le *Quotidien du peuple* de « ver au service des socio-impérialistes soviétiques[36] ». La bande des quatre fait demander soixante modifications à Joris Ivens et Marceline Loridan, qui les refusent et rentrent à Paris, retour facilité par Chou En-lai. Lorsque Marceline Loridan revoit dix ans après à la cinémathèque leur film, elle a un regard neuf. Elle dénonce leur démarche d'Occidentaux partis filmer un rêve, une utopie. Elle prend conscience de la langue de bois des Chinois et s'interroge sur la part d'embrigadement et de sincérité dans leurs propos[37].

Comment Yukong déplaça les montagnes clôt chez Marceline la période politique, cette obsession « de participer à une aventure qui changerait le monde ; d'aider les plus misérables, les plus pauvres ». Elle se rend compte que, d'une certaine manière, elle s'est fuie et s'est projetée sur des leurres : « En fait, c'était une illusion. Les gens se libèrent eux-mêmes ou pas du tout. »

Une histoire de vent[38], sorti en 1989, est selon Marceline le fruit de dix ans de crise durant laquelle les réalisateurs, débarrassés des croyances politiques qui les animaient jusqu'alors, essaient « de dire autre chose[39] ». Durant cette période, ils rencontrent beaucoup de scientifiques, dont Hubert Reeves qui les initie à l'astronomie. Joris Ivens a toujours filmé, en alternance avec la guerre et les peuples, les éléments de la nature comme dans *le Mistral*, où ses images d'une étrange beauté se rapprochent du texte poétique ou de la peinture. *Une histoire du vent* exprime le bout du chemin. Joris Ivens revient au vent et à l'enfance. Ce sera l'histoire d'un vieil homme qui part en Chine pour capturer l'image invisible du vent et trouver l'harmonie entre Lumière et Méliès, entre microcosme et macrocosme[40].

Pour Marceline une autre métamorphose est amorcée. Au silence du retour des camps à moitié rompu, s'était superposée l'excitation des combats contre l'injustice au nom de la révolution. Sa renaissance intellectuelle passe désormais par une réflexion sur elle-même et un changement de médiation.

Le témoignage et l'écriture

Avant de disparaître en 1989, Joris Ivens avait dit à Marceline : « Nous avons filmé le vent ensemble, tu filmeras le feu sans moi ». Elle ajoute : « Le feu des fours crématoires. Il avait pensé pouvoir m'aider, m'accompagner vers ce film-là[41]. »

En 1991, Marceline revient à Auschwitz ; elle y retourne en 1996 avec Elisabeth D. Prasetyo, coscénariste du film sur sa déportation, *La Petite Prairie aux bouleaux,* dont le tournage va commencer.

C'est la diffusion de la série américaine *Holocauste* en 1979, réalisée par Marvin Chonsky, qui très tardivement fait surgir publiquement au sein de la société française la problématique de la médiatisation de la Shoah et de son enseignement.

Déjà la littérature avait ouvert un champ de débats sur sa mise en récit. *Le Dernier des Justes*[42] en 1959, puis *le Choix de Sophie*[43] en 1979 utilisaient le roman pour illustrer avec des personnages et un récit fictionnels des expériences imaginées relevant du génocide juif. Pour George Steiner, c'est le silence qui doit prévaloir : l'holocauste ne peut être pollué par un sacrilège d'écriture. « Le mieux serait de se taire. Pendant cinquante ans, pendant un siècle ou un millénaire. Amende infligée au poète, au romancier, au dramaturge qui utilise le nom d'Auschwitz[44]. » Ricœur[45] prend le contre-pied ; il invoque le récit des victimes comme essentiel à une historiographie de la Shoah : les victimes acquièrent ainsi la nécessaire réflexivité à une maîtrise de leur expérience et procèdent à la préservation de la mémoire.

La série télévisée *Holocauste* soulève approbation et indignation. Les raisons restent les mêmes : mieux vaut évoquer le génocide dans la fiction que pas du tout ; ou au contraire la fiction donne des représentations faussées de l'innommable[46]. Claude Lanzmann, dans son film *Shoah,* fait le choix original et radical d'une « fiction du réel[47] » : au lieu de chercher à expliquer une fois encore les raisons du génocide juif, il choisit de montrer à l'appui de témoignages les infrastructures, les dispositifs et les procédures de l'organisation de la mort industrielle. Il nous fait passer ainsi de représentations souvent abstraites et stéréotypées à des découvertes et des connaissances concrètes. Le réalisateur repousse et ignore les archives, mais il filme des témoins-acteurs qui, en se racontant, revivent douloureusement leurs expériences. « C'est le prix », répète Lanzmann[48]. Et lorsqu'en 1994, Spielberg sort *La Liste de Schindler,* celui-ci repart en campagne : « En voyant *La Liste de Schindler,* j'ai retrouvé ce que j'avais éprouvé en voyant le feuilleton "Holocauste". Transgresser ou trivialiser, ici, c'est pareil : le feuilleton ou le film hollywoodien transgressent parce qu'ils "trivialisent", abolissant ainsi le caractère unique de l'Holocauste[49]. »

La Petite Prairie aux bouleaux, sorti en 2003[50], n'a suscité aucune polémique. Les débats autour de la transmissibilité de la Shoah se sont apaisés[51] ; le thème de la Shoah s'est développé dans de nombreux genres, témoignages, autobiographies, romans, films, mais aussi bande dessinée. Tourné à Cracovie, et surtout à Auschwitz, le film contient des éléments de fiction, notamment le personnage du petit-fils d'un ancien SS. Le cinéma pour elle, plus que tout autre langage, permet une articulation entre la fiction et le témoignage ; elle est persuadée que la fiction permet de saisir la quintessence du réel par rapport au témoignage, qui ne provoque que de l'émotion éphémère. Et de citer le long travelling expressif de quatre minutes dans le camp. Comme dans *Une Histoire du vent,* elle défend un cinéma entre la fiction et le réel. L'accueil de la presse est respectueux et en empathie. Même si certains signalent qu'elle est allée un peu trop loin dans la fiction, ce film est salué à la fois pour sa pudeur et l'émotion produite.

Viennent alors les années de la parole publique et testimoniale.

Marceline écrit trois autobiographies – *Ma vie balagan, Et tu n'es pas revenu, L'Amour après* – qui se complètent car, dans chacun des volumes, elle revient sur certains événements et expériences de sa vie, les précisant ou les éclairant autrement. L'amour de son père, les camps, la mort de son père, le retour glaçant de l'après-guerre, l'empreinte indélébile des camps sur son corps et sa psyché, sa vie balagan, son chemin avec Joris Ivens, son travail, ses fourvoiements, ses bonheurs, ses colères nous sont confiés avec une vivacité à fleur de peau et une gaieté encore espiègle. Son dernier ouvrage, *L'Amour après,* sans doute le plus intime, est l'aveu infiniment douloureux des cicatrices morales indélébiles laissées par les camps sur le corps d'une adolescente de quinze ans, les incidences sur sa sexualité et sa vie amoureuse, et la lente convalescence qui s'ensuit.

Ces dernières années Marceline Loridan-Ivens est devenue une familière des médias. Son œuvre cinématographique, la fondation Joris Ivens et la publication de ses trois derniers ouvrages n'en sont pas la seule raison. Elle devient un des derniers témoins et elle est invitée à prendre la parole[52] pour rappeler l'histoire en cette période de remontée de l'antisémitisme[53], des préjugés racistes et des populismes. La perte de sa vue à Jérusalem ne l'aigrit pas, mais la fuite de ses illusions « sur ce monde où l'obscurantisme gagne et l'antisémitisme renaît[54] » la taraude bien plus.

Juive mais athée, satisfaite de savoir qu'Israël existe comme un recours, sa dernière peur sera, comme celle de tant d'autres « stuck[55] », la victoire de l'oubli par l'absence de transmission. Quand les derniers témoins auront disparu, resteront encore pour une génération les témoins des témoins. Mais après ?

Delphine Horvilleur considère que Simone Veil est un « mensch[56] ». Marceline Loridan-Ivens l'est également d'une autre manière, avec ses révoltes, ses peurs de communiquer, ses recherches créatives et ses erreurs.

« Simone, nous en sommes sorties vivantes et nous n'avions plus peur de rien. Nous savions toi et moi que le reste de notre vie n'était que du rab'. Qu'il fallait en faire quelque chose, quelque chose de grandiose. Tu l'as fait… », a-t-elle dit devant la tombe de Simone Veil.

Marceline Loridan-Ivens, « sa jumelle contradictoire », a su, elle aussi, faire quelque chose de ce rab de vie, une autre forme de grandiose…

Brigitte Chapelain
LCP/CNRS/IRISSO

NOTES

1. « Je suis une juive de Birkenau et vous ne m'aurez pas » (*L'Amour après*, Paris, Grasset, 2018). À plusieurs reprises dans des entretiens ou des émissions de radio ou de télévision, Loridan-Ivens se présente en tant que « fille de Birkenau ».
2. Vladimir Jankélévitch, *L'imprescriptible, Pardonner ? Dans l'honneur et dans la dignité*, Paris, Seuil, 1981.
3. Néologisme créé par les Juifs français pour désigner la destination inconnue vers laquelle les conduisaient les convois de déportés.
4. Brezinka en polonais, germanisé en Birkenau, signifie « la petite prairie aux bouleaux », termes que Marceline Loridan-Ivens reprendra pour le titre de son film tourné en 2003 en partie à Auschwitz-Birkenau.
5. *Marianne*, « Déportée avec Simone Veil à Auschwitz, Marceline Loridan raconte sa "sœur" » (entretien avec Guy Konopnicki), 30 juin 2017.
6. En novembre 1944, les Allemands ont arrêté les gaz car les aviations anglaise et américaine avaient bombardé une usine d'armements à Auschwitz, qui avait été repérée à cause des fumées des crématoires.
7. On retrouve dans beaucoup d'entretiens cette phrase de Marceline Loridan-Ivens.
8. Paul Ricœur, *La mémoire, l'histoire et l'oubli,* Paris, Le Seuil, 2000.
9. Avec Judith Pérignon, *Et tu n'es pas revenu*, Paris, Grasset, 2016.
10. *Ma Vie balagan*, Paris, Robert Laffont, 2008.
11. CNews, #Lamatinaleinfo, 4 juil. 2018. Marceline Loridan-Ivens est interrogée par J.P Elkabach.
12. Marceline Loridan, *Forum des images,* entretien avec Yves Jeuland, 30 oct. 2014. Diffusion Arte, 16 janv. 2019.
13. *Ma vie balagan, op. cit.*
14. *Bréviaire pour Mauthausen*, Paris, Gallimard, 2005.
15. « Et je leur donnerai un nom impérissable », *Les Nouveaux Cahiers*, n° 81, été 1985, p. 10-11.
16. *Cf.* François Azouvi, *Le Mythe du grand silence,* Paris, Fayard, 2012.
17. Henry Rousso, « Les dilemmes d'une mémoire européenne », *in* Christian Delacroix, François Dosse et Patrick Garcia (dir.), *Historicités*, Paris, La Découverte, 2009.
18. *Ma Vie balagan, op. cit.*
19. *Ibid.*
20. « Balagan, une sorte de désordre, de désorganisation. L'ordre de l'un est balagan pour l'autre. »
21. *Ma vie balagan, op. cit.*
22. *Ibid.*
23. Edgar Morin, « Pour un nouveau cinéma vérité », *France observateur*, n° 506, 14 janv. 1960.
24. Il faut lire à propos de *Chroniques d'un été* le passionnant livre de Frédéric Berthet, *La voix manquante*, Paris, POL, 2018.
25. Coréalisateur.
26. *Ma Vie balagan, op. cit.*
27. C'est Georges Sadoul qui surnommera Joris Ivens Le Hollandais volant. Après la sortie du film *Indonesia Calling* en 1946, Joris

Ivens, pour avoir pris le parti des colonisés, perd sa nationalité néerlandaise, qui ne lui sera rendue qu'en 1986 !

28. *L'Amour après*, *op. cit.*
29. Fruit de la collaboration entre des réalisateurs, des photographes, des écrivains et des musiciens, des journalistes et même le chorégraphe Maurice Béjart.
30. Notamment Marker, Resnais, Lelouch, Klein, Godard et, bien sûr, Joris Ivens.
31. Laurent Veray, cité *in* François Ekchajzer, « Loin du Vietnam enfin proche », *Télerama.fr* (publié le 15/02/2015, mis à jour le 01/02/2018).
32. Antoine de Baecque, *Histoire et cinéma*, Paris, éditions Cahiers du cinéma, 2007.
33. *L'amour après*, *op. cit.*
34. *Le Nouvel Observateur*, 13 mars 1968.
35. Mao Tse Toung, *Œuvres choisies*, Tome III.
36. Jacques Mandelbaum, « L'insaisissable mystère de "La Chine" d'Antonioni, à mi-chemin du documentaire et de la contemplation », *Le Monde*, 7 avr. 2009.
37. « Une histoire de vent », entretien de Serge Daney avec Joris Ivens et Marceline Loridan-Ivens dans l'émission *Microfilms*, France Culture, 30 avr. 1989.
38. Rose-Marie Godier, « La machine et le dragon dans *Une Histoire de vent* de Joris Ivens et Marceline Loridan », *Entrelacs Cinéma et audiovisuel*, n° 5, 2005, p. 78-85.
39. « Une histoire de vent », *op. cit.*
40. *Ibid.*
41. *L'Amour après*, *op. cit.*
42. André Schwartz-Bart, *Le Dernier des Justes*, Paris, Seuil, 1959.
43. William Styron, *Le Choix de Sophie*, Paris, Gallimard, coll. « Du Monde entier », 1981.
44. G. Steiner, *Langage et silence*, Paris, Seuil, 1969.
45. P. Ricœur, *Temps et récit III, Le temps raconté*, Paris, Seuil, 1985.
46. « Comment nommer l'innommable ? », a souvent dit Claude Lanzmann à propos du choix du titre de son film *Shoah.*
47. Expression utilisée par Claude Lanzmann à plusieurs reprises.
48. En particulier : Antoine Perraud, « L'œil de Claude Lanzmann était dans la tombe et regardait le vingtième siècle », *Médiapart,* 11 juil. 2018.
49. Samuel Blumenfeld, « Rétrocontreverse : 1994, peut-on représenter la Shoah à l'écran ? », *Le Monde*, 8 août 2007.
50. Anouk Aimée, qui joue le rôle de Marceline, obtient l'Ours d'or à Berlin en 2003.
51. La controverse reprendra à la sortie du roman *Les Bienveillantes* de Jonathan Littell chez Gallimard en 2006 (Prix Goncourt et Prix de l'Académie française, 2006). Lanzmann, reconnaissant le talent de l'écrivain, l'accuse d'être fasciné par l'horreur. Des historiens, comme Peter Schöttler, Florent Brayard en particulier, portent de lourdes charges sur l'ouvrage. Il faut lire à ce sujet, entre autres, Jean Solchany, « *Les Bienveillantes* ou l'histoire à l'épreuve de la fiction », *Revue d'histoire moderne et contemporaine*, vol. 54, n° 3, 2007, p. 159-178.
52. « *Ma Vie balagan* », Forum des images, 30 août 2014 ; « Marceline une femme du siècle » de Cordelia Dvorak, « La vie Balagan de Marceline Loridan-Ivens » d'Yves Jeuland, Fondation de la mémoire de la Shoah, *À voix nue*, France Culture 2012, *La Grande librairie* en 2016 et 2018
53. En 2018, année de la disparition de Marceline Loridan, nous assistons à une augmentation de 74 % d'actes antisémites, chiffres semblables en Angleterre et en Allemagne.
54. France Inter, à Patrick Cohen (Le 7/9 de France Inter, 27 janv. 2014).
55. Le mot signifie morceau, pièce, et désignait les prisonniers.
56. Une personne bien, sur laquelle on peut compter, inspirante.

David Lowenthal (1923-2018)

Tout paysage est pluriel

Né à New York, fils d'un avocat et conseiller du président Harry Truman, David Lowenthal poursuit des études d'histoire et de géographie à Harvard puis à Berkeley où il obtient une maitrise dirigée par Carl Sauer (1889-1975). Celui-ci l'encourage à rédiger une thèse sur George Perkins Marsh (1801-1882) qu'il soutient en 1953 à l'université du Wisconsin à Madison. Il la remanie pour la publier en 1958 sous le titre de *George Perkins Marsh, Versatile Vermonter*, qu'il réédite en l'actualisant en 2000 avec un nouveau titre, *George Perkins Marsh : Prophet of Conservation*. Carl Sauer ouvre la géographie académique aux études culturelles et à l'anthropologie. Son influence sur plusieurs générations d'étudiants est flagrante, surtout grâce à ses articles pionniers, « The Morphology of Landscape » (1925) et « Recent developments in Cultural Geography » (1927), dont on retrouvera la philosophie dans la recherche doctorale de David Lowenthal sur ce personnage atypique qui a fait mille et un métiers[1], auteur d'un ouvrage dorénavant « classique », *Man and Nature or Physical Geography as Modified by Human Action*, publié en 1864, deux ans avant l'invention du mot « écologie » par le médecin allemand darwiniste Ernst Haeckel. L'importance de cet ouvrage n'avait pas échappé à Élisée Reclus qui voulait le traduire en français et à Patrick Geddes qui en conseille la lecture à Lewis Mumford. Ce dernier lui consacre un chapitre dans *The Brown Decades*[2] et épaule un collectif d'environnementalistes qui se réclament de sa démarche pour tenir un important *symposium*[3].

Durant la Seconde Guerre mondiale, il effectue plusieurs relevés géographiques en France et en Allemagne en compagnie d'un photographe. Cette découverte de nouveaux paysages en les parcourant sans précipitation et en portant intérêt à tout ce qui les compose le marquera à jamais. C'est à cette occasion qu'il s'essaie à la photographie, qu'il appréciera comme art mais aussi comme documentation socio-anthropologique. Après l'obtention de son doctorat, il enseigne à la Jamaïque (University of West Indies) de 1956 à 1970, tout en collaborant à Londres à l'Institute of Race Relations de 1961 à 1972, avant de devenir professeur de géographie à l'University College London. Il réside alors à Londres, se rendant régulièrement en Californie, surtout à partir de sa retraite en 1985.

Il a été conseiller à l'Unesco (on peut lire dans *Le Courrier de l'Unesco* en novembre 1976, « À la recherche des sons perdus » et en septembre 1997, « Paysages culturels »), membre de The Getty Conservation Institute, de l'US National Trust for Historic Preservation et de bien d'autres institutions patrimoniales australienne et norvégienne. Il a reçu les médailles d'or de la Royal Geographical Society, de la Royal Scottish Geographical Society et de l'American Geographical Society. Il a bénéficié d'une bourse Guggenheim en 1965-1966 pour une enquête photographique, « The American Scene », qui est publiée dans la *Geographical Review* (n° 58, 1968) et montrée au Pavillon populaire[4] (Montpellier) lors de l'exposition « Notes sur l'asphalte, une Amérique mobile et précaire, 1950-1990 ».

On le voit, ce n'est pas un universitaire « classique » obnubilé par sa seule spécialité (et un aspect de celle-ci), mais plutôt le disciple de G.-P. Marsh, n'hésitant pas à mêler son érudition académique à des souvenirs de voyages, des lectures, des tableaux, des photographies et à sans cesse sortir d'un seul lieu. Aussi son écriture est-elle fluide et nourrie de ces références hétérogènes qui contribuent à l'exposé de ses thèses originales. Il n'hésite jamais à affronter les idées reçues et à tordre le cou à bien des certitudes… L'histoire pour lui est un « pays étranger » qui doit être visité comme on parcourt un site nouveau, inconnu, en se méfiant des « guides » qui sont datés et rédigés dans un autre contexte. D'une certaine façon, l'histoire reste toujours en train d'être reconstituée, racontée, explorée, appréciée, ce qui relativise bien des événements dits « historiques », chahute les habituelles chronologies, les angles d'attaque, les méthodes et appelle à un travail d'imagination, d'où le conseil à ses lecteurs du recueil *Passage du temps sur le paysage*, de ne pas se contenter de voir *par* leur regard mais *à travers*. Là, il a certainement en tête le mot de Marsh : « La vue est une faculté, voir est un art ».

La lecture de sa biographie de Marsh doit être complétée par l'édition annotée de *Man and Nature* qu'il introduit également de manière remarquable. Marsh, à la suite d'Alexander von Humboldt, établit un lien de responsabilité entre la dégradation du climat et la mise en culture des terres. Aussi s'attarde-t-il sur les effets, par exemple, de la déforestation sur la qualité du sol, son érosion, son épuisement par la monoculture intensive, sur les inondations et la sécheresse qui pourraient en résulter. Marsh écrit de façon prémonitoire : « Dans certaines parties de l'Asie mineure, de l'Afrique du Nord, de la Grèce, voire même de l'Europe latine […] l'action humaine a causé une désolation sur la face de la terre presque comme sur la lune […] La Terre sera bientôt inhabitable par son habitant le plus noble, et une nouvelle ère de crimes humains et d'imprévoyance aussi graves […] risque de la réduire à un tel état d'appauvrissement de la production, de destructions des sols et d'excès climatiques qu'on risquera la dépravation, la barbarie, voire l'extinction de l'espèce. » Il ne rejette pas pour autant l'idée de « conquérir » la nature – tout dépend comment ? Il note que si « l'homme ne sait maîtriser la nature, il sera réduit par elle en esclavage. » Ce qui ne l'empêche pas d'affirmer que « les humains ont oublié depuis longtemps que le monde entier ne leur avait été donné qu'en usufruit ». Cette approche « responsable » et non dogmatique de la nature sera également celle de David Lowenthal, qui récuse aussi bien l'opinion des technophiles pour qui toute artificialisation de la nature lui sera profitable tout comme aux humains, et celle des environnementalistes purs et durs qui réclament une nature vierge de toute intervention humaine. Or, pour lui, « l'environnement, écrit-il en 2000, est une construction et non une essence, son existence suppose la nôtre » (« Histoire de l'environnement : de la conquête de la nature à son sauvetage », repris dans *Passage du temps sur le paysage*, p.118). Plus loin, il considère que pour prendre soin de l'environnement, celui-ci « doit être une expérience vécue et non pas seulement un bien. Comme nos ancêtres et nos descendants, nous nous l'approprions en lui donnant notre marque, créative ou corrosive. L'environnement ne peut être simplement conservé ou préservé, il se modifie – en bien ou en mal – à chaque génération. Ne nous lamentons point, apprenons à être fiers de nos contributions positives ; c'est ainsi que nous créerons des changements dont nos successeurs se féliciteront » (p. 118). Il admet que les activités humaines modifient la nature, sans pour autant proposer l'inaction : « la stabilité n'est pas nécessairement une vertu ; l'écodiversité n'est pas une condition uniforme mais varie avec les époques, les sites, les dimensions ; les écosystèmes ne peuvent pas retourner à un équilibre naturel, les actes passés ne sont pas réversibles. [...] Mais reconnaître la complexité de l'environnement, ce n'est pas laisser la nature à elle-même. » (p. 119)

David Lowenthal a fort à faire, il mesure l'ampleur des désastres environnementaux en cours, sait très bien que la complexité de la situation présente n'est pas perçue par tous (« Le savoir des militants écologiques ne dépasse pas celui de saint François, et leur impatience est à la mesure de leur ignorance », affirme-t-il en 1970 dans « Les croisés de l'environnement », *in Passage du temps sur le paysage*, p. 145) et que les réactions des politiques et des patrons ne sont pas à la hauteur. Il rappelle que le président Johnson disait, en inaugurant la Conférence sur les beautés naturelles en 1965, qu'il fallait aussi « enrichir la vie des gens » et non pas accroître le produit national brut ! Le président Nixon promettait en 1970 de redonner « leur pureté à l'air, aux eaux et à l'environnement ». Aucun des deux n'a tenu sa promesse. Le patronat est unanime à considérer que « lutter contre la pollution occasionnée par les anciennes usines est compliqué et coûteux », pour reprendre les mots du président de la Republic Steel Corporation, en 1970 (p. 141). Quant aux « réformateurs », ils angélisent l'avant-déploiement technologique où la vie de chacun aurait été en harmonie avec la nature et peu d'entre eux sont prêts à changer radicalement de mode de vie. Certes ils se prétendent écologistes, mais circulent en voiture… David Lowenthal me paraît bien mordant à leur égard, que lui ont-ils fait ? Il est vrai qu'affirmer que les Indiens sont « naturellement » des écologistes va à l'encontre des travaux des anthropologues et des historiens, qui décrivent des comportements de prédateurs. Il révèle que le fameux message du chef Seattle au président Franklin Pierce en 1854, *Brother Eagle, Sister Sky* est un faux rédigé par Ted Perry en 1971, comme ce dernier l'a reconnu. D'innombrables ouvrages (y compris pour les enfants) ont néanmoins repris et commenté ce discours confortant cette idée d'une vertu indienne…

En plus de l'environnement, sur lequel David Lowenthal a beaucoup écrit, le paysage et le patrimoine, qui sont tous les trois liés, ont également retenu son attention. Dans « À la découverte des paysages de prédilections », publié en 1978, il présente les quatre « milieux » étudiés par Yi-Fu Tuan dans son livre *Topophilia* (la forêt tropicale, le bord de mer, les vallées et les îles), les dix connotations du paysage selon le géographe D. W. Meining (nature, habitat, objet façonné, système, problème, richesse, idéologie, histoire, lieu, esthétique) pour s'en séparer et considérer que « l'attachement aux paysages varie selon l'expérience et la prospective » (*Passage du temps sur le paysage*, p. 52). Il écrit : « Les paysages dont nous faisons l'expérience immédiate nous entourent, nous impliquent, et retiennent notre attention en détail ; les paysages éloignés dans l'espace et le temps sont perçus plus sélectivement, leur forme et leur contenu sont cohérents ; les paysages que nous n'avons jamais vus mêlent des impressions générales à des aspects mis en valeur. Mais l'expérience combine généralement toutes ces perspectives. Nous voyons les paysages familiers par la lunette de ceux que nous imaginons, tout comme ceux que nous n'avons jamais vus sont modelés par les lieux que nous connaissons. Des mondes connus par l'expérience des sens, par la mémoire ou par l'imagination nous attirent pour des raisons toutes différentes. » (*Passage du temps sur le paysage*, p. 58) Ainsi les paysages sont-ils conçus, perçus et vécus différemment par chacun et chacun voit son impression changer dans la durée avec l'entremêlement de ses souvenirs et les transformations qui affectent les paysages en question. Le temps qui passe modifie notre rapport aux paysages et plus généralement aux lieux. Notre propre vieillissement comme celui d'un lieu participent à une réécriture de l'histoire de notre relation. Le passé se brouille dans notre mémoire et l'histoire qu'on raconte sur un lieu se trouve régulièrement réécrite. Aussi notre appréciation d'un lieu évolue : « La mémoire ne fait pas que conserver le passé, explique David Lowenthal, elle ajuste les souvenirs aux besoins actuels. Au lieu de se souvenir exactement de ce qui fut, on rend le passé intelligible à la lumière des circonstances présentes » (*Passage du temps sur le paysage,* p. 178). Mais ce passé remémoré peut consister en un appauvrissement ou en une invention… Notre rapport aux paysages s'avère instable.

Le patrimoine, comme le paysage qui en fait partie, est une construction culturelle, aussi sa définition comme son aura dépend largement des périodes historiques et des peuples concernés. Le tourisme fabrique un patrimoine à visiter, tout comme le partisan d'une « identité nationale » un patrimoine à honorer et à fêter. Dans son article, « La fabrication d'un héritage », texte de 2001, David Lowenthal précise sa pensée : « Le patrimoine utilise des fragments d'histoire et raconte des récits historiques. Mais ces récits et ces traces sont regroupés en fables étrangères à tout examen minutieux. L'héritage est à l'abri des critiques car ne n'est pas de l'érudition mais du catéchisme. L'héritage n'est ni vérifiable ni même une version plausible de notre passé ; c'est une déclaration de foi dans ce passé. […] Il est donc futile de dire que l'héritage est partial. L'orgueil du passé n'est pas un triste résultat de l'héritage mais son principal objectif. […] L'histoire est pour tous, l'héritage pour nous seulement. » (*Passage du temps sur le paysage*, p. 246-247) Le jeu entre le patrimoine et l'héritage paraît ininterrompu. Les historiens analysent le patrimoine à l'aune de l'histoire qu'ils construisent et reconstruisent et les « héritiers » apportent leur contribution qui vient changer la donne, ainsi le passé demeure une « force vivante » (*Passage du temps sur le paysage*, p. 261) qui équilibre mémoire et histoire, héritage et patrimoine.

La vie réelle de chacun comporte sa part virtuelle, rêvée. Les lieux comme les gens sont faits de leurs entrelacements réciproques et actifs, à l'image du palimpseste, toute empreinte rayée reste présente, tout ajout repose sur une rature. Seul le buvard n'oublie pas.

Thierry Paquot

NOTES

1. *Cf.* « Marsh George-Perkins », par Thierry Paquot, *Dictionnaire de la pensée écologique*, sous la direction de Dominique Bourg et Alain Papaux, Paris, Presses universitaires de France, 2015, p. 526-627. Il a été avocat, homme politique, diplomate en Turquie, Grèce, Italie, voyageur et herboriste, linguiste, etc.
2. *Cf. The Brown Decades. A Study of the Arts in America (1865-1895)*, par Lewis Mumford, New York, Harcourt, Brace and Company, 1931, traduction française par Azucena Cruz-Pierre et Martin Paquot, *Les* Brown decades, *étude sur les arts aux États-Unis (1865-1995),* postface de Thierry Paquot, Paris, Eterotopia, 2015.
3. *Cf. Man's Role in Changing the Face of the Earth*, vol. 1 et 2, sous la direction de William L. Thomas Jr, avec la collaboration de Carl O. Sauer, Marston Bates et Lewis Mumford, Chicago, The University of Chicago Press, 1956.
4. Les commissaires de cette exposition sont Jordi Ballesta et Camille Fallet. Elle se tient du 8 février au 16 avril 2017 et montre également des photographies de Donald Appleyard, John Brinckerhoff Jackson, Chester Liebs, Richard Longsteth.

PRINCIPAUX OUVRAGES DE DAVID LOWENTHAL

George Perkins Marsh, Versatile Vermonter, New York, Columbia University Press, 1958 ; nouvelle édition sous le titre *George Perkins Marsh, Prophet of Conservation*, Seattle, University of Washington Press, 2000.

West Indian Societies, Londres, Oxford University Press, 1972.

Geographies of the Mind. Essays in Historical Geography in Honnor of John Kirtland Wright, sous la direction et avec Martyn J. Bowden, New York, Oxford University Press, 1975.

Our Past before Us : Why Do We Save It ?, sous la direction de et avec Marcus Binney, Michigan, Michigan University Press, 1981.

The Past is a Foreign Country, Cambridge, Cambridge University Press, 1985.

Landscape Meanings and Values, sous la direction de, avec Edmund-Charles Penning-Rowsell, Londres, Harper Collins Publishers, 1986.

The Politics of the Past, avec P. Gathercole, Londres, Routledge, 1989.

The Heritage Crusade and the Spoils of History, New York, The Free Press, 1996.

No Liberty for License : The Forgotten Logic of the First Amendment, Londres, Spence Pub., 1997.

Shakespeare and the Good Life. Ethics and Politics in Dramatic Form, Lanham, Rowman & Littlefield, 1997.

The Nature and Cultural Heritage and the Culture of Natural Heritage, avec Kenneth Olwig, Londres, Routledge, 2005.

Passage du temps sur le paysage, choix de textes par Gilles Barbey, traduits de l'anglais par Marianne Enckell, avant-propos de Kenneth Olwig, préface de David Lowenthal, Gollion, Infolio, 2008.

To Pass on a Good Earth, Charlottesville, University of Virginia Press, 2014.

The Past is a Foreign Country. Revisited, Cambridge, Cambridge University Press, 2015.

Marcel Roncayolo (1926-2018)

Le piéton de Marseille

Son accent marseillais agrémenté d'un léger zozotement accordait à Marcel Roncayolo une certaine bonhomie que renforçait son aimable rondeur. C'est ainsi qu'il m'apparut lors de notre première rencontre dans son bureau du boulevard Raspail, à l'École des hautes études en sciences sociales (EHESS). Je venais lui demander de préfacer une anthologie de textes sur les villes que je préparais pour Larousse et sans détour il me répondit favorablement en ajoutant qu'il souhaitait en être le coéditeur. Nous nous revîmes pour mettre au point une nouvelle version enrichie de ses propositions et à chaque fois, il fut charmant, direct, sans afficher aucune supériorité, due à son savoir, sa notoriété, son âge. Par la suite, nous nous sommes régulièrement fréquentés, avons visité Chicago guidés par David Van Zanten (en compagnie d'Isaac Joseph, François Loyer et quelques autres), passé une semaine en Sicile (avec Yannis Tsiomis) à la suite d'un jury de thèse et dialogué tous les deux, plus d'une fois, en public à l'invitation d'un colloque, d'un festival ou d'un libraire. C'était un convive joyeux, appréciant le bon vin et la bonne chère… Notre anthologie, parue en 1992, a vu son tirage de 4000 exemplaires s'épuiser en quelques années ; aussi avons-nous, à la demande d'un éditeur marseillais, établi une nouvelle édition en actualisant les bibliographies et en réorganisant les textes afin d'intégrer de nouveaux auteurs. Pour des raisons économiques, je suppose, cette nouvelle version a été abandonnée à « la critique rongeuse des souris », dans un tiroir… « Notre » anthologie se distinguait de celle de Françoise Choay et aussi de celle de René Schoonbrodt[1] en privilégiant la publication de l'intégralité de l'article retenu à un extrait et aussi, bien évidemment, aux choix des auteurs. Ainsi, ces trois anthologies se complètent plus qu'elles ne se concurrencent. Au cours de ses déplacements, sa bonne humeur était contagieuse et le petit groupe partageait des moments agréables, où son érudition sans la prétention qui souvent l'accompagne se mêlait à des souvenirs personnels sur des universitaires de renom que je m'empressais d'engranger. J'ai alors compris l'importance de l'École des Annales dans sa manière de penser la connaissance. Il ne pouvait se satisfaire d'une géographie géographique mais l'ouvrait à d'autres disciplines, comme l'histoire bien sûr, mais aussi la démographie, l'économie, l'urbanisme, l'architecture, l'archéologie, etc. La littérature et le cinéma participaient également à sa compréhension du monde et c'est avec passion qu'il évoquait les films de René Allio (1924-1995), dont *Retour à Marseille* (1980), lors du festival Image de Ville à Aix[2], et citait régulièrement Jules Romains dans ses écrits et conférences.

Il effectue toute sa scolarité à Marseille et se rend en 1943 à Paris pour préparer le concours de l'École normale supérieure (ENS). Après une hypokhâgne et une khâgne en histoire au lycée Louis-le-Grand, il opte pour la géographie lorsqu'il devient normalien en 1946 et est reçu à l'agrégation de géographie en 1950. Mais l'histoire l'intéresse toujours et lors d'un entretien[3], il se souvient avec ferveur des enseignements du médiéviste Charles-Edmond Perrin, qui l'initie au cadastre et aux « formes matérielles », et de Roger Dion, qui croise histoire et géographie comme dans son *Essai sur la formation du paysage français*. Hors de l'ENS, il assiste au cours d'Ernest Labrousse (1895-1988), connu pour ses travaux sur l'économie durant la Révolution française. Marcel Roncayolo me confie alors : « L'œuvre d'Ernest Labrousse me poussait à "spatialiser" les fluctuations qu'il décrivait et à combiner les divers rythmes historiques, leur cadre géographique et la construction des espaces. » Du reste, dans ses travaux, l'histoire est toujours présente et, de fait, il s'impose comme un *géohistorien*, dans la lignée de Lucien Febvre (1878-1956) et de Fernand Braudel (1902-1985), qu'il appréciait autant l'un que l'autre. Il est nommé au lycée Saint-Charles à Marseille en 1955 et choisit cette ville comme terrain d'études. Il la considère comme un laboratoire. Son observation continue lui permet de saisir la pluralité des « villes » que Marseille possède. Jamais il ne s'en éloigne totalement, y revenant à chaque vacance, depuis qu'il travaille à Paris – d'abord comme assistant en « géographie économique et coloniale » à la faculté des Lettres de la Sorbonne, puis comme maître-assistant en géographie à l'ENS, directeur d'études à l'EHESS (1965) où il doit imaginer la formation des professeurs d'une nouvelle filière, celle des sciences économiques et sociales, sous-directeur, puis directeur adjoint de l'ENS (1978-1988), professeur à Paris X-Nanterre à partir de 1996 et directeur de l'Institut d'urbanisme de Paris (1991-1994) à l'université Paris XII (Créteil). En 2002, le jury du Grand Prix de l'urbanisme salue son œuvre. Voilà une carrière académique exemplaire jalonnée de nombreuses contributions qui ne snobent pas la vulgarisation, comme en témoignent ses *Manuels* et ses apports à des collectifs qui visent le « grand public ». À la différence des collègues de sa génération, Marcel Roncayolo échappe à l'engagement marxiste au sein du parti communiste français ; il s'affirme social-démocrate et flirte un temps avec Pierre Mendès-France, est membre de la rédaction de la revue de ce dernier, *Les Cahiers de la République*, aux côtés de Stéphane Hessel, Bernard Cazes et Claude Nicollet. Comme les géographes marxistes refusent d'enseigner la géographie de leur ennemi, les États-Unis, cet enseignement lui échoit, alors même qu'il ne s'y rendra que dans les années 1970. Il découvre l'École de Chicago – c'est du reste son exemplaire de *The City*, acheté à une librairie anglo-saxonne sise alors rue de Rivoli et depuis disparue, qu'il prêtera à Isaac Joseph et à Yves Grafmayer pour leur ouvrage[4] – et aussi le géographe Jean Gottmann, l'inventeur de la notion de « mégalopolis » pour désigner un *continuum* urbain allant de Boston à Philadelphie en englobant New York et Washington. « Hormis le cas de Paris, se souvient-il, dont on considérait alors la prédominance comme trop écrasante, j'entrais mal dans l'analyse de métropoles d'équilibre et l'application à l'organisation du territoire sur un schéma de poupées gigognes. Au contraire, j'apprécie ce qui casse la simple reproduction à des échelles différentes du même phénomène. Le changement d'échelle implique un changement de problématique, et donc de regard. L'approche de Gottmann m'a intéressé justement parce qu'il propose un modèle de métropole globale sans hiérarchie unique. Je me suis alors orienté vers ce mode d'urbanisation constitutif d'une mégalopolis à plusieurs pôles, où les campagnes devenaient des éléments du système urbain. C'est pourquoi je crois plus à la notion d'"urbanisation généralisée" qu'à celle de métropolisation. » Dans notre anthologie, il a tenu à mettre un texte de Jean Gottmann, qu'il présente ainsi : « On tend maintenant, la notion de métropole étant galvaudée, à appeler mégalopole toute "conurbation" un peu importante, ces agglomérations à têtes multiples qui se développent et étendent, jusqu'à une frontière presque insaisissable, leurs phénomènes de banlieue[5]. »

Son approche est toujours *ouverte*, en ce sens que s'il étudie une ville comme Marseille ou une réalité géo-sociologique comme la ségrégation, il rassemble une documentation apparemment hétéroclite qu'il met progressivement en ordre afin que chaque information ou donnée trouve sa place dans une réflexion qui s'impose à lui, même si parfois elle est précédée par une intuition. Rien n'échappe à sa curiosité, il avoue privilégier « le rapport entre technique, organisation professionnelle et ville », sans toutefois laisser dans l'ombre l'analyse du marché de l'immobilier si « difficile à réaliser » (par manque d'observatoires *ad hoc*) ou les modalités et caractéristiques des migrations… Ainsi le moindre de ses articles est-il original et porte sa marque de fabrique : les temps braudéliens (quotidien, conjoncturel, long) s'entremêlent et le descriptif, l'imaginatif, le théorique voisinent. « Si j'avais eu à inventer une nouvelle discipline, m'explique-t-il, elle aurait pu s'appeler "morphogenèse", à condition de considérer les formes dans leur matière, leur succession et leur coexistence. Par exemple, les rues de Paris résultent du recouvrement de systèmes multiples. Les formes ont une vie et prennent des significations différentes. Il faut par conséquent tenir compte de la genèse du sens attaché aux formes. Mais je n'ai pas inventé de discipline, car j'ai horreur de la lutte pour la labellisation. » À défaut d'un label, il élabore une « grammaire » (là aussi, on pense à Fernand Braudel et sa *Grammaire des civilisations*) qu'il emprunte, me dit-il, à son « ami » Élisée Reclus[6] : « Il n'y a plus d'appartenance fermée ; bien au contraire, l'appartenance intègre des attaches multiples avec des positions géographiques multiples. Pour comprendre cette complexité, j'ai proposé une grammaire afin d'associer l'évolution des formes et celle des sens. Le terme de grammaire correspond à ma manière de poser le problème de la mise en place des formes, en tant qu'éléments matériels et du sens. La grammaire comprend donc la morphogenèse et le changement de sens. » Il a conscience de sa singularité face à une géographie qui tarde à « géographiser » des faits sociaux totaux, des attitudes et comportements, des modes de penser, des pratiques territoriales, des décisions politiques, etc. Aussi salue-t-il la constitution, autour de Paul Claval, de la « géographie culturelle », en espérant qu'elle ne devienne pas un label ! « Parmi les géographes, j'avais tendance, me raconte-t-il lors de notre entretien, à faire scandale lorsque j'employais le terme d'"espace" au lieu du terme plus classique comme la "région", car l'espace n'engageait pas une organisation définie. Ensuite la spatiologie étant à la mode, j'ai repris la notion de "territoire", car elle comportait des éléments sociaux qui manquaient à la notion d'"espace". Le territoire est un rapport entre un espace non délimité *a priori* et des pratiques, des appartenances et des pouvoirs. »

Il observe, et en suggère une analyse provisoire, inachevée, à reprendre, que le « tiers-monde », par exemple, se manifeste aussi bien dans les villes et les pays dits « sous-développés » que dans les villes et pays dits « développés » rendant caduques ces catégories, qui du reste, ne sont plus utilisées ni véritablement remplacées ; ainsi « le Sud » est-il devenu « les Suds » sans vraiment convaincre quiconque. De même considère-t-il, « concernant le pouvoir », que « l'État-nation est dépassé ». À sa « grammaire », il nous faut ajouter un nouveau « vocabulaire »… Il s'efforce de l'élaborer dans son *Abécédaire* où l'on dénombre 24 entrées, dont une qui regroupe les lettres XYZ de l'alphabet et traite des « Trois dimensions + le temps ». On y trouve, ce qui n'est pas une surprise, des notices sur la « Division sociale », l'« Échelle », la « Grammaire », la « Limite », la « Matérialité », le « Projet », les « Territoires », l'« Urbain », la « Ville », mais aussi, plus original, la « Beauté », « Halbwachs », l'« Imaginaire », « Je-ne-sais-quoi », la « Nature », « Quelqu'un », la « Représentation » et « Week-end ». Seul nom propre de son *Abécédaire*, Maurice Halbwachs (1877-1945) : voilà un sociologue qu'il appréciait fortement. Lors de notre voyage à Chicago, il commentait le séjour que celui-ci effectua dans cette ville-laboratoire. Mais ce sont ses travaux sur Paris (*Les Expropriations et les prix des terrains à Paris (1860-1900)*, 1909), la « morphologie sociale » (*La Classe ouvrière et les niveaux de vie, recherches sur la hiérarchie des besoins dans les sociétés industrielles contemporaines*, 1913) et sur la « mémoire » (*Les Cadres sociaux de la mémoire*, 1925 et *La Mémoire collective*, 1950 et 1997) qu'il privilégiait. Une autre notice mentionne plusieurs noms propres – « Kant, Alain et les autres » – dans laquelle il explique que c'est par Alain qu'il découvre Kant et peut ainsi se démarquer du philosophe qui, à l'époque de sa formation, dominait l'université : Bergson. Avec Kant et Alain, il a de quoi alimenter sa réflexion sur l'espace et le temps : « Je trouve en particulier chez ces deux inspirateurs, deux œuvres où la division et l'articulation entre l'intelligible, les données de la conscience, de la science et des sens sont mises en question. » (p. 250) Dans « Quelqu'un », il note : « Je rappellerai deux fils conducteurs. Soucieuse de jeter les fondements d'une "histoire naturelle" – c'est-à-dire impersonnelle de la ville –, l'écologie urbaine née à Chicago tente de l'éclairer par un changement social qui peut prendre des formes de désorganisation. Elle tend donc à valoriser l'homme mobile, de passage, le bohème, le migrant, l'exilé : paradoxe de surface. Essayant de comprendre le Paris du XIXe siècle, notre génération a valorisé les notes laissées par Walter Benjamin, à la fois savant et déraciné, en exil lui aussi. Dans les deux cas, la place du "je" a valeur de méthode. » (p. 386) Cet *Abécédaire* témoigne de l'incroyable ampleur de son éventail référentiel, aussi bien les « classiques » des principales disciplines universitaires que les publications plus pointues et récentes.

Une permanence géographique – et pas seulement, tant l'affectif s'invite – traverse son existence : Marseille. Marcel Roncayolo fait corps et imagination avec *sa* ville. Dans l'article « Ville » de son *Abécédaire*, Marcel Roncayolo se questionne : « Est-ce mon intérêt pour l'urbain qui m'a entraîné vers Marseille comme "laboratoire" ou est-ce ma sensibilité marseillaise qui m'a poussé vers la connaissance des villes ? Je doute de plus en plus de la réponse. » (p. 387) Mais celle-ci se précise avec son dernier ouvrage *Le Géographe dans sa ville* qu'il réalise avec Sophie Bertran de Balanda. C'est incontestablement une réussite, tant par l'écriture que par les illustrations et les photographies récentes ou d'époque. Prenant appui sur Julien Gracq qui explore la ville de son enfance, Nantes, Marcel Roncayolo se souvient avec une incroyable mémoire du détail, des lieux et de leurs ambiances de son Marseille : « À la fois lieu de construction sociale, la ville n'est pas un objet extérieur qui s'impose à nous. Elle est rencontre, croisement entre un objet regardé par un sujet et un sujet fabriqué par cet objet. Elle enseigne et modèle par sa matière et elle est modelée à son tour par un regard singulier qui trie et interprète. En choisissant ma ville natale comme terrain laboratoire, j'allais très tôt être conduit à lire la ville à partir de ces deux mouvements intriqués. » (p. 8) Après le récit autobiographique, la présentation de sa famille, la description de ses lieux familiers et aussi des confins de cette ville-territoire, les commentaires sur les réalisations urbanistiques successives et les parcours commentés dans les quartiers-villages, le géographe médite : « Une ville n'est pas toujours quelque chose d'ordonné, elle est toujours imprévisible. Vouloir que tout soit en place est illusoire. Le projet, dans la mesure où il est une logique d'action, se heurte toujours à la non-cohérence de l'histoire. Il est de son temps et il le reste. Il représente un avenir qui lui échappe, c'est toujours un "futur antérieur". » Ce livre bilan d'une œuvre est admirable, le lire revient à entendre un homme qui avec simplicité vous offre la ville de sa vie. Quel cadeau !

Géohistorien, grammairien des villes, piéton de Marseille, qui est-il ? Je lui laisse nous le préciser : « Très tôt, les théories m'ont intéressé, m'explique-t-il dans notre entretien, mais plus pour les critiquer et en mesurer les limites que pour les affirmer et m'y soumettre, car je suis dans le fond un grand sceptique. »

Thierry Paquot

NOTES

1. *Cf.* Françoise Choay, *L'Urbanisme. Utopie et réalités. Une anthologie*, Paris, Seuil, 1965 ; René Schoonbrodt et Pierre Ansay, *Penser la ville. Choix de textes philosophiques*, Bruxelles, AAM éditions, 1989.
2. Sur le site d'Image de ville (<www.imagedeville.org>), il est possible de voir et d'écouter Marcel Roncayolo parler de René Allio et improviser sur la notion de « représentation ».
3. *Cf.* « L'invité : Marcel Roncayolo », entretien avec Thierry Paquot, publié dans la revue *Urbanisme*, n° 298, janv.-fév. 1998.
4. *Cf. L'École de Chicago. Naissance de l'écologie politique*, choix de textes présenté et traduit par Yves Grafmeyer et Isaac Joseph, Paris, Les éditions du Champ urbain, CRU, 1979, réédition chez Aubier en 1984 et en collection « Champs » chez Flammarion en 1990.
5. *Cf.* Jean Gottmann, *Megalopolis. The Urbanized Northeastern Seaboard of the United States*, Cambridge, MIT Press, 1962 et son article « Mégalopolis, région laboratoire de l'urbanisation moderne », *Les Cahiers de la République*, n° 46, juil. 1962.
6. Pour notre anthologie, il propose de publier « L'évolution des villes », un texte de Reclus, que je ne connaissais pas, qui n'est paru qu'en anglais en 1895, dans la traduction de Jean-Claude Chamboredon et Annie Méjean. Dans son bref chapô, il écrit : « Il (Reclus) fréquente Huxley et Geddes, les anarchistes de la IIe Internationale. On ne s'étonnera donc pas de trouver l'évolutionnisme au cœur de sa réflexion urbaine. Mais, à ce rapport avec la nature et la biologie, dont Reclus teste l'efficacité, s'ajoutent deux autres influences, venue de la critique sociale et politique : celles des acteurs sociaux, ceux qui modèlent la ville, spéculateurs, industriels, à côté de celle des pouvoirs traditionnels et des militaires. Placé remarquablement pour étudier les effets de l'industrialisation, dans l'Europe du Nord comme aux États-Unis, Reclus participe à la grande remise en question qui vise la division campagnes-villes, dans les idéologies et les réalités. »

QUELQUES ARTICLES ET OUVRAGES DE MARCEL RONCAYOLO

« Évolution de la banlieue marseillaise dans la basse-vallée de l'Huveaune », *Annales de géographie*, LXIe année, Paris, 1952.

« Plan de la ville et spéculation », *Actes du Congrès national des sociétés savantes*, Paris, 1958.

Géographie électorale des Bouches-du-Rhône sous la IVe République, avec Antoine Olivesi, Paris, FNSP, 1961.

Marseille, Paris, La Documentation française, coll. « Les Grandes Villes françaises », 1963.

« Inégalités d'origine géographique en France », *Cahiers de la République*, n° 2, Paris, 1963.

« Géographie des villages désertés », *Annales, économies, sociétés, civilisation*, n° 2, 1965.

Nos Contemporains, t. 9 ; t. 10 et t. 11, manuels, Paris, Bordas, 1966-1972.

« De la ville préindustrielle à la ville industrielle. Essai sur l'historiographie française », avec Louis Bergeron, *Quaderni storici*, n° 27, 1974.

« Logiques urbaines », *Histoire de la France urbaine*, tome IV sous la direction de Maurice Agulhon, Paris, Seuil, 1980 (réédition, 1998).

« La production de la ville », *Histoire de la France urbaine*, tome IV, sous la direction de Maurice Agulhon, Paris, Seuil, 1980 (réédition, 1998).

« Préludes à l'haussmannisation : la capitale dans les projets des ingénieurs et des utopistes », colloque d'Anacapari, Institut Gramsci, 1983.

Histoire de la France urbaine, tome V, sous la direction de Marcel Roncayolo, Paris, Seuil, 1985 (réédition, 2000).

« Le paysage du savant », *Lieux de mémoire*, tome II, *La Nation*, Paris, Gallimard, 1986.

Métamorphoses de la ville. Crise de l'urbain – futur de la ville, sous la direction de, avec Pierre Sansot, Colloque de Cerisy, Paris, Economica, 1987.

« La croissance de la ville. Les schémas, les étapes », *Paris, genèse d'un paysage*, sous la direction de Louis Bergeron, Paris, Picard, 1989.

« L'aménagement du territoire XVIIIe-XXe siècles », *Histoire de la France, l'espace français*, Paris, Seuil, 1989 (réédition, 2000).

« Une leçon de géographie », postface à la réédition de l'ouvrage de Roger Dion, *Le Paysage et la vigne* (1959), Paris, Payot, 1990.

« Jules Romains et la ville ou une trop brève rencontre », *Jules Romains face aux historiens contemporains*, « Cahiers Jules Romains », Paris, Flammarion, 1990.

Histoire du commerce et de l'industrie de Marseille XIXe–XXe siècles. Tome V – L'imaginaire de Marseille. Port, Ville, Pôle, Marseille, Chambre de commerce et d'industrie de Marseille, 1990.

La Ville et ses territoires, Paris, Gallimard, 1990.

Villes et civilisation urbaine. XVIIIe-XXe siècle, avec Thierry Paquot, Paris, Larousse, coll. « Textes essentiels », 1992.

« Le département », *Lieux de mémoire*, tome 1, *Conflits et partages*, Paris, Gallimard, 1992.

« Transfigurations nocturnes de la ville », « Mutations de l'espace urbain », « La ville comme réseau de communications », *La Ville, arts et architecture en Europe (1870-1993)*, Paris, Centre Georges Pompidou, 1994.

Les Grammaires d'une ville. Essai sur la genèse des structures urbaines à Marseille, recueil d'articles, Paris, EHESS, 1996.

Des Archives de l'architecture aux archives de la ville, table ronde tenue aux Archives nationales les 18 et 19 juin 1998, Paris, Direction des archives de France, 2000.

« Géographie, nature et société ? », *Qu'est-ce que la société ?* Université de tous les savoirs, Paris, Odile Jacob, 2001.

Lectures de villes. Formes et temps, recueil d'articles, Marseille, Parenthèses, coll. « Eupalinos », 2002.

Territoires en partage : Nanterre-Seine Arche, en recherche d'identité(s), Marseille, Parenthèses, 2006

L'abécédaire de Marcel Roncayolo. Entretiens avec Isabelle Chesneau, Gollion, Infolio, coll. « Archigraphy poche », 2011.

Le Géographe dans sa ville, avec Sophie Bertran de Balanda, Marseille, Parenthèses, 2016.

Résumés

B. VALADE, Le stéréotype: versions, variantes et variations

Où ranger le stéréotype? Et quel statut lui assigner? Procédé de reproduction en usage dans l'imprimerie, le stéréotype est couramment entendu comme opinion toute faite mécaniquement répétée. La psychologie sociale, la sociologie, la linguistique en donnent des versions sensiblement différentes. Assorti de nombreux synonymes, au premier rang desquels figure le cliché, le stéréotype présente une série de variantes toutes placées sous le signe de la convention. Les interprétations qu'on en a données font voir des variations qui vont du rejet de tout ce qu'engendre la pensée stéréotypée à la reconnaissance d'une certaine positivité.

Mots-clés : stéréotype, psychologie sociale, cliché.

Stereotypes and so on: Versions, Variants and Variations

What category should "the stereotype" be placed in? What status should it be assigned? Originally referring to a reproduction process used in printing, the term "stereotype" is now understood as a ready-made opinion that is repeated mechanically. Social psychology, sociology and linguistics all have perceptibly different versions of what is involved in this term. Accompanied by a host of synonyms, with "cliché" at the forefront, the stereotype presents a series of variants, each of which is found under the banner of convention. Interpretations of stereotypes are themselves varied, ranging from a complete rejection of anything that might involve stereotypical thinking to the acknowledgment that they can involve a certain positivity.

Keywords: *stereotype, social psychology, cliché.*

M. OUSTINOFF, Les avatars du stéréotype depuis Walter Lippmann

Tous s'accordent à dire que la notion de stéréotype a été introduite par Walter Lippmann dans son ouvrage *Public Opinion* publié en 1922 aux Etats-Unis. Très souvent cité, l'auteur est cependant rarement lu, si bien que sa définition du stéréotype tend à être simplifiée à outrance. Il est urgent de relire et de traduire l'ouvrage (il n'existe toujours pas en français), car sa conception du stéréotype est bien plus complexe – notamment en tant que manifestation d'une vision du monde – qu'on la présente habituellement et s'avère d'une grande pertinence pour le décryptage du monde contemporain, à l'heure de sa rebabélisation accélérée et de sa désoccidentalisation en cours.

Mots-clés : Lippmann, stéréotype, opinion publique, vision du monde, rebabélisation, désoccidentalisation.

The Avatars of the Stereotype Since Walter Lippmann

It is generally accepted that the concept of stereotype was first introduced by Walter Lippmann in Public Opinion, which was published in 1922 in the United States. Although it is frequently cited, Lippmann's work is rarely read, and as a result his definition of the concept tends to be grossly oversimplified. Public Opinion needs to be translated (there has never been a French edition) and reread because its definition of stereotype as a manifestation of a worldview is much more complex than is usually thought. It remains highly relevant for understanding our contemporary world at a time of accelerated "rebabelization" and ongoing dewesternization.

Keywords: *Lippmann, stereotype, public opinion, worldview, rebabelization, dewesternization.*

Hervé GLEVAREC, Stéréotypie, objectivité sociale et subjectivité : la sociologie face au tournant identitaire. L'exemple du genre

Toute affirmation sur l'existence d'un stéréotype, entendu comme une représentation a priori des êtres et des choses et comme violence symbolique, suppose, comme son complément logique, l'affirmation de l'existence d'une représentation vraie (non stéréotypée, elle) de l'être ou de la chose en question, voire de l'absence de toute représentation vraie. Qu'un homme ou une femme doive s'habiller comme ceci et cela, avoir telle et telle pratique, relève à la fois d'une norme (qui s'impose) mais aussi d'un stéréotype, à savoir d'une représentation a priori de l'identité. Dans le cadre du paradigme de l'antécédence du sexe sur le genre, paradigme davantage partagé que son envers, on doit pouvoir caractériser sans se tromper le genre comme « le stéréotype du sexe ». Sexe veut alors dire ceci pour les sociologues : « la socialisation, la situation et la perception d'être une femme au temps t » et « la socialisation, la situation et la perception d'être un homme au temps t ». Le chercheur introduit pour cela les notions de socialisation et celle de situation (position) comme explicatives. Or, il s'avère que si la sociologie est la première à déconstruire le stéréotype du sexe, tout aussi bien que le stéréotype du jeune de banlieue, de l'adolescente, etc., elle est aussi amenée, par profession, à soutenir les correctes figuration, représentation et pratique des êtres, issues de son enquête. Elle oppose au stéréotype l'objectivité sociale. La question est de savoir si elle le fait ou peut le faire à propos du sexe dès lors qu'elle a une perspective constructiviste et, plus encore, dès lors qu'un tournant subjectiviste ou identitaire est pris.

Mots-clés : genre, stéréotype, sociologie.

Stereotyping, Social Objectivity and Subjectivity: The Identitatarian Challenge to Sociology and the Example of Gender

Any assertion of the existence of a stereotype, understood as an a priori representation of things or beings and as a form of symbolic violence, implies – as its logical complement – that a true – non-stereotypical – representation of these things or beings exists; it can also imply that a true representation does not exist at all. That a man or a woman should dress or behave in one manner rather than another refers to both a norm (which is imposed) and a stereotype: an a priori representation of identity. Within the paradigm where sex takes precedence over gender – a paradigm more widely shared than its opposite – it should be possible to describe gender correctly as "the stereotype of sex." For sociologists, "sex" would then be defined as "the socialization, situation and perception of being a woman at a given time t" and "the socialization, situation and perception of being a man at a given time t." In the process, researchers appeal to the explanations provided by concepts such as socialization and situation (position). However, although sociology happens to have been the first to deconstruct sex stereotypes – as well as the stereotypes of the urban youth, the adolescent, and so on – it has also, as a profession, been led to support the correct figuration, representation and practices that arise from its research. Sociology thus counters stereotypes with social objectivity. The question is whether sociology does or can do this in relation to sex on the basis of a constructivist perspective. Can it go a step further and do so once it has embraced subjectivist or identitarian positions?

Keywords: *gender, stereotype, sociology.*

Jean-Jacques BOUTAUD, L'expérience comme lieu commun de l'exception

La valorisation de l'expérience, en communication, en consommation, relève à la fois du formatage et de la performativité, voire de la performance. Le cadre expérientiel suppose la préfiguration de l'expérience elle-même, son anticipation, pour créer les conditions non seulement de son opérativité mais de son optimisation. La forme se confond alors avec la conformité au modèle, au risque de se conformer aussi à des stéréotypes de production. L'expérience touristique représente, à cet égard, un lieu tout à fait révélateur des lieux du discours et de la scénarisation événementielle, y compris dans les formes du story-telling cherchant à dépasser la conception fonctionnaliste du voyage, du séjour. Mais sous l'influence des réseaux sociaux, l'invention de soi tend à dépayser le stéréotype, par étirement de la scène expérientielle, avant, pendant et après sa réalisation.

Mots-clés : expérience, tourisme, récit expérientiel, forme, format, formatage, performance.

Experience as Commonplace of the Exception

In relation to communication and consumption, the valorization of experience involves both conformism and performativity, and even performance. To create the conditions of both its operativeness and its optimization, the experiential framework supposes that experience itself is prefigured or anticipated. Form then becomes confused with conforming to a model, which runs the risk of conforming to stereotypes of production. In relation to this, tourist experience is quite indicative of the loci of discourse and the staging of events; this includes forms of narrative that seek to go beyond the functionalist conception of travel and tourism. Yet under the influence of social networking, self-invention tends to displace stereotypes by stretching out the scene of experience before, during, and after its realization.

Keywords: *experience, tourism, experiential narrative, form, format, conformism, performance.*

Henri BOYER, La place du stéréotype dans la pensée sociale et les médias

L'article vise à définir le stéréotype dans le cadre d'un paradigme où prennent place également les concepts d'imaginaire collectif, d'idéologie, de représentation, d'attitude, venus de la psychologie sociale et singulièrement du traitement de la pensée sociale. Il montre qu'il s'agit bien d'une structure socio-cognitive figée, dont la pertinence pratique en discours est tributaire de son caractère réducteur et univoque et d'une stabilité de contenu rassurante pour les usagers et il illustre enfin ces spécificités en observant le fonctionnement du stéréotypage au sein de l'interdiscours médiatique dominant, télévisuel en premier lieu.

Mots clés: stéréotypage, pensée sociale, représentation, discours médiatique.

The Place of Stereotypes in Social Thought and the Media

This article seeks to define stereotypes in terms of a paradigm in which an equal place is accorded to the concepts of collective imagination, ideology, representation, and attitude; all of these terms come from social psychology and, especially, from the examination of social thought. It reveals the rigid socio-cognitive structure involved in stereotyping, the practical relevance of which stems from its reductive and univocal character and from the stability provided by content that reassures those who use it. Lastly, this article illustrates these specificities by exploring how stereotypes operate within the inter-discourse of mainstream media, and television in particular.

Keywords: *stereotyping, social thought, representation, media discourse.*

Vincent LAMBERT et Paul RASSE, Les musées, fabrique et déconstruction des stéréotypes

Comment à ses origines, l'institution muséale conçue comme un panoptique d'objets de connaissances, accumulés dans la perspective d'un inventaire du monde, invente et érige sur un piédestal une science du classement, la taxinomie, propice à l'émergence de stéréotypes ? Et comment, l'orthodoxie scientifique a, dans ses dérives hégémoniques, contribué à produire et à imposer des stéréotypes racistes et nationalistes justifiant l'entreprise coloniale du XIXe siècle ?

Nous montrerons ensuite comment, à la fin du XXe siècle, les musées transformés en espaces de communication tendent au contraire à devenir des lieux de mise en scène d'une conception plus relative de la science, où la vérité est construite et peut être mise en débat. Ceci les conduit à mettre en question et à nuancer les stéréotypes jusque-là érigés en ensemble de vérités dogmatiques à portée universelle. Autrement dit, nous nous demanderons comment les mutations de ses fonctions intellectuelles et sociétales font passer le musée moderne – dont le rôle consiste en une sacralisation institutionnelle des savoirs scientifiques et de la systématiques – au musée postmoderne qui défend une systémique plus relative, qui reconnaît les limites des méthodologies même le plus évidentes, et où les sciences sont appréhendées dans leurs interactions avec la société.

Mots-clés : musées, stéréotypes, taxinomie, vérité, musée postmoderne.

Museums: The Manufacture and Deconstruction of Stereotypes

The museum as institution was originally conceived of as a panopticon of the objects of knowledge that had been amassed in order to construct an inventory of the world. How did it invent and glorify a science of classification, or taxonomy, that was so conducive to the emergence of stereotypes? Further, how did the hegemonic excesses of scientific orthodoxy help produce and impose racist and nationalist stereotypes that justified nineteenth-century colonialism?

In contrast, by the end of the twentieth century, museums had been transformed into communication spaces; they have tended to become places where a more relativist conception of science is staged, and where truth is constructed and can be called into question. This leads us to examine and draw out the nuances of the stereotypes that have, until now, been upheld as a body of dogmatic and universal truth. In other words, because of changes in their intellectual and societal functions, museums no longer seek to provide an institutional sacralization of systematic scientific knowledge. Modern museums have been transformed into postmodern museums, which espouse a more relative systemic; they recognize the limits of even the most obvious methodologies and grasp the sciences in their interactions with society.

Keywords: *museums, stereotypes, taxonomy, truth, the postmodern museum.*

Pascal BLANCHARD, Stéréotypes et héritages coloniaux : enjeux historiques, muséographiques et politiques

Les stéréotypes sont toujours vivants. On n'a jamais vécu entouré d'autant de stéréotypes qu'aujourd'hui et on ne les a jamais autant identifiés, analysés et déconstruits dans le même temps. C'est un paradoxe, mais c'est celui de notre temps où ces enjeux sont désormais des questions politiques majeures. Les stéréotypes interrogent le vivre ensemble, les enjeux interculturels, la notion de « diversité » et nos sociétés métissées et mondialisées à l'heure de la montée des populismes et du rejet de l'immigration. C'est aussi pour cela, au moment où l'on revendique de « décoloniser les arts », de repenser nos musées et quoi faire des collections qui s'y trouvent et qui ont « été pillés au temps des conquêtes coloniales », où l'on questionne l'enseignement de l'histoire et la notion « d'être français », qu'il nous semble important de questionner le monde des musées et celui de l'histoire, en gros de repenser nos imaginaires.

Plus qu'à reconnaître l'existence des discriminations raciales dans la société française et dans nos musées, le mouvement postcolonial initié il y a tout juste une vingtaine d'années en France a donc principalement mis en lumière la force d'occultation par les pouvoirs publics des processus de racialisation et le maintien d'une croyance en la réalisation effective de la norme de colorblindness. De ce point de vue, il a rendu criant le statut de « secret public » que revêt la question raciale dans le contexte républicain puisque, censé favoriser une reconnaissance publique du problème, il a plutôt contribué à l'enfouir.

Si la réflexion du courant postcolonial permet « ensemble » de sortir de cette impasse « raciale », le courant décolonial est plus radical, est pense de son côté que les arts et les musées ne pourront être décolonisés de l'intérieur. C'est sans aucun doute l'un des enjeux de demain : décoloniser les musées, déconstruire les stéréotypes qui y dorment, et (un jour) ouvrir dans ce pays un musée d'histoire coloniale (paradoxe bien français que d'avoir « possédé » le second empire colonial au monde et de n'avoir aucun lieu de savoir.

Mots-clés : stéréotypes, musée, culture, arts, colonisation, racialisme, postcolonial, décolonial, histoire.

Stereotypes and Colonial Legacies: Historical, Museographical and Political Issues

Stereotypes are alive and well. We have never been surrounded by as many stereotypes as we are today, and simultaneously, we have never identified, analyzed and deconstructed them as we do at present. This paradox is typical of our era, in which these matters have become major political issues. Stereotypes challenge social cohesiveness, intercultural concerns, the concept of "diversity," and also our multicultural societies at a time of increasing populism and rejection of immigration. At this moment, when there are calls for the arts to be "decolonialized," for museums to be reassessed and for something to be done about their collections, which were "looted during colonial conquests," and when questions are being asked about how history is taught and what it means to "be French," it seems important to question the world of museums and history. In short, we need to rethink our collective imagination.

This involves more than acknowledging the existence of racial discrimination in both French society and museums. The postcolonial movement, which began a mere twenty or so years ago in France, has mainly shed light on how public authorities use their power to conceal the processes of racialization and to maintain a belief that a norm of "colorblindness" has actually been established. From this point of view, it has become blatantly obvious that, in the context of republican values, the question of race is a "public secret"; the values that are supposed to have raised public awareness of this problem have instead helped to conceal it.

While reflecting on the postcolonial current allows us to get out of this "racial" impasse "together," the decolonial current is more radical, for it thinks that museums and the arts cannot be decolonialized from the inside. There is no doubt that this will be a challenge for the future: decolonializing museums, deconstructing the stereotypes dormant within them and (someday) opening a museum of colonial history in this country. (One of the paradoxes of France is that this nation, which once "possessed" the world's second largest colonial empire, has no place to think about this).

Keywords: *stereotypes, museum, culture, arts, colonialization, racialism, postcolonial, decolonial, history.*

Shinji IIDA, « Vous êtes le roi du monde ! » Les employés de bureau et l'évolution de leur image au Japon

La culture de masse emploie abondamment le stéréotype pour se structurer quitte à le mieux critiquer ou à prendre son contre-pied. En effet, répandu dans toutes les couches sociales, il présente un des moyens les plus efficaces pour établir un espace de complicité avec le public. En même temps, malgré sa puissance représentative, le stéréotype se révèle souvent fragile, car il change de nature selon la société à laquelle il s'adresse ou selon les médias qui le véhiculent. C'est ce changement que nous tenterons d'éclaircir à travers le cas du Sazaé-san, un manga de quatre cases qui a connu une immense popularité et une étonnante longévité dans le Japon de l'après-guerre. Le manga présente en effet deux particularités fort intéressantes pour notre propos. D'abord sa notoriété : publié au départ dans un journal local juste un an après la défaite à la deuxième guerre mondiale, il deviendra une icône du journal le plus influant du pays durant la période qui a connu le redressement impressionnant de l'industrie et la transformation profonde de la société. Ensuite sa complicité avec les médias : diffusé à l'échelle locale ensuite nationale par des journaux, le manga sera adapté au petit écran à partir de 1969 et il continue à être diffusé même aujourd'hui malgré la disparition de son auteure. Ces deux facteurs jouent un rôle déterminant dans le traitement du stéréotype, qu'opère l'un des plus célèbres manga japonais.

Mots-clés : Sazaé-san, manga, médias, salaryman, travailleurs de bureau, petits commerçants, genre, stéréotype

"You are the King of the World!": Office Workers and how Their Image has Developed in Japan

Mass culture is structured through extensive use of stereotypes, even if this sometimes involves contesting or criticizing them. Prevalent throughout all strata of society, stereotypes are among the most effective means of establishing a space of rapport with the public. Yet despite the power of their representations, stereotypes are often revealed to be fragile; their nature changes in relation to the society they address or the media that convey them. This change is what we seek to throw light on through the case of Sazae-san, a yonkoma manga, which was immensely popular in post-war Japan and has remained surprisingly so since then. This manga has two especially interesting aspects. The first concerns its popularity: originally published in a local newspaper just after Japan's defeat in the Second World War, Sazae-san became an icon of the country's most influential newspaper during the ensuing period, which witnessed the economic miracle and the profound transformation of society. The second concerns its affinity with the media: distributed by local and then national newspapers, the manga was adapted for television in 1969 and continues to be broadcast today, after the death of its creator, Machiko Hasegawa. These two factors play a decisive role in the treatment of stereotypes found in one of the most famous Japanese mangas.

Keywords: *Sazae-san, manga, media, salaryman, office workers, shopkeepers, gender, genre, stereotype.*

Christiane CONNAN-PINTADO, Stéréotypes et littérature de jeunesse

Les livres pour la jeunesse se prêtent au déploiement de stéréotypes dont on se propose de mettre en évidence le double visage, à la fois réducteur et formateur. Cette production éditoriale, soumise à l'injonction paradoxale d'instruire et de divertir, ploie sous les contraintes. Aussi subit-elle la prégnance des stéréotypes linguistiques, narratifs et idéologiques. On ne méconnaîtra pas cependant l'intérêt des phénomènes de stéréotypie qui favorisent la construction de compétences pour former un lecteur de littérature.

Mots-clés : stéréotype et contre-stéréotype, littérature de jeunesse et conte, contraintes, politiquement correct, intertextualité et intericonicité, lecture.

Stereotypes and Children's Literature

Children's literature lends itself to the diffusion of stereotypes, which have two facets: they are simultaneously reductive and formative. This editorial production, with its paradoxical mission both to teach and entertain, is weighed down by its constraints. It also suffers from the pervasiveness of linguistic, narrative and ideological stereotypes. Yet we do not underestimate the value of stereotypical phenomena, which also promote the development of skills that will shape future readers of literature.

Keywords: *stereotype and counter-stereotype, children's literature and fairy tales, constraints, political correctness, inter-textuality and inter-iconicity, reading.*

Pascal ROBERT, Le stéréotype dans la bande dessinée franco-belge : jeux et plasticité narrative

La bande dessinée classique franco-belge, dont il est question dans cet article pour l'essentiel, est, semble-t-il, profondément redevable au stéréotype. En effet, les personnages sont moins des caractères au sens psychologique que des sortes de marionnettes, des vecteurs narratifs qui relèvent d'abord d'une morale. En ce sens le stéréotype du « héros » dans cette BD là est lui-même la version morale du stéréotype : l'homme (plus rarement la femme) de bien, aux valeurs irréprochables, à moins que, tout à l'inverse il ne soit un méchant aux valeurs négatives. Cela dit, cette logique fait également l'objet d'une subversion, qui la courbe quelque peu : ainsi Spirou n'hésite-t-il pas à faire le coup de poing et parfois même contre les douaniers alors que Gaston engage volontiers une guérilla impitoyable contre l'agent Longtarin. Nous voudrions souligner dans cet article la fonction narrative du stéréotype en bande dessinée et le fait que ce stéréotype est doté d'une plasticité qui lui permet d'absorber une déformation qui l'amène à se dépasser comme stéréotype.

Mots-clés : bande dessinée, stéréotype, plasticité, morale, subversion.

Stereotypes in French-Belgian Graphic Novels: Games and Narrative Plasticity

The classic graphic novels of French Belgium, which are the primary focus of this article, seem to be deeply beholden to stereotyping. Their characters are less "characters" in the psychological sense than puppets or narrative vectors that, first and foremost, convey a moral. Therefore the stereotype of the "hero" in these graphic novels involves a stereotypical morality: the hero is a man (or, less frequently, a woman) who is good and has the highest ethical standards, unless there is a reversal and the main character is a villain who has negative values. Yet these tendencies have also been subverted and inflected: for example, Spirou does not hesitate to punch even the customs officials, while Gaston engages in merciless guerrilla warfare against Agent Longtarin. In this article, we would like to emphasize both the narrative functioning of stereotypes in graphic novels and their plasticity: they can undergo deformations that enable them to become more than stereotypes.

Keywords: *graphic novel, stereotype, plasticity, morale, subversion.*

Thierry PAQUOT, Le cinéma : petite fabrique de stéréotypes

Le cinéma muet se doit de parler à tous, aussi use-t-il de « clichés » et autres « stéréotypes » pour transporter le public. Devenant parlant, le cinéma favorise la multiplication des « stéréotypes » qui se distinguent de moins en moins des « archétypes » et servent à définir des « genres » (le film noir, le western, la comédie musicale…). Puis, les thèmes traités se diversifiant et le cinéma se mondialisant, les stéréotypes se complexifient et évitent la caricature dans laquelle certains les emprisonnaient au nom d'une normalisation cinévisuelle. De nouveaux « personnages » s'imposent sur les écrans : le jeune, l'homo, le beur, la beurette, etc. Et d'autres s'effacent : le dur à cuire, la femme fatale, le flic tordu, etc. Certains ne percent pas : l'ouvrier, le paysan, le chômeur. Le cinéma s'occupe rarement du social et lui préfére des destins individuels aux contours « typés ».

Mots-clés : cinéma-langage-communication de masse-cliché-culture.

Cinema: A Little Factory of Stereotypes

Silent films must speak to everyone, so they employ "clichés" and other "stereotypes" to enchant and delight their spectators. The advent of the "talkie" provoked a proliferation of cinematic "stereotypes," which became less and less distinguishable from "archetypes" and served to define "genres" (film noir, the Western, the musical comedy). Then, as the themes presented in film became more diverse and cinema more globalized, stereotypes became more complex, sidestepping the caricature in which some, who sought to standardize the cinematic image, tried to imprison them. New "characters" began to command the screen: the youth, the homosexual, the North African, and so on. Others faded away: the roughneck, the femme fatale, the dirty cop, and so on. Some never knew stardom: the factory worker, the farmer, the unemployed. Cinema rarely addresses social concerns and prefers to present individual stories shaped by "types."

Keywords: *cinema, language, mass communication, clichés, culture.*

Gilles ROUET, Les stéréotypes générationnels, fondements, limites et dangers

Caractériser et/ou catégoriser des sous-ensembles des populations selon les âges ou les époques, par « génération » donc, n'est pas une démarche nouvelle. Les générations n'ont pas les mêmes histoires, et si les valeurs partagées changent, finalement, assez peu, les hiérarchies de ces valeurs évoluent au sein des populations, en fonction des changements de mentalité, des cultures, etc. Mais la généralisation de caractérisations générationnelles s'apparente actuellement à une production et à une diffusion de stéréotypes, pouvant induire d'ailleurs des comportements auto-réalisateurs : « puisque les personnes de ma génération sont ainsi, je dois donc m'y conformer ».

Cette démarche normative est développée par certains acteurs économiques, consultants ou encore cabinets de recrutement. Les stéréotypes générationnels, envisagés comme des évidences démontrées, s'imposent alors sous couvert d'une scientificité discutable, ce qui rend nécessaire le recours à des « experts » en génération X, Y ou Z, afin de tenter de maîtriser ces phénomènes…

Mots-clés : stéréotypes générationnels, démarche normative, recrutement, comportements auto-réalisateurs.

The Grounds, Limits and Dangers of Generational Stereotypes

Characterizing and/or categorizing a population subgroup on the basis of age or era – in other words, by "generation" – is hardly a novel approach. Different generations do not share the same experiences, and although shared values may be relatively unchanging, hierarchies of value do develop within populations, in relation to alterations in mentality, culture, and so on. However, generalizing generation-specific characterizations currently involves the production and propagation of stereotypes, which can also lead to self-fulfilling prophecy behavior: "because people of my generation are like that, I have to be like that too."

This normative approach is promoted by some economic actors, advisers, and even recruitment consultants. Generational stereotypes, which are thought of as proven facts, are foisted upon us under the pretext of their "scientific validity," which is dubious; this means that it is necessary to call upon "experts" from generations X, Y and Z, to try to bring these phenomena under control.

***Keywords:** generational stereotypes, normative processes, recruitment, self-fulfilling prophecy behavior.*

Brigitte MUNIER, Aux bonheurs du kitsch

Issu de la révolution industrielle, le kitsch met en œuvre une esthétique conformiste et consensuelle mobilisant la sentimentalité tel le dénominateur commun de toute entente collective : haut lieu de partage et de communication au sein de la culture de masse, il assure le rôle rempli par le cliché et le stéréotype dans la pensée et le discours. Cet article retrace la genèse du kitsch et tente sa définition pour, enfin, en interroger la résistance dans notre société fascinée par le numérique : elle est excellente !

Produits de l'instantanéité de l'information, les memes internet questionnent les secousses politiques, médiatiques, et les rapports sociaux. Dans les forums imageboards où ils livrent bataille au politiquement correct, les internautes se jouent avec désillusion de l'ambiguïté entre utilité et nocivité des stéréotypes. Dans un jeu aussi périlleux qu'audacieux, ils malmènent les imaginaires par leurs inépuisables réinterprétations.

Mots-clés : culture populaire, culture de masse, partage, sentimentalité, confort, révolution industrielle, numérique

The Joy of Kitsch

A by-product of the Industrial Revolution, kitsch plays on a conformist and consensual aesthetic that marshals sentimentality as the common denominator of every collective accord; a hot spot of sharing and communication within mass culture, kitsch carries out the role played by clichés and stereotypes in thought and discourse. This article traces the genesis of kitsch and tries to define it, so that the resistance to it in our society, which is so fascinated by all that is digital, can finally be questioned: it is excellent!

***Keywords:** popular culture, mass culture, sharing, sentimentality, comfort, industrial revolution, digital.*

Jean CAUNE, Formation des stéréotypes du Juif

Mon propos vise à indiquer comment des textes de la littérature, des récits de fiction ou encore des histoires drôles, et moins drôles, ont pu jouer une fonction structurante des différents stéréotypes du Juif développés au cours du XXe siècle. Ce stéréotype s'est progressivement construit dans une histoire et un cadre économique, politique, culturel. Mon approche est de nature communicationnelle : elle relève d'une pragmatique de l'énonciation.

Dans ses usages – ses figures et son inscription dans les discours –, le stéréotype du Juif tire une grande partie de ses contenus de la judéophobie qui se singularise par sa persistance dans l'Histoire. Une des premières singularités de ce stéréotype est que la notion de Juif – qu'elle désigne une religion ou plus largement une communauté (un peuple ?) – est problématique. Elle ne va pas de soi. L'énonciation du stéréotype (l'acte de parole) assigne l'autre à une catégorie : elle le renvoie à sa pseudo-nature. La pensée stéréotypée est une « fausse conscience » qui réifie, décontextualise et essentialise. Dans la mesure où l'antisémitisme catalogue et assigne une nature à l'homme juif, il le fige dans ses rapports aux autres. Ce qui pouvait être considéré comme une opinion relève d'une idéologie mortifère dont la fonction est d'assujettir des individus concrets.

Mots-clés : antisémitisme, judaïsme, judéité, judéophobie, paria, *Schlemihl*, *Schnorrer*.

The Formation of Stereotypes of "the Jew"

My article seeks to indicate how literary texts, fictional narratives, and humorous (or not so humorous) stories were able to play a role in structuring the different stereotypes of Jews that emerged in the course of the twentieth century. This stereotype was gradually constructed at a historical time and in an economic, political, and cultural context. My approach is communicational in nature and involves a pragmatics of the speech act.

In its uses – its figures and its inscription in discourse – the stereotype of the Jew draws much of its content from Judeophobia, whose singularity is its ability to persist throughout History. One of the first specific aspects of this stereotype is that the notion of "the Jew" – whether this term designates a religion or, more broadly, a community (or a people?) – is problematic. It is not self-evident. Stating the stereotype (a speech act) assigns the other to a category: it refers to this other's pseudo-nature. Stereotypical thinking is a "false consciousness" that reifies, decontextualizes and essentializes. To the extent that anti-Semitism catalogues Jewish people and assigns a nature to them, it freezes them in their relation to others. What might have been considered as an opinion is part of a deadly ideology, the function of which is to subjugate actual, concrete individuals.

Keywords: *anti-Semitism, Judaism, Jewishness, Judeophobia, pariah, schlemiel, schnorrer.*

Jean-François AMADIEU et Alexandra ROY, Stéréotypes et discriminations dans le recrutement

Les stéréotypes ont un effet important en matière de recrutement. Ils sont une des explications du niveau élevé des discriminations observées à l'embauche. Les entreprises, les pouvoirs publics et les chercheurs divergent quant aux moyens de résoudre cette difficulté. Nous pouvons néanmoins dégager quelques conclusions en exploitant plusieurs sondages et méta-analyses ainsi que des études que nous avons menées. La sensibilisation des recruteurs aux stéréotypes est d'une efficacité discutée sur les comportements discriminatoires. La discrimination positive n'est guère utilisable dans le contexte français et renforce les stéréotypes. En revanche la suppression des informations qui déclenchent les associations implicites (le CV anonyme) est une solution ainsi que le traitement automatique des candidatures et l'utilisation d'algorithmes bien que dans ce dernier cas les recherches soient encore peu nombreuses.

Mots-clés : discrimination, inégalité, recrutement, recrutement digital, stéréotype.

Stereotypes and Discrimination in the Hiring Process

Stereotypes have a significant impact on the process of employment recruitment. They are one explanation for the elevated level of discrimination observed during this process. Private sector companies, public authorities and researchers have diverging views about how to resolve this difficulty. However, an examination of several surveys and meta-analyses in connection with our own research has enabled us to draw several conclusions. The effectiveness of raising recruiters' awareness of stereotypes in addressing discriminatory behavior is debatable. Affirmative action is hardly feasible in the French context and serves to reinforce stereotypes. In contrast, removing information that triggers implicit associations (by using anonymous job applications) is one solution; another possibility is automated job application processing performed by algorithms, although not much research has been done concerning this approach.

Keywords: *discrimination, inequality, recruitment, digital recruitment, stereotypes.*

Jean-Marc STÉBÉ et Hervé MARCHAL, Des stéréotypes tenaces sur les banlieues et les zones périurbaines

Cet article revient sur les stéréotypes contemporains relatifs à la banlieue et aux zones périurbaines, stéréotypes faisant de ces deux territoires des sortes d'entités homogènes coupées des autres territoires urbains et de leurs dynamiques culturelles, politiques et sociales. Dès lors, les banlieues sont réduites à des zones de non-droit, à des ghettos qui existeraient depuis toujours comme s'il s'agissait d'essences naturelles par définition suprahumaines. Quant aux zones périurbaines, elles sont alors vues uniquement comme des territoires similaires relevant du banal et du vulgaire, de l'irresponsabilité écologique de la monotonie architecturale incarnées par la figure du pavillon. D'où l'importance de recherches de terrain qui réhabilitent banlieues et zones périurbaines dans toute leur complexité.

Mots-clés : banlieue, périurbain, stéréotypes, ségrégation sociale.

Ingrained Stereotypes of Banlieues and Peri-Urban Zones

This article takes another look at contemporary stereotypes concerning banlieues and peri-urban zones in France. Both of them are often treated as homogeneous entities cut off from the cultural, political, and social dynamics of other urban areas. At present, stereotypes of banlieues reduce them to lawless, "no-go zones": ghettos that have always existed, as if they were natural essences that are, by definition, suprahuman. Peri-urban zones, for their part, are viewed only as territories marked by their uniformity, banality, vulgarity, and ecological carelessness; their archaeological monotony is embodied by the figure of the "pavillon" or tract home. It is thus important for field research to rehabilitate these banlieues and peri-urban zones, and to depict them in all of their complexity.

Keywords: *banlieue, peri-urban, stereotypes, social segregation.*

Agathe MENETRIER, Déchiffrer les stéréotypes de genre aux guichets de l'asile

Un entretien de détermination de statut de réfugié ne dure que quelques heures. Dans la plupart des cas les demandeurs d'asile attendent pourtant ce moment pendant des années. Des années pendant lesquelles il convient de se préparer, de glaner le plus d'informations possible pour que cet entretien soit un succès. Quand on a fui une région en guerre, il faut savoir prouver qu'on y a réellement habité ; quand on a été persécuté pour ses opinions politiques, il faut montrer l'historique de cet engagement. Quand on a été chassé à cause de son orientation sexuelle, qu'attendent les agents de l'asile ? C'est la question que se posent de jeunes gambiens et gambiennes demandant la protection du HCR à Dakar après avoir fui des violences homophobes. Alors qu'ils.elles doivent déjouer les discriminations quotidiennes de Sénégalais.es pour qui les homosexuel.les sont de « mauvais.es africain.es » et musulman.es, les jeunes queer de Gambie se demandent si les agents de l'asile ont les mêmes stéréotypes. Pour tenter de cerner ces derniers, les apirant.es à l'asile utilisent les réseaux sociaux pour demander conseil à ceux et celles qui ont, avant eux.elles, réussi à accéder au statut de réfugié « LGBT ».

Mots-clés : asile, HCR, réinstallation, stéréotypes, queer, LGBT, réseaux sociaux, Afrique de l'Ouest, Sénégal, Gambie.

Using Social Networking to Decipher Gender Stereotypes at Refugee Intake Points

The interview that determines whether a person will be granted refugee status lasts only a few hours. However, in most cases, asylum seekers may well have been awaiting that moment for years. During those years, it is advisable to prepare oneself by gathering as much information as possible in order to increase the chances that the interview will be successful. Those who have fled from war zones have to prove that they had really lived in them; those who have been persecuted for their political opinions must show the history of their commitment. What do immigration agents want to know about those who have been driven from their countries because of their sexual orientation? This is the question asked by young men and women from Gambia, who have fled homophobic violence and are seeking the protection of the UNHCR in Dakar. Since they have had to deal on a daily basis with discrimination by many Senegalese – who consider gays and lesbians to be "bad" Africans and Muslims – queer youth from Gambia wonder whether immigration agents will have the same stereotypes. To try to get a sense of these stereotypes, these asylum seekers use social networking to connect with others who have already succeeded in being granted "LGBT refugee" status.

Keywords: *asylum, UNHCR, relocation, stereotypes, queer, LGBT, social networking, West Africa, Senegal, Gambia.*

Peter BROWN, George Soros : l'énigme des stéréotypes

Cet article présente une étude de cas : George Soros, financier et philanthrope, ennemi avéré tantôt de la gauche tantôt de la droite, à l'occasion des deux à la fois, sujet également d'attaques antisémites et de critiques israéliennes. Le parcours de cet individu hors normes, depuis sa naissance en Hongrie entre les deux guerres jusqu'à ses activités de mécène (Central European University, Budapest, notamment), en passant par sa vie de banquier et de spéculateur à Wall Street, révèle des enjeux classiques et nouveaux liés à l'usage des stéréotypes ainsi que le fonctionnement de la communication politique et citoyenne aujourd'hui. Face à l'exploitation de stéréotypes aussi variés que contradictoires, c'est la notion même de stéréotype qui est en jeu.

Mots-clés : stéréotypes, George Soros, financier, philanthrope, juif, Central European University, Open Society.

George Soros: An Enigma of Stereotypes

This article presents a case study of George Soros: the financier, philanthropist, avowed enemy of both the left and the right (and sometimes both at once) who is also a target of both anti-Semitic slurs and criticism by the Israeli state. This exceptional individual has lived an exceptional life: from his birth in Hungary in the interwar period to his career as a Wall Street banker and speculator, along with his later philanthropic activities, notably with Central European University in Budapest. His life highlights issues involved in the enduring and emerging uses of stereotypes, as well as aspects of how political and public communication operate in contemporary society. The employment of such diverse and contradictory stereotypes in relation to one individual calls the very concept of stereotype into question.

Keywords: *stereotypes, George Soros, financier, philanthropist, "Jew," Central European University, Open Society.*

Marinette JEANNEROD, Les stéréotypes mis à mal sur la Toile

Issus de l'instantanéité de l'information, questionnant les secousses politiques, sociales et médiatiques, les mèmes produits sur internet requièrent une attention particulière. Cet article propose une plongée dans les forums imageboards, là où les mèmes se propagent et s'encodent. Les internautes y livrent bataille au politiquement correct ; ils se jouent avec désillusion de l'ambiguïté entre utilité et nocivité des stéréotypes. Dans un jeu aussi périlleux qu'audacieux, ils malmènent les imaginaires par leurs inépuisables réinterprétations.

Mots-clés : mèmes, imageboards, stéréotype, politique, internet, racisme.

Stereotypes Undermined on the Web

Arising from the instantaneous immediacy of information and posing a challenge to political, social and media shakeups, memes created on the Internet require special attention. This article dives into imageboard forums, where memes are created and encoded. This is where the wars of political correctness are fought; internet users play disappointedly on the ambiguous relation between the utility and toxicity of stereotypes. In a "game" that is as perilous as it is audacious, their inexhaustible reinterpretations mistreat the worlds of imagination.

Keywords: *memes, imageboards, stereotypes, politics, internet, racism.*

Joseph MOUKARZEL, Les stéréotypes, « avatars » indispensables dans la presse satirique

Les stéréotypes dans la caricature sont un moyen de représentation iconographique d'un groupe humain bien défini dans l'espace et le temps, ou la personnalisation d'un objet tout aussi réel mais non vivant, comme un état, un système politique, une idéologie, un phénomène naturel ou fantasmagorique... Dans les deux cas il est difficilement concevable de les dessiner sans prendre pour base un cliché socioculturel ou sociopolitique qui les définit, ou du moins, les illustre communément. Ce sont des conceptions issues d'un imaginaire collectif et émanant de la diversité humaine.

Cet article essaye de montrer – études de cas à l'appui – que dans la caricature, les stéréotypes sont des médiations sans lesquelles la communication se complexifie dans son fond et sa forme ; tout comme il essaye de disculper ces « avatars » qui ne sont là que pour la représentation, le message ne se limitant pas à la configuration du personnage mais à sa mise en situation dans le dessin. C'est donc par l'intentionnalité d'une contextualisation, ou scénarisation, qu'il y a construction de sens dans la caricature, et c'est là qu'il faut chercher les frontières entre critique et discrimination.

Mots-clés : communication, stéréotype, médiation, Uncle Sam, avatar, caricatures, presse satirique, *addabbour*, États-Unis, critique, discrimination, représentation iconique, symbole, image, catégorisation.

Stereotypes: Indispensable "Avatars" in the Satirical Press

In caricature, stereotypes are a form of iconographic representation of a human group – one that is well defined in space and time – or are the personification of an object that is inanimate but very real: a state, a political system, an ideology, or a natural or phantasmagorical phenomenon. In both cases, it is difficult to imagine how to draw such entities without starting off from some sociocultural or sociopolitical cliché, which would define them or would at least illustrate what they have in common. These conceptions arise from a collective imagination and emanate from human diversity.

This article seeks, on the basis of case studies, to show that in caricature, stereotypes are mediations, without which communication would become increasingly convoluted in both its form and content; it also seeks to remove the sense of opprobrium attached to these "avatars," which are only there as representations. The message being conveyed is not restricted to the way that the character is configured; it is also found in the situations in which the character is placed in the drawings. What creates meaning in caricature is the intentionality of its contextualization or staging; this is where the boundaries between criticism and discrimination are located.

Keywords: *communication, stereotype, mediation, Uncle Sam, avatar, caricatures, satirical press, Ad-Dabbour, United States, criticism, discrimination, iconographic representation, symbol, image, categorization.*

Estelle DUMAT-MALLET, Regard des journalistes scientifiques sur l'actualité de la recherche biomédicale

Cette recherche, basée sur de 21 entretiens approfondis avec des journalistes scientifiques, porte un regard sur le travail d'investigation et de contextualisation opéré par ces journalistes lorsqu'ils couvrent des publications scientifiques dans le domaine de la recherche biomédicale. L'enquête révèle une forte dépendance aux sources. Celles-ci sont rarement remises en question, principalement pour deux raisons. Premièrement, les journalistes sont soumis à des contraintes temporelles et hiérarchiques fortes qui les incitent à utiliser les communiqués de presse des institutions scientifiques tels quels. Deuxièmement, ils associent le système d'évaluation des publications scientifiques par les pairs avec un gage de validité, limitant de fait leur esprit critique vis à vis des découvertes scientifiques.

Mots-clés : journalistes scientifiques, actualité scientifique, publications scientifiques, recherche biomédicale, sources, communiqués de presse.

How Scientific Journalists View the Latest Developments in Biomedical Research

This research, based on twenty-one in-depth interviews with scientific journalists, explores how they investigate and contextualize scientific articles in the field of biomedical research. These journalists remain highly dependent on their sources, which, for two main reasons, are rarely called into question. First, the editorial constraints and short deadlines to which journalists are subject lead them to rely unquestioningly on the press releases provided by scientific institutions. Second, the peer review system of evaluating scientific publications is taken as a measure of their validity, which effectively curtails journalists' ability to think critically about scientific discoveries.

Keywords: *scientific journalists, scientific news, scientific publications, biomedical research, sources, press releases.*

Thierry PAQUOT, Merci, ou de la gratitude

Toutes les langues ne possèdent pas un mot pour dire « merci », mais la plupart des sociétés connaissent des règles de politesse qui sont autant de codes pour cohabiter pacifiquement. À défaut d'une formule chacun exprime avec des gestes, des mimiques, des cadeaux, leur gratitude envers autrui. Remercier fait du bien à la personne qui manifeste sa reconnaissance tout autant qu'à son destinataire. Pourtant avec le déploiement des technologies de communication, en particulier le portable, l'on constate l'effacement du « merci », tout comme du « salut », chacun s'enfermant dans sa « bulle » au point d'oublier les règles élémentaires du savoir-vivre. Un simple signe de tête suffit pour éviter d'interrompre sa communication et commander une baguette… Plus la population est concentrée et stressée plus le merci se fait petit et murmuré. Cette perte programmée du remerciement correspond à une urbanité sélective qui témoigne des nouvelles ségrégations.

Mots-clés : anthropologie, politesse, urbanisation des mœurs, technologie communicationnelle, ségrégation.

Giving Thanks, or On Gratitude

Not every language has a word for saying "thank you," but the vast majority of societies have rules of politesse, which are codes that allow for peaceful cohabitation. In the absence of a specific formula, each person expresses his/her gratitude to the other with gestures, sign language, or gifts. An expression of thanks has good effects upon its recipient; it can also be just as beneficial for the person who is showing gratitude. However, with the spread of communications technologies, especially smartphones, we see that statements of "thanks," along with salutations, are being effaced. People are closing themselves off in "bubbles," and the result is that the basic rules of good manners are being forgotten. A slight movement of the head is all that is needed to order a baguette; people can remain glued to their smartphones while doing this. In a society in which people are experiencing ever greater stress and are having to concentrate more and more, expressions of gratitude are being reduced to nothing more than a murmur. This programmed loss of giving thanks corresponds to a selective urbanity that reveals new forms of segregation.

Keywords: *anthropology, politesse, urbanization of customs and mores, communications technologies, segregation.*

Les auteurs de Hermès 83

Jean-François Amadieu est professeur à l'université Paris 1 Panthéon Sorbonne. Il dirige au sein de l'école de management un pôle de recherche et deux masters en gestion des ressources humaines. Il a créé l'Observatoire des discriminations en 2002 et a notamment publié *Le poids des apparences* (Odile Jacob, 2002), *DRH le livre noir* (Seuil, 2013) et *La société du paraître* (Odile Jacob, 2016). Courriel : <jfamadieu@noos.fr>.

Pascal Blanchard est historien, chercheur au CNRS (laboratoire Communication et politique) et codirecteur du groupe de recherche Achac. Il est spécialiste de la question coloniale, de l'histoire des immigrations, du phénomène des zoos humains et des enjeux postcoloniaux. Il a codirigé l'édition de plus d'une soixantaine d'ouvrages, dont *La fracture coloniale. La société française au prisme de l'héritage colonial* (La Découverte, 2005), *La France noire. Trois siècles de présences* (La Découverte, 2011), *Les années 30, et si l'histoire recommençait ?* (La Martinière, 2017), *Sexe, race & colonies. La domination des corps du XVe siècle à nos jours* (La Découverte, 2018) et l'ouvrage collectif *Zoos humains et exhibitions coloniales. 150 ans d'inventions de l'Autre* avec Nicolas Bancel, Gilles Boëtsch, Sandrine Lemaire et Éric Deroo (La Découverte, 2011). Documentariste, il a coréalisé une douzaine de films documentaires et séries, dont *Noirs de France* (France 5, 2012) et *Sauvages, au cœur des zoos humains* (Arte, 2018). Commissaire d'expositions, il vient de présenter l'exposition *Zoos humains, l'invention du sauvage* qui s'est tenue en 2018 au Mémorial ACTe (Pointe-à-Pitre) après sa présentation au musée du Quai Branly-Jacques Chirac (Paris) et à la Cité Miroir (Liège), dont est issu le catalogue *Exhibitions. L'invention du sauvage* (Actes Sud, 2012). Courriel : <blanchard@achac.com>.

Jean-Jacques Boutaud, sémiologue, est professeur en SIC à l'université de Bourgogne (Cimeos, EA 4177). Co-responsable scientifique du Groupement d'intérêt public Bourgogne Vigne et Vin, il est également expert auprès de la Cité de la gastronomie et du vin de Dijon. Principaux ouvrages : *Sémiotique et communication. Du signe au sens* (L'Harmattan, 1998) ; *L'imaginaire de la table* (L'Harmattan, 2004) ; *Le sens gourmand* (2005, Jean-Paul Rocher) ; *Scènes gourmandes* (Jean-Paul Rocher, 2006) ; *Sémiotique ouverte. Itinéraires sémiotiques en communication*, avec Eliseo Veron (Hermès Lavoisier, 2007) ; *Scénographies alimentaires* (Culture & Musées, Actes Sud, 2009) ; « La médiatisation du culinaire » (*Communication & Langages*, 2010) ; *Un monde devenu food ?* (éditions de l'Armençon, 2010) ; *Sémiotique, mode d'emploi* (Le Bord de l'eau, 2015) ; *Sensible et communication* (ISTE, 2015) ; *Cuisine du futur et alimentation de demain* (L'Harmattan, 2016) ; *La gastronomie au cœur de la Cité* (EUD, 2016). À paraître : *Le goût à l'école de la vie* (PUF). Courriel : <jean-jacques.boutaud@u-bourgogne.fr>.

Henri Boyer est professeur émérite de sciences du langage à l'université Paul Valéry Montpellier 3. Il est l'auteur de plusieurs ouvrages et articles concernant divers domaines de la sociolinguistique, en particulier les idéologies et représentations ethnosociolinguistiques et la production d'identité(s) dans les communautés, groupes et réseaux, l'épistémologie de la sociolinguistique et le fonctionnement des discours médiatiques. Courriel : <henri.boyer@univ-montp3.fr>.

Peter Brown est professeur au département de Lettres, Langues et Sciences humaines à l'université de la Polynésie française et professeur associé à l'Australian National University, Canberra. Il a été Senior Fellow au Collegium Budapest (IAS) (2011) et chercheur invité au Department of Gender Studies à la Central European University (2017-2018). Courriel : <peter.brown@upf.pf>.

Les travaux de ***Jean Caune*** portent sur les pratiques esthétiques envisagées comme processus de médiation culturelle. Après des études d'ingénieur chimiste, il s'est engagé dans une carrière de comédien et a exercé une activité de metteur en scène et de directeur d'établissement culturel. Élu local à Grenoble et vice-président de la Communauté d'agglomération grenobloise, il a été délégué au développement universitaire (1981-1988). Comme universitaire, il a dirigé l'UFR des sciences de la communication de Grenoble 3 Stendhal (1990-1996), été responsable de l'IUP communication (1996-2000) et de la maîtrise art du spectacle. Il a écrit une dizaine d'ouvrages sur la culture, le théâtre et les médiations culturelles. Il a également participé à de nombreux ouvrages collectifs sur les questions de politique culturelle et de médiation. Courriel : <caunejean@gmail.com>.

Brigitte Chapelain est maître de conférences honoraire en sciences de l'information et de la communication. Ses recherches dans le domaine de la culture et du numérique portent sur trois axes : les pratiques créatives en réseaux des jeunes adultes, l'intégration du numérique dans le domaine littéraire et les mutations de la prescription littéraire. Ses dernières publications sur ces questions sont en particulier : *Expressions et pratiques créatives en réseaux* (dir. B.Chapelain, Hermann, 2015), *Prescription culturelle : avatars et médiamorphoses* (dir. B. Chapelain et S. Ducas, Enssib, 2018). Elle est rédactrice en chef des *Cahiers de la SFSIC* et membre du bureau d'*Hermès*. Courriel : <brichap@club-internet.fr>.

Roberto Chiachiri est docteur et maître en communication et sémiotique de l'Université pontificale catholique de São Paulo, responsable de la chaire Unesco en communication à l'Université méthodiste de São Paulo. Étudiant postdoctoral à l'Université Paris 1 Sorbonne, professeur titulaire à l'Université méthodiste de São Paulo. Il est un des responsables du groupe de recherche « Journalisme humanitaire et *media interventions* ». Il est professeur invité à l'Université pontificale catholique de São Paulo au cours de sémiotique psychanalytique et chercheur invité au Centre de recherche Images Culture et Cognition (Paris 1). Courriel : <archiachiri@gmail.com>.

Christiane Connan-Pintado est maître de conférences émérite en langue et littérature françaises, université de Bordeaux-ESPE d'Aquitaine (équipe Telem, EA 4195, université Bordeaux-Montaigne). Ses domaines de recherche : contes, actualisation de la littérature patrimoniale, littérature de jeunesse, enseignement de la littérature. Elle a codirigé en 2018 l'ouvrage *L'épanchement du conte dans la littérature* (Presses universitaires de Bordeaux), et deux numéros de revues : « Destinée paradoxale d'un conte énigmatique : "Le Roi-grenouille ou Henri-de-fer" des Grimm », *Ondina/Ondine*, n° 1, et « Mauvaises filles en littérature de jeunesse. Éducation et rééducation en question(s) », *Éducation comparée*, n° 20. Courriel : <christiane.connan-pintado@orange.fr>.

Thierry Consigny dirige l'agence de publicité Saltimbanque, qui fait travailler ensemble des marques et des artistes, en France et dans le monde. Courriel : <thierry@agence-saltimbanque.com>.

Étienne Damome est maître de conférences habilité à diriger des recherches en sciences de l'information et de la communication à l'université Bordeaux Montaigne. Il est responsable de l'axe Médias du laboratoire Mica (EA 4426) et membre associé de l'UMR « Les Afriques dans le monde ». Ses enseignements et sa recherche portent sur les relations entre médias, religions et société, et plus spécifiquement sur les processus de construction communautaire *via* les radios communautaires et les pratiques des TIC. Courriel : <etienne.damome@u-bordeaux-montaigne.fr>.

Estelle Dumas-Mallet est docteur en sciences biologiques et médicales et en science politique. Croisant les regards des deux disciplines, elle poursuit ses recherches au sein de l'Institut des maladies neurodégénératives (CNRS UMR 5293) et du centre Émile Durkheim (CNRS UMR 5116) à Bordeaux autour de la couverture médiatique des neurosciences et du rôle des scientifiques et des institutions de recherche dans la médiatisation. Courriel : <estelle.mallet@u-bordeaux.fr>.

Paoline Ekambi est née à Paris en 1962, dans une famille franco-camerounaise. Elle a commencé à jouer au basket à 14 ans, intégré l'Insep, passé deux ans aux États-Unis et mené une carrière exceptionnelle au sein de l'équipe de France de basket et dans les plus grands clubs français. Elle a détenu le record de sélections en équipe de France pendant 24 ans. Engagée pour l'égalité femmes/hommes et la diversité dans le sport, elle est aussi entrepreneure dans l'écosystème du sport et très active sur le terrain de la communication autour du sport.

Agnès Giard, anthropologue rattachée à l'université de Paris Nanterre (laboratoire Sophiapol), chercheuse postdoctorale à l'Université libre de Berlin, travaille au sein du groupe Emotional technologies (ERC). Ses recherches portent sur l'industrie des simulacres affectifs dans le contexte du dépeuplement du Japon. Elles mettent en regard la consommation des produits de consommation émotionnels et le stigmate frappant les personnes qui vivent seules, ainsi que la perspective d'une mort sans descendance. Courriel : <agiard@parisnanterre.fr>.

Hervé Glevarec est directeur de recherche au CNRS, laboratoire Irisso (université Paris Dauphine, PSL). Il travaille sur les pratiques culturelles et médiatiques contemporaines. Il élabore un modèle de la différenciation culturelle, qui se propose de renouveler l'appréhension des goûts et des pratiques culturelles contemporaines en considérant les catégories culturelles (le genre culturel notamment) structurant les goûts et les nouveaux jugements sociaux à l'endroit des goûts des autres. Il a publié *La différenciation culturelle* (2019), *La culture à l'ère de la diversité* (2013), a mené des enquêtes qualitative et quantitative sur les loisirs numériques et culturels des préadolescents (*La culture de la chambre*), sur la consommation des séries télévisées américaines par les amateurs du genre (*La sériephilie*), ainsi que sur le patrimoine (*Le patrimoine saisi par les associations*, avec Guy Saez). Une seconde partie de ses travaux portent sur la radio (*« Ma radio », Attachement et engagement* (INA); *France Culture à l'œuvre* (CNRS éditions), *Libre Antenne* (Seuil), *La radio et ses publics* (avec Michel Pinet) (Séteun). Courriel : <herve.glevarec@dauphine.psl.eu>.

Après avoir soutenu une thèse sur Francis Ponge (université de la Sorbonne-Nouvelle), ***Shinji Iida*** est actuellement professeur à l'université Kagoshima-Kokusai. Spécialiste de la littérature française et de l'enseignement de la littérature, il consacre également ses travaux à la culture de masse au Japon, notamment au dessin animé et au manga. Courriel : <iida.shinji@gmail.com>.

Marinette Jeannerod est critique d'art, essayiste, tutrice à l'Université virtuelle du Sénégal et éditrice pour la revue *The Art Momentum*. Sous le pseudonyme déterritorialisé Marynet J, elle signe des articles sur les effets de la circulation des savoirs et des images sur Internet, les esthétiques décoloniales et les pratiques artistiques qui questionnent le présent et les devenirs technologiques. Courriel : <marynet.j@gmail.com>.

Vincent Lambert, docteur en sciences de l'information et de la communication, enseignant-chercheur au laboratoire Siclab Méditerranée à l'université de Nice, auteur d'une thèse sur *Les musées d'histoire : fabrique, communication et esthétique de l'histoire*, et de travaux sur l'éthique dans les institutions culturelles, la médiation au musée et au théâtre. Courriel : <vp.lambert@gmail.com>.

Anne Lehmans est docteure en science politique et enseignante chercheuse en sciences de l'information et de la communication à l'université de Bordeaux et au laboratoire IMS-Rudii (Représentations, usages, développements et ingénierie de l'information). Elle travaille essentiellement sur les cultures de l'information. Courriel : <anne.lehmans@u-bordeaux.fr>.

Christian Lequesne est professeur de science politique à Sciences Po Paris, spécialiste de l'Union européenne et de la sociologie de la diplomatie. Ancien directeur du Centre de recherche internationale (Ceri) de Sciences Po et du Centre français de recherche en sciences sociales (Cefres) de Prague, en République tchèque. Courriel : <christian.lequesne@sciencespo.fr>.

Vincent Liquète est professeur des universités en SIC. Il dirige l'équipe Rudii du laboratoire CNRS IMS UMR 5218. Il préside le conseil d'orientation pédagogique et scientifique de l'ESPE d'Aquitaine et est chargé de mission « Nouveaux Cursus universitaires – New Deal ». Il travaille depuis des années la thématique des cultures de l'information, des médiations des savoirs dans les environnements et contextes professionnels d'apprentissage. Il est membre du bureau de la revue *Hermès* depuis 2014. Courriel : <vliquete@aol.com>.

Hervé Marchal, professeur de sociologie à l'université de Bourgogne (Dijon), mène au sein du centre Georges Chevrier (CGC-UMR 7366) des recherches sur l'identité du citadin, les mobilités, l'étalement urbain et le phénomène pavillonnaire. Il a entre autres publié une vingtaine d'ouvrages (seul ou en collaboration), notamment *La sociologie urbaine* (PUF, 2018, 6e éd.), *Idées reçues sur les bidonvilles en France* (Le Cavalier Bleu, 2017), *Citoyennetés en ville* (PUFR, 2017), *Un sociologue au volant* (Téraèdre, 2014), *L'identité en question* (Ellipses, 2012) et *La diversité en France : impératif ou idéal ?* (Ellipses, 2010). Courriel : <Herve. Marchal@u--bourgogne.fr>.

Brigitte Marin est professeure des universités en linguistique française à l'université Paris-Est-Créteil. Directrice de l'École supérieure du professorat et de l'éducation (ESPE) de l'académie de Créteil, elle préside le bureau du réseau national des ESPE. Elle est également présidente d'un comité d'évaluation du Haut comité d'expertise de la recherche et de l'enseignement supérieur (HCERES) et assure des missions d'expertise pour le fonds de recherche de Québec. Les recherches qu'elle mène dans le cadre du laboratoire CIRCEFT (EA 4380) concernent le lexique, la compréhension de texte, la didactique de la langue écrite, le travail collaboratif et le rôle des pratiques langagières enseignantes dans la régulation des inégalités entre élèves. Courriel : <brigitte.marin@u-pec.fr>.

Agathe Menetrier est doctorante à l'ENS (Paris) et au Max Planck Institute for Social Anthropology (Halle). Après un master à Sciences Po Paris, Agathe a débuté ses recherches sur l'humanitaire, d'abord à l'université Humboldt à Berlin, puis au Max Planck Institute for Social Anthropology (Halle) et l'École Normale Supérieure (Paris), où elle prépare une thèse sur l'accès à l'asile de personnes *queer* en Afrique de l'Ouest. Ses terrains de recherche l'ont conduite à Dakar, Nouakchott et Banjul. Par ailleurs elle coordonne l'équipe Afrique de l'ONG Asylos. Courriel : <menetrier@eth.mpg.de>.

Joseph R. Moukarzel est docteur en SIC, architecte et journaliste, éditeur d'un hebdomadaire politique satirique libanais, ancien doyen de la faculté d'information et de communication à l'université Antonine et directeur du Centre de recherche euro-méditerranéen en arts et communication, membre du comité de rédaction d'*Hermès* et président du Réseau transméditerranéen de la recherche en communication. Élu député suppléant, et collaborateur parlementaire à l'Assemblée nationale française. Ses spécialisations l'ont amené à s'intéresser au rapport entre l'architecture et la communication, thème sur lequel portent ses recherches actuelles, en plus de ses terrains d'observation concernant la diversité et la médiation socio-culturelles, la géopolitique moyen-orientale, l'image de l'autre et les facteurs identitaires. Courriel : <moukarzeljoe@gmail.com>.

Brigitte Munier, docteur en sciences sociales, est membre du bureau de la rédaction d'*Hermès*/CNRS et travaille sur la pensée mythique. Derniers ouvrages : *À vue de nez* (CNRS éditions, coll. « Les Essentiels d'Hermès », 2019), *Odeurs et parfums en Occident. Qui fait l'ange fait la bête* (Le Félin, 2017). Elle a dirigé *Technocorps, la sociologie du corps à l'épreuve des nouvelles technologies* (François Bourin, 2013) et codirigé avec Éric Letonturier « La voie des sens », n° 74 de la revue *Hermès* (2016). Courriel : <brigitte.munier@outlook.fr>.

Sylvie Octobre est sociologue au Département des études, de la prospective et des statistiques. Ses travaux portent sur les rapports à la culture des enfants et des jeunes, sous l'angle des inégalités, du genre et de la globalisation. Ses dernières publications : *Les techno-cultures juvéniles : du culturel au politique* (L'Harmattan, 2018) et (avec Frédérique Patureau), *Normes de genres dans les institutions culturelles* (MC/Presses de Sciences Po, 2018). Courriel : <sylvie.octobre@culture.gouv.fr>.

Michaël Oustinoff est professeur de traductologie à l'Université Nice Sophia Antipolis, membre de l'Université Côté d'Azur (UCA) et membre du bureau de la revue Hermès. Il est notamment l'auteur de *Bilinguisme d'écriture et auto-traduction : Julien Green, Samuel Beckett, Vladimir Nabokov* (L'Harmattan, 2001), du « Que sais-je ? » *La traduction* (PUF, 2003) et de *Traduire et communiquer à l'heure de la mondialisation* (CNRS éditions, 2011). Courriel : <michael.oustinoff@wanadoo.fr>.

Thierry Paquot, philosophe de l'urbain, auteur de nombreux ouvrages sur l'urbanisation planétaire, les utopies et l'écologie, dont *La Ville au cinéma* (sous la direction de Thierry Jousse et Thierry Paquot, Les Cahiers du Cinéma, 2005), *Un Philosophe en ville* (Infolio, 2011 et 2016), et *Dicorue. Vocabulaire ordinaire et extraordinaire des lieux urbains* (CNRS éditions, 2017). Courriel : <th.paquot@wanadoo.fr>.

Paul Rasse est professeur des universités en sciences de l'information et de la communication à l'université de Nice. Il a publié une douzaine de livres et de nombreux articles en anthropologie de la communication sur la mondialisation des cultures savantes et populaires, l'éducation et la communication scientifique, la muséologie, la médiation et l'ingénierie culturelle. Courriel : <paul.rasse@unice.fr>.

Actuellement en délégation à l'université de la Nouvelle-Calédonie où elle membre de l'équipe de recherche émergente Eralo, ***Elatiana Razafimandimbimanana*** est maîtresse de conférences en sciences du langage. Sur le plan pédagogique, elle est responsable des formations en didactique du plurilinguisme et développe des projets pluriartistiques qui reconnaissent la valeur didactique de la pluralité linguistique, culturelle et artistique des apprenants. Sur le plan de la recherche, elle s'intéresse particulièrement aux approches visuelles et à la recherche-création en tant que formes de médiation des savoirs. Les thématiques transversales à ses travaux interrogent les rapports sociaux aux langues, à l'altérité linguistique et à la construction du sens/des savoirs. Courriel : <elatiana.razafi@unc.nc>.

Franck Renucci est chercheur au laboratoire Imsic, directeur honoraire de l'UFR Ingémédia de l'université de Toulon, membre du bureau et du comité de rédaction de la revue *Hermès*, chercheur associé à la fondation Agalma. Pour la revue *Hermès*, il a coordonné les n° 68 (« L'Autre n'est pas une donnée », avec S. Lepastier et B. Le Blanc) et 72 (« L'artiste, un chercheur pas comme les autres », avec J.-M. Réol). Courriel : <franck.renucci@univ-tln.fr>.

Pascal Robert est professeur des universités à l'Enssib. Membre du laboratoire Elico, ses travaux visent à décrypter les enjeux politiques et cognitifs de l'informatisation de la société et à l'élaboration d'une anthropologie du document et des images. Auteur de *Polyptyque, pour une anthropologie communicationnelle des images* (Hermann, 2015), il a écrit une quinzaine d'articles sur la bande dessinée et a dirigé *Bande dessinée et numérique* (CNRS éditions, 2016). Il a publié en 2017 *L'incommunication au miroir de la bande dessinée* (PUBP) et en 2018 *La bande dessinée, une intelligence subversive* (Presses de l'Enssib). Il anime le séminaire de l'Enssib « La bande dessinée en questions ». Courriel : <pascal.robert@enssib.fr>.

Gilles Rouet est professeur des universités en management public, directeur de l'IAE Institut Supérieur de Management, université de Versailles-St-Quentin-en-Yvelines, Chaire Jean Monnet *ad personam*. Courriel : <gilles.rouet@gmail.com>.

Alexandra Roy est maître de conférences à l'université Paris 1 Panthéon-Sorbonne. Elle enseigne le management et la gestion des ressources Humaines au sein de l'École de management de la Sorbonne. Ses travaux de recherche sont consacrés à la communication non verbale, à la discrimination et au recrutement digital. Courriel : <alexandra.roy@univ-paris1.fr>.

Nadège Soubiale est maître de conférences en psychologie sociale à l'Institut des sciences de l'information et de la communication de l'université Bordeaux Montaigne. Elle est membre de l'axe Communication, organisation et société du laboratoire Mica (EA 4426). Ses enseignements et sa recherche portent sur les représentations et les pratiques communicationnelles dans le champ des mutations contemporaines des organisations du travail. Courriel : <nsoubiale@gmail.com>.

Jean-Marc Stébé, professeur de sociologie à l'université de Lorraine (Nancy), réalise au sein du Laboratoire lorrain de sciences sociales (2L2S) de nombreuses recherches sur les fragmentations socio-territoriales, la périurbanisation et les utopies urbaines. Il a publié plus d'une vingtaine d'ouvrages (seul ou en collaboration), notamment *La France périurbaine* (PUF, 2018), *Idées reçues sur le logement social* (Le Cavalier Bleu, 2016), *Le logement social en France* (PUF, 2016, 7e éd.), *Les grandes questions sur la ville et l'urbain* (PUF, 2014), *Qu'est-ce qu'une utopie ?* (Vrin, 2011) et *La crise des banlieues* (PUF, 2010, 4e éd.). Courriel : <jean-marc.stebe@univ-lorraine.fr>.

Bernard Valade, est professeur émérite à la Sorbonne (université Paris Descartes) et rédacteur en chef de la revue *Hermès*. Courriel : <bernard.valade@parisdescartes.fr>.

Cilene Victor est professeur titulaire du Programme de communication de l'Université méthodiste de São Paulo, où elle est l'une des responsables du groupe de recherche « Journalisme humanitaire et *media interventions* » et professeur de journalisme et de relations publiques à la FAPCOM. Elle a travaillé comme consultante pour l'Unesco dans la catégorie « conseil par produit », assistant le ministère de la Science, de la Technologie et de l'Innovation dans un projet visant à l'étude et au développement de systèmes d'alerte intelligents au niveau national. Journaliste pour la science et l'environnement depuis 1991, elle a été rédacteur en chef de revues spécialisées, telles que Com Ciência Ambiental (2007-2011) et Dialogue brésilien sur la science, la recherche et l'innovation. Elle a créé le collectif Journalism Humanitarian, spécialisée dans la production de rapports d'investigation et multimédias sur le sujet. Courriel : <cilenevictor@gmail.com>.

Fabrice Wacalie est maître de conférences à l'université de Nouméa (LIRE, EA 7483). Publications récentes : coordination scientifique de la proposition d'écriture du *nââ drubéa, Kô yere tici ngi nââ drubea* avec l'Académie des langues kanak du Grand Sud (à paraître) ; coordination scientifique de la proposition d'écriture du *nââ numèè, Kô yè tici ngê nââ numèè* avec l'Académie des langues kanak du Grand Sud (2015). Courriel : <fabrice.wacalie@univ-nc.nc>.

Dominique Wolton est directeur de la revue *Hermès* (depuis 1988, 82 numéros) et de la collection « Les Essentiels d'Hermès » (depuis 2008, 50 volumes). Il a publié une trentaine d'ouvrages, traduits en plus de vingt langues. Parmi ses derniers ouvrages : *Communiquer c'est vivre* (Cherche-midi, 2016) et *Pape François. Politique et société, rencontre avec Dominique Wolton* (éditions de l'Observatoire, 2017). Courriel : <dominique.wolton@cnrs.fr>.

Joëlle Zask enseigne au département de philosophie de l'université Aix-Marseille. Spécialiste de philosophie politique et du pragmatisme, elle étudie les formes et critères d'une culture démocratique partagée. Outre des articles dont certains sont présents sur ses sites (<joelle.zask.over-blog.com> ; <univ-amu.

academia.edu/joellezask>), elle est l'auteure de plusieurs ouvrages dont les plus récents sont *Participer ; Essais sur les formes démocratiques de la participation* (Le bord de l'eau, 2011) ; *Outdoor Art. La sculpture et ses lieux* (La Découverte, 2013) et *La démocratie aux champs* (La Découverte, 2016). Dans son dernier livre, *Quand la place devient publique* (Le bord de l'eau, 2018), elle s'interroge sur la configuration d'une place urbaine spécifiquement adaptée aux modes de vie démocratiques. Courriel : <joelle.zask@free.fr>.

Titres parus d'Hermès

1. Théorie politique et communication 1988, C. Lazzeri et J.-P. Chrétien-Goni (dir.)

2. Masses et politique 1988, D. Reynié (dir.)

3. Psychologie ordinaire et sciences cognitives 1988, P. Engel (dir.)

4. Le nouvel espace public 1989, D. Bregman, D. Dayan, J.-M. Ferry et D. Wolton (dir.)

5-6. Individus et politique 1990, E. Apfelbaum, J.-M. Besnier et A. Dorna (dir.)

7. Bertrand Russell. De la logique à la politique 1990, F. Clementz et A.-F. Schmid (dir.)

8-9. Frontières en mouvement 1990, D. Dayan, J.-M. Ferry, J. Sémelin, I. Veyrat-Masson, Y. Winkin et D. Wolton (dir.)

10. Espaces publics, traditions et communautés 1992, J.-M. Ferry (dir.)

11-12. À la recherche du public. Réception, télévision, médias 1993, D. Dayan (dir.)

13-14. Espaces publics en images 1994, D. Dayan et I. Veyrat-Masson (dir.)

15. Argumentation et rhétorique (vol. 1) 1995, A. Boyer et G. Vignaux (dir.)

16. Argumentation et rhétorique (vol. 2) 1995, A. Boyer et G. Vignaux (dir.)

17-18. Communication et politique 1995, G. Gauthier, A. Gosselin et J. Mouchon (dir.)

19. Voies et impasses de la démocratisation 1996, P. Meyer-Bisch et E. M. Swiderski (dir.)

20. Toutes les pratiques culturelles se valent-elles ? 1997, J.-P. Sylvestre (dir.)

21. Sciences et médias 1997, S. de Cheveigné (dir.)

22. Mimesis. Imiter, représenter, circuler 1998, S. Ossman (dir.)

23-24. La cohabitation culturelle en Europe 1999, É. Dacheux, A. Daubenton, J.-R. Henry, P. Meyer-Bisch et D. Wolton (dir.)

25. Le dispositif. Entre usage et concept 1999, G. Jacquinot-Delaunay et L. Monnoyer-Smith (dir.)

26-27. www.démocratie locale.fr 2000, É. Maigret et L. Monnoyer-Smith (dir.)

28. Amérique latine. Cultures et communication 2000, G. Lochard et P. R. Schlesinger (dir.)

29. Dérision-Contestation 2001, A. Mercier (dir.)

30. Stéréotypes dans les relations Nord-Sud 2001, G. Boëtsch et C. Villain-Gandossi (dir.)

31. L'opinion publique. Perspectives anglo-saxonnes 2001, L. Blondiaux et D. Reynié (dir.)

32-33. La France et les Outre-mers. L'enjeu multiculturel 2002, T. Bambridge, J.-P. Doumenge, B. Olivier, J. Simonin et D. Wolton (dir.)

34. L'espace, enjeux politiques 2002, I. Sourbès-Verger (dir.)

35. Les journalistes ont-ils encore du pouvoir ? 2003, J.-M. Charon et A. Mercier (dir.)

36. Économie solidaire et démocratie 2003, É. Dacheux et J.-L. Laville (dir.)

37. L'audience. Presse, Radio, Télévision, Internet 2003, R. Chaniac (dir)

38. Les sciences de l'information et de la communication 2004, Y. Jeanneret et B. Ollivier (dir.)

39. Critique de la raison numérique 2004, V. Paul et J. Perriault (dir.)

40. Francophonie et mondialisation 2004, T. Bambridge, H. Barraquand, A.-M. Laulan, G. Lochard et D. Oillo (dir.)

41. Psychologie sociale et communication 2005, B. Orfali et I. Marková (dir.)

42. Peuple, populaire, populisme 2005, P. Durand et M. Lits (dir.)

43. Rituels 2005, G. Boëtsch et C. Wulf (dir.)

44. Économie et communication 2006, J. Farchy et P. Froissart (dir.)

45. Fractures dans la société de la connaissance 2006, D. Oillo et B. Mvé-Ondo (dir.)

46. Événements mondiaux, regards nationaux 2006, J. Arquembourg, G. Lochard et A. Mercier (dir.)

47. Paroles publiques, communiquer dans la cité 2007, F. Massit-Folléa et C. Méadel (dir.)

48. Racines oubliées des sciences de la communication 2007, A.-M. Laulan et J. Perriault (dir.)

49. Traduction et mondialisation (vol. 1) 2007, J. Nowicki et M. Oustinoff (dir.)

50. Communiquer – Innover 2008, N. D'Almeida, P. Griset et S. Proulx (dir.)

51. L'épreuve de la diversité culturelle 2008, J. Nowicki, M. Oustinoff et S. Proulx (dir.)

52. Les guerres de mémoires dans le monde 2008, P. Blanchard, M. Ferro et I. Veyrat-Masson (dir.)

53. Traçabilité et réseaux 2009, M. Arnaud et L. Merzeau (dir.)

54. La bande dessinée : art reconnu, média méconnu 2009, É. Dacheux, J. Dutel et S. Le Pontois (dir.)

55. Société civile et Internet en Chine et Asie orientale 2009, O. Arifon, Liu Chang et É. Sautedé (dir.)

56. Traduction et mondialisation (vol. 2) 2010, M. Oustinoff, J. Nowicki et J. Machado da Silva (dir.)

57. Sciences.com : libre accès et science ouverte 2010, J. Farchy, P. Froissart et C. Méadel (dir.)

58. Les langues de bois 2010, J. Nowicki, M. Oustinoff et A.-M. Chartier (dir.)

59. Ces réseaux numériques dits sociaux 2011, T. Stenger et A. Coutant (dir.)

60. Edgar Morin, aux risques d'une pensée libre 2011, A. Pena-Vega et S. Proutheau (dir.)

61. Les musées au prisme de la communication 2011, P. Rasse et Y. Girault (dir.)

62. Les jeux vidéo. Quand jouer, c'est communiquer 2012, J.-P. Lafrance et N. Oliveri (dir.)

63. Murs et frontières 2012, T. Paquot et M. Lussault (dir.)

64. Les chercheurs au cœur de l'expertise 2012, L. Maxim et G. Arnold (dir.)

65. Le monde Pacifique dans la mondialisation 2013, R. Meltz et D. Barbe (dir.)

66. Classer, penser, contrôler 2013, V. Liquète et S. Kovacs (dir.)

67. Interdisciplinarité : entre disciplines et indiscipline 2013, J.-M. Besnier et J. Perriault (dir.)

68. L'Autre n'est pas une donnée. Altérités, corps et artefacts, 2014, F. Renucci, B. Le Blanc et S. Lepastier (dir.)

69. Sexualités, 2014, E. A. Amato, F. Pailler et V. Schafer (dir.)

70. Le XXe siècle saisi par la communication. Vol. 1 : Les révolutions de l'expression, 2014, E. Letonturier et B. Valade (dir.)

71. Le XXe siècle saisi par la communication. Vol. 2 :Ruptures et filiations, 2015, E. Letonturier et B. Valade (dir.)

72. L'artiste, un chercheur pas comme les autres, 2015, F. Renucci et J.-M. Réol (dir.)

73. Controverses et communication, 2015, R. Badouard et C. Mabi (dir.)

74. La voie des sens, 2016, B. Munier et É. Letonturier (dir.)

75. Langues romanes : un milliard de locuteurs, 2016, L.-J. Calvet et M. Oustinoff (dir.)

76. Le renseignement, un monde fermé dans une société ouverte, 2016, F. Bulinge et N. Moinet (dir.)

77. Les incommunications européennes, 2017, J. Nowicki, L. Radut-Gaghi et G. Rouet (dir.)

78. Les élèves, entre cahiers et claviers, 2017, V. Liquète et B. Le Blanc (dir.)

79. Les BRICS, un espace ignoré, 2017, Olivier Arifon, Tom Dwyer et Liu Chang (dir.)

80. 30 ans d'indisciplines, 2018, Bureau de la rédaction d'*Hermès*

81. De la communication en diplomatie, 2018, Gilles Rouet et Luciana Radut-Gaghi.

82. Nouvelles voix de la recherche en communication, 2018, Bureau de la rédaction d'*Hermès*.

83. Les stéréotypes, encore et toujours, 2019, Vincent Liquète et Anne Lehmans.

Hermès

cognition ■ communication ■ politique

Consignes aux auteurs / évaluation des articles soumis

Les tapuscrits doivent être adressés à la rédaction, d'une longueur maximale de 20000 signes et espacements (notes et références bibliographiques comprises). Chaque article doit comporter plusieurs intertitres et doit être accompagné d'un résumé en français d'une dizaine de lignes environ et de cinq mots-clés. Les appels de notes figurent dans le texte en numérotation continue et les notes sont rassemblées en fin d'article. Les références bibliographiques font également l'objet d'un appel, dans le texte, qui renvoie à une liste située en fin d'article. Les articles publiés dans la revue *Hermès* doivent être originaux et ne pas être proposés à d'autres revues. Les citations et emprunts doivent être courts, clairement signalés et référencés.

La revue *Hermès* est une revue à comité de lecture. Tous les textes publiés par la revue ont fait l'objet d'une évaluation scientifique et de plusieurs relectures.
Les articles publiés dans le dossier principal ont été évalués par les coordinateurs du volume, en lien avec le superviseur, des membres du comité de rédaction, le bureau de la revue et/ou des évaluateurs externes.
Les articles publiés dans la rubrique « Diagonales » ont été expertisés par des membres du comité de rédaction, le bureau de la revue et par des évaluateurs externes.
Pour soumettre un article : hermes@cnrs.fr

Rédaction

CNRS. 3 rue Michel-Ange 75794 Paris cedex 16 Tél. : 01.44.96.46.65 Mail : hermes@cnrs.fr

Administration et diffusion

CNRS ÉDITIONS, 15 rue Malebranche, 75005 Paris Tél. : 01.53.10.27.00 Fax : 01.53.10.27.27

Vente

Par l'intermédiaire de votre libraire habituel, ou sur commande à CNRS ÉDITIONS
15 rue Malebranche, 75005 Paris Mail : sabine.lavaud@cnrseditions.fr
http://cnrsedtions.fr

Articles disponibles en ligne

Inist : http://irevues.inist.fr Cairn : http://cairn.info
Prix de vente de HERMÈS 83, « Les stéréotypes, encore et toujours » : 25 €

La Revue Hermès en librairie

COMMANDE PERMANENTE

- Avant chaque parution d'un nouveau titre, vous recevez un courrier de notre part ainsi qu'un devis dont le paiement déclenche la livraison de l'ouvrage. Vous avez la certitude de recevoir tous les numéros dès leur parution.
- Vous bénéficiez du prix de lancement, valable un mois avant la parution de chaque numéro.
- CNRS ÉDITIONS offre à tout souscripteur les frais de poste.
- Les modes de règlement sont adaptés à chacun : virement, mandat postal, chèque, CB, Visa, Mastercard.
- Vous n'avez pas de souci de renouvellement. Sauf avis contraire de votre part, votre commande permanente sera reconduite chaque année. À tout moment, vous pouvez annuler une commande permanente par simple courrier.

À compléter et à retourner (accompagné de votre règlement dans le cas d'une commande au numéro)
à CNRS ÉDITIONS, 15, rue Malebranche, F-75005 Paris

Nom.. Prénom ....

Nom du donneur d'ordre..

Profession .... Société ou organisme ....

Adresse ....

Code postal .... Ville.. Tél ....

❑ Je désire recevoir la revue **HERMÈS en commande permanente**, à partir du numéro ....

COMMANDE ANNUELLE

❑ Je désire souscrire à la commande annuelle, comprenant les trois numéros de 2018, au prix préférentiel de 60 euros (franco de port)

Ci-joint mon règlement de .... euros à l'ordre de CNRS ÉDITIONS par

❑ chèque bancaire ❑ chèque postal ❑ mandat

Je vous autorise à débiter mon compte

❑ carte bleue Visa ❑ Eurocard ❑ Mastercard n° ....

valide jusqu'au : .... Date :...

Signature obligatoire :

« CNRS Communication », ouvrages parus

- *Associations et communication. Critique du marketing*, Éric DACHEUX, 1998
- *Miroirs maghrébins. Itinéraires de soi et paysages de rencontre*, sous la direction de Susan OSSMAN, 1998
- *La Fin de l'exception culturelle ?*, Joëlle FARCHY, 1999
- *Les Oies du Capitole ou les raisons de la rumeur*, sous la direction de Françoise REUMAUX, 1999
- *L'« Expert » à la télévision. Traditions électives et légitimité médiatique*, Yves CHEVALIER, 1999
- *Pratiques médiatiques. 50 mots clés*, Claire BELISLE, Jean BIANCHI et Robert JOURDAN, 2000
- *L'Environnement dans les journaux télévisés. Médiateurs et visions du monde*, Suzanne DE CHEVEIGNÉ, 2000
- *CNN et la mondialisation de l'imaginaire*, Andrea SEMPRINI, 2000
- *Observer la communication. Naissance d'une interdiscipline*, Bruno OLLIVIER, 2000
- *Vaincre l'indifférence. Les associations dans l'espace public européen*, Éric DACHEUX, 2000
- *Raison pratique et sociologie de l'éthique. Autour des travaux de Paul Ladrière*, coordonné par Simone BATEMAN-NOVAES, Ruwen OGIEN, Patrick PHARO, 2000
- *Langage et Travail. Communication, cognition, action*, sous la direction de Anni BORZEIX, Béatrice FRAENKEL, 2001
- *La Démocratie mise en scènes. Télévision et élections*, Marlène COULOMB-GULLY, 2001
- *L'Ordre sensoriel. Une enquête sur les fondements de la psychologie théorique*, Friedrich A. von HAYEK. Traduit de l'anglais par Philippe R. Mach, 2001
- *Prévention du sida et agenda politique. Les campagnes en direction du grand public (1987-1996)*, Geneviève PAICHELER, 2002
- *Des médias aux médiations. Communication, culture et hégémonie*, Jesús MARTÍN-BARBERO. Traduit de l'espagnol par Georges Durand, 2002
- *Naturaliser la phénoménologie. Essais sur la phénoménologie contemporaine et les sciences cognitives*, coordonné par Jean PETITOT, Francisco J. VARELA, Bernard PACHOUD, Jean-Michel ROY, 2002
- *« Purification ethnique ». Une formule et son histoire*, Alice KRIEG-PLANQUE, 2003
- *Internet et le droit d'auteur. La culture Napster*, Joëlle FARCHY, 2003
- *Prospéro. Une technologie littéraire pour les sciences humaines*, Francis CHATEAURAYNAUD, 2003
- *L'Expression gestuelle de la pensée d'un homme politique*, Geneviève CALBRIS, 2003
- *Altérité polynésienne ou les métamorphoses de l'espace-temps*, Bernard RIGO, 2004
- *Le Régime de la civilité en Égypte. Public et réislamisation*, Jean-Noël FERRIÉ, 2004
- *Armes de communication massive. Informations de guerre en Irak : 1991-2003*, coordonné par Jean-Marie CHARON et Arnaud MERCIER, 2004
- *Art et Internet. Les nouvelles figures de la création*, Jean-Paul FOURMENTRAUX, 2005, 2010
- *Télévisions arabes sur orbite. Un système médiatique en mutation (1960-2004)*, Tourya GUAAYBESS, 2005
- *L'Homme des confins. Pour une anthropologie interculturelle*, Joanna NOWICKI, 2008
- *La Norme numérique. Savoir en ligne et Internet*, coordonné par Jacques PERRIAULT et Cécile VAGUER, 2011
- *Traduire et Communiquer à l'heure de la mondialisation*, Michaël OUSTINOFF, 2011
- *L'Intelligence économique*, Nicolas MOINET, 2011
- *La Chimie durable*, sous la direction de Laura MAXIM, 2011
- *Anthropologie de l'homme mondialisé*, Christoph WULF, 2013
- *(E)-réputation, Médiation, calcul, émotion*, Camille ALLOING, 2016

« Les Essentiels d'Hermès », ouvrages parus

CNRS EDITIONS

Année 2008

- L'Espace public (*Éric Dacheux*)
- Francophonie et mondialisation (*Didier Oillo et Anne-Marie Laulan*)
- La Communication politique (*Arnaud Mercier*)

Année 2009

- L'Opinion publique (*Nicole d'Almeida*)
- Les Identités collectives à l'heure de la mondialisation (*Bruno Ollivier*)
- Le Journalisme (*Arnaud Mercier*)
- L'Audience (*Régine Chaniac*)
- La Télévision (*Guy Lochard*)
- La Réception (*Cécile Méadel*)
- Sociétés de la connaissance, fractures et évolutions (*Michel Durampart*)
- Les Sciences de l'information et de la communication (*Éric Dacheux*)
- Populaire et populisme (*Marc Lits*)

Année 2010

- La Cohabitation culturelle (*Joanna Nowicki*)
- Critique de la société de l'information (*Jean-Paul Lafrance*)
- Le Rituel (*Aurélien Yannic*)
- Racines oubliées des sciences de la communication (*Jacques Perriault*)
- Médiations (*Vincent Liquète*)
- La Mondialisation de la communication (*Paul Rasse*)

Année 2011

- L'Argumentation (*Nicole D'Almeida*)
- La Communication (*Éric Dacheux*)
- Traduction et mondialisation (*Michaël Oustinoff*)
- La Neutralité d'Internet (*Valérie Schafer et Hervé Le Crosnier*)
- Sciences et médias (*Sébastien Rouquette*)
- L'Économie solidaire (*Jean-Louis Laville*)

Année 2012

- Internet et politique (*Alexandre Coutant*)
- Le Marketing politique (*Thomas Stenger*)
- Médias et opinion publique (*Arnaud Mercier*)
- Les Réseaux (*Éric Letonturier*)
- Art et science (*Jean-Paul Fourmentraux*)
- La Rhétorique (*Manuel Maria Carrilho*)

Année 2013

- La Diversité culturelle (*Paul Rasse*)
- Propriété intellectuelle (*Mélanie Dulong de Rosnay* et *Hervé Le Crosnier*)
- Les Utopies (*Éric Letonturier*)
- L'Incommunication (*Samuel Lepastier*)
- L'Humain augmenté (*Édouard Kleinpeter*)

Année 2014

- Information et communication scientifiques à l'heure du numérique (*Valérie Schafer*)
- Bande dessinée et lien social (*Éric Dacheux*)
- Politiques sécuritaires et surveillance numérique (*Pierre-Antoine Chardel*)
- Cultures de l'information (*Vincent Liquète*)
- Ville, architecture et communication (*Thierry Paquot*)

Année 2015

- Sport et médias (*Alexandre Obœuf*)
- Identités numériques. Expressions et traçabilité (*Jean-Paul Fourmentraux*)

Année 2016

- Banlieues vues d'ailleurs (*Bernard Wallon*)
- Bande dessinée et numérique (*Pascal Robert*)
- La Communication environnementale (*Thierry Libaert*)
- L'Alimentation demain. Cultures et médiations (*Gilles Fumey*)

Année 2017

- Guerre, armées et communication (*Éric Letonturier*)
- La Communication politique, nouvelle édition (*Arnaud Mercier*)

Année 2018

- France-Allemagne. Incommunications et convergences (*Gilles Rouet*)

Année 2019

- Algorithmes et décisions publiques (*Gilles Rouet*)
- À vue de nez. Odorat et communication (*Brigitte Munier*)

Achevé d'imprimer en mai 2019
sur les presses de la Nouvelle Imprimerie Laballery
58500 Clamecy
Dépôt légal : mai 2019
N° d'impression : 905013

Imprimé en France

La **N**ouvelle **I**mprimerie **L**aballery est titulaire de la marque Imprim'Vert®